U0529401

The Collection of Research
on the History of Song Dynasty (2022)

宋史研究论文集(2022)

李华瑞　邹锦良　陈云斐　主编

中国社会科学出版社

图书在版编目(CIP)数据

宋史研究论文集.2022 / 李华瑞,邹锦良,陈云斐主编.—北京:中国社会科学出版社,2023.7
ISBN 978-7-5227-2019-7

Ⅰ.①宋… Ⅱ.①李…②邹…③陈… Ⅲ.①中国历史—宋代—文集 Ⅳ.①K244.07-53

中国国家版本馆CIP数据核字(2023)第106235号

出 版 人	赵剑英
选题策划	宋燕鹏
责任编辑	金 燕
责任校对	李 硕
责任印制	李寡寡

出　　版	中国社会科学出版社
社　　址	北京鼓楼西大街甲158号
邮　　编	100720
网　　址	http://www.csspw.cn
发 行 部	010-84083685
门 市 部	010-84029450
经　　销	新华书店及其他书店

印刷装订	三河市华骏印务包装有限公司
版　　次	2023年7月第1版
印　　次	2023年7月第1次印刷

开　　本	710×1000　1/16
印　　张	24.75
字　　数	381千字
定　　价	136.00元

凡购买中国社会科学出版社图书,如有质量问题请与本社营销中心联系调换
电话:010-84083683
版权所有　侵权必究

目　录

"两宋历史与王安石"学术研讨会暨中国宋史研究会
  　第十九届年会开幕式致辞 …………………………………… 包伟民（ 1 ）
"两宋历史与王安石"学术研讨会暨中国宋史研究会
  　第十九届年会闭幕辞 ………………………………………… 陈　峰（ 4 ）
新任会长年会致辞 ………………………………………………… 李华瑞（ 6 ）

新世纪以来的王安石及其变法研究 ……………………………… 李华瑞（ 9 ）
北宋儒学复兴运动的主将——曾巩 ……………………………… 刘复生（17）
"当时大本从忠谏"
  　——以王安石与赵抃切入的宋代士大夫政治关系考察 …… 王瑞来（32）
论宋代王安石科举改革及其对地方司法的影响 ………………… 张文勇（50）
北宋后期的西北社会治理与边疆安全
  　——以王韶、王厚父子的经略活动为中心 ………………… 王连旗（63）
金代士人对王安石的评价 ………………………………………… 张家伟（77）
宋代赋役衍变的制度逻辑 ………………………………………… 黄纯艳（94）
论宋代库藏的审计法规 …………………………………………… 肖建新（111）
南宋江南财赋苛敛与士人群体抗争 …………………… 吴业国　梁　瑜（125）
空间与权力：环城半程空间与宋代官户的活动展开 ……… 廖　寅（144）
理想模型：南宋货币议论中的北宋交子形象 ………………… 王　申（162）
宋代对私酒的禁限 ……………………………………………… 王　姣（178）

富国、裕民、废约自治

——试论宋孝宗时期的三条恢复之路 ……………… 李　超（197）

县官的权力实践：宋代县级基本行政职能述论 ……… 赵　龙（215）

黄庭坚与王献可家族

——北宋贬谪士人与地方士人互动的个案研究 …… 李小勇（232）

身后之名与家族名望：评南宋时期的楼璹及其

《耕织图》 ……………………………………………… 黄嘉福（253）

北宋涉海军事问题述论 ………………………………… 姚建根（269）

"将军百战身名裂"

——试辨辛弃疾词中隐藏的"岳飞" ………………… 雷　博（288）

读宋刻本《河南程氏遗书附录》随札 ………………… 张晓宇（309）

五代时期后梁政权"国史"建构考论

——由朱温任宣武节度时间说开 ………… 吕浩文　赵　龙（323）

新出五代《张进墓志铭》疏证 ……………… 陈桂芊　刘广丰（342）

"卑辞厚币"下的"内谨边备"：试论后晋石敬瑭朝的

北边守御与政治应对 …………………………………… 李小霞（358）

君臣相争

——后唐征蜀战争再认识 ……………………………… 胡　鹏（375）

编后记 ……………………………………………………………（392）

"两宋历史与王安石"学术研讨会
暨中国宋史研究会第十九届年会
开幕式致辞

中国人民大学　包伟民

（2022年8月24日）

尊敬的夏书记、刘副校长、罗主席，各位女士，各位先生：

今天我们大家聚集在一起，召开"'两宋历史与王安石'学术研讨会暨中国宋史研究会第十九届年会"，抚州人民以摄氏40度的热忱欢迎来自全国各地的学者们，让大家感受到了炽热的温暖。

首先，请允许我代表所有来参加研讨会的学者，向作为研讨会主办方的抚州市政府、南昌大学，与承办方的抚州市社科联、抚州王安石国际研究中心、南昌大学谷霁光人文高等研究院表示感谢。这样的感谢似乎是一种惯例。但是今天我表达的谢意绝非出于惯例，而是内心真实的感受。我们这次研讨会最终得以召开，一波三折，有关各方，尤其是抚州市领导与具体筹备会务的各位，付出了太多。

请允许我简单介绍一下会议的筹备过程。

2020年4月16日，陈菊莲副部长通过电话与我联系，商议在抚州组织召开纪念王安石诞辰一千周年研讨会事项，我提出建议，将中国宋史研究会第十九届年会与这个纪念研讨会合并起来召开，得到了她个人的赞同。不久，联合召开研讨会的设想得到了抚州市委宣传部与市领导的批准，于是我们双方按这个设想开始了筹备工作。9月15日，抚州王安石国际研究中心陈云斐主任与另外两位同事专程到杭州，与我商谈有关研讨会的各项事务。9月17日宋史研究会秘书处开始向会员及有关学者发出了召开研讨会的预备通知。

2021年3月18日，我与南昌大学的邹锦良教授一起到抚州，与陈菊莲、陈云斐等领导具体讨论、落实会务细节，我们还来到抚州凤凰开元名都酒店，看了今天的主会场，向酒店方提出了增加网络会议设备等要求。3月31日，宋史研究会秘书处向会员及有关学者发出了会议的正式邀请函。但是，随着新冠疫情的发展，研讨会最后能否召开变得越来越无法确定。8月9日，陈菊莲副部长经过请示当时的市领导，来电明确会议不得不延期召开。当时，他们已经将所有会务细节都安排落实到位，向宾馆预付了经费。本来，我们还设想将研讨会延期到2021年年底召开，但是最后又一次被疫情所阻止。

今年6月24—25日，我到赣州参加江西省宋史研究会成立大会，陈菊莲副部长、陈云斐主任与几位同事专程到赣州与我见面，再次商议研讨会如何落实的事宜。当时我建议干脆由抚州市与宋史研究会另外组织一个专题讨论王安石的会议，与研究会的年会脱钩。因为我们的年会惯例在8月份召开，而且出于事务需要，主要得线下召开，而专题研讨会的时间安排则可以相对灵活，避开疫情高峰，线下与线上相结合来召开。陈副部长等也都觉得可行。6月28日，宋史研究会理事会通过了召开专题研讨会的决议。过了两天，李华瑞教授提出今年疫情似乎尚属可控，建议按原计划召开年会，经过陈副部长向市领导请示，最后决定在8月召开这次年会，并在短时间内完成了所有会务筹备工作。

在中国宋史研究会的历届年会中，第十九届年会的筹备无疑是最费劲、最周折、也是让承办方付出最多的一次。所以，今天我必须代表与会学者向参与会务筹备工作的各位说一声谢谢！

大家都知道，宋代的江西以其经济发达、人文荟萃而著称，抚州为江右名郡，无疑是江西的一个重要区域中心。人称抚州为才子之乡，最为重要的历史人物就集中在两宋时期，其中尤其可以王安石为代表。

作为一个伟大的历史人物，王安石的成长受到了当时社会各个方面的影响，尤其家乡抚州对他的哺育培养无疑是最为重要的一个方面。一个地方其文化传统的形成，离不开当地伟大历史人物的影响。我们在日常生活中也许并不能常常有意识地感受到，实际上历史人物对地方社会的建构，对民风民俗的熏陶往往是施于无形，它能够从各个方面持续地渗透到地方的文化基因之中。因此，我们在建设现代文化强国的过程当中，也完全有必要加强对地方历史人物的研究，与对他们伟大精神的阐发。

这次研讨会的顺利召开，对于推进海内外文史学界展开对宋代江西历史文化的研究，尤其是对促进中外学者与抚州地方各界的联系，深入发掘优秀的地方文化资源，必将产生深远影响。

总之，不管新冠还是高温，都无法阻挡我们深入研究民族历史，为阐发优秀民族文化传统而努力的决心。我们这一次研讨会必将取得丰硕的成果。

再次谢谢大家。

"两宋历史与王安石"学术研讨会暨
中国宋史研究会第十九届年会闭幕辞

陈　峰

（2022 年 8 月 25 日）

各位领导、各位专家、各位新老朋友：

下午好！

"两宋历史与王安石"学术研讨会暨中国宋史研究会第十九届年会，已经圆满结束。受宋史研究会委托，我谨在此致闭幕词，其实也是代表大家说几句话。

这两年疫情反复，影响面极大，因此使得年会一再延宕。不过，最终我们还是克服了各种困难，在美丽的抚州城相聚，成功地举办了这次盛会。所以，非常感谢抚州市政府和相关机构、南昌大学及有关部门，为承办这次会议所付出的各种辛勤工作，同时也要感谢中国宋史研究会秘书处同仁的操劳，没有你们不厌其烦而卓有成效的努力，大家是不可能在此聚首。当然，还有各位参会学者的大力支持，确保了会议的顺利进行。

2021 年，是宋代著名的政治家、思想家王安石诞辰一千周年，而今天的抚州正是他的家乡。因此，在这里隆重举办年会，是有着纪念与学术讨论并存的双重意义。

这次会议不仅完成了理事会的换届任务，更重要的是进行了学术研讨。从提交的 170 多篇论文来看，研究所涉及的面相当广泛，研讨分设了"王安石研究""思想与学术""史学与文献""地方与国家""政治与制度""军事与边疆""财政与经济"以及"士人与社会"等八个组，又有六个分论坛。其中围绕王安石及相关问题，可以说是一次前所未有的集中探讨，无疑将在前辈学人研究的基础上，极大地促进这方面的进展。在其他各组和论坛讨论中，既有许多新的议题，也有不少对传统问题的新见解，可谓精彩纷呈。有关内容，前面黄纯艳教授已做了精湛的总结，我就不再赘述。

不久前，在中国唐史学会理事会暨"出土文献与隋唐史研究新视野"研讨会开幕式上，我代表承办方在致辞中说到：隋唐史研究，学术源远流长、薪火相传，当今的领军学者、青年才俊辈出，成果累累。以我浅见，我对隋唐史研究的赞誉之词，同样适用于我们。事实上，目前中国宋史研究会的发展状态，在全国各断代史学会中属于最突出者之一，在海内外的影响力与日俱增，已经引起其他一些断代史学会朋友的羡慕，这一点想必大家一定认同。在邓广铭先生、漆侠先生等前辈大家，以及之后的历任会长和理事会的领导下，经过广大同仁坚持不懈的努力，宋史研究早已超越了上个世纪80年代的境况。相信通过这次盛会，在新一届会长和理事会的带领下，宋史研究一定会得到进一步发展，更多更佳的成果前景可期！

最后，再次感谢抚州市、南昌大学以及会务组周到细致的工作！也期待下次再与各位学者相聚！

新任会长年会致词

李华瑞

各位会员代表、各位同仁：

感谢上届理事会和新一届理事会对我的信任，感谢大家给我一个机会代表新一届理事会讲几句话。

2006年邓小南会长在闭幕式上致辞，讲到从那届理事会开始，中国宋史研究会工作方式由德高望重的学界领军人物掌舵，向逐步年轻化和建设服务型、组织型、沟通型理事会转变。从这一年开始，邓小南、包伟民两任会长努力践行，现今可以说已基本完成这种转型。本人从1987年第一次参加中国宋史研究会第四届年会和1991年参加第三届国际宋史研讨会，我都担任大会秘书组组长，1994年负责编辑《宋史研究通讯》，1996年担任中国宋史研究会秘书长直到2005年，2000年以后长期担任副会长，2003年起至今担任宋史研究会的法人代表。我之所以介绍我在研究会的任职，是要表明我从参加宋史研究会年会活动之日起，就一直为研究会做服务和组织工作，我相信新一届理事会今后将继续在服务型、组织型、沟通型的工作方式中推动中国宋史研究会的不断发展。

从上世纪20年代起，国人用西方近代社会科学方法和历史理论研究宋史，迄今已走过100多年的历程，在100多年中，以2000年前后作为一个坐标点，可以划分为两个阶段，进入21世纪之前，可以说是应用西方近代社会科学方法和历史理论指导宋史研究为主，进入21世纪以来，以强调"问题意识"为特征的研究模式，日益与西方汉学方法趋同，无论是"指导"还是"趋同"，100多年来宋史研究虽然有过曲折，但是取得了很大成绩则是有目共睹的。毋庸讳言，我们现今夸耀的宋朝历史的辉煌，在很大程度上是 20 世纪以来日、欧、美学界根据其研究历史的范式重新"发现"的。

在回顾 100 多年宋史研究发展史时，我们也发现在宋史研究的话语权中似乎总有一种少了什么似的感觉，这就是国史以人为本的历史叙事传统方法的遗失。人类历史毕竟不完全是制度、结构、经济等科学，本源的人文、活的思想，就是科学研究之上可以回归历史学的主体，因而倡导"问题意识"和提升国史叙事方法相互结合的双轮驱动，在力图推动宋代历史研究走向更为深化的当下，重建学术自信、创建中国学者话语权，是一个不可回避的任务。

三十多年前邓广铭先生强调宋史研究要有"大宋史"的眼光。他说："我们不只希望海峡两岸的中国学者，有日益众多的人投身于宋史，更正确地说，应是指辽、宋、夏、金史，以及十至十三世纪的中国史的研究。""大宋史"指的是宋史学者在讨论宋史问题时，旨在强调与当时前后并存的辽、西夏、金各王朝之间的联系与影响，而不是局限于赵宋王朝。几年前，包伟民会长也说"所谓'大宋史'研究，并不是要求每位学者都要同时做宋史、西夏史、辽金史，而是指在从事某个领域、某个方面的研究时，要有一种全局的眼光，要注意各王朝之间的竞争与互动。"因此为了在宋史学界树立包容 10 至 13 世纪整体历史观的"大宋史"，更好地打破目前辽、宋、西夏、金史之间还存在的畛域，我们欢迎辽史、西夏史、金史研究工作者能够踊跃加入中国宋史研究会，让我们携起手来，将 10 至 13 世纪中国历史研究提高到一个新阶段。

中国宋史研究会从 1980 年成立以来，经过第一代、第二代学人的筚路蓝缕以启山林，进入 21 世纪第三代、第四代学人茁壮成长，到今天第十九届年会闭幕，第三代学人已开始陆续退出主舞台，第四代学人正成为学术中坚，而第五代学人也悄然崭露头角。借用毛泽东的话说"世界是你们的，也是我们的，但是归根结底是你们的，你们青年人朝气蓬勃，好像早晨八九点钟的太阳，希望寄托在你们身上！"希望新一代年轻学人在"薪火相传"之际，不仅要继承你们各自业师的学术传统和品德，更要传承 20

世纪初以来的宋史学界整体的优良学术风格和成绩，以便开辟出更加美好壮丽的宋史研究的明天。

最后，请允许我代表新一届理事会和参会的全体会员代表，向主办方抚州市人民政府、南昌大学表示诚挚的感谢，特别向为组织这次盛会的各承办方付出艰辛劳动的工作人员和年轻的志愿朋友们表示诚挚的感谢！

谢谢大家。

新世纪以来的王安石及其变法研究

李华瑞

各位会员代表、各位同仁、各位来宾：

进入 21 世纪以来，王安石仍然深受学界、出版界关注。据孔夫子旧书网的统计，仅重印梁启超的《王安石传》就有 18 家出版社之多，邓广铭的《北宋政治改革家王安石》也有四五种不同的版本。另据不完全统计，在上个世纪宋代著名的历史人物研究中，朱熹、苏轼、司马光、张载、二程、欧阳修、曾巩、陆游、辛弃疾等人的作品出版数量可能都排在王安石相关的作品之前，但是 2000 年以来王安石在宋代人物传记的出版和编撰中，大致无出其右者，且研究朱熹、张载、二程都是偏向经学、思想史，而研究苏轼、欧阳修、陆游、辛弃疾则都偏向文学史，司马光的《资治通鉴》印量很大，只有研究王安石涉及文学、经学、变法三个维度。

2000 年以来，王安石著述及其行实的重新整理和研究有重要突破：2016 年复旦大学出版社出版了由王水照先生主编的《王安石全集》10 册，2018 年中华书局出版了由刘成国编撰的《王安石年谱长编》6 册。

相对于 20 世纪的王安石及其变法研究，近 20 多年不论是论著数量还是研究的广度都有很大的超越。据不完全统计，21 世纪前 20 年王安石及其变法研究论著总数超过了 20 世纪论著的总和。

近二十年王安石文学和王安石经学、思想的研究，又远多于对王安石的生平事迹和变法的研究。

王安石文学研究

王安石变法和荆公新学自南宋至民国建立之前被否定和被污名化，而王安石的文学则一直被肯定，明代将王安石列为唐宋八大家，更确立了王安石的文学地位。也许是这个原因，20世纪初以来为王安石翻案的主要焦点集中在变法上，反而使得王安石的文学研究处在不温不火的状态，1949年以后至2000年，王安石文学研究由重视王安石的政论诗文逐步转向对诗词文的全面研究，尤其是对王安石诗歌的研究明显增多。对王安石诗歌研究的关注点主要有诗歌的分期、艺术特色和手法、王荆公体等。王安石的诗文选本受到重视。王安石文集的整理工作逐渐成熟。在出版的十多种中国文学史中，王安石的文学地位拥有较为显著的一席之地。王安石作品的地域分布、使辽诗及相关问题考辨、王安石晚年诗风与佛禅的关系、王安石文学与经学的关系都有开拓和进展。特别是长期被忽略的王安石集团诗人作家群受到了很大关注，发表相关内容的系列文章，这是王安石文学研究取得较大进步的一个重要标识。虽然王安石是宋代文学的重要作家，但是相对于欧阳修、苏轼、黄庭坚、李清照、辛弃疾、陆游等人的研究，其比重明显偏小，晚到20世纪二三十年代近代王安石文学研究方起步，与前面所列的宋代文学诸大家的研究显然缺少历史的积淀，是故没能反映王安石文学的实际地位。

王安石经学、思想研究

进入新世纪以来，王安石研究取得重大进展是王安石的经学及思想研究。

1. 王安石经学在宋学中主流地位的重新确立

新世纪之初陆续出版了几部"重写"宋代思想史的佳作，即漆侠先生的遗著《宋学的发展和演变》、美国包弼德《斯文：唐宋思想的转型》、田浩《朱熹的思维世界》，三著从不同角度重新诠释宋代思想，使宋代思想史研究水平有了较大提高。其中突破以程朱理学为主体的思想史旧框架是一个共同的话题。纠正了把理学代替宋学和贬低王安石学派的两个偏向,重新正确诠释了理学与宋学的关系,基本达成荆公新学是当时学术界主导地位的共识。第二个共同话题是重新确立了北宋主流思想发展的主线索,即把学术探索同社会实践结合起来,力图在社会改革上表现经世致用之学。也就是王安石为代表的功利思想是当时占主流的政治思想。毋庸讳言,在宋代思想史学界乃至宋史学界对突破以程朱理学为主体的宋代思想史旧框架方面,已渐次达成共识,但在中国哲学及哲学思想史学界却仍然恪守着以理学代替宋学,以程朱哲学代替宋代思想的旧传统,这说明打破旧传统思想理路还是一件任重而道远的事情。

2. 王安石学派研究的新进展

以往研究荆公新学,基本都是以王安石个人为主,而对于王安石学派(北宋新学学派是指王安石以及他的子弟、门人、追随者所组成的一个政治、学术派别)很少关注。刘成国《荆公新学研究》的一大贡献是比较详细地爬梳了新学的门人和著述,尽管称不上全面,但还是比较细致地勾勒出一个新学群体的样貌出来。其后张钰翰《北宋新学研究》在此基础上全面勾勒了王安石新学派的经史子集著述:经部85种、史部24种、子部34种、集部30种。

3. 王安石经学研究的新进展

王安石经学及思想史研究目前主要有三个层面:一是对王安石三经新义从传统经学角度给以解析;二是王安石经学与变法的内在理路;三是哲学思想史学界运用西方哲学概念思想史架构跨时空对王安石各种思想的演绎以及应景之作。本文的梳理不包括第三层面。比较有进展的是对王安石《易学》思想的钩沉与研究。

4. 对王安石"字说"的重新认识,是王安石经学研究的重大进展

王安石《字说》在北宋时期,就有两种截然不同的看法,新党门人奉若圭臬,反变法派则极尽嘲讽。元明清则一面倒地予以否定。20世纪迄今,在汉语训诂学领域,王安石《字说》颇受重视,对《字说》评价尽管认为有所创新,"王安石的《字说》,从严格意义上来讲,其实质是一种字

义的训释，也就是后世所说的'训诂'之学。他代表着宋代文字学的一个流派"。王安石"不迷信旧说，着意创新的精神固然有值得称许之处"，但是依然重复了南宋至晚清斥王安石"字说"为"穿凿"的基调："《字说》一书，出入百家，杂揉佛老，舍实证，尚独断，蹈空凭臆，穿凿附会。"

　　进入新世纪以来对字说研究显然要高于那些不越汉语文字学雷池学者的见解，也可能与近二三十年来研究者从史学和哲学史重新认识王安石《字说》分不开。王安石主要是通过"析字解句"的形式来体现诠释内容的"新意"，这一新意虽在后来文献中被冠以"穿凿"的标识，但却是其本身追求"义理"的诠释观念所致；可以说，寻求"义理"是王安石经典诠释思想与实践中普遍的内在诉求与真实旨归；"王安石晚年所写的《字说》，既是王安石整个易学思想的有机组成部分，也是王安石新学的殿军之作"。

　　21世纪对《字说》的重新认识，是有很高学术价值的。其一，为《字说》翻案，其意义不啻梁启超在20世纪初为王安石新法的翻案，即：将南宋以来迄今汉语文字学把王安石《字说》从狭隘理解为怀疑《说文》不尊"六书"的新说文解字的窠臼中解放出来，还其本来的学术面目。其二，宋学的最大特点是用义理之学取代章句之学，对儒家经典的诠释由打破注疏到直接怀疑经文，学界大多数公认王安石是完成由章句之学向义理之学过渡的主要推手之一，但是这个过渡的中心环节在哪里？过去的研究多语焉不详，现今对《字说》的重新认识解开了这个迷雾。《字说》在宋学兴起发展过程中有着不可磨灭的功绩。

王安石变法研究

　　21世纪以来对于王安石变法的研究，有一个突出特点是注意对新世纪之前王安石及其变法的总结。2000年葛金芳等发表《近二十年来王安石变法研究评述》，2003年朱瑞熙发表《20世纪中国王安石及其变法的研究》，2004年李华瑞《王安石变法研究史》出版，基本理清了自南宋初以来九百年间各个时期各种讨论观点的来龙去脉。这些总结性的论著加速了王安石变法研究作为热点问题的降温，或可说是新世纪以来王安石文学、经学研究数量大大超过王安石变法研究的原因之一。

我个人对王安石变法的性质、范围再认识提出两点新思考：其一，自20世纪二三十年代重评王安石变法以来，传统的观点多是从阶级矛盾或社会矛盾发展的角度探讨王安石变法运动的兴起，把王安石变法作为社会矛盾发展的必然结果的观点仍然是现今大学和中学历史教科书中占主导地位的观点。然而社会矛盾复杂尖锐可以是改革者试图变法的理由，但并非必然导致变法，因为王安石变法之前所面临的三大社会矛盾，从宋真宗朝起，就一直贯穿于两宋的历史当中，如果要讲社会矛盾尖锐激化，也是在宋仁宗庆历年间和宋徽宗统治后期，乃至南宋的大部分时期，而宋神宗起用王安石之时恰恰是北宋社会矛盾相对较为平静的时期。所以除了社会矛盾这一大背景之外，是士大夫阶层变革力量的崛起与欲改变自宋真宗朝以来形成积弱局面的宋神宗的不谋而合："得君行道"直接促成的。其二，王安石变法有两个层面，一是当时最高统治者为改变长期积弱不振国势、缓和社会矛盾进行的一场政治自救运动，以富国强兵为主；二是一场士大夫们欲实践其回到三代政治理想的社会变革运动。特别是王安石从孟子的王道政治思想中受到启发，作为他观察社会、进行改革的出发点和理论依据。从南宋以来讨论王安石变法，多集中于讨论富国强兵，而对于回到三代政治理想的层面关注不多，实际上王安石执政以后采取的诸多新法和施政理念，贯穿了孟子政治理想的精髓。讲王安石及其变法需要将神宗与"绍圣"的哲宗、徽宗时期执行王安石政策措施一并给以考察，方能看到王安石学派践行孟子政治理想的全貌。

21世纪以来王安石变法研究有重要突破的是，将北宋后期新法流变做整体的考察，即国内外学界的研究有打破这种分割的趋势，也就是重视"绍述"父兄旧法的政治原则对哲宗、徽宗两朝政事的影响，并从徽宗重用蔡京的原因、收复河湟、党争演变、科举试题、新学等角度加以论证。

进入21世纪以来，对王安石变法评价的最大变化或者说最大进步，莫过于王安石变法整体评价已走出非此即彼的评价模式。也就是走出北宋后期的党争、20世纪以阶级斗争为纲的评价模式，心平气和、以事实为基础发表各自不同的意见。

具体研究的新进展表现在多方面：首先是在王安石生平事迹、家族及变法集团人物研究、王安石县政治理和鄞县经历有全面拓展，其次是研究王安石变法的视角有不同程度的新突破。这种突破既表现在对宋神宗在变法中的地位、作用及其与王安石关系的换位思考，对问题的拓展和过程细节的探讨，对王安石变法新旧党争与学术对立的重新认识，更表现在运用制度经济史学派的理论、从制度变迁与经济发展出发，从历史地理、地方区域、从现代新闻学角度等的观察视角解构辨析王安石变法的性质、范围，提出了许多发人深省的见解。

王安石变法失败的原因始和经验教训，始终是20世纪研究王安石变法最受关注的问题，同时也是看法最为纷纭的问题。我在《王安石变法研究史》总结20世纪前半叶讨论失败原因达11条之多，后半叶更多达14条，而进入21世纪以来，此问题的讨论超过20世纪的总和，达30多条。但是总体上看有关王安石变法失败原因、经验教训的讨论的大部分文章的学术含量偏低或者有很浓的非学术化倾向。

这些讨论把变法中出现的局部问题——"优点中的缺陷"上升到整体，无限夸大了"失败原因"因素的解构意义，对于一场大的社会改革运动的衡量不能只见木不见林。21世纪以来从现实角度研究王安石新法已大大超过梁启超的"借古喻今"，而成了"借今喻古"，这有三种表现在，一是在青苗法的研究中，跨学科的学者立足于现今农村金融体制改革，套用青苗法的借贷，不论是肯定还是否定，都会得出青苗法对现今正反适用性启发的观察。这类文章颇多，它已不仅是"损害学术内容"，而是滑向历史实用工具。二是不加分辨运用西方社科方法和历史理论，对号入座，凡不符合西方经济理论所讲求的大企业、小政府和自由贸易价值标准，一般都被指为失败的原因，或被严厉批判。三是从现代社会的价值标准苛求变法。这类看法不一而足，其研究已超出历史主义的范围，演化成对历史的拷问。总之，失败原因的讨论，非学术化倾向较严重，故我在文章中没有做具体介绍。

以上简要叙述了21世纪以来王安石及其变法研究的状况，由于资料分散，挂一漏万在所难免。通过上述谈几点感受：

第一，王安石及其变法得到全面铺开，王安石的文学、经学与变法得到同样的重视，这是此前一直未曾出现过的。王安石的经学研究逐渐后来居上，是21世纪以来王安石及其变法研究取得进展的最重要的标识。但是需要指出的是，由于特殊时代曾将旧经学作为封建文化而否定，从1949年到20世纪90年代差不多半个世纪已缺少从传统经学的角度审视和梳理王安石的经学及其思想，虽然不乏用西方哲学理论研究者，但是毕竟有隔靴搔痒之憾。所以反倒是中国台湾地区和域外学者研究和辑佚王安石经学论著资料多有创获。自90年代以来国内学者特别是年轻一代急起直追，但是经学断层的文化印记尚不能在短时间内消弭。

第二，王安石变法研究趋于理性，与党争心态、阶级斗争理论渐行渐远。鲜活的王安石形象越来越清晰地显现出来。大多数学人已能用平常心态对待过去的毁誉、恩怨、褒贬，这是王安石及其变法研究的进步所在。

第三，当然也必须指出，王安石及其变法研究仍持续了20世纪以来的"泛化"或"非学术化"倾向，这一方面是由于王安石本身兼具文学、经学、政治、财经多个面相，加之大起大落，话题广泛，议题多样；另一方面跨多学科研究王安石及其变法，大致在宋代历史人物中无出其右者，所以文学、史学、哲学、经济学、财政学、法律学、管理学诸学科的学人各取所需，或者各取一瓢，使得王安石研究似乎是一个什么都可以装的箩筐。而为现实政治服务一直是王安石及其变法研究未能脱俗的窠臼。同时，新法集团绝大多数成员的个人文集遗失不存，也是不能客观研究王安石及其变法的重要原因。

第四，他山之石可以攻玉。运用西方哲学、经济学、政治学、诠释学研究王安石及其变法可以说现今已蔚然成风，若从开启新视角而言，无疑对打开眼界、启迪思路，多元化多层次研究王安石及其变法是大有裨益的。但若从模式化、理论化、标准化去对号入座解构王安石及其变法，就会像昨日流逝的王安石时代到今日的距离越来越远，王安石被跨越时空看似很近其实更远，有时不免扪心自问现今某些论著中的王安石还是宋代的王安石吗？或者总感到中间有一层不能被捅破的窗户纸隔着。

第五，毋庸讳言，虽然王安石及其变法研究已取得令人瞩目的成绩，但是现今仍缺少对王安石及其变法的整体研究，迄今为止，尚未出现一部包括王安石文学、经学、变法及其时代整体、全面而有深度的研究著作。王安石研究的难度远远大于宋代历史人物中的任何一位。整体、全面观察王安石及其变法，需要具备精深的文学、经学和宋代历史研究素养，且在文史哲领域，即使不能像王安石那样取得一流的高水平的成就，至少应该是宋代文学、经学和历史领域的通家，庶几才可能真正全面登堂入室。

北宋儒学复兴运动的主将——曾巩

刘复生

（四川大学　历史文化学院）

北宋中期，儒学复兴思潮波澜壮阔地展开，其间人才辈出，灿若星河，名列"唐宋散文八大家"的曾巩是这场运动的一员主将。曾巩（1019—1083）字子固，建昌军南丰县（今江西南丰县）人，后称南丰先生。他在"古文"方面的突出成就多少掩蔽了他在其他方面的贡献，今人对曾巩的文章、文论研究较多，其他方面的关注则相对较少。[①] 曾巩去世后，同僚林希撰《曾巩墓志》称："公于经，微言粤旨，多所自得。一不蔽于俗学，随问讲解，以开学者之惑。其议论古今治乱得失贤不肖，必考诸道，不少贬以合世。其为文章，句非一律，虽开合驰骋，应用不穷，然言近指远，要其归必止于仁义，自韩愈氏以来，作者莫能过也。"[②] 揭示了曾巩不盲从注疏，追求经旨，一切以儒家之道为准则，以"仁义"为最终指向，是韩愈复兴儒学的继承者，充分肯定了他北宋文坛上的重要地位。虽推重有加，然犹有不足。笔者以为，曾巩在北宋儒学复兴运动中，在诸多方面都做出了杰出的贡献，以下从五个方面揭示这一主题并作简单分析。谨以此文纪念曾巩逝世940周年！

---

① 例如，1983年在江西召开的纪念曾巩逝世九百周年的论文集中，共收入20篇论文，除少数几篇研究曾巩生平和史学、哲学思想而外，有14篇都是研究他的散文诗歌的，此后的情况大体也是如此。江西省文学艺术研究所编：《曾巩研究论文集》，江西人民出版社1986年版。另，本文承李伟国先生指正，谨致谢忱！

② （宋）林希：《曾巩墓志》，《曾巩集》附录1《传记资料》，陈杏珍、晁继周点校，中华书局1984年版，第798页。

一　明道：曾巩的文史观

北宋中期，古文运动继中唐之后再度勃兴，这反映了文学复古与儒学复兴之间相与倚重的内在联系。按照古文运动先行者韩愈的意见，古文运动并不是单纯地恢复"古文"："思古人而不得见，学古道则欲兼通其辞，通其辞者，本志乎古道者也。"① 内容重于形式，曾巩正是这样一位"志乎古道"的古文家。他认为流行数百年的骈俪文，蔽塞了"圣人之道"，所以要"广开其辞"，让圣道"复明于世"，他说：

> 仲尼既没，析辨诡词，骊驾塞路。观圣人之道者，宜莫如于孟、荀、扬、韩四君子之书也，舍是醨矣。退之既没，骤登其域，广开其辞，使圣人之道复明于世，亦难矣哉。

而自己"努力文字间"，是基于"扶衰救缺之心"② 而非在那里玩弄文字。治平二年（1065），曾巩为英年早逝的友人王回（深父）文集作序，称赞他"破去百家传注，推散缺不全之经，以明圣人之道于千载之后，所以振斯文于将坠，回学者于既溺，可谓道德之要言，非世之别集而已也"③。在曾巩看来，王回之文以"明圣人之道"为要务，这就不同于一般的"别集"，其实这也是他夫子自道。时人论曾巩之文"必本于经"，"世谓其辞于汉唐可方司马迁、韩愈，而要其归，必止于仁义，言近指远，虽《诗》《书》之作者未能远过也"④，可谓推崇备至了。朱熹数赞曾巩之文，将之与欧阳修、王安石等人并列："江西欧阳永叔、王介甫、曾子固文章如此好。"又说："人要会作文章，须取一部西汉文，与韩文、欧阳文、南

---

① （唐）韩愈：《题哀辞后》，《全唐文》卷567，上海古籍出版社1990年版，第2543页。
② （宋）曾巩：《上欧阳学士第一书》，《曾巩集》卷15，中华书局1984年版，第231页。
③ （宋）曾巩：《王深父文集序》，《曾巩集》卷12，第196页。
④ （宋）曾肇：《曾巩行状》，《曾巩集》附录1《传记资料》，第791页。

丰文。"① 可见曾巩名列古文八大家，不是虚名。

不仅文章，曾巩还以"史学见称士类"，他是欧阳修门人，秉持乃师史以明道的基本观念。元丰四年七月，他被任命为史馆修撰等职，专典史事，主持整理典籍，特别注重对"名臣高士事迹遗文"的采集。② 曾巩认为，史学著述不应是单纯的历史记载，当以"明理""明道"为要务。他在《南齐书目录序》中说："将以是非、得失、兴坏、理乱之故而为法戒，则必得其所托，而后能传于久，此史之所以作也。"认为一部好的史著，关键是要有可当此任的史学家，不然不能彰显"殊功懿德"。该序以《二典》推明唐虞之治为例，提出了对"良史"的要求：

> 古之所谓良史者，其明必足以周万事之理，其道必足以适天下之用，其智必足以通难知之意，其文必足以发难显之情，然后其任可得而称也。
>
> 盖史者所以明夫治天下之道也。③

对史家提出了相当高的标准。曾巩在《梁书目录序》中，力辟释氏之失，强调以儒家"先王之道"为"天下之通道"，结语回到"史以明道"说：

> 学史者将以明一代之得失也。④

凡此均表明，曾巩对"文"和"史"的要求是一致的，都是要"明道"，文史一家，史亦文也。他校雠《陈书》后，撰有《陈书目录序》，对陈朝的兴亡作了如下评述："夫陈之为陈，盖偷为一切之计，非有先王

---

① （宋）黎靖德编：《朱子语类》卷139《论文》上，中华书局1986年版，第3315、3321页。
② （宋）韩维：《曾巩神道碑》，《曾巩集》附录1《传记资料》，第802页。
③ （宋）曾巩：《南齐书目录序》，《曾巩集》卷11，第187、188页。文中"二典"，指《尚书》中《尧典》《舜典》。
④ （宋）曾巩：《梁书目录序》，《曾巩集》卷11，第177页。

经纪礼义风俗之美、制治之法可章示后世。然而兼权尚计,明于任使,恭俭爱人,则其始之所以兴;惑于邪臣,溺于嬖妾,忘患纵欲,则其终之所以亡。兴亡之端,莫非自己致者。"陈朝虽无先世的遗泽,然而兢兢业业开创了新朝,而其速亡于腐败堕落,揭示其兴亡的原因,存之可以"为世戒",① 所以他认为史不可废,必揭示历史的治乱根由,才是为史之道。曾巩论"义近于史"的铭志说,"史之于善恶无所不书,而铭者,盖古之人有功德材行志义之美者,惧后世之不知,则必铭而见之"。只有"畜道德而能文章者"才能担当此任,但是"一欲褒扬其亲而不本乎理",② 这就走了样,明确提出了对史家的"道德"要求。

在唐代,编年体史书被边缘化。北宋中期,编年体重新受到推重,被认为最能体现史家明道的要求,因此,司马迁及《史记》受到苛责。曾巩认为司马迁于秦火之余,掇拾"善恶之迹、兴废之端"创纪传之文,虽可称奇,但更多的是指责:"蔽害天下之圣法,是非颠倒而采摭谬乱者,亦岂少哉?是岂可不谓明不足以周万事之理,道不足以适天下之用,智不足以通难知之意,文不足以发难显之情者乎?"③ 指责是相当严厉的,一旦"是非"不对,一切皆非,必以儒家道德作为最高标准,这与以治唐史著称的孙甫(998—1057)观念相近。孙氏在学界有"终岁读史,不如一日闻公(指孙甫)论"④ 的美誉,他对司马迁《史记》"破编年体,创为纪传"也颇不以为然,⑤ 可见一时的史学风气。孙甫去世后,曾巩撰《孙公行状》予以表彰。后来更有《资治通鉴》的问世,编年体史书得以复活,是儒学复兴思潮在史学上的一种表现。

---

① (宋)曾巩:《陈书目录序》,《曾巩集》卷11,第185页。
② (宋)曾巩:《寄欧阳舍人书》,《曾巩集》卷16,第253页。
③ (宋)曾巩:《南齐书目录序》,《曾巩集》卷11,第188页。
④ (宋)欧阳修:《居士集》卷33《孙公甫墓志铭》,《欧阳修全集》(据世界书局1936年版影印),中国书店1986年版,第234页。
⑤ (宋)孙甫:《唐史论断序》,吕祖谦编《宋文鉴》卷87,齐治平点校,中华书局1992年版,第1238页;曾巩《孙甫行状》,《曾巩集》卷47,第647—649页。

二 抨斥佛老"异端",构建儒家道统

北宋新儒对佛老"异端"有了比唐韩愈更多的认识,也有更深入的揭露,曾巩自然也不例外。在《兜率院记》中指出:"其始自汉魏,传挟其言者浸淫四出,抵今为尤盛。百里之县,为其徒者,少几千人,多至万以上,宫庐百十,大抵穹堉奥屋,文衣精食,舆马之华,封君不如也。"百姓劳苦,官府"常锢百货之利,细苦蓬芒",而对浮图却"反倾府空藏而弃与之",深以为"非古之制",那些说"其法能为人祸福者,质之于圣人无有也",自己虽然无力拒阻时人对释氏的趋附,但却"介然于心",很为不安①。该记是受佛徒之请而撰,故而委婉曲笔。撰《仙都观三门记》揭道宫之侈过度:"老子之教行天下,其宫视天子或过焉。"② 揭示了佛老耗费民力奢侈无度的危害。曾巩在《说非异》篇中也说道:"今者虞庠夏校之制未备,而塔庙丛于海宇,缘南亩、操机杼之民寡,而断发胡服之隶肩相摩、踵相交也。……崇奉之侈,古之未极者,今复尽行之矣。"③ 深为佛老之盛担忧。

在北宋,"华夷之辨"高涨,曾巩斥浮屠为"夷狄",即"断发胡服"之辈。《说非异》中说:

>浮屠崛起西陲荒忽枭乱之地,假汉魏之衰世,基僭迹,文诡辩,奋丑行。至晋梁,破正擅邪,鼓行中国。……妄然使天下混然不知是非治乱之所存,为言动居处皆变诸夷狄。

此前有石介《中国论》、欧阳修《本论》等名篇均持"内诸夏而外夷狄"之论,将佛老视为夷狄,是站在诸夏礼义文化的立场上而言的。曾巩

---

① (宋)曾巩:《兜率院记》,《曾巩集》卷48,第289—290页。
② (宋)曾巩:《仙都观三门记》,分别见《曾巩集》卷18、卷17,第289、274页。
③ (宋)曾巩:《说非异》,《曾巩集》卷51,第697—699页。

进一步揭示说:"佛之徒,自以为吾之所得者内,而世之论佛者皆外也,故不可诎。"佛徒以佛学为"内学",从内省中得到智慧,而斥教外之人没有入门。曾巩在该篇中极力证明,"圣人之内"早就存在了,只是没有被认识到。曾巩引《易》说,"智周乎万物而道济乎天下",圣人于智、道两得,而包括佛家在内的"百家","知足以知一偏而不足以尽万事之理,道足以为一方而不足以适天下之用",故而两失,而佛徒"自以为吾之所得者内,亦可谓妄矣!"① 不过曾巩没有深入讨论佛教之内学问题。

为消解佛老的影响,唐韩愈说要"人其人、火其书,庐其居",宋儒显然要温和一些。如李觏提出"禁修寺观,则已度者不安其居而或罢归矣"②。这是让其自然消解的办法。曾巩在《说非异》篇中,也提出类似的办法,"为今之策,先民所谓复其人,庐其居,明先王之道以导之。出于中计,斥祷祠之末,制厌胜之鬼,学自上先焉。场庙勿新也,诵试勿数也,冠而隶籍,五百髡其一人"。减少剃度,逐渐使之弱化。他提出,应该把"邪说"放在光天化日之下,"使当世之人皆知其说之不可从,然后以禁,则齐;使后世之人皆知其说之不可为,然后以戒,则明,岂必灭其籍哉?放而绝之,莫善于是"③,不赞同采取"灭其籍"的方法。面对"民贫而且不安",他以"裕民"为"当世之急",认为"靡靡然食民之食者,兵、佛、老也",解决的方法不能操之过急:"佛老也,止今之为者,旧徒之尽也不日矣,是不召怨与戾而易行者也。"④

为对抗佛老,韩愈构建了儒家的道统,这给宋代新儒们带来了深沉的思考。各家所言道统自孟子以上无异词,孟子之后则因学术思想的差异而各有不同。曾巩在多篇文章中谈到道统问题,他说:周之末世,私学蜂起,后世之人不复知"学之有统、道之有归"。汉兴,"先王之道为众说之

---

① (宋)曾巩:《梁书目录序》,《曾巩集》卷11,第177页。
② (宋)李觏:《富国策》第4,《李觏集》卷15,王国轩校点,中华书局1981年版,第138页。
③ (宋)曾巩:《战国策目录序》,《曾巩集》卷11,第184页。
④ (宋)曾巩:《上欧阳舍人书》,《曾巩集》卷15,第235页。

所蔽，暗而不明，郁而不发"①，重建道统成为新儒者的重要任务。认为仲尼没后，"析辨诡词，骊驾塞路，观圣人之道者，宜莫如于孟、荀、扬、韩四君子之书也"②，是以四君子为道统的承绪人。曾巩特别推崇扬雄，说是汉兴以来，"而能纯于道德之美者，扬雄氏而止耳"。另一篇序文中也说："世既衰，能言者益少。承孔子者，孟子而已。承孟子者，扬子而已。"③ 扬雄是否应列入儒家道统有不少争议，各抒己意，正是新儒学兴起时的特点。在宋代，韩愈被追尊为儒家道统的继承人，欧阳修说："韩氏之文之道，万世所共尊，天下所共传而有也。"④ 其后，欧阳修几乎成为新儒的"共主"，被誉为"今之韩愈"，⑤ 曾巩赞誉欧阳修说："好贤乐善，孜孜于道德，以辅时及物为事，方今海内未有伦比。其文章、智谋、材力之雄伟挺特，信韩文公以来一人而已。"⑥ 构建儒家道统成为新儒们的流行话题，是北宋中期儒学复兴的特征之一，曾巩积极参与了重建道统的努力。

三 呼唤"古人教学意"

"教必本于学校，进必由于乡里"是传说中的三代教学和官员选拔制度，宋儒憧憬着这一理想图景，如范祖禹说，这是自尧、舜、三代以来"六七圣人所不易"的原则，甚至认为当时实行的"设科取士"制度也不过"出于一时之苟且"⑦，最终应走向三代制度。

唐末至宋初，官学废弃，书院兴起，曾巩说："五代学校不修，学者多各从其师，是以庐山有白鹿洞书院，嵩阳、岳麓亦各有书院。"书院是

---

① （宋）曾巩：《新序目录序》，《曾巩集》卷11，第176页；
② （宋）曾巩：《上欧阳学士第一书》，《曾巩集》卷15，第231页。
③ （宋）曾巩：《王容季文集序》，《曾巩集》卷12，第199页。
④ （宋）欧阳修：《居士外集》卷23《记旧本韩文后》，《欧阳修全集》，第536页。
⑤ （宋）朱熹：《宋名臣言行录》卷1之1，《四部丛刊》本，第59页。
⑥ （宋）曾巩：《上欧阳学士第二书》，《曾巩集》卷15，第233页。
⑦ （宋）吕公：《上神宗答诏论学校贡举之法》，赵汝愚编：《宋朝诸臣奏议》卷78，北大中古史中心校点整理，上海古籍出版社1999年版，第852页。

私学，是官学废弛的一种补充。仁宗时期，由政府兴办的官学在各地普遍兴起，书院的活动已不多见，"庠序之教兴，而所谓书院者，未之或闻矣"①。曾巩盛赞兴学之举，撰宜黄县、筠州二学记，揭示兴学的"古意"和意义。宜黄县（今属江西抚州）于皇祐元年（1049）立县学，曾巩撰《宜黄县县学记》记其事，其中云：

  古之人，自家至于天子之国皆有学，自幼至于长，未尝去于学之中。
  盖凡人之起居、饮食、动作之小事，至于修身为国家天下之大体，皆自学出，而无斯须去于教也。
  故其俗之成，则刑罚措；其材之成，则三公百官得其士；其为法之永，则中材可以守；其入人之深，则虽更衰世而不乱。②

此谓三代之治，风俗醇美，政治昌明，皆自学出。周衰之后，一张理想的图景给撕破了。谈及庆历兴学振而复废，表彰了宜黄县令兴学之举。

又，筠州（今江西高安市）地僻，至治平三年（1066）才在知州董仪、通判州事郑鄩的主持下建学，曾巩撰《筠州学记》记其事。文中说：汉代的"六艺出于秦火之余，士学于百家之后"，故而杂染各种异说，"乱于百家、蔽于传疏"，先王之道不明，"自此至于魏晋以来，其风俗之弊，人材之乏久矣"；而今有"明先王之道"者起，"不乱于百家，不蔽于传疏"，"此汉之士所不能及"。曾巩强调，"《大学》之道，将欲诚意正心修身，以治其国家天下，而必本于先致其知"，而这就必须"有庠序养成之法"③。曾巩两《学记》揭示了宋代新儒者想象的士由学校出的必由之路，受到理学大家朱熹称赞："南丰作宜黄、筠州二《学记》好，说得古人教学意出。"④ 以复古为创新，学校的重建是北宋儒学复兴运动的一大成就。

---

① （宋）曾巩：《隆平集》卷1"学舍"条，王瑞来校证本，中华书局2012年版，第58页。
② （宋）曾巩：《宜黄县县学记》，《曾巩集》卷17，第281页。
③ （宋）曾巩：《筠州学记》，《曾巩集》卷18，第300—301页。
④ （宋）黎靖德编：《朱子语类》卷139《论文》上，中华书局1986年版，第3314页。

曾巩还撰有《说学》，揭示新儒认定的"教"之本质说：古代的乡党之学"有司施用十有二教，举用六德六行六艺，节用五礼六乐，纠用八刑，论用其乡之老，其体惟以化民成俗为教之意"①。后世乡党之制废，学校虽存但并无古意，恢复三代的"教之之意"并以之化民成俗，才是"教"的终极意义。曾巩说，古代学士要学习五礼、六艺，"其于家有塾，于党有庠，于乡有序，于国有学，于教有师，于视听言动有其容，于衣冠饮食有其度，几杖有铭，盘杅有戒"②。这是他理想中的教育，这是新儒们的共同理想。如同时代陈襄所言，"学校之设非以教人为辞章、取禄利而已，必将风之以德行道艺之术，使人陶成君子之器而以兴治美俗也"③。王安石也说："古之取士，皆本于学校，故道德一于上而习俗成于下，其人材皆足以有为于世。"④ 新儒们对学校培养人才、改变风俗寄予了极大的希望。

庆历时兴置太学，时人予以极大期望。曾巩撰《太学》篇云："向者国家兴学校自京师始，天下之人倾耳而听，竦目而视，其皆以为三代之治复起于今日，而今日之治复于三代也。"认为后来学未达到预期的效果是"官师非其人，措置非其宜"而非太学之过。⑤ 与兴学大体同步的科举制度也出现了新的气，其中设立明经科，曾巩认为"使通于圣人之意者得申其学"，肯定时人孙觉之说，此科本意在于变革"学究、诸科多不通经义而猥以记诵为工"的陋习，⑥ 明经科的设置乃考试重视儒经"大义"合乎逻辑的发展。

科举改革中，从以诗赋定去留到罢诗赋，代之以策、论。诗赋被认为"无用于世"，而"策问之试，使明于治乱之体者得毕其说"⑦。真宗时进士科兼考策论，已开始了这一缓慢的变化过程。庆历"精贡举"先策论后

---

① （宋）曾巩：《说学》，《曾巩集》辑佚，第737页。
② （宋）曾巩：《相国寺维摩院听琴序》，《曾巩集》卷13，第211页。
③ （宋）陈襄：《杭州劝学文》，《古灵集》卷19，文渊阁《四库全书》，第1093册，第654a页。
④ （宋）王安石：《乞改科条制札子》，《临川集》卷42，《四部备要》本，上海中华书局1936年版，第278页。
⑤ （宋）曾巩：《太学》，《曾巩集》，第742页。
⑥ （宋）曾巩：《曾巩集》辑佚《策问一十道》，第766页。
⑦ （宋）曾巩：《曾巩集》辑佚《策问一十道》，第766页。

诗赋，是这一变化的转折点。去"无用"之学，把考试与"时务""治国治民"之道结合起来，得到曾巩的充分肯定。

四 "王道"理想的追求

北宋中期，社会矛盾日益严重。而对危机四起、内外交困的严峻局面，朝野士人努力探寻解救之道。从庆历新政到王安石变法，改革的领导者范仲淹、王安石都反复强调"兴复古道"，强调效法"先王之典""圣人之教"，代表了士人对儒家"王道"政治理想的追求。

曾巩是推动改革的参与者，他曾向欧阳修推荐王安石说，这是位"古今不常有"之人，"进之于朝廷，其有补于天下"①，期许相当高。他曾上疏议经费，受到神宗肯定："巩以节用为理财之要，世之言理财者，未有及此。"② 以"节用"为要，理财观念与司马光相近。曾巩又说："近士学士，饰藻缋以夸诩，增刑法以趋向，析财利以拘曲者，则有闻矣。"③ 曾巩在仕途上未能"大用"，并不妨碍他对理想社会的追求。曾巩说："成、康殁而民生不见先王之制，日入于乱，以至于秦，尽除前圣数千载之法。"④ 所以恢复先王之制是十分要紧的大事，"祖述尧舜，宪章文武"本为儒家所尚。不过在改革过程中，新儒们对先王之制的想象并不相同。

曾巩指斥汉代"多用秦法"，曾言"有志于卑汉唐之治，而欲比迹于唐虞三代之盛"⑤。撰《唐论》言唐太宗"得失"云：

> 夫有天下之志，有天下之材，又有治天下之效，然而不得与先王并者，法度之行，拟之先王未备也；礼乐之具，田畴之制，庠序之教，拟

---

① （宋）曾巩：《上欧阳舍人书》，《曾巩集》卷15，第237页。
② 《宋史》卷319《曾巩传》，中华书局1977年版，第10390页。
③ （宋）曾巩：《上欧阳学士第一书》，《曾巩集》卷15，第231页。
④ （宋）曾巩：《唐论》，《曾巩集》卷9，第140页。西周文王、武王之后的成王、康王时代被认为是"刑措四十年"的治世，称为"成康之治"。
⑤ （宋）曾巩：《拟代廷试进士策问一》，《曾巩集》卷26，第407页。

之先王未备也;躬亲行阵之间,战必胜,攻必克,天下莫不以为武,而非先王之所尚也;四夷万里,古所未及以政者,莫不从,天下莫不以为盛,而非先王之所务也。太宗之为政于天下者,得失如此。①

这已经不是单纯的总结前朝成败兴衰了,是借唐初之政来抒发对"王道"理想的追求。虽然说卑汉唐之治,但对初唐之政并不完全否定。如对唐初推行的均田制,认为"以口分永业为授田之法,以租庸调为敛财役民之制,虽未及三代之政,然亦庶几乎先王之意矣","惜其不复行"②。曾巩对中唐而后至五代的评判是极为严厉的:"盖唐之敝,自天宝已后,纪纲寖坏,不能自振,以至于失天下。五代兴起,五十余年之间,更八姓十有四君,危亡之变数矣。"曾巩盛赞宋初之政,认为太祖"以生民为任,故劝农桑,薄赋敛,缓刑罚,除旧政之不便民者,诏令勉核相属,推其心,无一日不在百姓也",可为后世之法。其受天下,"与舜受之尧,禹受之舜,其揆一也"。认为其功业超过了汉唐,"自三代以来,拨乱之主,未有及太祖也",又盛赞立国以来一百二十年的"上下和乐"之政。③ 该文撰于元丰二年(1079),宋神宗主持变法的第二年,与其说曾巩是在颂扬太祖,不如说是在提醒当局沿宋初之政,不要擅自变更祖宗之法。

对北宋前五朝过高评价,有针对元丰之政的需要,此可不论。卑视汉唐,则是有更高的期许,是对先王之治的追求。曾巩撰《洪范传》,阐述了自己对王道社会的愿景,须依上帝赐予禹的"洪范九畴"行事才是正道。该篇对可为"天下之用"的五行、五事、八政、五纪、皇极、三德、稽疑、庶徵、福极九条大法一一作了分析,最后总结说:

> 人君之于五行,始之以五事,修其性于己。次之以八政,推其用于人。次之以五纪,协其时于事。次之以皇极,谨其常以应天下之

---
① (宋)曾巩:《唐论》,《曾巩集》卷9,第140页。
② (宋)曾巩:《唐令目录序》,《曾巩集》卷11,第189页。
③ (宋)曾巩:《进太祖皇帝总序并状》,《曾巩集》卷10,第171—174页。

故,而率天下之民。次之以三德,治其中不中,以适天下之变。次之以稽疑,以审其吉凶于人神。次之以庶徵,以考其得失于天。终之以福极,以考其得失于民。

《洪范》末篇说的"福极",即五福六极,人民的寿、富、康宁、所好德、考终命五种幸福和凶短折、疾、忧、贫、恶、弱等六种灾难,曾巩说:"福极者,人君所以考己之得失于民。福之在于民,则人君之所当向;极之在于民,则人君之所当畏。"① 进而得出结论认为:《洪范》九畴就是二帝三王用来"治天下"的大法,这是万世不易之道。卑视汉唐,直追三代,寄托着新儒的"王道"理想,是北宋中期儒学复兴运动中的一大特点。《洪范》是儒者心中的治国大法,宋儒解读者众,表达了对先王之治即王道政治的不同理解。朱熹盛赞曾巩的《洪范论》说:"五福六极,曾子固说得极好。《洪范》,大概曾子固说得胜如诸人。"②

五 对"性理"命题的探索

综上所述可以看出,曾巩是北宋中期儒学复兴运动的积极参与者和鼓动者,他的许多议论,例如对"性理"的阐释,与程朱等人有相通的一面。陈植锷在《北宋文化史述论》中,将宋学的发展分作义理之学和性理之学两个阶段,但是两个阶段不是截然两分的,在北宋中期,许多儒者都开始了对性理的探讨,曾巩较早地参与讨论了这个极富思辨的命题。

北宋中期,对《论语·公冶长》所载子贡所记"夫子之言性与天道,不可得而闻也",诸儒间发生了争论。欧阳修说:"性,非学者之所急,而圣人之所罕言也。"③ 司马光也说:"性者,子贡之所不及;命者,孔子之

---

① (宋)曾巩:《洪范传》,《曾巩集》卷10,第169页。
② (宋)黎靖德编:《朱子语类》卷79,中华书局1986年版,第2051页。
③ (宋)欧阳修:《居士集》卷47《答李诩第二书》,《欧阳修全集》,第319页,此文是回答李诩向欧阳修展示所著《性诠》三篇而作的,李诩《性诠》今佚。有趣的是,在"性学"流行的明代,有张自烈者,撰《与古人书》,其中有《与欧阳永叔论性书》,以欧阳修非是云云。

所罕言。"① 理学家们强调"性与天道"问题的重要性。张载指说它是孔子"居常语之",② 程颐说:夫子所言的这段话,"惟子贡亲达其理,故能为是叹美之辞,言众人不得闻也"③。曾巩没有直接讨论这个命题,但多篇文章都谈到了"性理"问题,主张由内而外,先修身养性,然后方能化之天下。曾巩《尚书传》,一一阐释"洪范九畴",对其中水、火、木、金、土"五行"的性能,历来阐释人言殊异,宋人疑经,追求义理,新意别出。如王安石撰《洪范传》,认为自然自有规律可寻,以五行为天地万物的元素。曾巩著《洪范传》,对"五行"的解释说:"其在人为五事","五事敬则身修矣,身修然后可以出政","敬,本诸心而见诸外";认为所言"皆人君之道,其言不可杂,而其序不乱也";"人君之于五行,始之以五事,修其性于己"。强调人君的修性问题,亦近于理学家。

曾巩曾到相国寺维摩院听琴,其后抒发了一通乐以"养性"的感叹。他说:"盖乐者,所以感人之心,而使之化,……乐者非独去邪,又所以救其性之偏而纳之中也。"④ 而佛教徒以释氏之学为"内学",曾巩认为,养性就是"内学",圣人早已有之,这是佛徒不能懂的。儒者之内,在于"穷理"而"致知"之思,内心强大,则外物不能加累于己。"尽其性",至于"诚",推而化之天下,则"与天地参矣",这是"吾之用"。而"吾之道"为天下之通道,礼义人伦莫不出于"人情",也莫不出乎"人理",⑤ 这与二程发明的"天理"已经非常接近了。达到内"圣"的境界,则可施之于"外",就是所谓"内圣外王"之说,尽管它的内涵与理学家所说不尽一致。曾巩孜孜以求者,在于"三才万物之理,性命之际","求

---

① （宋）司马光:《论风俗札子》,原载《司马公文集》卷45,引自曾枣庄、刘琳主编《全宋文》第1200卷。此《札子》前序称:撰于熙宁二年,元丰八年司马光发书笼得此札子时说:"观今日之风俗,其言似误中。"
② （宋）张载:《张子语录》上,载《张载集》,中华书局1978年版,第307页。
③ （宋）程颐:《河南程氏外书》卷6,王孝鱼点校《二程集》,中华书局1981年版,第381页。
④ （宋）曾巩:《相国寺维摩院听琴序》,《曾巩集》卷13,第211页。
⑤ （宋）曾巩:《梁书目录序》,《曾巩集》卷11,第178页。

其放心，伐其邪气，而成文武之材，就道德之实"①，实际上就是追求人性与天道的统一，养成圣人气象，认为这个难于达到的目标要靠长期的修养。

曾巩谈到"礼"的本质说："夫礼者，其本在于养人之性，而其用在于言动视听之间。使人之言动视听一于礼，则安有放其邪心而穷于外物哉？"他认为古今之变不同，但"其要在于养民之性，防民之欲者，本末先后能合乎先王之意而已"②，此亦近理学家天理人欲之辨。元初理学家刘埙说，濂洛诸儒未出之前，曾巩"议论文章根据性理"：

> 论治道则必本于正心诚意，论礼乐则必本于性情，论学必主于务内，论制度必本之先王之法。其初见欧阳公之书，有曰明圣人之心于百世之上，明圣人之心于百世之下，又曰趋理不避荣辱利害，其卓然绝识，超轶时贤。先儒言欧公之文纡余曲折说尽事情，南丰继之加以谨严，字字有法度。此朱文公评文专以南丰为法者，盖以于其周程之先首明理学也。③

此说自然有一定道理，但理学家并不把曾巩看作是同道，说曾巩"首明理学"是难成定论的。④

实际上，曾巩的思想与程朱之间还是有相当距离的，程朱在建构理学道统时，曾巩并没有受到特别关注，甚至不如胡瑗、孙复、石介"庆历三先生"受理学家的推尊，⑤ 曾巩所推重的扬雄等人也被摒于理学道统之外。

---

① （宋）曾巩：《相国寺维摩院听琴序》，《曾巩集》卷13，第211页。
② （宋）曾巩：《礼阁新仪目录序》，《曾巩集》卷11，第181页。
③ （元）刘埙：《隐居通议》卷14《文章》2"南丰先生学问"条，清海山仙馆丛书本。
④ 参见王水照《曾巩散文的评价问题》、成复旺《"明道"说的深化，"义法"论的先导——说曾巩的古文理论》，江西省文学艺术研究所编：《曾巩研究论文集》，江西人民出版社1986年版，第15—17、86页。
⑤ 黄震说："宋兴八十年，安定胡先生、泰山孙先生、徂徕石先生始以其学教授，而安定之徒最盛，继而伊洛之学兴矣。故本朝理学虽至伊洛而精，实自三先生而始，故晦庵有'伊川不敢忘三先生'之语。"黄震：《黄氏日抄》卷45，戴建国主编：《全宋笔记》第10编第9册，大象出版社2018年版，第347页。

叶适说曾巩"文与识皆未达于大道"①，自可看作出于"道不同"之故。曾巩所处的时代，对"性、命、理、情"等命题的探讨成为时髦的话题，不止曾巩，王安石、苏轼、程颐、张载等人都喜言说，或深或浅，各家解说并不相同。虽然朱熹对曾巩之文多有推赞之语，但说曾巩文"只是关键紧要外，也说得宽缓不分明。缘他见处不彻，本无根本工夫，所以如此"②。刘埙（1240—1319）所处的时代，理学受到尊崇，他是曾巩的同乡，借此抬高乡贤前辈，这是可以理解的。与程朱理学的关系不是评价人物的标准，可暂置勿论。曾巩生活的北宋中期，学术思想界呈百花齐放的局面，《宋史》本传称曾巩"卓然自成一家"，这是恰当的评语，这不仅在"文"上，也表现在北宋中期思想文化领域的其他方面，他是北宋儒学复兴运动当之无愧的一员主将。

---

① （宋）叶适：《习学记言序目》卷50《皇朝文鉴·杂著》，中华书局1978年版，第755页。
② （宋）黎靖德编：《朱子语类》卷139《论文》上，第3313—3314页。

"当时大本从忠谏"
——以王安石与赵抃切入的宋代士大夫政治关系考察

王瑞来
（日本学习院大学　东洋文化研究所）

引　言

在熙丰变法的初期，王安石与赵抃在朝廷同为相当于副宰相的参知政事，对于一些政见，主张颇有不同。因此，赵抃一直被视为变法的反对派。其实，应当跳出以变法赞否划线的定势思维，置于士大夫政治的背景之下，来审视士大夫之间的政治关系。从这一视点进行审视，王安石与赵抃的关系，便成为一个很好的考察样板。

通过考察，可以观察到当时士大夫间的政治关系，即使政见不同，也并非像后世想象的那样恩仇分明而水火不容，这是因为他们拥有的是儒学思想所铸就的共同理念。争执尽管也掺杂有个人情感在内，但多是出于在施政方式技术层面的正常之争。然而，关于宋代士大夫之间政治关系的这一面相却很少纳入研究者的考察视野。有鉴于此，以王安石与赵抃的关系为例，略加述论。

一　变法之前的交集

王安石与赵抃在仁宗朝后期就已经开始共事。《宋会要》载："（嘉祐）五年八月六日，命右司谏赵抃、直集贤院王安石、郑獬、集贤校理滕甫考试开封府举人,殿中侍御史陈洙、直秘阁司马光、秘阁校理李大临、集贤校理杨绘考试国子监举人,左正言王陶、秘阁校理裴煜考试锁厅举人。"① 据此可知,这一年八月命赵抃担任开封府举人考试的考官,排在赵抃之后的,还有直集贤院王安石,同日任命担任国子监举人考试考官的还有司马光。八、九年后熙丰变法的风云人物,在这里已经作为临时同事相遇了。

第二年嘉祐六年(1061)的殿试,赵抃又临时跟司马光、王安石短期成为同事。赵抃担任殿试名次的编排官,司马光担任进士初考官,王安石担任复考详定官。② 过去制度规定,或从初考、或从复考定等,详定官不得擅自决定考生的登第。正是这次殿试,作为详定官的王安石,认为初考、复考都不允当,另选一人作为状首,改变了规矩。同时代的沈括将这件事记载了下来:"嘉祐中进士奏名讫,未御试,京师妄传王俊民为状元,不知言之所起,人亦莫知俊民为何人。及御试,王荆公时为知制诰,与天章阁待制杨乐道二人为详定官。旧制,御试举人,设初考官先定等第,复弥之,以送覆考官再定等第,乃付详定官,发初考官所定等以对覆考之等,如同则已,不同则详其程文,当从初考或从覆考为定,即不得别立等。是时王荆公以初、覆考所定第一人皆未允当,于行间别取一人为状首,杨乐道守法,以为不可,议论未决。太常少卿朱从道时为封弥官,闻之,谓同舍曰:'二公何用力争,从道十日前,已闻王俊民为状元,事必前定,二公恨自苦耳。'既而二人各以己意进禀,而诏从荆公之请,及发封,乃王俊民也。详定官得别立等自此始,遂为定制。"从此"详定官得别立等"就成了定制。③

得以遂愿的王安石,写诗说道:"汉家故事真当改,新咏知君胜弱

---

① (清)徐松辑,刘琳、刁忠民、舒大刚、尹波等点校:《宋会要辑稿》选举19之13,上海古籍出版社2014年版,第5627页。
② (宋)刘昌诗撰,张荣铮、秦呈瑞点校:《芦浦笔记》卷5《赵清献公充御试官日记》,中华书局1986年版,第254页。
③ (宋)沈括撰,金良年点校:《梦溪笔谈》卷1《故事》,中华书局2015年版,第7页。

翁。"① 与此适成对照的是，在真宗天禧三年的殿试时，陈尧佐与陈执中作为编排官变动考生等次，则遭受了降一官的处分。② 后来，作为参知政事的赵抃，与王安石在变法问题上有分歧，可能从此时便对王安石的擅作主张有了不好的看法。

除了直接共事，王安石与赵抃还有间接的文字缘。嘉祐七年（1062）七月十九日，朝廷下达新的任命，右司谏、知虔州赵抃为礼部员外郎兼侍御史知杂事。③ 时任皇帝秘书的知制诰王安石，起草了委任状《右司谏赵抃礼部员外郎兼侍御史知杂事制》。制词以皇帝的口吻说，御史作为皇帝的耳目，如果不是工作了很长时间，并且又很称职，是不会任命为侍御史知杂事的。由于你曾经担任过言官，表现很好，舆论评价不错，因此升迁为郎官，安排在这个位置。④

嘉祐八年三月二十九日，在位四十年的仁宗驾崩。四月一日，英宗即位。王安石的文集中收录有他作为知制诰起草的《三司盐铁副使陈述古朝奉大夫司封郎中三司度支副使赵抃户部员外郎加上轻车都尉权三司户部副使张焘朝散大夫刑部郎中制》的制词："敕某人等：朕初嗣位，奉行先帝故事，不敢有废也。具官某等，行义称于世，才能见于朝，佐国大计，为功多矣。序迁位等，其往钦哉！可。"⑤ 从制词中"朕初嗣位"的表达看，制词的发布时间是在四月。

任免制词尽管是以皇帝的名义和口吻，但往往反映的是执笔词臣的认识与评价。从上述两通王安石起草的制词看，王安石对他没有过多接触的赵抃印象并不坏。

在仕途上，赵抃是王安石的前辈。进入政治核心担任参知政事，赵抃

---

① （宋）王安石撰，刘成国点校：《王安石文集》卷18《详定试卷二首》之二，中华书局2021年版，第295页。

② （宋）李焘撰，上海师范大学古籍整理研究所、华东师范大学古籍整理研究所点校：《续资治通鉴长编》（以下简称《长编》）卷93，天禧三年三月己卯，中华书局2004年版，第2140页。

③ 《长编》卷197，嘉祐七年七月甲子，第4769页。

④ 《王安石文集》卷49《右司谏赵抃礼部员外郎兼侍御史知杂事制》，第815页。

⑤ 《王安石文集》卷50《三司盐铁副使陈述古朝奉大夫司封郎中三司度支副使赵抃户部员外郎加上轻车都尉权三司户部副使张焘朝散大夫刑部郎中制》，第833页。

也比王安石早。赵抃在成为参知政事的第二天，就遇到了一件跟王安石有关的事。宰相与执政大臣一起讨论让王安石担任御史台长官御史中丞的人事议案。同为参知政事的张方平说，御史中丞是执掌国家的全面监察，王安石常常以儒学经典的名目处理事务，自视很高，不宜把他放在监察的位置上。在张方平的这一番话之后，张方平行状记载说，"赵公抃亦以为然"。意即赵抃也是这样认为的。这等于是表示跟张方平拥有同样的认识。由于班子中有两个人表示了反对意见，这一议案便成了废案，王安石没有当上御史中丞。① 赵抃并不是简单地附和张方平的意见。他曾几次跟王安石有过共事的机会，特别是在嘉祐六年那次一起参与殿试考试，王安石作为详定官擅自改动考生名次的事，一定也给赵抃留下了很深的印象。

宰臣共同讨论御史中丞的人事任用，也从政治运行实态的一面，透露出本应由皇帝本人掌握的言官人事权，在士大夫政治的背景下，实际上是由宰相以及执政大臣主宰的。这也可以说明，何以言官往往会成为宰相的鹰犬，而不可能作为一个独立的力量存在，就因为言官实际上已经是相权的延伸了。

熙宁二年（1069）二月，王安石出任参知政事。十月，赵抃曾经激烈弹劾的陈升之再度担任宰相，执政集团的构成逐渐复杂起来。②

作为参知政事，赵抃与王安石开始了较长时间的共事。在共事期间，两人遇到这样一件事。赵抃在当年担任殿中侍御史时，弹劾宰相陈执中，时任谏官的范镇不仅没有像其他台谏那样配合，还有奏疏为陈执中回护，让赵抃很生气，曾经上疏激烈抨击范镇。解释无效的范镇也回击过赵抃的抨击。两个人的这段纠葛，朝野皆知。赵抃担任参知政事后，跟范镇也有过节的王安石，多次在神宗面前诋毁范镇，并且说，陛下不相信的话，可以问问赵抃，就知道范镇是什么样的人了？于是，有一天神宗果真问了赵

---

① （宋）张方平撰，郑涵点校：《张方平集》附录王巩《文定张公乐全先生行状》载："至政府之次日，宰臣议以王安石补御史中丞，公曰：'御史中丞秉国宪度，安石以经术为名，自处高，难居绳检之地。'赵公抃亦以为然，竟止。"中州古籍出版社1992年版，第821页。

② （元）脱脱等撰，中华书局编辑部点校：《宋史》卷211《宰辅表》，中华书局1985年版，第5485页。

抃。赵抃回答说,范镇是忠臣。神宗又问,你怎么知道他是忠臣?赵抃举例说道,在嘉祐初年的时候,仁宗生病,范镇首先请求立太子来安定社稷,这难道不是忠心耿耿吗?仁宗立的英宗,就是神宗的父亲,所以赵抃的话很能打动神宗。赵抃说这番话时,王安石也在场。过后,王安石问赵抃,你不是跟范镇有过节吗?赵抃回答说,我不敢以个人的私怨来损害国家的事情。这件事来自司马光的记载:"至和中,范景仁为谏官,赵阅道为御史,以论陈恭公事有隙。熙宁中,介甫执政,恨景仁,数讦之于上,且曰:'陛下问赵抃,即知其为人。'他日,上以问阅道,对曰:'忠臣。'上曰:'卿何以知其忠?'对曰:'嘉祐初,仁宗违豫,镇首请立皇嗣以安社稷,岂非忠乎?'既退,介甫谓阅道曰:'公不与景仁有隙乎?'阅道曰:'不敢以私害公。'"① 被司马光记录下来的赵抃"夫子自道",很能反映出赵抃宽广的胸怀。

同一件事,叶梦得的记载更为具体:"赵清献为御史,力攻陈恭公,范蜀公知谏院,独救之。清献遂并劾蜀公党宰相,怀其私恩;蜀公复论御史以阴事诬人,是妄加人以死罪,请下诏斩之,以示天下。熙宁初,蜀公以时论不合求致仕,或欲遂谪之,清献不从。或曰:'彼不尝欲斩公者耶?'清献曰:'吾方论国事,何暇恤私怨。方蜀公辩恭公时,世固不以为过。'至清献之言,闻者尤叹服云。"当赵抃为范镇回护时,有人问,当时范镇不是主张将你斩首吗?赵抃回答说,我上疏议论的是国家大事,哪有功夫考虑个人恩怨。再说范镇的争辩,当时人们也并不认为有什么错。这一记载不仅体现了赵抃的胸怀,还反映了他事后的反省精神。因此,赵抃的回答,让听的人很叹服。②

赵抃与范镇即使是有过激烈的冲突,但由于只是政见分歧,并没有让两人一直势同水火,老死不相往来。在范镇晚年退休后,再度知杭州的赵抃曾写有《寄致政范镇郎中》:

---

① (宋)司马光撰,邓广铭、张希清点校:《涑水记闻》卷14,中华书局1989年版,第286页。
② (宋)叶梦得撰,侯忠义点校:《石林燕语》卷7,中华书局1984年版,第103页。

> 分携常忆禁门东，四见光阴换岁筒。
> 白玉堂吉辞旧相，青城山里访仙翁。
> 当时大本从忠谏，此日长年益道风。
> 应惜西湖犹未到，近来同赏有三公。①

诗中不仅回忆了当年将近四年同在朝廷的往事，还指出"当时大本从忠谏"，意即二人的纠纷都是出以公心。这句诗的表述，也同样反映了赵抃对当年冲突的反思。在跟年长的当年同僚参知政事赵概在杭州欢聚时，范镇没有同在，赵抃也流露出十分遗憾。

赵抃与范镇的关系，其实也是宋代士大夫之间正常关系的典型写照。

二 变法中的纷争

成为参知政事后，作为首相的曾公亮送给赵抃一幅维摩居士像。为此，赵抃赋诗答谢云：

> 问答众口徒纷纷，争入菩萨不二门。
> 金毛狮子不敢吼，不嘿不见维摩尊。
> 维摩之尊无异相，潞州传出毗耶像。
> 相公村与知非子，挂向壁间看榜样。②

曾公亮封为鲁国公在熙宁二年十月，由诗题称"曾鲁公"可知，此诗之作，正在变法之时。诗中虽然吟咏的是佛教故事，但所言"众口徒纷纷"则是现实的折射，所指正是王安石变法所掀起的轩然大波。

在废除荐举法之后，御史荐举的制度还保留着。熙宁二年，王安石说，御史荐举的规定太琐碎，所以很难选拔出合适的人才担任。并且说，

---

① （宋）赵抃：《赵清献公文集》卷4，明汪旦嘉靖四十一年刻本，第155页。
② 《赵清献公文集》卷1《谢曾鲁公惠维摩居士真》，第27—28页。

旧的规定，凡是执政大臣提名的人，都不能担任御史。所以执政大臣就故意选一些平时畏惧的人提名，便使这些人就不能担任言官了。这样的规定很有问题。听到王安石这样说，神宗就命令废除旧法，御史全部由长官御史中丞来选拔，并且不限资格。对此，赵抃提出两条异议。第一，采用官阶比较低的京官来担任御史不大合适。第二，只由中丞来选拔，副手的知杂事不参与，也与旧制不合。对此，神宗反驳说，唐代还以布衣平民马周担任御史呢，用京官有何不可？知杂事是下属，这件事应当委托长官。

尽管赵抃的意见被神宗反驳了，但却获得了来自御史台的支持。侍御史刘述上奏说，过去规定旧制，被荐举的御史官阶一定要达到京朝官，资格是可以担任通判的。由众学士和本台的中丞、知杂互相举荐，每空出一个阙，提名二人而择用一人。现在完全委托中丞，那么中丞便会全凭自己的好恶，使公道变成私恩。如果再接受权臣的嘱托，引用亲信，就会滥用皇权，非常有害。尽管神宗没有听从赵抃和刘述的意见，但也反映了君臣之间较为正常的政治互动，对于王安石及其支持者神宗的意见，赵抃也毫无顾忌地敢于提出异议。①

熙宁以来，两浙由于食盐官卖价高，因而贩卖私盐很多，甚至转向武装私贩，税收损失很大。于是，在熙宁二年，有人建议把两浙的食盐买卖承包给个人。就此事，神宗询问王安石。王安石在回答时，提到了赵抃的建议。赵抃说，他的家乡衢州一州食盐买卖承包后，税收额可以跟整个两浙路匹敌。对此，王安石反驳说，赵抃只看到衢州和湖州可以承包，没有考虑到这两个州的食盐买卖收入是加上了临近的其他州，所以显得税收增加了。如果是苏州和常州的话，就无法跟衢州、湖州相比。现在应当对产盐加强监管，并严禁私贩，按时运输，盐法就自然行得通了，没必要改变制度。② 一贯主张变法的王安石为何在盐法上反对赵抃的变法建议呢？其实，这跟王安石一贯主张国家统制的思想是一致的，所以反对赵抃盐业开放自由买卖的改革方案。

---

① 《宋史》卷160《选举志》6《保任》，第3748页。
② 《宋史》卷182《食货志》下4《盐》中，第4436页。

其实，赵抃的提案并不仅仅是参考了他的家乡衢州的状况，还与他在担任右司谏时提议处理陕西食盐问题时的思考有关。嘉祐五年十月，右司谏赵抃上有《奏札乞检会张席奏状相度解盐》。①此外，还与赵抃担任地方官时的亲身实践有关。在后来嘉祐七年赵抃知虔州时，"改修盐法，疏凿瀼石，民赖其利"②。

除了盐法，在其他变法实施方面，赵抃与王安石的分歧，也不是出于意气之争，而是出自他长期以来一贯的思考。比如，早在嘉祐年间，朝廷向河北、陕西等路派遣均税官员，造成了百姓的恐慌，用各种方式试图隐藏资产。对此，赵抃上《乞抽回河北陕西等路均税官状》说，今年水灾，百姓生活困难，况且土地贫瘠不同，农民勤劳与懒惰也不同，不应当均一对待，让民情不安。③赵抃后来对王安石一些变法内容持有异议，由这一奏章似乎可以看出他的认识渊源。

在熙宁二年，王安石打算修改贡举法，废止诗赋、明经、诸科，以经义、论、策来进行进士考试。对此，苏轼上奏《议学校贡举状》，认为不宜轻易改变贡举法。神宗读了苏轼的奏疏后说，我本来对改革贡举法就有疑虑，看了苏轼的奏疏，就明白了。不过，后来，神宗在询问中书大臣们的意见时，赵抃也赞同苏轼的意见。然而，王安石以士人年轻时不应当闭门学作诗赋的理由，强行通过了贡举法的改革。由此可见，赵抃虽然坚持己见，甚至神宗也是持有反对意见，但在一定时期内，依然无法阻止强势的王安石。④

同样，此时的王安石对赵抃的印象也不好，因此评价不高。在变法期间，神宗打算重新起用欧阳修担任执政大臣，问王安石，欧阳修跟邵亢比，哪个好一些。王安石回答说，邵亢好。神宗又问，跟赵抃比呢？王安

---

① 《奏札乞检会张席奏状相度解盐》收录于《赵清献公文集》卷9，第407页。
② （宋）苏轼撰，孔凡礼点校：《苏轼文集》卷17《赵清献公神道碑》，中华书局1986年版，第519页。
③ 《赵清献公文集》卷9《奏状乞抽回河北陕西等路均税官》，第419—420页。
④ （元）马端临撰，上海师范大学古籍研究所、华东师范大学古籍研究所点校：《文献通考》卷31《选举考》4《举士》，中华书局2011年版，第907页。

石回答说，欧阳修好。其实，王安石对曾经提携过他的欧阳修评价很低。王安石曾具体讲道，欧阳修的文章在当今的确很好，但他不懂得儒学经典，不识义理，否定《周礼》，诋毁《周易》系辞，很多士人都被他影响坏了。对欧阳修的评价如此，又说赵抃比欧阳修还差，可见王安石由于成见，对赵抃的评价很低。①

  这种成见也与共事中形成的抵牾有关。比如，王安石在讨论新法时与同僚发生了激烈的争论，生气地说了一句，这都是因为你们不读书的缘故。这时候，赵抃在旁边冷冷地来了一句，你这么说就不对了，远古的时候，有什么书可读？噎得王安石一句话也回答不出来。② 南宋的罗大经认为，赵抃的这句话并不能让王安石心服。③ 王安石不再说话，可能是不想跟赵抃争辩。史籍还记载赵抃与王安石议论常常不协调。

  王安石对赵抃的成见，也有来自神宗的因素。年轻的神宗不善于处理人事关系。把赵抃等人对王安石的意见，在私下里告诉过王安石。这就无疑让王安石心存芥蒂。④ 因此，只要有机会，王安石也不放过打击赵抃。比如韩琦上疏反对青苗法。神宗说，这一定是强至代笔写的，强至跟曾公亮有姻戚关系。这时候，王安石在一旁说了一句，强至也是赵抃的亲家。⑤ 言外之意，这些人由于这样的个人关系，所以都一起反对新法。

  不过，议论具体政事，赵抃发表意见时，多是点到为止，很少与其他

---

  ① 《长编》卷211，熙宁三年五月庚戌，第5135页。

  ② （宋）邵博撰，李剑雄、刘德权点校：《邵氏闻见后录》卷20载："王荆公初参政事，下视庙堂如无人。一日，争新法，怒目诸公曰：'君辈坐不读书耳。'赵清献同参政事，独折之曰：'君言失矣。如皋、夔、稷、契之时，有何书可读？'荆公默然。"中华书局1983年版，第154页。

  ③ （宋）罗大经撰，王瑞来点校：《鹤林玉露》甲编卷5《读书》云："当时赵清献公之折荆公曰：'皋、夔、稷、契，有何书可读？'此亦忿激求胜之辞，未足以服荆公。"中华书局1983年版，第77页。

  ④ （宋）陈均撰，许沛藻、金圆、顾吉辰、孙菊园点校：《皇朝编年纲目备要》卷18，中华书局2006年版，第415页。

  ⑤ （宋）杨仲良撰：《长编纪事本末》卷68："上阅琦奏，引《周礼》'丧纪无过三月'等语，安石驳'此乃赊买官物，非称贷也'。上曰：'此必强至所为，至与曾公亮姻连。'安石曰：'至亦赵抃亲家也。'至，钱塘人，时为大名府路机宜，故上疑至为之。"《宋史资料萃编》影印本，台北文海出版社1967年版。

人针锋相对。比如,朝廷商议治理黄河的支流二股河时,神宗说韩琦对修二股河持有异议。赵抃接着神宗的话说,大家都以过去修六塔河失败作为教训。王安石则指责说,持有异议的人都是没有考察事实的缘故,并表示可以治理。① 从赵抃的发言看,他并没有直接对修二股河表示意见,只是点到历史教训,来间接地表示赞同韩琦的异议。赵抃以这种柔和的处事方式,避免与同僚发生激烈冲突。

对于王安石推行青苗法也是如此。熙宁三年(1070)二月,河北转运使刘庠擅自停止发放青苗钱。君臣在讨论这件事时,王安石主张严厉处罚,赵抃则以亲身经历说,我过去在河北时,也做过类似的事情,朝廷并没有过问。赵抃担任河北都转运使,是在嘉祐八年,英宗刚刚即位之时。赵抃讲的这一事实,等于是讲了一件祖宗法。因此,虽然没有直接表示明确立场,但赵抃貌似客观的叙述十分有力。最后的结果是,没有对刘庠进行处罚。②

熙宁三年三月,在谈到青苗法时。神宗问道,为什么大家对青苗法议论纷纷?赵抃回答道,如果不合人情,即使是大臣主持的事情,也难以避免人们议论纷纷,就像在英宗朝人们议论濮王的事情那样。③ 赵抃就是这样,当着神宗、王安石的面,旁敲侧击,点到为止。

不过赵抃的这种处事方式,也遭受到了批评。当时的监察御史张戬就弹劾赵抃等人"赵抃依违不能救正",意即态度不明朗,和稀泥。有一次,上书几十次反对新法的张戬,直接跑到中书政事堂跟王安石争吵。看到张戬这个样子,王安石用扇子遮住脸直笑。张戬说,我的狂直的确值得你笑,但天下人笑你的更多。赵抃见状,从旁劝解,张戬顶了赵抃一句说,你也不是没有罪。这让本来就对王安石变法持有异议的赵抃感到很羞愧,

---

① 《宋史》卷91《河渠志》1《黄河》上于熙宁二年四月载:"帝因谓二府曰:'韩琦颇疑修二股。'赵抃曰:'人多以六塔为戒。'王安石曰:'异议者,皆不考事实故也。'帝又问:'程昉、宋昌言同修二股如何?'安石以为可治。"第2276页。
② 《宋会要辑稿》食货4之22,第6048页。
③ 《长编纪事本末》卷55:"熙宁三年三月,因言青苗法。上曰:'人言何至如此?'赵抃曰:'苟人情不允,即大臣主之,亦不免人言,如濮王事也。'"

便称病不再上朝。①

除了张戬，后来成为宰相的范仲淹之子范纯仁，也在上疏中批评包含赵抃在内的执政大臣，不能力争阻止王安石变法。其中涉及赵抃的批评是："赵抃心知其非，而词辩不及安石，凡事不能力救，徒闻退有后言。"意思是说，赵抃在心里明明知道王安石那样做是错的，但因争辩不过王安石，对变法的各种事情不能阻止，只是在事后私下议论。②

赵抃的处事方式，也在一定程度上影响了历史走向。当青苗法实行后，前宰相韩琦上奏批评。看到神宗产生动摇，王安石便称病不出来办公，要求罢免他的参知政事，翰林学士司马光在以皇帝名义写给王安石的批复文书中，有'士夫沸腾，黎民骚动'，更让王安石极为愤怒，写奏章上诉。神宗连忙请人让王安石出来办公。本来，在神宗产生动摇之际，曾下令给执政大臣，废除青苗法。当时，宰相曾公亮和参知政事陈升之就想立刻奉诏执行，但赵抃则认为青苗法是王安石主张的，还是应当等王安石出来工作，由他自己亲手废除比较妥当。所以这件事就一直搁置了好几天。对于执政大臣迟迟不废除青苗法，神宗就更加疑惑。等王安石出来办公后，顽固坚持自己的意见，任何人都无法说服他了。③

以上是李焘在《长编》中的记载，关于这件事，还有另一个比较原始的版本。朱弁《曲洧旧闻》的说法是，收到韩琦批评新法的奏疏，神宗产生动摇，但并未明确指示废除新法。王安石称病求罢，宰相曾公亮拿着韩琦的奏疏问其他执政大臣怎么办，赵抃说，还是等王安石回来再说吧。曾公亮默不作声，却连夜让他的儿子曾孝宽到王安石家催促说，你赶紧出来

---

① 《宋史》卷 427《张戬传》，第 12726 页。
② （宋）范纯仁：《范忠宣公奏议》卷上《论刘琦等不当责降》，《范忠宣集》，文渊阁《四库全书》，第 1104 册，第 759a 页。
③ （宋）徐自明撰，王瑞来校补：《宋宰辅编年录》卷 7 于熙宁二年引《长编》（今本佚文）云："先是，青苗法行，民病之。虽一时台谏之臣并侍从臣争言不可，而安石愈益主之力。韩琦时镇北京，于是自外奏封事，言青苗实为天下害。奏至，上始疑焉。安石心知上意疑，乃移病固请分司。翰林学士司马光草批答，乃以大义责安石，有'士夫沸腾，黎民骚动'之语。安石大愤，立奏书诉于上。于是，上复为手诏谕安石，又令吕惠卿谕旨。遂谢，复视事。安石之在告也，上谕执政罢青苗法，曾公亮、陈升之欲即奉诏，赵抃独欲俟安石出，令自罢之。连日不决，上更以为疑。安石出视事，持之益坚，人言不能入矣。"中华书局 1986 年版，第 391 页。

上朝办公,如果不出来,事情朝哪个方向发展就不好说了。即使你不被罢免,变法也难有作为了。听到这样的话,王安石第二天立刻就上朝了。朱弁说,如果没有曾公亮的相助,王安石肯定会被罢免。后来羽翼已成,神宗即使后悔,新法也无法改变了。在曾公亮退休后,曾孝宽就得到了重用。①《曲洧旧闻》记载此事具有逻辑真实的一面是,王安石跟赵抃一样,都是曾公亮提携起来的,有门生座主之谊。所以连夜相告这个戏剧性的细节也不是没有可能出现的。

朱弁还记载苏轼兄弟谈论起赵抃,苏辙说,看赵抃跟王安石处处显示出不同,他是一定不会帮王安石说话的。而《邵氏闻见后录》在记载这件事之后说,因为没有废除新法,罢免王安石,人们都很为赵抃当时的做法感到遗憾。② 其实,力求做事周到的赵抃,对因他一时犹豫而丧失扭转历史机会的这件事,内心里也非常懊悔。③ 这一细节显示,历史是由无数的偶然性而构成的必然。

王安石为了推行新法,在当时另行成立制置条例司,等于是在中书门下决策机构之外另立一个决策机构。所以,制置条例司向全国各地派遣四十余人使者推行新法时,赵抃和其他执政大臣几次要求停止这种做法,希望还像过去那样,责成各路监司来管理相关事务,而王安石根本不听众意,强行此举。

对此,熙宁三年三月,赵抃上《乞罢制置条例司及诸路提举官札

---

① (宋)朱弁撰,孔凡礼点校:《曲洧旧闻》卷8载:"熙宁初,议新法,中外惶骇。韩魏公有文字到朝廷,裕陵之意稍疑。介甫怒,在告不出。曾鲁公以魏公文字问执政诸公曰:'此事如何?'清献赵公曰:'莫须待介甫参告否?'鲁公默然,是夜遣其子孝宽报介甫:'且速出参政,若不出,则事未可知。是参政虽在朝,终做一事不得也。'介甫明日入对,辩论不已,魏公之奏不行。其后鲁公致政,孝宽遂骤用。前辈知熙、丰事本末者,尝与予言,当此时人心倚魏公为重,而介甫亦以此去就,微鲁公之助,则必去无疑。既久,则羽翼已成,裕陵虽亦悔,而新法恪不能改,以用新法进而为之游说者众也。东坡曾与子由论清献,子由曰:'清献异同之迹,必不肯与介甫为地。孝宽之进,他人之子弟不与,可以明其助。'东坡曰:'当时阿谁教汝鬼擘口?'子由无语。"中华书局2002年版,第202页。

② 《邵氏闻见后录》卷21,第166页。

③ 《长编》卷210,熙宁三年四月己卯:"王安石更张政事,抃屡言其不便。及安石家居求去,上谕执政罢青苗法,抃独欲俟安石参假,由是新法不罢。抃大悔。"第5101页。

子》，对王安石变法的一些做法直接做出正面抨击。他具体列出事实，制置条例司派出的七八个人纷纷辞职，近臣侍从台谏都上言制置条例司不当设置，还有几个官员直接到中书跟王安石辩论。司马光还被罢免了枢密副使，有几个近臣也要求离开朝廷到地方任职。赵抃针对这种状况说，现在不停止追求财利，失天下民心，是去重而取轻；不罢提举官，放弃禁近耳目之臣，是失大而得小。希望皇帝惜体之大，罢其轻者小者，变祸为福。①

赵抃也做了最后一击，毅然要求辞去参知政事，到外地任官。为新法之事，赵抃与王安石屡屡相争，锐意一新政治的神宗无疑多是站在王安石一边。屡争不胜，心忧变法带来的弊害，这种的状况，让赵抃很郁闷，整天唉声叹气。当时中书的宰相执政大臣，曾公亮年纪很大，富弼有脚病不便上朝，唐介因争新法毒疮发作而死，只有王安石生气勃勃的。所以，当时的人用"生、老、病、死、苦"来形容中书的宰相执政大臣，即王安石生、曾公亮老、富弼病、唐介死、赵抃苦。②并且，在中书赵抃力争不胜，新法得以推行，外界不明内情，又有人批评赵抃反对的态度不明朗，立场不坚定。③

在这种状况下，赵抃决意辞去参知政事，离开中书这个是非之地。他连上四通辞职表奏，都没有得到神宗的同意。宋朝的惯例，大臣提出辞职，请求外放或退休，几乎没有仅上表一次就同意的，总要拒绝几次。这样做，一是表示挽留，二是试探辞职者的真实意图。当赵抃第五次上表请求辞职时，神宗意识到赵抃去意已坚，便批准了他的请求。熙宁三年四月十九日，任命赵抃为资政殿学士、知杭州。④

其实，王安石与赵抃，在共事中并不全是冲突，也有互相协力之时。

----

① 《赵清献公文集》卷10《奏札乞罢制置条例司及诸路提举官》，第459—461页。
② （宋）魏泰撰，李裕民点校：《东轩笔录》卷9，中华书局1983年版，第102页。
③ （宋）邵伯温撰，李剑雄、刘德权点校：《邵氏闻见录》卷13，中华书局1983年版，第141页。
④ 《赵清献公神道碑》云："言入，即求去。四上章，不许。熙宁三年四月，复五上章，除资政殿学士、知杭州。"第520页。《长编》卷210，熙宁三年四月载："己卯，右谏议大夫、参知政事赵抃为资政殿学士、知杭州。"第5101页。

"当时大本从忠谏"

比如，赵抃当年举荐自代的苏寀，在熙宁二年时将从三司度支副使调任知梓州。宰相曾公亮和赵抃打算在官阶上从兵部郎中超迁四阶为谏议大夫，神宗不同意，只允许升迁一阶到太常少卿。曾公亮和赵抃强烈坚持。最后是王安石调和了君臣双方的意见，提议在加一阶之上，再授予清要之职名修撰，打破了僵局。①

后来，赵抃以资政殿学士出知成都府期间，正是王安石变法推行时期。在中书担任参知政事时的赵抃，对新法的实施跟王安石颇有抵牾。但在担任成都知府时，赵抃也并不是逢新法必反，而是根据实际施行，其中也有变通的做法。常平使者在四川推行募役法，打算以州为单位，州内各县丰歉互补，新繁县主簿程之邵反对说，募役法本来是来自西周均力的做法，应当以一个地方的力量只供一个地方的劳役，怎么能用这个地方来补助那个地方呢？结果，成都府路按照程之邵的意见做，做得很好。神宗为此要把程之邵召到朝廷，赵抃则把他留了下来。② 这也反映了赵抃不是意气用事，因人废政，对新法一味抵制，而是因地制宜，变通地实施。对于成功地变通实施新法，赵抃也予以肯定，他在《送别张宪唐民》诗中写道：

> 三年持节按刑章，岂弟其谁不叹降。
> 才者设施功第一，使乎光彩竟无双。
> 宣风蜀右成新法，易拜秦东得旧邦。
> 欲识远人留恋意，陇泉幽咽下巴江。③

---

① 《宋会要辑稿》食货56之14载："（熙宁二年）八月十八日，三司度支副使、兵部郎中苏寀为太常少卿、集贤殿修撰、知梓州。曾公亮初欲除寀谏议大夫，上弗许，公亮曰：'若除待制即更优。'上曰：'只与转一官。'公亮及赵抃固争，上曰：'吴充除三司使，已不转官。'公亮及抃又固争，以为三司副使剧任，如此即无以劝人。上曰：'劝者，将欲其任职，寀果任职否？'公亮又曰：'省副但可择人，不可减其恩例。'王安石请以寀为修撰，上许之。三司副使罢不除待制，自此始。"第7289—7290页。

② 《宋史》卷353《程之邵传》，第11150页。

③ 《赵清献公文集》卷4《送别张宪唐民》，第125—126页。

"设施功第一"和"蜀右成新法",都是赞赏成功地实施了新法。

在赵抃退休之际,苏轼写有《贺赵大资少保致仕启》。其中,对于敏感的王安石变法中赵抃所持立场,苏轼评价赵抃是心系百姓,与时俱进,不可则止。①

三 风云过后的平静

是与非,黑白判然的评价,无论是放在王安石身上,还是放在赵抃身上,都不合适。局部与全体,短时期与长时段,视点有异,获得的影像也是远近高低各不同。不过,士大夫政治下的政争,在王安石变法初期,还都属于不夹杂过多个人恩怨的正常政争,多数是站在国家或民众的立场上,对政策决策与实施的方针、方式以及实施效果评价展开的认识之争。像王安石与司马光,王安石与赵抃,都是这样。比如,公认的王安石政敌司马光就对神宗这样评价王安石:"人们都说王安石奸邪,这样的诋毁太过分了。他只是不通达事理,加上又固执而已。"② 后来的元祐党争,则是掺杂了过多的个人恩怨的冤冤相报。赵抃幸而过早去世,没有看到和身历后来残酷的党争。

王安石与赵抃的恩怨,主要由政见分歧而来,但公与私,事实上难以分得清,纠缠在一起。赵抃几年后再度担任知成都府时,还以蜀地的情况

---

① 《苏轼文集》卷47《贺赵大资少保致仕启》云:"伏审抗章得谢,奉册言还。搢绅耸观,闾里相庆。窃谓富贵不为至乐,功名非有甚难。乐莫乐于还故乡,难莫难于全大节。历数当今之卿相,或寓他邦;究观自古之忠贤,少有完传。锦衣而夜行者多矣,狐裘而羔袖者有之。至若百行浑圆,五福纯备。当世所羡,非公而谁。恭惟致政大资少保,道心精微,德望宏远。无施不可,尤高台谏之风;所临有声,最宜吴蜀之政。才不究于大用,命乃系于生民。与时偕行,不可则止。见故人而一笑,绰有余欢;念平生之百为,绝无可恨。方将深入不二,独游无何。默追粢可之风,坐致乔松之寿。轼荷知有素,贪禄忘归。慕鸳鹄之高翔,眷樊笼而永叹。倾颂之素,敷写莫穷。"第1346页。

② 《皇朝编年纲目备要》卷18熙宁二年载:"上又曰:'王安石何如?'光曰:'人言安石奸邪,则毁之太过,但不晓事又执拗耳。'"第424页。

为例，上言反对保甲法，为王安石所驳斥。①

赵抃与王安石虽然几度共事，时间或长或短，但两人的个人交往不多。在同时代的文人之间颇多诗篇酬唱的当时，王安石和赵抃这两位擅长赋诗的士大夫，居然没有一首唱和诗篇留下来。

关于王安石与赵抃，宋人还记载有这样一件轶事。跟王安石关系很好的孙觉，在元丰年间，趁着服丧结束后的余暇，前往看望已经退居蒋山的王安石。寂寞之中的王安石看到老友的到来，非常高兴，在一个房间摆上两张床，每天二人对榻夜语直到很晚。有一天，王安石对孙觉说，我想乘船游浙江，你能跟我一起去吗？赵抃刚好也在那边，可以顺路访问。孙觉回答说，您果真要去的话，我一定奉陪。当晚，同睡一室的孙觉，听到王安石在床上有叹息的声音。第二天早晨，王安石对孙觉说，我老了，还是动不如静，怎么能去浙江？再说了，也没必要去见赵抃那个老畜生。听了这番话，孙觉大吃一惊，没过多久就跟王安石辞别了。②

这段轶事，看上去似乎王安石像是对赵抃恨之入骨，其实是折射出王安石对赵抃一种很矛盾的心理。想去浙江拜访，可见王安石还是把赵抃挂牵在心，但想想以前共事时的龃龉不快，又不由得怒从中来，所以破口大骂。王安石的前后表现，正反映的是剪不断理还乱的复杂心境，对已经过去的变法事业，王安石一直没有放下。

尽管如此，两个人还是维持了过得去的表面关系。在元丰二年（1079）赵抃致仕之时，王安石还专门给赵抃写去一通公式化的书启《贺

---

① 《长编》卷238，熙宁五年九月载："甲戌，赵抃言：'累人蜀，深知蜀人情状，闻欲作保甲、教兵，必惊扰失人心。'上曰：'初无教兵指挥。'王安石曰：'无此，然教兵亦何妨？诸葛亮以蜀人脆而坚用之，亮尤为得蜀人心，何尝惊扰？'上曰：'诸葛亮舍蜀人即无人可用。'安石曰：'汉高祖伐楚，用巴渝板楯蛮。武王伐商，用庸、蜀、彭、濮人，岂有蜀人不可教以干戈之理！'"第5804页。

② （宋）吴开撰，赵龙整理：《漫堂随笔》载："予仲弟明仲言，得之孙端子实云：孙莘老与王介甫善，熙宁以言事得罪。元丰中，莘老免丧，往蒋山谒介甫。介甫道旧故甚欢，对设榻台上，夜艾枕上笑语。一日曰：'吾欲挈舟游浙河，公能同我乎？赵阅道在越，因可访之。'莘老曰：'公果往，某敢不陪行！'是夕，介甫睡觉，但闻叹惜声，及旦，谓莘老曰：'吾老矣，动不如静，安能游浙？'又思之赵抃老畜生亦何用见！'莘老大骇，少日遂告别。阅道熙宁人，亦特异。"《全宋笔记》第五编本，大象出版社2019年版，第263页。

致政赵少保启》。苏轼是赵抃荐举过的,赵抃对他有知遇之恩,写信致贺不足为奇。作为被认为是赵抃政敌的王安石,居然也有致贺的书信。① 王安石的贺启不像苏氏兄弟那样写的具体,只是笼统地赞扬。不过,其中有两句值得注意,这就是"伯夷之直惟清,仲山之明且哲"。是说赵抃像伯夷正直清高,又像辅佐周宣王中兴的仲山甫一样明察秋毫。后一句是运用了《诗经·大雅·烝民》"邦国若否,仲山甫明之。既明且哲,以保其身"的典故。《诗经》这句讲仲山甫对国内政事的好坏,都心如明镜,既明事理又聪慧,还善于应付保全自身。尽管可以理解为王安石有暗讽赵抃明哲保身的意思,但总的说还是符合实际的。况且明哲保身也并不完全是一个贬义词,与王安石同时的曾巩也写下过完全相同的这句话:"仲山之明且哲,宜保令名。"② 苏轼也在《赵清献公像赞》的开篇说"志在伯夷,其清维圣",③ 与王安石的表达相近。总之,贺启反映了王安石对赵抃的总体认识,也是恰如其分的评价。其实,王安石致贺启这一行为本身,就表明了一种胸怀与善意。

跟赵抃有关,王安石还有一件轶事。苏轼曾写过一篇题为《表忠观碑》的文章,这篇文章的结构很奇特,通篇一字不漏地完整抄录了赵抃的奏疏,只是在最后加上了四字为句的一段铭词。④ 在苏轼的全部作品中,这篇《表忠观碑》可以称之为奇文。因此,便引出一段佳话。据说,有人把苏轼的《表忠观碑》拿给已经退休的王安石看,王安石玩味再三,问在座的客人,古代有这样的写法吗?有人回答,古代没有,是篇奇文。也有人反驳说,只是抄录奏状,有什么可奇的。这时,王安石说道,你们有所

---

① (宋)吕祖谦撰,齐治平点校:《宋文鉴》卷121王安石《贺致政赵少保启》云:"窃审抗言辞宠,得谢归荣。繇西省谏净之官,序东宫师保之位。殿廷鸣玉,尚仍前日之班;里舍挥金,甫遂高年之乐。伏惟庆慰。资政少保,昭懋贤业,寅亮圣时,伯夷之直惟清,仲山之明且哲。所居之名赫赫,岂独后思;尔瞻之节岩岩,方当上辅。遂从雅志,实激贪风。未即披陈,徒深钦仰。"中华书局1992年版,第1692页。

② (宋)曾巩撰,陈杏珍、晁继周点校:《曾巩集》卷36《到亳州与南京张宣徽启》,中华书局1984年版,第514页。

③ 孔凡礼撰:《苏轼年谱》卷23元丰七年八月引康熙《衢州府志》卷1所载苏轼佚文《赵清献公像赞》,中华书局1998年版,第648页。

④ 《宋文鉴》卷77苏轼《表忠观碑文》,第1106—1107页。

不知，这是司马迁《三王世家》的体势啊。① 这一轶事倘若属实，无论对苏轼还是对赵抃，王安石的话无疑是一种肯定性的评论。

结　　语

观察这一时期的历史，我一直有这样的感觉。王安石变法期间的当事诸人，无论是对变法赞成还是反对，很少掺杂个人恩怨在内，都是正常的政见之争，这跟元祐党争之后水火不容的政治对立完全不同。王安石致贺启的行为适为一证。

不管跟王安石关系如何，也不管站在什么立场，宋人对赵抃担任参知政事期间的表现，给予很高的评价。南宋刘克庄在写给真德秀的信中就基于现实感慨，说现在朝廷没有像唐介、赵抃跟王安石那样的关系，都是阿谀奉承，上下结党。在刘克庄看来，赵抃跟王安石的关系，是属于很正常的关系。② 赵抃写给曾经的政敌范镇诗中，有一句是"当时大本从忠谏"。这句诗也正可以用来形容王安石与赵抃以及其他士大夫之间正常的政治关系。

透过王安石与赵抃在熙丰变法前后的交集，我们可以观察到，除了使人失智的酷烈党争，以及个别心术不正之人，在宋代的多数时期，多数士大夫之间所保持的都是正常而平和的政治关系。由这一考察所带给我们的启示是，研究历史上的人际关系，切忌站在今天的立场上想当然，也不当囿于各个时代之人的一般性的观感，而应当深入考察对象所处的历史场域之中，从大处着眼，考察特定背景下人的教养理念以及具体事件中的人事纠葛。如此考察，才更有可能走近历史真实。

---

① （宋）董弅撰，唐玲整理：《闲燕常谈》载："王荆公在蒋山。一日，有传东坡所作《表忠观碑》至。介甫反复读数过，以示坐客，且云：'古有此体否？'叶致远曰：'古无之，要是奇作。'蔡元庆曰：'直是录奏状耳，何名奇作？'介甫笑曰：'诸公未之知尔，此司马迁《三王世家》体。'"《全宋笔记》，大象出版社2019年版，第290页。

② （宋）刘克庄撰，辛更儒笺校：《刘克庄集笺校》卷128《乙酉答真侍郎书》云："上下钳结，谀悦取容。庙堂之上，不闻有如召公之于周公、唐子方赵阅道之于王介甫者；禁闼之内，不闻有如严延年之于博陆侯、王乐道之于韩魏公者。此等风俗虽难骤革，亦不愿诸贤熏陶渐渍之也。"中华书局2011年版，第5213页。

论宋代王安石科举改革及其对地方司法的影响

张文勇

(河南大学　黄河文明协同创新中心司法文明研究所；
河南大学　犯罪控制与刑事政策研究所)

中国的科举考试制度起自隋而迄于清末，历时 1300 多年，是中国古代选拔官员的主要途径或主要形式。科举考试的科目及内容在宋代经历了由多元到一元的变革，与之相关联，太学、州县学等学校制度相应发生巨大变化，而回顾历史，可以发现，王安石在其中起着关键和重要的发起和推动作用。

一

唐代是科考发达的朝代之一。在唐代不同时期，科目设置不同，随时有增有减，前后不下几十种。其中最常见的科目有十二种："有秀才，有明经，有俊士，有进士，有明法，有明字，有明算，有一史，有三史，有开元礼，有道举，有童子。而明经之别，有五经，有三经，有二经，有学究一经，有三礼，有三传，有史科。"① 这十二科中，又以明经科、进士科最为重要。考试内容因科有别。如"明经"科的具体考试内容是："凡《礼记》、《春秋左氏传》为大经，《诗》、《周礼》、《仪礼》为中经，《易》、《尚书》、《春秋公羊》、《谷梁传》为小经。通二经者，大经、小经

---

① 《新唐书》卷 44《选举志》，中华书局 1975 年版，第 1159 页。

各一,若中经二。通三经者,大经、中经、小经各一。通五经者,大经皆通,余经各一。《孝经》、《论语》皆兼通之。"① 进士科的考试内容至大宝初年就基本稳定下来,即"天宝元年,……进士所试一大经及尔雅,贴既通,而后试文,诗赋各一篇,文通而后试策,凡五条,三试皆通者为第。"②

时至宋初,科举考试的科目和内容基本承袭唐制,还比较繁多,"宋之科目,有进士,有诸科,有武举。常选之外,又有制科,有童子举,而进士得人为盛"③。可见,宋代科举有进士、诸科、制科、武举、童子举等科目,制科、武举、童子举所选人数有限,诸科后来被废除,以进士科为最主要的科目。如《宋史·选举志》所说:"宋初承唐制,贡举虽广,而莫重于进士、制科,其次则三学选补。"④ 宋初进士承唐及五代之制,进士科试诗、赋、论各一首,策五道,帖《论语》十帖,对《春秋》或《礼记》墨义十条。主要以诗赋取人。因此当时士人皆以辞章为学,讲求文字雕琢,不务实际,以至于仁宗时,"朝廷欲选一二良吏而终未能得,其故何哉?盖入仕之初,但取空文,不求实才实行之所致也"⑤。

宋代官员在任职之后,面对的是实实在在的各种行政事务,而处理这些事务,必须具备相关的专业性知识。司法审判作为司法官员府的重要职责,更是对司法官员的法律知识提出了要求。在这种情势下,宋代官员的行政和法律知识素养与前代大为不同。前代儒生往往并不通晓实务,如史称:"明经读书,勤苦已甚,既口问义,又诵疏文。徒竭其精华,习不急之业;而当代礼法,无不面墙。及临人决事,取办胥吏之口而已。所谓所习非所用,所用非所习者也,故当官少称职之吏。"⑥ 而宋代商品经济迅速发展,民事主体更为广泛,民众重利观念的增强,使民事纠纷如雨后春笋

---

① 《新唐书》卷44《选举志》,第1160页。
② 王云五总编:《通典》卷15,商务印书馆1937年印行,第83页。
③ 《宋史》卷155《选举志》,中华书局1977年版,第3604页。
④ 《宋史》卷155《选举志》,中华书局1977年版,第3603页。
⑤ 赵汝愚:《宋朝诸臣奏议》卷80《上仁宗乞革科举之法令牧守监司举士》,上海古籍出版社1999年版,第865页。
⑥ 《通典·选举五》,中华书局1988年版,第419页。

般大量增加，而且涉及的法律关系日益复杂，面对这些纷繁复杂的案件，身为"父母官"的官员如果不具备足够的行政和法律专业知识，是很难应付的，"经生明法，法吏通经"更是成为宋代统治者对官员的基本要求。

因此，仁宗之后，曾经进行了一定的改良，兼以策、论定优劣。

熙宁年间，在神宗的支持下，王安石主持变法，对科举进行了彻底地改革，以适应宋代变革的社会需要：

首先，分阶段废除了只试帖经、墨义的诸科考试，归其名额于进士科，使进士科成为宋代科举中占绝对支配地位的科目；

其次，改革科举考试的内容。对于以前科举考试专门死记硬背儒家注疏的"墨义""帖经"等考试题目，王安石坚决反对，他认为：

> 课试之文，非博诵强学穷日之工则不能，及至能工时，大则不足以用天下国家，小则不足以为天下国家之用，故虽白首于庠序，穷日之里以师上之教，乃使之从政，则茫然不知其方者皆是也……今复古制则患于无渐，宜先去除声病偶对之文，使学者得专意经术，以俟朝廷兴建学校，然后讲求天下所以教育之法。①

因此，他为了改变以前不切实际、不适应社会要求的考试内容，大胆地变革贡举考试，"罢诗赋、明经诸科，以经义、论、策试进士"②。其具体内容为：进士科"罢诗赋、帖经、墨义，各占治《诗》、《书》、《易》、《周礼》、《礼记》一经，兼以《论语》、《孟子》"。进士科考试分四场考校：第一场考"本经"，即士人在《诗》《书》等五经中选择一种专攻之。第二场考"兼经"及"大义十道，务通义理，不须用注疏"；第三场考论一首；第四场试时务策三道，礼部省试增为五道。

王安石改革从此确定了后世以经义取士的科举考试模式。

南宋时期继承了北宋以经义为主要考试内容的办法。科举虽分为经义、诗赋两科，但都要考试儒家经义的内容。具体说来，考试分为三场，

---

① 王安石：《乞改科条制札子》，《全宋文》第 64 册，第 20 页。
② 《文献通考》卷 31《选举四·取士》，中华书局 1986 年版，第 293 页。

第一场，诗赋进士试诗、赋各一首，经义进士试本经义三道，《论语》《孟子》义各一道；第二场，并试论一首；第三场，并试策三道。绍兴十三年曾经合经义、诗赋进士为一科，改为：第一场，大经义三道，《论语》《孟子》义各一道；第二场，诗、赋各一首；第三场，子史论一首，时务策一道。绍兴十五年（1145），又分为两科，考试内容同建炎法。此后虽在绍兴二十七年合为一科，但只实行了一举，就又仍旧分为两科，直至宋代末年，相沿未改，成为永制。

可见，宋代科举考试的科目及内容不同时期有所变化，几经变革，但最终其主要内容已经由唐代重诗赋转向重儒家经义，《论语》《孟子》和《五经》（《诗》《书》《礼》《易》《春秋》）之类儒家经典的内容是科举考试的核心。《论语》《孟子》《五经》是儒学精髓之所在，也是宋代统治者科举取士的宗旨所在。实际上，正是通过科举考试，宋代官员将儒家经典不断地诵读和体悟，内化为其知识结构的基本组成部分，进而影响着他们的思想观念和行为方式，从而对中国传统政治法律文化产生了深远的影响。

二

接下来，我们想要追问的是：在科举取士的制度背景下，宋代官员在他们的学习生涯中接受了什么样的学校教育？在接受学校教育的过程中王安石改革究竟产生了什么样的影响？总体而言，只要科举是士人的进身之阶，那么他们的阅读范围也只能是所谓科举之学。考试科目的设置，决定了宋代士人在科考生涯中的大致阅读范围：蒙书、四书、史书、经典、诗文、时务策。

宋代官员入仕前所受的学校教育主要是儒学教育。宋代统治者非常重视学校育才、养才的作用。史称，"仁宗命郡县建学，而熙宁以来，其法浸备，学校之设遍天下，而海内文治彬彬矣"①。

---

① 《宋史》卷155《选举志一》，中华书局1977年版，第3604页。

崇宁元年八月二十二日甲戌，皇帝曾下诏说："学校崇则德义著，德义著则风俗醇。故教养人才，为治世之急务。"① 北宋刘挚也提出学校是"为育才首善之地，教化所从出"，南宋官员真德秀在泉州任职时，指出学校乃"风化之首"，是"国家育才待用"之地，因此非常重视当地学校的教育，"请主学官立定课程，每旬一再讲书，许士子问难，再讲之日，各令覆说前所讲者。举业之外，更各课以经史，使之紬绎义理，讲明世务，庶几异时皆为有用之才，所补非浅"②。可见，学校被当作教育人才的重要场所，而所育之才将是饱读儒家经典的士人，能够恪守"孝悌忠信、礼义廉耻"，并为国家统治服务。为此，宋代大办学校，把办学与科举考试结合，使学校成为育才、储才的地方。而到王安石改革，宋代学校教育才划时代地具有真正为国家培育、选拔治国理政的优秀人才的功能。宋代的学校分为官学和私学两类。官学又分为中央官学和地方官学。中央官学有太学、国子监，地方官学有州学、县学；私学则包括私塾和书院。熙宁年间，王安石认为，"古之取士皆本于学校，故道德一于上，习俗成于下，其人材皆足以有为于世。自先王之泽竭，教养之法无所本，士虽有美材而无学校师友以成就之，此议者之所患也。使学者得以专意经义，以俟朝廷兴建学校，然后讲求三代所以教育选举之法，施于天下"。因此，在王安石的推动下，各类学校的教学、考试都以儒家经典为主要教育内容，并以之作为晋身国家官员的重要标准。从学生考试的内容可以清楚地看到这一点。

首先是中央的太学。《长编》载：

> 熙宁四年十月戊辰，中书言："近制增广太学，益置生员，除主判官外，直讲以十员为额，每二员共讲一经，委中书选差，或主判官奏举。其生员分三等：以初入学生员为外舍，不限员；自外舍升内舍，内舍升上舍，上舍以百员，内舍以二百员为限。生员各治一经，从所隶官讲授，主判官、直讲月考试，优等举业上中书。学正、学

---

① 《宋大诏令集》卷157《兴学校诏》，中华书局1962年版，第591页。
② 《名公书判清明集》卷1《劝谕事件于后·崇风教》，中华书局1987年版，第9页。

录、学谕于上舍人内逐经选二员。如学行卓然尤异者，委主判及直讲保明，中书考察取旨除官。其有职事者，授官讫，仍旧管勾，候直讲、教授有阙，次第选充。其主判、直讲、职事生员，并第增给食钱。"从之①。

显而易见，将学生分为外舍、内舍、上舍的太学三舍法是与科举改革相配合的一整套制度建设，无论三舍法初行时"学行卓然尤异者，委主判及直讲保明，中书考察取旨除官"的规则，还是于熙宁十年和元丰二年先后出台的"上舍生在学一年，并免解"，和上舍生"上等命以官，中等免礼部试，下等免解试"等优惠政策，都是向莘莘学子发出方向明确的引导信号，"六经勤向窗前读"是获得国家青睐并得以晋升为国家官员的康庄大道。与此同时，"一切以程文为去留"成为判定科举合格的主要手段，对人才识别甚有局限之弊亦日益明显，通过学校培养，循序遴选也成为人们补救科举之弊的一种理想要求。

从后世史料来看，王安石对太学的改革很大程度得以保留并对终宋之世产生深远影响。《宋史》记载宋代太学的考试有私试和公试两种。考试内容就是以经义、策论为主：

> 凡诸生之隶于太学者，分三舍。斋长、谕月书其行艺于籍，"行"谓率教不戾规矩，"艺"谓治经程文。季终考于学谕，十日考于学录，二十日考于学正，三十日考于博士，又三十日考于长贰。岁终取外舍生百人、内舍三十人，校定奏闻，以定覆试，视其校定之数，参验而叙进之。凡私试，孟月经义，仲月论，季月策。公试，初场以经义，次场以论、策。试上舍，如省试法。②

南宋时，国子司业高闶与皇帝讨论太学教育时的话也说明太学的教育

---

① 《长编》卷227，熙宁四年十月戊辰条，第5529页。
② 《宋史》卷157《选举志三》，第3657页。

内容主要是儒家的"经义":

> (高闶)曰:"先王设太学,惟讲经术而已。国初犹循唐制用诗赋,神宗始以经术造士,遂罢诗赋,又虑不足以尽人才,乃设词学一科。今宜以经义为主,而加诗赋。"帝然之。闶于是条具以闻。其法以《六经》、《语》、《孟》义为一场,诗赋次之,子史论又次之,时务策又次之。太学课试及郡国科举,尽以此为法,且立郡国士补国学监生之制。①

值得注意的是,王安石的改革必然影响到地方的公私学校。各地州县学的学生在校学习的课程则主要是《九经》等儒家经典,司马光曾提到:"取士之道,当以德行为先,文学为后。就文学之中,又当以经术为先,辞采为后。为今日计,莫若依先朝成法,合明经、进士为一科,立《周易》、《尚书》、《毛诗》、《周礼》、《仪礼》、《礼记》、《春秋》、《孝经》、《论语》为九经,令天下学官依旧注讲说,学者博观诸家,自择短长,各从所好。《春秋》止用《左氏传》,其公羊、谷梁、陆淳等说,并为诸家。《孟子》止为诸子,更不试大义,应举者听自占。习三经以上,多少随意,皆须习《孝经》、《论语》。"②

地方学校的教员也都是具有丰富儒学知识的人。各州县小学考试的内容也主要是儒家经典,如政和四年六月二十五日,礼部言:"新差扬州司户高公粹,乞外州军小学生并置功课簿籍。国子监状:检承小学令,诸学并分上、中、下三等。能通经为文者为上;日诵本经二百字、《论语》或《孟子》一百字以上为中;若本经一百字、《论语》或《孟子》五十字者为下。仍置历书之。欲依本官所请。"从之。③

宋徽宗政和四年十二月四日,大司成刘嗣明等言:"近降小学条制,小学八岁,能诵一大经,日书字二百,补小学内舍下等;诵二经一大一

---

① 《宋史》卷433《高闶传》,第12858页。
② (宋)赵汝愚:《宋朝诸臣奏议》卷81《上哲宗乞置经明行修科》,上海古籍出版社1999年版,第875页。
③ 《宋会要辑稿》崇儒2之23,中华书局1957年影印本。

小，书字三百，补小学内舍上等。十岁加一大经，字一百，补小学上舍下等。十二以上，又加一大经，字二百，补上舍上等。即年未及而书诵及等者，随所及等补。今欲季一试，申监定日。欲每一大经挑三十通、小经挑二十通及七分已上为合格。"①

南宋时，有的官员还建议对其辖区内州县学学生学习儒家经典的情况实行考核奖励办法，如提举岭南路学事戴安仁曾上书："今欲乞立劝沮之法，分为上中下三等，上等为能诵孝经、论语、孟子及一经略通义理者，特与推恩；中等为能诵孝经、论语、孟子者，与赐帛及给冠带；下等为能诵孝经、论语或孟子者，给与纸笔砚墨之费。"②

至于民间学校，各种私塾其学习内容是先学习《三字经》《千字文》《童蒙训》《训蒙绝句》等韵文，接着学习《大学》《中庸》《论语》《孟子》等和科举考试相关的内容。总之，无论官学、私学，都成了科举考试的预备学校。

而书院更是理学传播的场所，如景定四年（1263），杨允恭在为湖南濂溪书院修复的御书阁作记时提出："国家之建书院，宸笔之表道州，岂徒为观美乎？岂使之专习文词为决科利禄计乎？盖欲成就人才，将以传道而济斯民也。士之由是路出入是门者，盖亦果确用工希贤希圣，庶不负圣天子立道作人之意。"③

从上面的阐述可知，宋代官员任职前所储备的知识是以儒家经典为主，他们是饱读儒家诗书、熟知儒家圣贤教诲的儒家学子。这足以说明王安石改革之后的学校教育使得宋代官员在任职前具有丰富的儒学知识。

三

王安石主导的科举改革与之后学校教育的变革，降低了诗赋、墨义等

---

① 《宋会要辑稿》崇儒2之27。
② 《宋会要辑稿》崇儒2之14。
③ （宋）杨允恭：《濂溪书院御书阁记》，转引陈谷嘉、邓洪波《中国书院史资料》（上册），浙江古籍出版社1998年版，第112页。

不切实用考试内容的份量，为宋代提供了大量经世致用之才，并且通过这些官员的施政理讼对宋代国家治理产生重要影响。囿于笔者的学识与志趣，在此对王安石主导的科举改革对宋代地方司法的影响进行分析。

通常认为，汉代法律儒家化后，中国传统法律的精神、原则乃至基本制度大抵来自经义，法律与礼相应，达到互为表里的程度，《唐律》甚至"一准乎礼"。我们可以把"经学"看作是传统中国的法理学或法哲学，它主导着法律的制定、法律的解释与司法审判的实际运作。进一步说，宋代士人对经义的把握，也意味着某种意义上对法律的精神和原则的基础的把握。而王安石在熙宁年间进行的科举与学校改革，实际上是通过制度建设，放弃了汉唐重视训诂、诗赋的传统，强化了士人对切重实用的经义的把握，使儒家精义融入宋代官员的血液之中，使之内化为他们的"肉体记忆"，从而将儒家经义内含的法律精神融入宋代官员的思维模式与行为方式，并体现于他们的司法实践之中。

一是体现在他们的使命抱负上。如北宋末宣和六年中进士的刘誉，在"考课"担任法曹的官员时就说："法者，礼之防也。其用之以当人情，为得刻者为之，则拘而少恩。前件官以通经举进士，始像于此，若老于为法者，每抱具狱，必传之经义，然后处故，无一不当其情，其考可书中。"①再如宋代江东提刑刘克庄赞赏同僚检法官陈绂："及览牒诉，察其拟笔，传经而不胶纸上之言，析律而深得法外之意。"

徐元杰知南剑州时，"民讼，率呼至以理化诲，多感悦而去"②。张洽任袁州司理参军时，"会狱有兄弟争财者，洽谕之曰：'讼于官，祗为胥吏之地，且冒法以求胜，孰与各守分以全手足之爱乎？'辞气恳切，讼者感悟"③。曾多年任地方官的真德秀则在政训中说："当职昨在任日，遇亲戚骨肉之讼，多是面加开谕，往往幡然而改，各从和会而去。如卑幼诉分产

---

① 马端临：《文献通考》卷39《考课之法废》，文渊阁《四库全书》，第610册，第8480页。
② 《宋史》卷424《徐元杰传》，第12661页。
③ 《宋史》卷430《张洽传》，第12786页。

不平,固当以法断,亦须先谕尊长,自行从公均分。"①

李元弼所作《作邑自箴》则开篇序言中就将县令比作汉代的郎官,承担着"民社之重":"尝谓子男之任,实难其人。汉之郎官,出宰百里;圣朝鼎新法度,以达官称荐录之。予滥绾铜章,才微识隘,何以承流宣化。民社之重,可不勉焉。"②

南宋曾多年担任地方官的胡太初则在官箴中对县令不重视司法审判工作的倾向提出了批评,"今之为令者,知有财赋耳,知有簿书、期会耳,狱讼一事,已不皇悉尽其心,抚字云乎哉?教化云乎哉?"③ 显然,一个合格的县令,必须履行好司法审判的职责。

二是司法审判中对儒家经义的原则性坚持与灵活性运用。

我们可以看到官员可以用读《孝经》的办法对当事人进行了实际上以教育感化为目的的"惩罚":"送县照已行戒约。但子之于母,自宜孝顺,于母所敬亦敬之,而况所谓外公者乎!田业固不可逼卖,至于一二家事之类,亦何足道。监下替彭宣教读孝经一月。"④

而在亲人之间的诉讼纷争中,则更倾向于维护儒家所珍视的伦理亲情,不辞辛苦地进行调处工作:

如"母子兄弟之讼当平心处断"一案⑤,韩应之因母亲在家产分割等家务事中偏爱幼子韩闳,心中愤恨,竟然以逼人自杀之事诬告弟弟,进而达到报复母亲的目的,按照法律,"告言、诅詈祖父母、父母",是不孝重罪,应该予以严惩,但主审官员吴雨岩并未贸然据法断遣,而是考虑当事人之间是母子、兄弟关系,为维护儒家至为珍视母子兄弟之"天伦",主审法官认为韩应之只是一时"妻子之情深,则子之母爱衰",才会诬告母亲;并劝导许氏,如果让韩应之因此受重刑,则"何以为怀",作为弟弟的韩闳又"何以自全于天地间",因此,面对母子兄弟的"亲情","此一

---

① 《名公书判清明集》卷1《劝谕事件于后》,中华书局1987年版,第9页。
② 《作邑自箴》序言,《官箴书集成》第一册,黄山书社1997年版,第69页。
③ 《昼帘绪论·临民篇第二》,《官箴书集成》第一册,黄山书社1997年版,第102页。
④ 《名公书判清明集》卷10《读孝经》,第360页。
⑤ 《名公书判清明集》卷10《母子兄弟之讼当平心处断》,第361页。

段公案又合如阿断",最终以调处手段处理:韩应之、韩闳"各能悔过",从而"置之不理";韩应之诬告母亲一事,则以"小弁之怨,孟子反以为亲亲"为由,予以从轻处罚。显然,吴雨岩认为审理该案不但要考虑的法律的规定,更要考虑合乎当事人之间的母子兄弟之"情理",最终才能使当事人重归于好,"融融恰恰,翻然如初",以"全其天伦,去其人伪"①。

三是宋代法官审判实践中,相当重视创新性的理性制度设计。

宋代官员不只简单满足于案结事了,而是努力在从司法实践总结经验的基础上,创造性地进行理性制度设计,以达到防范和化解纠纷的目的,实现使司法机制运行更加顺畅的更高目标。比如务限法本是宋代朝廷为保护对国家至关重要的农业生产,要求在农忙时节的"务限",地方官不再受理婚田之类民事案件,"务限之法大要,欲民不违农时,故凡入务而诉婚田之事者,州县勿得受理"。然而实际生活中,地方豪强之家利用"务限法"侵夺平民下户,所以为更好地保障中下层农户的利益,孝宗隆兴元年(1163)四月二十四,时任大理卿李洪上书针对务限法的弊端提出了符合实际的有利于平民百姓的制度设计:"比年以州县之官务为苟且,往往借令文为说,入务之后,一切不问,遂使平民横被豪夺者,无所申诉。欲望明饬州县,应婚田之讼,有下户为豪强侵夺者,不得以务限为拘,如违,许人户越诉。"②李洪认为虽有"务限之法",但是为了保护贫弱者,当出现"下户为豪强侵夺者"的情况时,州县官员应善体法意,灵活运用"务限法",对此类案件予以受理,不得"入务之后,一切不问",使贫民下户无处申冤。李洪的制度设计建议得到了朝廷的采纳,"诏从之"。更有积极的地方法官注意结合当地的具体情况,对务限作出变通的规定,以免"务限法"过于刻板,脱离实际,不适于当地情况。如朱熹知潭州时,在颁布的《约束榜》中规定:"照应近据诸县申到人户理诉婚田债负,皆称目今正是青黄不接之际,告示候务开日施行。使司契勘人户互诉婚田争地,多是有力上户之家占据他人物业,或是迁延不肯交钱退赎,或是抗拒

---

① 《名公书判清明集》卷10《母子兄弟之讼当平心处断》,第361页。
② 《宋会要辑稿》刑法3之49。

不伏赴官理对,只要拖延衮入务限,使下户被苦无能结绝。检准律令:诸婚田入务,若先有文案交相侵夺者,不在此例。况今本州多是禺田,只有旱稻,收成之后,农家便自无事,可以出入理对,在田亦少施工未获之利,自可退业以还有理之家。诸县争论田地词诉,可以承行理对,不必须候十月,使司已于六月十八日符长沙等一十二县遵守施行讫。"① 朱熹提出潭州当地多种旱稻,收成之后,诉讼当事人即有时间打官司,而且这时候农田空闲,没有收获利益可以争执,便于赎田退业。所以对于"田地词诉",不必等到十月务开再处理,在旱稻收成之后即可受理此类案件,显然是一种因地制宜的理性制度设计。

再如在发放判决书的环节,宋代法官也做出了细致的制度设计。因为地方长官正式定判后,必须将判决书加盖官府印章后发给当事人,以使各方当事人了解判决理由和结果,便于执行,如任何一方不服判决,也必须凭判决文书向上级机关申诉。由于宋代"断由"是书面的判决书,具有一定的证明效力,对当事人利益的保护有重要意义,所以地方官府非常注意"断由"的发放,如有的官员就提出应保证发给当事人判决书,并且完善手续,在案卷卷宗接缝处加盖官印,以防有人在判决年深日久之后,以判决无官府依据为由翻诉:"田产之讼,官司考之契要,质之邻证,一时剖判既已明白,无理者心服无词,有理者监系日久,一得判辄归,未必丐给断凭,元案张缝,率不用印。数年之后,前官既去,无理者或嘱元主案吏拆换,或赂贴吏窃去,兼主案吏若罢、若死,辄隐匿诈言不存。彼乃依前饰词妄争,有理者须执前判,无所考据,则前判皆为虚设矣。凡事判案,须即用官印印缝,仍候给断凭讫始放。"② 当事人领取判决书后,还要亲自办理签收手续,"应人户自执去判状,须是付耆长正身,仍取批收凭由收掌"③。

---

① 《朱文公文集》卷100《约束榜》,见《名公书判清明集》附录六,中华书局1987年版,第644页。
② 《州县提纲》卷2《案牍用印》,《官箴书集成》第一册,黄山书社1997年版,第54页。
③ 《作邑自箴》卷6,《官箴书集成》第一册,黄山书社1997年版,第85页。

结　　语

综上所述，王安石在熙宁年间进行的科举与学校改革，实际上是通过国家顶层教育制度设计，更好地使儒家精义融入宋代官员的血液之中，使之内化为他们的"肉体记忆"，从而通过官员的思维模式与行为方式对包括宋代司法在内的国家治理产生务实导向性的影响，并且进而给后世的中国打上了深深的烙印。总体来说，在当时的历史语境下，王安石主导的科举与学校制度变革毫无疑问是成功的。

北宋后期的西北社会治理与边疆安全[*]
——以王韶、王厚父子的经略活动为中心

王连旗

(新乡学院 人文学院)

我国西北地区[①]是当今丝绸之路经济带建设的主要区域,自古以来就是中西联系的前沿要冲和重要的战略要地,这里地处亚欧大陆的腹地,是亚欧大陆重要的国际通道,是多民族聚居、多宗教并存、多文化交融的地区。异常复杂的区情、社情、敌情使得我国西北地区的边疆安全[②]威胁表现出多样性、复合性、交互性、异质性与不对称性等特征,边安则国安,边乱则国不宁。在社会发展的历史进程中,我国西北地区的地缘政治安全形势在很长时间内比较复杂,使得大部分王朝把大量的战略资源和财政收入用于维护西北地区的安全稳定上,在维护西北地区的安全稳定的历史实践中,北宋的范仲淹、王韶、高遵裕、俞充、种谔、王厚等将领做出了重要贡献。学术界对宋代西北社会治理活动进行了一定的研究,代表性研究成果有包伟民的《传统国家与社会(960—1279年)》、马大正的《中国边

---

[*] 本文系教育部高校思想政治理论课教师研究专项项目《中华民族认同融入〈中国近现代史纲要〉课程研究》(20SZK11070001)研究成果。

① 本文所涉及的西北地区的范围依据谭其骧主编的《中国历史地图集》及相关资料,主要包括今天的陕、甘、宁、青、新、蒙等省区的相关地区,在北宋行政区划上主要包括鄜延、环庆、泾原、秦凤以及熙宁后开拓的熙河路等经略安抚使路。

② 本文对安全的理解采用学者余潇枫的说法:安全就是客观上不存在威胁、主观上不存在恐惧、主体间不存在冲突。参见余潇枫等《非传统安全概论》(第一版),浙江人民出版社2006年版,第10页。

疆经略史》，杨建新、马曼丽的《西北民族关系史》，李华瑞的《宋夏史探知集》，程民生的《宋代地域经济》《宋代物价研究》，田澍、何玉红的《西北边疆社会研究》，林文勋的《宋王朝边疆民族政策的创新及其历史地位》，汪天顺的《北宋前中期的西北边疆经略》等。这些成果对宋代西北地区的社会治理进行相关研究有诸多裨益，但是关于北宋后期[1]西北社会治理与边疆安全的专题性研究还比较少，尤其是关于北宋后期西北社会治理在维护西北边疆安全的作用及二者的相互影响的还不多见。在北宋后期的西北社会治理的实践中，北宋政府运用"因俗而治、恩威并济、怀柔羁縻"的指导思想，采用征战与安抚并用、屯田[2]、营田、茶马贸易等多种社会治理方式，引入内地先进的水利技术和稻田耕作技术等，维护了我国西北地区的边疆安全，保障了丝绸之路的畅通。因此，本文从维护边疆安全的视角对北宋后期王韶等人的西北社会治理活动进行研究，研究其思想理念和成功经验，为当今我国的社会治理、国家安全观的构建提供历史借鉴和有益的启示。

一　北宋后期西北社会治理的历史背景

宋朝在中国历史上是一个标志性的朝代，经济水平空前繁荣，文化、教育发达，农业、印刷业、造纸业等均得到了长足发展，人才辈出。著名历史学家陈寅恪曾言："华夏民族之文化，历数千载之演进，造极于赵宋之世。后渐衰微，终必复振。"[3] 北宋王朝是赵宋统治者通过"陈桥兵变"建立的，"陈桥兵变"的成功在很大程度上取决于决策者的谋划水平和政治良知。正如黄仁宇先生所说的"陈桥兵变"在"中国历史中创立了一种

---

[1]　关于北宋的历史分期，学界有多种说法，本文采用张其凡先生的分期法，将北宋历史分为三个时期：太祖、太宗、真宗统治时期，为北宋前期；仁宗、英宗统治时期，为北宋中期；神宗、哲宗、徽宗、钦宗统治时期，为北宋后期。参见张其凡《两宋历史文化概论》，广东人民出版社2002年版，第61页。

[2]　关于宋代屯田、营田的关系，参见史继刚《宋代屯田、营田问题新探》，《中国社会经济史研究》1999年第2期。

[3]　陈寅恪：《金明馆丛稿二编》，上海古籍出版社1980年版，第245页。

不经过流血而诞生一个主要的朝代之奇迹"①。北宋建立后，统治者鉴于唐末五代武人飞扬跋扈、左右政局的教训，实行重文抑武的政策，这使得北宋成为中国古代文人士大夫充分发展的一个重要时期，这在一定程度上反映出北宋王朝的制度、政策中所体现的公正性和合理性较为明显。北宋时期的社会环境使得北宋的士大夫有着深沉的忧患意识和强烈的入仕参政意识，"国家的统一和封建王权的确立，使北宋士大夫阶层重新找回被强权武力和外族入侵所破坏的话语权成为可能"②。"富弼、韩琦等人呼吁北宋君臣不可再以'古之夷狄'对待契丹与西夏，也不可以'古之夷狄'对待其他少数民族，应与时俱进，摈弃成见，转变旧观念，重视对方，才是可取之法。这些认识反映了部分宋人民族思想的进步之处。"③

为了维护西北地区的边疆安全，北宋政府和西北各政权积极进行政治、经济、文化等方面的交流。"建隆三年（962）四月，西州回鹘阿都督等四十二人以方物来贡。乾德三年（965）十一月，西州回鹘可汗遣僧法渊献佛牙、琉璃器、琥珀盏。太平兴国六年，其王始称西州外生师子王阿厮兰汉，遣都督麦索温来献。五月，太宗遣供奉官王延德、殿前承旨白勋使高昌。"④ "984 年 4 月，王延德回到开封，圆满结束了这次重大的外交活动。这次出使促进了中原同边疆地区经济、文化的联系和交往，增进了内地同边疆少数民族之间的相互了解和友谊。"⑤ 喀喇汗王朝也"于 1009 年派出了以回鹘罗厮温为首的使团携带地方特产前往宋朝朝贡"⑥。"（大中祥符）六年（1013），龟兹进奉使李延庆等三十六人对于长春殿，献名马、弓箭、鞍勒、团玉、香药等，优诏答之。"⑦ 北宋政府还同甘州回鹘进行了

---

① ［美］黄仁宇：《赫逊河畔谈中国历史》，九州出版社 2011 年版，第 137 页。
② 杨亮军：《宋代基层社会治理体系中的乡约》，《甘肃社会科学》2015 年第 4 期。
③ 汪天顺：《招亡纳叛与建国立号：北宋西部民族地区的政治新动向》，《中国边疆史地研究》2020 年第 2 期。
④ 《宋史》卷 460《高昌传》，中华书局 2004 年标点本，第 14110 页。
⑤ 田卫疆、伊第利斯·阿不都热苏勒：《中国新疆通史》，新疆美术摄影出版社 2009 年版，第 151 页。
⑥ 田卫疆、伊第利斯·阿不都热苏勒：《中国新疆通史》，新疆美术摄影出版社 2009 年版，第 156 页。
⑦ 《宋史》卷 490《外国六》，中华书局 2004 年标点本，第 14116 页。

积极的来往，甘州回鹘民众为维护西北地区的安全和社会发展做出了重要贡献，"由于甘州回鹘的维护，使丝绸之路在西夏的威胁下没有完全中断，有时还得以畅通无阻；丝绸之路的畅通，促进了甘州回鹘经济的发展，使中原王朝，特别是北宋政权得以源源不断地得到产自河西走廊一带的战马，增强了边防实力"①。北宋政府同西北地区的交往促进了族际融合和社会发展，维护了边疆安全。"宋代西北地区……经济比其它任何地区都更具特色，与外地的经济联系极为密切，成为北宋国内物资集散、交流的重要区域。"② 这样，内地与西北地区在社会经济发展方面存在着较强的互补性。"宋、辽、金时期，……各族人民克服了战争造成的种种困难，内地和边疆的开发与交流进一步发展。"③

由于社会的发展，我国西北地区的边疆安全形势发生了显著的变化，党项崛起，回鹘分裂，吐蕃衰弱，崛起后的党项政权，经常威胁着北宋西北地区的安全稳定。到了北宋中期，西夏元昊掌权后，北宋和西夏之间的矛盾激化，宋政府在冲突中处于劣势，北宋政府在三川口（在宋陕西路延州西北，即陕西安塞县东延川、宜川、洛川三条河流汇合处）、好水川（在宋陕西路渭州笼竿城西，即今宁夏隆德县西北好水）等战役中遭到失败，这加剧了北宋王朝严峻的西北边疆安全局势。再加上宋初实行重文抑武政策，导致了冗官、冗兵、冗费的出现，使国家面临着严重的内忧外患，这给北宋的政治、军事和财政造成了很大的困难。为了解决边疆安全危机，北宋王朝采取积极的治理措施来维护西北地区的安全稳定，特别是宋神宗（赵顼）登基后，"神宗一改真宗、仁宗、英宗诸朝以防御西夏为主的战略，转而为积极进取"④。企图改变自宋太宗对辽战争失败后的对一些少数民族政权所形成的妥协退让、用经济力量来平衡外交的战略，重新恢复汉唐盛世时期周边少数民族政权对中原王朝强烈的认同感。北宋名臣

---

① 朱悦梅：《甘州回鹘与周边关系研究》，硕士学位论文，西北师范大学，2005年，第66页。
② 程民生：《宋代西北与各地的经济联系》，《河北学刊》1992年第5期。
③ 马大正主编：《中国边疆经略史》，武汉大学出版社2013年版，第3页。
④ 李华瑞：《宋夏关系史》，中国人民大学出版社2010年版，第56—57页。

司马光为此说道:"及神宗继统,材雄气英,以幽、蓟、云、朔沦于契丹,灵武、河西专于拓跋,交趾、日南制于李氏,不得悉张置官吏,收籍赋役,比于汉、唐之境,犹有未全,深用为耻,遂慨然有征伐、开拓之志。"① 正是在此形势下,北宋政府开始了后期的西北社会治理活动。

二 王韶、王厚父子西北社会治理的措施

(一)王韶、王厚父子简介

"北宋自神宗熙宁(1068—1077)中期实行熙河开边,至徽宗大观年间,前后历经40余年的军政经略,向西北和西部扩有熙、河、岷、洮、兰、廓、西宁、积石等州军之地。"② 最远到达了塔里木盆地的东南边缘,"公元1104年,北宋改鄯州为西宁州,隶属陇西都护府"③。这40余年的军政治理与开发活动中,王韶父子做出了重大贡献。王韶(1030—1081),字子纯,江州德安(今属江西)人,北宋著名的政治家、军事家。北宋嘉祐二年(1057)进士④,曾率军取得了熙河之役的胜利,因功迁枢密直学士,后拜礼部侍郎、擢枢密副使。元丰四年(1081),王韶得病而卒,卒后"赠金紫光禄大夫,谥曰襄敏。韶起孤生,用兵有机略。临出师,召诸将授以指,不复更问,每战必捷"⑤。王韶文武双全,苏辙在《代毛筠州祭王观文韶文》曾云:"公学敦诗书,性喜韬略。奋迹儒者,收功戎行。千

---

① (宋)李焘:《续资治通鉴长编》(以下简称《长编》)卷363,元丰八年十二月己丑,中华书局2004年版,第8689页。
② 韦祖松:《北宋国家安全问题研究》,博士学位论文,暨南大学,2006年,第31页。
③ 张海洋、良警宇:《散杂居民族调查:现状与需求》,中央民族大学出版社2006年版,第24页。
④ 嘉祐二年(1057)进士是宋代历史上具有典型意义的一榜进士,这一榜进士可谓人才辈出,群星璀璨。这一榜进士精英主要有:支持王安石变法的王韶、曾布、邓绾、吕惠卿、张璪等,理学家张载、程颢、吕大钧、朱广庭等,唐宋八大家中的苏轼、苏辙、曾巩。嘉祐二年所取士人在仕途上多成为名公巨卿,他们深刻地影响了北宋中后期的历史。参见曾枣庄《文星璀璨——北宋嘉祐二年贡举考论》,复旦大学出版社2010年版,第2—3页。
⑤ 《宋史》卷328《王韶传》,中华书局2004年标点本,第10582页。

里开疆,列鼎而食。丰功伟烈,震耀当年。"① 王韶颇能诗文,据《宋史》记载,其著有《敷阳子》七卷、《熙河阵法》一卷、《奏议》六卷,但今已佚。其次子王厚(1054—1106)是北宋中后期的一位杰出的将领,"少从父兵间,畅习羌事,官累通直郎"②。王厚深受其家庭环境的影响,自幼从父出征,铸就了其优秀的军事才能和胆略智慧,王厚因功进熙河经略安抚、威州团练使、超拜武胜军节度观察留后等职。王韶父子为西北社会治理做出了突出的贡献。"王韶、王厚父子不仅在军事史上留下了卓越建树和军事艺术,而且也给后人留下了治理边疆地区的政治智慧。"③

(二) 经济开发与社会治理

宋代是中国历史上一个具有承前启后作用的社会转型时期,社会经济取得了空前的发展。北宋后期的西北经济开发与社会治理是北宋经略西北过程中相互促进、相辅相成的两个方面,经济开发为社会治理奠定物质基础,社会治理又为经济开发提供保障,北宋后期的西北经济开发是北宋后期国家大战略的具体实践,对欧亚的社会发展产生了重要影响。据西方相关学者论述,"是宋代经济的大发展才导致西亚经济的发展,由此引起连锁反应,发展浪潮波及到欧洲,启动了意大利半岛的经济,而那里只是在经济发展以后,才发生了所谓'文艺复兴'。"④

北宋后期的西北经济开发活动是伴随着社会治理而进行的,随着疆域的扩大,北宋政府利用经济手段干预西北地区的事务,多次下发款项购买官员职田,加上部分少数民族首领的主动献地和通过战争及交换等方式获取了大量荒地,使北宋政府在西北地区拥有较多土地资源。北宋政府为了维护西北地区的社会安全和稳定,在西北地区实施了屯田、营田、土地买卖、茶马贸易等多种治理措施,试图建立一种新的经济秩序,并采取措施保护西北民众的基本经济利益。

---

① 曾枣庄、吴洪泽:《宋代文学编年史》,凤凰出版社 2010 年版,第 808 页。
② 《宋史》卷 328《王韶传》,中华书局 2004 年标点本,第 10582 页。
③ 罗家祥:《北宋晚期的政局演变与武将命运》,《学术研究》2011 年第 11 期。
④ 阮炜:《不自由的希腊民主》,上海三联书店 2014 年版,第 117 页。

王韶等人经略西北地区初期，北宋政府为了保障西北地区军队的粮饷供应和减轻内地运往西北地区的运输压力，学习汉唐王朝成功的屯田做法，以保证西北地区的安全。北宋政府通过购买等多种方式获得了大量的可以开发的土地。熙宁三年（1070），王韶建议朝廷在秦州等地招募弓箭手①营田，"北宋西北弓箭手营田采用人授田二顷、有马者加五十亩的授田制，规模大，分布广，历时长，成为经营最成功的官田形态"②。"弓箭手在开发土地、保卫西北国防安全以及在节省宋朝财政开支方面做出了突出贡献。"③ "渭源城下至秦州，沿河五六百里，良田不耕者何啻万顷，但自来无钱作本，故不能致利。欲每岁常于秦州和籴场预价钱三五万贯作本，择田之膏腴者，量地一顷，约用钱三十千，收岁不下三百硕，千顷之田三万贯，收三十万硕。以十万为人、牛粮用外，岁尚完二十一万硕。"④ 北宋政府随即下诏秦凤路经略司借支封桩钱三万贯，委任王韶募人耕种。熙宁四年（1071），为了加强对秦州的管理，宋政府任命王韶为太子中允秘阁校理兼管勾秦凤路缘边安抚司兼营田市易。熙宁五年（1072）"韶言募到勇敢九百余人，耕田百顷，酒坊三十余处。蕃部既得为汉人，蕃部贱土贵货，汉人得与蕃部交易，即汉得土，蕃部得货。两各得所欲，而田畴垦，货殖通，蕃汉为一，自然易以调驭"⑤。熙宁五年（1072），神宗"诏以古渭寨为通远军，以王韶为知军"⑥，"古渭寨的修建已经使北宋屯田从渭河中游推进到上游，在成功控制渭河上游地区之后，宋军便着手继续向西扩展，古渭寨则成为西拓边疆的前哨。……古渭寨升为通远军标志着北宋西进河陇战略的最终确定，它掀开了边界西扩及屯田扩展的新篇章。"⑦

---

① "宋代有名叫弓箭手的民间武装，它是由边地农牧民组成的壮丁队，有警则赴，无事在田；除维持当地治安秩序外，战时配合正规军队，担任勤务，协同作战。"参见吴天墀《西夏史稿》，广西师范大学出版社2006年版，第51页。
② 魏天安：《宋代弓箭手营田制度的兴衰》，《中国社会经济史研究》2006年第1期。
③ 汪天顺：《关于宋仁宗时期弓箭手田的几个问题》，《中国边疆史地研究》2010年第3期。
④ （清）徐松辑：《宋会要辑稿》食货63之186。
⑤ （宋）李焘：《长编》卷233，熙宁五年五月辛卯，第5655页。
⑥ （宋）李焘：《长编》卷233，熙宁五年五月辛巳，第5645页。
⑦ 程龙：《北宋西北沿边屯田的空间分布与发展差异》，《中国农史》2007年第3期。

北宋后期的西北土地开发主要分布在黄河上游及湟水、岷水、洮水等流域，具体分布在古渭寨至青唐武胜军、河州、熙河、陇山以及庆州、渭州、鄯州、廓州等地区。这里有适合土地开发的自然条件，加上这些地区远离军事冲突区，使得这里的土地开发非常迅速。王韶指出"熙、河、鄯、湟自开拓以来，疆土虽广而地利悉归属羌，……仰本路帅臣相度，以钱粮茶彩或以羌人所嗜之物，与之贸易田土。田土既多，即招置弓箭手，入耕出战，以固边圉"①。王厚等人对收复区采取恩威并举的社会治理措施，"（崇宁三年五月）乙酉，王厚奏：'臣契勘大军今来收复鄯、廓等州，拓疆幅万余里。……左右除是心白人户田土，依旧为主，秋毫不得侵占外，因与官军抗敌杀逐心黑之人所营田土，并元系西蕃王子董毡、瞎征、温豁心等田土，顷亩不少，已指挥逐州尽行拘收入官，标拨创置弓箭手，应付边备"②。并得到实施。

北宋后期的西北社会治理活动表现出一定的开放性，如准许内地移居西北地区的民众前往新辟区耕种土地，北宋政府采纳了王韶"洮河一带可以引水种稻，请求朝廷调发一批稻农前来从事此项生产"③的建议，熙宁五年（1072）"诏：'淮南、两浙、江南、荆湖、成都府、梓州路如有谙晓耕种稻田农民犯罪该刺配者，除强盗情理凶恶及合配本州、隣州、沙门岛人外，并刺配熙州，候及三百人止。'"④ 熙宁七年（1074）诏言："讨平河州叛蕃，辟土甚广，已置弓箭手，又以其余地募蕃兵弓箭手，每砦三指挥或至五指挥，每指挥二百五十人，人给田百亩，以次蕃官二百亩，大蕃官三百亩，仍募汉弓箭手为队长，稍众则补将校，暨蕃官同主部族之事。"⑤ 这既充实了西北地区土地开发的劳动力，引进了内地先进的稻田耕作技术，使得粮食产量得到大幅度提高，提高了当地民众的生活水平，促进了族际融合，维护了我国西北地区的边疆安全。

---

① 《宋史》卷 190《兵志四》，中华书局 2004 年标点本，第 4723 页。
② （宋）杨仲良：《皇宋通鉴长编纪事本末》，黑龙江人民出版社 2006 年版，第 2355—2356 页。
③ 程民生：《宋代地域经济》，河南大学出版社 1992 年版，第 93 页。
④ （宋）李焘：《长编》卷 239，熙宁五年十月甲辰，第 5822 页。
⑤ 《宋史》卷 191《兵志五》，中华书局 2004 年标点本，第 4759 页。

由于北宋政府曾用经济手段和文人政治来治理国家，导致了财政紧张。为了增加财政收入，北宋政府非常重视商品贸易的发展。随着北宋社会的发展，中原市场的商品流通半径延伸到了西北少数民族地区，这种趋势逐步把西北少数民族地区卷入北宋政府的全国性市场体系之中。在这种市场扩张的大背景下，王韶等人在我国西北地区积极开展经贸活动，熙宁元年（1068）二月，王韶以管干秦凤路经略司机宜文字的身份到秦州后，借鉴西汉大臣桑弘羊的平准措施，制定市易法，设立市易司。熙宁四年（1071），北宋政府"置洮河安抚司，自古渭寨接青唐武胜军，应招纳蕃部、市易、募人营田等事，并令韶主之"①。市易司的设立，促进了西北地区的社会发展。"不仅如此，沿边诸州折博务和市易司的相继设立，尤其是诸市易务隶属都提举市易司期间，商人和朝廷为供应西北边防军需，贸迁物货，从事茶盐粮草和布帛等物交易，从而扩大和密切了西北边贸市场与全国各区域市场的联系，并且在这种贸易关系的发展中，逐步使西北边贸市场与全国市场连为一体。"②

北宋政府在熙宁七年（1074）"命知熙州王韶都提举熙河路买马，权提点刑狱郑民宪同提举，以中书言熙河出马最多，虽已置买务于熙州，立法未尽故也"③。熙宁九年（1076）初，宋政府在熙、河、通远军置买马场，主要以四川茶换取西北少数民族的马匹。"熙河从此也成为宋代及明代国马的主要供给地"④，"即由四川运茶于秦州与西蕃易军马。四川名山所出茶深受西部少数民族的喜爱，自熙宁七年始，宋政府每年运输四万驮（四百万斤）与之交换马匹"⑤。适应了吐蕃民众"人喜啖生物，无蔬茹酰酱，独知用盐为滋味，而嗜酒及茶"⑥的生活习惯。王韶等人设置的以茶马贸易为主的汉蕃互市是宋王朝同周边各少数民族互市的重要组成部分，

---

① （宋）李焘：《长编》卷226，熙宁四年八月辛酉，第5501页。
② 燕永成：《熙丰变法时期的西部边贸开发》，《中国经济史研究》2000年第2期。
③ （宋）李焘：《长编》卷254，熙宁七年二月六月丁卯，第6205页。
④ 王晓燕：《王韶经营熙河管窥》，《中央民族大学学报》2005年第5期。
⑤ 程民生：《宋代西北与各地的经济联系》，《河北学刊》1992年第5期。
⑥ 《宋史》卷492《吐蕃传》，中华书局2004年标点本，第14163页。

这是宋朝在边疆民族政策方面做出的贡献。

北宋政府鼓励民间告发茶叶走私的违法活动,"而博买牙人与蕃部私交易,由小路入秦州,避免商税打扑。乞诏秦熙河岷州、通远军五市易务,募博买牙人,引致蕃货赴市易务中卖,如敢私市,许人告,每估钱一千,官给赏钱二千,如此则招来远人,可以牢笼遗利,资助边计"①。元丰六年(1083),北宋政府首先在西北地区颁布了《熙河兰湟秦凤路敕》,在兰州设置了市易务,以便进一步促进蕃汉族际贸易。随着社会的发展,到了徽宗大观二年(1108),宋政府首先在西北地区颁布了《熙河兰湟秦凤路敕》,将原计划在广南西路等地区实施的蕃汉关系法对蕃汉贸易活动进行了规范与保护,维护了西北地区的经济安全。

(三)文治教化

王韶在《平戎策》中提到的汉法教化蕃部,平等对待蕃部,杂居互相学习等策略,在西北社会治理活动中得到了贯彻执行。"'治天下'必须重视教化,汉儒总结出来的历史经验,对我国封建王朝的长治久安有着不可忽视的作用。"②熙宁六年(1073),"熙州西罗城已置州学,晓谕蕃官子弟入学"③;熙宁七年(1074),北宋政府在岷州建州学;熙宁八年(1075),"知河州鲜于师中乞置蕃学,教蕃酋子弟,赐地十顷,岁给钱千缗,增解进士为五人额。从之"④。这些学校的部分教师由儒生担任,教育经费主要由政府拨款和学田(政府拨给学校的土地)所收田租构成,科考时增加一些蕃部录取名额。王韶等人开设蕃学,对归顺的部族首领子弟进行儒家文化教育,并鼓励这些年轻人参加科举考试。除此之外,还修筑寺庙,在灾荒时给予赈济等。⑤ 王韶等人的社会治理活动促进了西北地区民众文化素质的提高和社会的安定。

---

① (宋)李焘:《长编》卷299,元丰二年七月庚辰,第7272页。
② 卜宪群:《谈我国历史上的"大一统"思想与国家治理》,《中国史研究》2018年第2期。
③ (宋)李焘:《长编》卷248,熙宁六年十二月壬午,第6059页。
④ (宋)李焘:《长编》卷261,熙宁八年三月戊戌,第6357页。
⑤ 陈峰:《将军归佩印累累——记北宋名臣王韶》,《美文》2011年第9期。

王韶父子的西北社会治理活动，注重利用宗教来招抚蕃部，王韶在经略西北初期，就利用京师相国寺的僧智缘前往蕃部，说服结吴叱腊和俞龙珂等蕃部归顺，"熙宁中，王韶谋取青唐，上言蕃族重僧，而僧结吴叱腊主部帐甚众，请智缘与俱至边。神宗召见，赐白金，遣乘传而西，遂称'经略大师'。智缘有辩口，径入蕃中，说结吴叱腊归化，而他族俞龙珂、禹藏讷令支等皆因以书款"①。

宋政府收复熙河六州后，为了安抚人心建立了广仁禅院、东山禅院和东湖禅院等寺院，熙宁五年（1072），宋政府"赐秦凤路缘边安抚司钱一万缗，于镇洮军建僧寺，以大威德禅院为额"②。熙宁六年（1073）"又赐熙州新修东山禅院名曰慈云、东湖曰慧日"③。这些寺院在修建的过程中融进了许多汉文化的内容，体现了北宋统治者的汉法政策和民族观念的进步，满足了当地民众的崇佛心理，这些措施有效地保障了西北地区的少数民族的宗教信仰，维护了我国西北地区的安全和稳定。

三 王韶、王厚父子的西北社会治理对边疆安全的影响

以王安石变法为契机的王韶父子西北社会治理活动，涉及政治、军事、经济、文化等方面，尤其是制定和颁行了许多民族政策法规，这些民族政策法规成为北宋国家汉法民族法律体系的重要组成部分，这对北宋后期的政治、军事、经济、文化等方面都产生了深远的影响。

（一）经济开发与社会治理对西北边疆安全的影响

王韶父子西北社会治理活动，在经济开发中使用了多种经略方式，引入了内地先进的水利技术和稻田耕作技术，使得以熙州、河州、通远军为中心的土地开发区的粮食产量大幅度提高。同时王韶等人实行市易法，增

---

① 《宋史》卷462《方技下》，中华书局2004年标点本，第13524页。
② （宋）李焘：《长编》卷239，熙宁五年十月甲申，第5809页。
③ （宋）李焘：《长编》卷248，熙宁六年十二月戊寅，第6055页。

加了北宋政府的财政收入。熙宁七年（1074）二月，王韶言："通远军自置市易司以来，收本息钱五十七万余缗，乞下三司根磨，推奖官吏。"① 元祐六年（1091），熙州知州范育言："恭惟神宗皇帝奋神武之略，资天下富强之势，开置熙、河数郡。当其经营之始，不无劳人费财之患，积累于今二十余年，其郡邑既已雄盛，人民既已富庶，法令既已整备，边势既已盛强，兵日益减，费日益省，谷日益贱，其规模之宏远，可以保万世之安矣。"② 北宋政府鼓励龟兹、回鹘等政权在熙河地区进行贸易，"绍圣三年（1096），（龟兹国主）使大首领阿连撒罗等三人以表章及玉佛至洮西。熙河经略使以其罕通使，请令于熙、秦州博买，而估所赍物价答赐遣还，从之"③。王韶父子经略西北地区使森林、草原、矿产、河流等自然资源也得到了不同程度的开发，"北宋王韶开边，洮河绿石及洮砚得到进一步的开发，渐成全国三大名石之一，与端、歙二砚齐名"④。

王韶等人推行的市易法促进了西北地区经济的发展和社会的安定，使得西北地区成为王安石变法的实验场和突破口，王安石变法的许多内容都是直接总结于西北地区而后推广到全国的，西北地区的发展成为宋朝社会发展的重要组成部分。北宋的西北社会治理活动增强了内地对西北各族经济、文化的影响，逐渐改变了西北地区的经济状况，同时也使西北地区对北宋的经济依赖加强，促进了西北地区城镇的形成和发展，促进了西北地区的边疆安全，促进了族际融合，增强了西北边疆地区民众对宋王朝的认同感和向心力，为元朝能够将原来处于羁縻控制下的边疆民族纳入中原王朝的直接统治之下打下了基础，进一步充分体现了中华文明的凝聚力。

王韶等人的西北社会治理活动也有盲目性，王韶实行土地开发的做法是利国利民的战略，但没有和客观实际有机地结合起来，这里有些地区气候干旱、土壤贫瘠，适合牧业发展，不太适宜农业发展，在实行过程中出现了不尽人意的现象；再一个营田招募来的部众多以弓箭手为主，不熟悉

---

① （宋）李焘：《长编》卷250，熙宁七年二月庚辰，第6093页。
② （宋）李焘：《长编》卷460，元祐六年六月丙午，第10998—10999页。
③ 《宋史》卷490《龟兹传》，中华书局2004年标点本，第14123页。
④ 杨文：《北宋经略河湟民族政策研究》，博士学位论文，西北师范大学，2009年，第220页。

农业耕作，这种做法忽视了西北少数民族民众生活习性在短期内难以改变的事实，造成了北宋政府财力、人力的浪费，同时森林、植被遭到破坏，对西北地区的生态环境造成了一定程度的破坏。

（二）文治教化对西北边疆安全的影响

北宋后期的西北社会治理活动，有更深的文化内涵。熙宁五年（1072），"是时，王韶拓熙河地千二百里，招附三十余万口。安石奏曰：'今以三十万之众，渐推文法，当即变其夷俗。'"① 可见北宋统治者西北社会治理活动主要目的是使西北各族在接受汉文化的熏染后，融入北宋王朝的主流文化中去。"在中国历史上，少数民族的大部分封建化过程都与其汉化过程相关联，而这种汲取汉族先进政治经济制度的过程，没有离开汉族人民特别是汉族士大夫的帮助和推动。"② 如王韶招抚吐蕃首领俞龙珂，因崇拜北宋名臣包拯的忠贞、清廉、耿直、干练的品质，亲自到京城朝见北宋朝廷，宋廷赐其姓名"包顺"，其兄弟被赐名为"包诚""包约"。"赐姓名氏"是一种缩小民族思想文化差距的经略活动。王韶在西北社会治理时改变了当地的风俗，"羌俗不食鱼，鱼大如橡柱，臂股河中甚多。……（王）韶在熙河，始命为网，捕以供膳"③。这一做法调整了当地的饮食结构，丰富了当地的饮食文化。

在教育方面，北宋政府在西北地区设立蕃学，让归附的吐蕃贵族子弟学习汉文化，激发他们学习汉文化的热情，使汉文化逐渐融入吐蕃文化中去，促进了西北各族民众对北宋王朝的认同，有些蕃族子弟通过科考，跻身于仕途，从而实现宋蕃之间的民族情感认同，同时北宋政府设立蕃学也是羁縻蕃部的一种手段："种世衡在环州建学，令蕃官子弟入学，监司疑其事，遣官体量。世衡以为非欲得蕃官子弟为门人，但欲与之亲狎，又平

---

① 《宋史》卷191《兵志五》，中华书局2004年标点本，第4758页。
② 肖全良：《信息控制与边疆安全——以宋夏为例》，硕士学位论文，西北师范大学，2011年，第22页。
③ （宋）吴曾：《能改斋漫录》，中国商业出版社1986年版，第106页。

居无事时，家家如有质子在州。"①

在宗教方面，北宋政府重视和保障西北地区各族的宗教信仰自由，提倡佛教向善积德、因果报应、普度众生的思想，引导各族人民行善向善，北宋政府推崇佛教实质上是中央王朝对蕃民在精神上进行羁縻，同时满足了西北地区民众的崇佛心理，这有利于建立良好的人际关系和族际关系。

王韶父子的西北社会治理活动，进一步促进了族际融合，为蒙元时期更大规模的民族融合创造了条件，体现了我国自古以来各族间文化上的兼收并蓄、经济上的相互依存、情感上的相互亲近，提高了西北各族对中华文化的认同，增强了西北各族人民对一体多元的中华民族国家的认同感、向心力和凝聚力。

综上所述，王韶父子生活在重文轻武和党争非常激烈的北宋中后期，由于当时客观条件的限制，我们不能苛求于古人，王韶、王厚父子西北社会治理活动维护了边疆安全，加速了西北蕃族由游牧向农耕主流社会融入的进程，促进了我国西北地区的经济发展和社会进步，同时使得王安石变法得以在西北地区开花、结果，顺应了北宋政府西北社会治理活动的社会发展形势。但我们也不能忽视王韶父子对当地社会经济文化发展带来的负面影响，这样更能体现以史为鉴的价值。

---

① （宋）李焘：《长编》卷233，熙宁五年五月丙申，第5662页。

金代士人对王安石的评价

张家伟

(香港理工大学 人文学院)

关于金代士人评价王安石的情形,因传世文献的数量限制,存在一定研究困难。① 不过,辅之以宋人及亡金遗士文字,虽不能精察,但也能管窥金人对王安石的态度。影响南宋王安石评价的两大因素,是官方意识形态下的历史论定,以及理学的发展。② 金人与南宋人对王安石的评价可谓同源而异质。政治方面,北宋晚期的政治舆论是金朝与南宋的共同起点,但王安石作为赵宋本朝人物,对南宋官方形成的评价负担远远大于金朝。学术方面,虽然金代晚期受到南宋理学的影响,但并未出现纯粹的理学家。另外,金朝科举的设置受到辽制影响,以体制而非学派争竞的方式,改变了王安石经义流行的现象。这些方面都足以与南宋形成对照,呈现出未受官方有意塑造,且理学影响尚未充分的时空下,士人评价王安石的情形。

金亡后,原金士人仍活跃于元初。③ 在文化抉择方面,此类士人大致走

---

① 李华瑞较早整理了金、元士人的王安石论。刘成国引用刘祁(1203—1259)《归潜志》,说明金人对荆公新学的鄙夷,并使用有关科举的记载,猜测荆公新学在金代仍有传习者,但也坦言限于史料难以深究。李华瑞:《王安石变法研究史》,人民出版社2004年版,第310—323页;刘成国:《王安石身后评价考述》,《中华文史论丛》第77辑,上海古籍出版社2004年版,第217—246页。

② 李华瑞:《王安石变法研究史》,第1—10页。

③ 本文借鉴陈得芝等人的时段划分意见,将成吉思汗(1162—1127)建立大蒙古国的1206年作为元朝的起始。白寿彝总主编:《中国通史》第8卷,上海人民出版社1999年版,第244—249页。

入两条路径：一是倾向于保存金朝传统，拒斥理学，如耶律楚材（1190—1244）、元好问（1190—1257）。二是接受理学，乃至以发扬理学为志业，如许衡（1209—1281）、姚枢（1201—1278）、刘因（1249—1293）等大儒。也有接触理学、吸纳借鉴却未完全接受者，如杨奂（1186—1155）。拒斥理学者虽以行政及诗文影响元朝，但其文化理想却未被元文化的潮流所接纳，而像是金朝的尾巴。下文将大体按照时间顺序，从政治态度、科举政策、晚金文化三条线索梳理王安石政治形象，以及学术、文章地位在金代的起伏，再通过代表性人物，查看金末元初士人对王安石的评价。

一 批判王安石：入侵宋土后的政治表态

金太宗（1075—1135）天会四年八月（1126，宋靖康元年），金朝以左副元帅完颜宗翰（1080—1137）及右副元帅完颜宗望（？—1127）为主帅，发动第二次攻宋战争。① 十一月十八日，完颜宗翰攻破西京洛阳，"令人广求大臣文集、墨迹、书籍等，又寻富郑公、文潞公、司马温公等子孙"②。从神宗时代起，洛阳逐渐聚集了一批因为反对新法而退位谪居的士大夫，于此雅集、唱和，形成紧密的关系网络。③ 北方士大夫本就多反对新法，金人初入宋土后笼络大族、争取民心，不得不说明对新法的态度。在攻破京城开封之后，金军的举措更加表现出厌弃王安石及借重司马光等人的意向。十一月二十五日，金军攻破开封。十二月二十三日，"金人索监书、藏经、苏黄文，及古文书、《资治通鉴》诸书"④。十二月二十五日，"入国子监取官书，凡王安石说皆弃之"⑤。天会五年（1127）正月："金

---

① 《金史》卷3《太宗本纪》，中华书局1975年版，第55页。
② （宋）徐梦莘：《三朝北盟会编》卷63，靖康元年十一月十八日，上海古籍出版社2008年版，第476页。
③ Michael Dennis Freeman, Lo-Yang and the Opposition to Wang An-Shih: The Rise of Confucian Conservatism, 1068 – 1086, Ph. D. dissertation, Yale University, 1973.
④ （宋）徐梦莘：《三朝北盟会编》卷73，靖康元年十二月二十三日，第548页。
⑤ （宋）汪藻撰，王智勇笺注：《靖康要录笺注》卷14，四川大学出版社2008年版，第1487页。

遣兵百人卫司马光坟。"① 可见金人喜爱司马光、苏轼、黄庭坚等元祐士大夫的文字，尤其尊敬司马光。

以武力征服宋人的同时，部分金人对宋文化产生强烈兴趣，例如仿汉字而创女真字的完颜希尹（？—1140），以及完颜宗翰之弟完颜宗宪（1108—1166）在金兵进入宋京开封之际不争财宝，满载图书而归。② 索求司马光、苏轼等人文字并摒弃王学者，应即是完颜希尹、完颜宗宪等人。金人入侵宋土，本就以徽宗君臣背信违约为借口，徽宗君臣也在两宋之际遭受臣民怨望。金人迅速崛起，学习宋人历史的时间有限，对于徽宗君臣迫害"元祐党人"的历史，必是从其所接触的宋士大夫以及民间舆论得知。亡金遗士刘祁总结金朝兴衰时，肯定了金初对北宋人物的措置："褒崇元祐诸正人，取蔡京、童贯、王黼诸奸党，皆以顺百姓望。"③ 被徽宗君臣作为政治学术象征的王安石，也受到牵连而被恶评。金人迎合宋人，说明在徽宗晚期的北方地区，司马光与"元祐党人"受到广泛推崇。此后司马光在金朝地位始终崇高。④ 皇族宰臣完颜承晖（1149—1215）常置司马光、苏轼像于书室，言："吾师司马而友苏公。"⑤ 司马光与苏轼同受尊崇，⑥ 作为元祐大臣的代表人物，二人对金代的王安石评价也必有影响。

与南宋不同，金朝不必为徽宗开脱亡国之罪，并为此而追贬王安石。

---

① （宋）李心传：《建炎以来系年要录》卷1，建炎元年正月癸卯，中华书局1988年版，第29页。
② 罗福颐编校：《满洲金石志》卷3《大金故左丞相金源郡贞宪王完颜公神道碑》，《中国少数民族古籍集成》第31册，四川民族出版社2002年版，第434页；《金史》卷70《完颜宗宪传》，第1615页。
③ （元）刘祁撰，崔文印点校：《归潜志》卷12《辩亡》，中华书局1983年版，第136页。
④ 皇统九年（1141），金熙宗（1119—1150）将司马光画像赐予海陵王完颜亮作为生日礼物。大定二十年（1180），金世宗（1123—1189）向宰臣赞叹《资治通鉴》的体例及司马光的苦心。大定二十六年（1186），耶律楚材（1190—1244）之父耶律履（1131—1191）向金世宗进呈所撰《孝经指解》，并言是效法司马向宋仁宗进呈古文《孝经》之例。《金史》卷132《大兴国传》，第2822页，及卷7《世宗本纪》，第175页；李修生主编：《全元文》卷43元好问《尚书右丞耶律公神道碑》，江苏古籍出版社1998年版，第685—686页。（以下同书省略作者信息）
⑤ 《金史》卷101《完颜承晖传》，第2227页。
⑥ 徐明善（1250—？）道："中州士大夫，文章翰墨颇宗苏、黄。"虞集（1271—1348）言金人"风声气习，多有得于苏氏之遗，其为文亦蔓衍而浩博矣"。《全元文》卷552《送黄景章序》，第192页，及卷820《刘桂隐存稾序》，第111页。

明昌五年（1194），金章宗（1168—1208）欲令王庭筠（1151—1202）任职翰林，但王庭筠曾受人议论，金章宗援引前代党争事例为之开解：

> 唐牛僧孺、李德裕，宋司马光、王安石，均为儒者，而互相排毁何耶？①

在南宋官方史书中，司马光在政事、道德上对王安石而言具有压倒性的优势。但金章宗的表述，却将二者视为平等。虽然金人否定王安石政事的论述与南宋人类似，② 但其形成，是北宋舆论影响金人领袖及在华北流衍的结果，与南宋初期将平反元祐作为立国基础不同。

二　科举政策下王安石经义的退场

学术地位不可避免受到政治形象的波及，但王安石在金朝未如在南宋受到官方及理学家有意识的论定，其学术所受评价与金人本身的文化需求有关。作为北宋晚期的释经标准的《三经新义》在南宋及金朝皆发挥惯性影响。元好问追述："国初，因辽、宋之旧，以词赋、经义取士，（中略）传注则金陵之余波（后略）。"③ 而后，金初科举政策历经多次变化，一度导致王学彻底退出了学校及科举。

北宋科举中，经义取代诗赋是大势所趋。④ 除元祐时期诗赋、经义并行，

---

① 《金史》卷126《王庭筠传》，第2731页。

② 如赵秉文既肯定变法初衷，又否定具体措施："元丰之政，初亦有为，但荆公新法不合人情。"（金）赵秉文：《闲闲老人滏水文集（附补遗）》卷20《题东坡书孔北海赞》，中华书局1985年版，第236—237页。王若虚批评王安石效法商鞅，并有诗讽刺王安石好大喜功、误导神宗。（金）王若虚撰，马振军点校：《王若虚集》卷29《臣事实辨下·十七》，中华书局2017年版，第353页，及附录一·诗文补遗《寄题南京高特夫景苏斋》，第575—576页。（以下同书省略作者信息）

③ （元）元好问撰，狄宝心校注：《元好问文编年校注》卷3《闲闲公墓铭》，中华书局2012年版，第256—257页。（以下同书省略作者信息）

④ 神宗朝改革科举，王安石、司马光等主张经义者占据多数，而反对废除诗赋者仅苏轼、刘攽（1022—1088）等寥寥数人。诸葛忆兵：《论北宋神宗朝科举制度之演变》，《四川大学学报（哲学社会科学版）》2022年第1期。

北宋后期多数时间独用经义。辽朝则延续唐朝以诗赋为主要项目的进士科，以及与进士平行的明经科、法律科，而无经义考试。① 金朝词赋、经义并行，混融了接近唐制的辽制及经过改革的宋制。然而混合的过程颇为曲折，《金史·选举志》的记载又多有矛盾之处，② 直至近年才得到辨明。③

概括而言，金朝科举的设置与变迁大致情况是：金太宗天会元年（1123）在原辽地、天会六年（1128）在原宋河北地取士，原辽地试词赋、宋河北地试经义。金熙宗天眷二年（1139）正式实行"南北选"，原辽地及宋河北地成为"北选"地，二者传统不同，故词赋、经义并行；原刘齐政权地为"南选"地，只试经义，实际延续了北宋经义考试。④ 海陵王贞元四年（1156）实行南北通选，实际废除了原刘齐政权地区的宋人遗法，全境皆以原辽制中

---

① 都兴智：《辽金史研究》，人民出版社 2004 年版，第 13—14 页；李桂芝：《辽金科举研究》，中央民族大学出版社 2012 年版，第 8—20 页。

② 《选举志》言金太宗天会元年（1123）始开科举，分词赋、经义科，然而其时金人尚未入宋，辽朝又无经义科，显然有误。后文记载，天会五年（1127）金人攻占北宋河东、河北，考虑辽、宋差异而设"南北选"，金熙宗（1119—1150）天眷元年（1138）又命南、北选皆可参加经义、词赋考试，而海陵王完颜亮（1122—1161）天德三年（1151）罢"南北选"，废除经义，只试词赋。言下之意，"南北选"即是原辽地试词赋，原宋地试经义。但是，《选举志》后文又引李晏（1123—1190）之言：设"南北选"后，首科取北选词赋进士 150 人、经义 50 人，南选进士 150 人，北选词赋、经义皆有，又与前文矛盾。《金史》卷 51《选举志》，第 1134—1136 页。

③ 早期研究多径将"南北选"的颁布定在金人入宋后的天会五年，认为金廷命宋人试经义、辽人试辞赋，以此保护燕云汉士利益。并认为金熙宗令南、北皆可参加经义、词赋，推进了南北混一进程及各地士人对国家的认同，为完颜亮实行全境考试奠定了基础。刘海峰、李兵：《中国科举史》，东方出版中心 2004 年版，第 236—241 页；薛瑞兆：《金代科举》，中国社会科学出版社 2004 年版，第 1—7 页。赵宇发现李世弼《登科记序》所记"南选"初行于天眷二年（1139）、"南北选"之废在完颜亮贞元二年（1154），以及赵子砥《燕云录》所记太宗天会六年（1128）首科北、南进士为 240、571 人，与李晏所述不同，从而判断元代史官编撰的《选举志》有误，本于金朝史书的《金史》本纪部分则较为准确。太宗本纪所载"南北进士"，与金熙宗的"南北选"根本不同。"南北选"设于天眷元年，行于二年。其背景是天会十五年（1137）金熙宗废除刘豫（1073—1146）政权，设置"行台尚书省"管理"河南"。"南"指黄河旧ף以南，"北"指辽及原宋河北。根据本纪，完颜亮南北通选在贞元四年（1156），是天德二年（1150）罢废行省、加强中央集权的结果。赵宇：《金朝前期的"南北选"问题——兼论金代汉地统治方略及北族政治文化之赓衍》，《中国社会科学》2016 年第 4 期。

④ 饭山知保指出，或出于跟随金朝科举的步伐，刘齐政权在阜昌四年（1133）、六年（1135）也实行了两次科举。[日]饭山知保著，邹笛译：《另一种士人：金元时代的华北社会与科举制度》，浙江大学出版社 2021 年版，第 62—63 页。由于制度文化的惯性，刘齐政权科举必然延续北宋的经义考试。

的词赋为主要考试。金世宗大定二十八年（1188）下诏恢复经义。①

"南北选"初立时，"北选"区部分士人试经义，"南选"区只试经义，加之原宋地文化远胜辽地，故以全境而言，进士人数中经义多于词赋。② 可以推想，从金太宗天会六年，到海陵王贞元四年，近三十年间，王安石经义仍在科考中占有重要地位。此后，经义被废三十余年，王学失去功利层面的价值，习者自然急剧减少。另外，海陵王天德三年初置国子监，而国子监所用教材为汉、唐及宋初官方所定注解，并未采用北宋中期以后诸儒经解。③ 国子监的教学内容，必须满足科举考试的需求。据李世弼所记，金朝词赋考试中，经传部分出题依循辽朝旧制而用《五经》注疏。④ 国子监教学与词赋考试内容吻合，王安石经义彻底退出官学及科举。

三 晚金文化之下的王安石学术、文章

经义考试的重设，使经学稍得振作。王若虚（1174—1243）《道学发源后序》曰：

> 国家承平既久，特以经术取人，使得参稽众论之所长，以求夫义理之真而不专于传疏，其所以开廓之者至矣。而明道之说亦未甚行，三数年来，其传乃始浸广。⑤

不专用汉、唐注疏，士子稍得开阔眼界。但从整体上看，章宗时期经

---

① 金世宗大定二十八年颁布诏令，但经义科正式复行在金章宗明昌二年（1191）。薛瑞兆：《金代科举》，第142页；《金史》卷51《选举志》，第1135、1138页。
② 据李晏之言推导，"南北选"首科进士词赋150人，经义200人，第二科词赋70人，经义180人。《金史》卷51《选举志》，第1136页。
③ 《金史》卷5《海陵本纪》，第96页，及卷51《选举志》，第1131—1132页。
④ 李世弼《登科记序》："词赋之初，以经子史内出题。次又令逐年改一经，亦许注内出题。以《书》、《诗》、《易》、《礼》、《春秋》为次，盖循辽旧也。"（元）王恽编撰，杨晓春点校：《玉堂嘉话》卷5，中华书局2006年版，第129页。
⑤ 《王若虚集》卷44《道学发源后序》，第547页。

学的发展不甚理想，章宗后期至宣宗时期，朝廷及士大夫愈发担忧经义考试及经学之衰微不振。① 经义被废时期，朝廷大量录取词赋科士人，一科人数可达五百余人。经义考试被恢复后，金章宗也将经义地位置于词赋之下。② 经历过长久沉寂的经义考试，难以与盛行已久的词赋相比。章宗晚期，家国危机进一步促进了经学的发展。章宗在位期间（1189—1208），国家一度承平，但晚期遭遇蒙古入侵，急速衰落。在此时期，理学书籍北传并引起士人领袖的注意。③

危机之下，晚金士大夫领袖力求扫除积弊、振起道德，进而提倡"古学"，矫正士人执着于科举、朝廷取士偏重律赋的现象。④ 并且，在北传理学书籍影响下，重视"道德性命之学"，⑤ 逐渐走出苏轼崇拜，反思苏学之

---

① 章宗怀疑经义考试的有效性，承安五年（1200）一度欲再罢经义，后被翰林直学士兼经义读讲官李仲略（1140—1205）劝止。章宗泰和元年（1201），平章政事徒单镒（？—1214）指出时文"不穷经史"，要求"策"试中必须增加经义问题。金宣宗（1163—1124）从兴定二年（1218）开始奖励、增取经义进士，担忧"学者益少""此科且废"。《金史》卷51《选举志》，第1134—1138页，及卷96《李仲略传》，第2128页。

② 经义恢复之初，辞赋、经义第一皆为状元，但金章宗在承安四年（1199）规定，仅以词赋第一为状元，经义第一者，"恩例与词赋第二人同"，其他经义进士地位亦在词赋进士之下。《金史》卷51《选举志》，第1137—1138页。

③ Hoyt Tillman（田浩）从《道学发源后序》所述国家承平，推断《道学发源》编撰时间不超过韩侂胄发起宋金战争的1206年。并根据李纯甫《鸣道集说》自述习伊川之学近三十年，以及《鸣道集说》的完成时间为1218年，推导其最初接触理学是在1190年左右。见Hoyt Tillman, "Confucianism under the Chin and the Impact of Sung Confucian Tao Hsüeh", in Hoyt Tillman and Stephen H. West eds. *China under Jurchen Rule: Essays on Chin Intellectual and Cultural History*, Albany: State University of New York Press, 1995, pp. 71 - 114。

④ 刘祁记载："南渡以来，士人多为古学，以著文作诗相高。然旧日专为科举之学者疾之为仇雠（中略）止力为律赋，至于诗、策、论俱不留心（中略）南渡后，赵、杨诸公为有司，方策论中取人，故士风稍变，颇加意策论。"（元）刘祁撰，崔文印点校：《归潜志》卷8，第80页。赵秉文、杨云翼（1170—1228）对文体及文章思想性的重视，即是追求经世的体现。

⑤ 郝经、刘因（1249—1293）等人将泽州、潞州经学的昌盛归因于程颢担任泽州晋城县令时的兴学活动。（元）郝经撰，张进德校笺：《郝经集编年校笺》卷27《宋两先生祠堂记》，人民文学出版社2018年版，第714—717页，及卷36《先曾叔大父东轩老人墓铭》，第951—953页；《全元文》卷446《泽州长官段公墓碑铭》，第436—438页。据此，多有学者认为从北宋到金，泽州一直存在微弱的程学传承。姚大力：《金末元初理学在北方的传播》，《元史论丛》第2辑，中华书局1983年版，第217—224页；魏崇武：《金代理学发展初探》，《历史研究》2000年第3期。杜正贞指出程颢任职之后泽州学风并未兴盛，并认为郝经等人的叙述，是北方理学渐兴及泽州民间信仰国家化的过程中士人构建本土学脉的结果。杜正贞：《地方传统的建构与文化转向——以宋金元时期的山西泽州为中心》，《历史人类学学刊》2006年第1期。赵宇指出，泽州高平人李晏在世宗、章宗之际推动恢复经义考试，且编辑经义程文、授学乡里，李仲略子承父志，维护经义考试。泽州、潞州士人参加经义试的热情与优势当归功于李氏父子，而非程颢。赵宇：《金朝中叶科举经义、辞赋之争与泽潞经学源流》，《史学月刊》2016年第4期。

弊。① 在文化形态上，也从包容三教转向崇尚儒学、排斥佛老。② 代表人物有赵秉文（1159—1232）、李纯甫（1177—1223）、王若虚等人，不过李纯甫崇佛，与当时风尚相违。三人既以文章名世，又博学通经，且长期主持科举。③ 目前所见金朝晚期士大夫对王安石学术的评价，亦集中于此三大家文字，且多与程学、苏学一并讨论，可见关注王学是受到北传理学书籍的激发，且程度仍然有限。

王若虚撰写《尚书义粹》，参考王安石所编《三经新义》之《尚书》部分，但总体上否定其价值：

> 王安石《书解》，其所自见而胜先儒者，纔十余章耳，余皆委曲穿凿，出于私意，悖理害教者甚多。想其于《诗》、于《周礼》皆然矣。谬戾如此，而使天下学者尽废旧说以从己，何其好胜而无忌惮也！④

王若虚博学，为金人中之佼佼者。⑤ 但从引文可见其并未阅读《三经新义》的《诗》《周礼》部分。相较于南宋理学家系统性研读、批判王学，金代中晚期士人对王安石经学的关注明显薄弱。

Hoyt Tillman 指出王若虚、赵秉文等人虽被唐文化深刻烙印，但也不吝表彰宋儒解经。⑥ 王若虚评价王安石、苏轼等人经解，常以"先儒"之说

---

① Hoyt Tillman, "Confucianism under the Chin and the Impact of Sung Confucian Tao Hsüeh".

② 刘祁记载赵秉文本来好佛，晚年却对此掩饰："然方之屏山，颇畏士论，又欲得扶教传道之名，晚年，自择其文，凡主张佛老二家者皆削去，号滏水集。"（元）刘祁撰，崔文印点校：《归潜志》卷九，第106页。Peter K. Bol（包弼德）指出，赵秉文在《道学发源序》中欣赏的南宋理学家张九成（1092—1195）亦习佛学。Peter K. Bol, "Chao Ping-wen", in *China under Jurchen Rule*: Essays on Chin Intellectual and Cultural History, pp. 115 – 144. "颇畏士论"暗示金朝晚期士人总体有专尊儒学之势，赵秉文处在过渡状态。

③ 裴兴荣：《金代科举与文学》，中国社会科学出版社2016年版，第192—204页。

④ 《王若虚集》卷31《著述辨惑·八》，第367页。

⑤ 四库馆臣谓："金元之间学有根柢者、实无人出若虚右。"（清）永瑢等撰，《四库全书总目》卷166《滹南遗老集四十五卷》，中华书局1965年版，第1421页。

⑥ Hoyt Tillman, "Confucianism under the Chin and the Impact of Sung Confucian Tao Hsüeh". 有学者认为章宗泰和二年（1202）更德运为土德，以继承北宋之火德，也导致了金朝学术思想从尊唐转向崇宋。见魏崇武《金代理学发展初探》；晏选军《金代理学发展路向考》，《北京师范大学学报（社会科学版）》2004年第6期。

对勘,体现出金代经学的底色。对于宋儒,王若虚虽在《道学发源后序》中极力褒奖,① 但难免出于序文体例。在他处文字中,王若虚多批评宋儒穿凿之过。② 相比于王安石,王若虚对南宋理学家及苏轼的引用频次更高,叙述也更为细腻。赵秉文对宋儒的态度稍佳,但也与王若虚相去不远。因崇尚唐朝盛世,赵秉文反对王安石等宋儒只崇三代、贬低汉唐的言论。③

晚金大儒的学术史书写,尤其并未奉理学为圭臬的晚金士大夫,更愿将王安石、苏轼及程朱皆视为道德性命之学。例如,针对南宋传入的具有强烈排佛倾向的《诸儒鸣道集》,李纯甫作《鸣道集说》,认为近世儒学窃取佛学而成说,并论述诸家成立的顺序:"王介甫父子倡之于前,苏子瞻兄弟和之于后(中略)濂溪、涑水、横渠、伊川之学,踵而兴焉。"④ 李纯甫好佛而将王学、苏学置于诸学之前,与程朱学者因排佛而反王、反苏形成对比。⑤

赵秉文亦反对朱子学门所持周、程上接孟子的观念,认为不可忽视韩愈(768—824)、欧阳修(1007—1072),也正视王安石的地位:"自王氏之学兴,士大夫非道德性命不谈。"在王、苏、程三家中,赵秉文认为苏学是实在的"经济之变",与王学、程学空谈"道德性命"不同。⑥ 王学好高骛远,易使学者高谈道德而不能切身体会,继而滑至歧途:"学王而不至,其蔽必至于佛、老,流而为申、韩。"⑦ "学王而不至"也隐含对王

---

① "宋儒发扬秘奥,使千古之绝学一朝复续(后略)。"《王若虚集》卷44《道学发源后序》,第547页。
② 对于苏轼经解,王若虚亦批判其流于佛学,且有穿凿之病。对朱之学亦不无微词,虽承认朱熹《四书章句集注》最为妥当,但也作《辨惑》修订补充,并同意叶适对理学家高谈阔论的批判。《王若虚集》卷4《论语辨惑一·七》,第37页,及卷3《论语辨惑序·总论》,第29—30页。
③ 《闲闲老人滏水文集(附补遗)》卷14《唐论》,第198—199页。赵秉文将王令(1032—1059)、曾巩(1019—1083)、王安石所言效法三代理解为照搬封建、井田及周公礼乐,显属误解。
④ (清)张金吾编纂,李豫执行主编:《金文最》卷41《鸣道集说序》,中华书局1990年版,第597页。
⑤ 朱熹批判王安石及苏轼为禅宗推波助澜,将二人摈除于正学之外。(宋)黎靖德编,王星贤点校:《朱子语类》卷47,中华书局1986年版,第1179页。两宋理学家对王学流于佛学的批判,参考蒋义斌《宋代儒释调和论及排佛论之演进:王安石之融通儒释及程朱学派之排佛反王》,台湾商务印书馆1988年版。
⑥ 《闲闲老人滏水文集(附补遗)》卷1《性道教说》,第2—3页。
⑦ 《闲闲老人滏水文集(附补遗)》卷2《原教》,第1—2页。

安石本身境界的认可。Peter K. Bol（包弼德）指出赵秉文对"道"的理解以及对王安石的批判都沿自苏轼，而非理学话语。① 赵秉文、王若虚皆对理学有限接受，无法割舍汉唐儒学。欧阳修、苏轼等稍破章句，却又不似王学、程学完全自作一说者，成为赵秉文心目中理想的经世儒者。

金代诗文较之于经学更盛，王安石诗文得到朝野推崇。章宗明昌二年四月（1191）："学士院新进唐杜甫（中略）宋王禹偁、欧阳修、王安石、苏轼、张耒、秦观等集二十六部。"② 翰林学士院购进文集，作为词臣学习范本，可见金人初入开封丢弃王安石文字确实只是政治姿态。后世未见金人整理王集的记载，王集应是自南宋流入。

金代前中期，士子往往全力应对科举，诗文须在中第之后方能尽情习作，故常局限于文坛名士，而不在广大士人中流行。③ 即便如此，也多有名家将王安石视为北宋屈指可数的宗师。冯翼（？）在大定二十六年（1186）的记文中写道"熙宁之际，异人辈出，东坡、山谷、王荆公，方驾并驱，独老坡雄文大笔（后略）"④。金人论诗法最崇苏、黄，将王安石与之并列，可见肯定其成就。金中期文宗党怀英（1134—1211）以书法名世，明昌六年（1195）曾于济宁州学书刻四首王安石绝句，⑤ 可见喜爱之情。

晚金士人反思科举文章，以诗文抒发感时伤国之情，亦多有流离、归隐之士不再应举。在"古学"风气中，诗文创作复兴，王安石诗艺、诗学也得到更多赞赏。王若虚文集引用王安石诗文及诗文评十数条，亦表达了

---

① Peter K. Bol, "Chao Ping-wen". Peter K. Bol, Culture and the Way in Eleventh China, Ph. D. dissertation, Princeton University, 1982, pp. 204 – 210.
② 《金史》卷9《章宗本纪》，第218页。
③ 除前文所引南渡前后风气变化的述论，刘祁还曾记："尝闻先进故老见子弟辈读苏、黄诗，辄怒斥，故学子止工于律赋，问之他文则懵然不知。间有登第后始读书为文者，诸名士是也。"（元）刘祁撰，崔文印点校：《归潜志》卷8，第80页。郝经亦论："金源有国，士务决科干禄，置诗文不为。"虽为衬托元好问而稍有夸张，但也非空穴来风。（元）郝经撰，张进德校笺：《郝经集编年校笺》卷35《遗山先生墓铭》，第905—910页。
④ （清）张金吾编纂，李豫执行主编：《金文最》卷25《问山堂记》，第348页。
⑤ （清）毕沅、阮元撰：《山左金石志》卷20，《续修四库全书》，第910册，上海古籍出版社1995年版，第17页。

对王安石历史地位的肯定，如将王安石与司马光、苏轼并列：

> 温公排孟子而叹服扬雄，荆公废《春秋》而崇尚《周礼》，东坡非武王而以荀或为圣人之徒。人之好恶，有大可怪者。①

根据文意，必以王安石为贤者，才能引起"大可怪者"的转折。既对政事、经学皆表否定，则正面态度多半是出自对王安石诗文的欣赏。

四 王安石的欣赏者：耶律楚材、元好问

金亡之后，李纯甫的晚辈好友耶律楚材为李纯甫《鸣道集说》作序，自况曾见南宋《诸儒鸣道集》，心有不平而欲撰文反驳，后得知亡友李纯甫生前已先着鞭，故推荐李著，并劝中原士大夫勿染理学之病。耶律楚材将涉佛的王安石作为自身以佛弟子而作大朝宰相的比拟对象，赞誉王安石建功立业的魄力与急流勇退的人格：

> 自笑中书老仆射，事佛窃仿王安石。公案翻腾旧葛藤，林泉准备闲踪迹。用之勋业垂千秋，发扬孔孟谁为俦。舍之独善乐真觉，赋诗舒笑临清流。②

此诗必在耶律楚材于窝阔台汗辛卯岁（1131）得君行道、获任中书令之后，③"老仆射"提示已在晚年。耶律楚材为窝阔台建立课税及职官系统，冲击蒙古旧制及贵族利益。其汉化改革遭遇的阻力，以及自身矢志不渝，与王安石熙宁变法情状相似。"发扬孔孟"的文教政策：迎奉原金朝"衍圣公"孔元措（1182—1251）、祭祀孔庙、命儒者为东宫讲经、置经籍

---

① 《王若虚集》卷39《议论辨惑·六》，第357页。
② （元）耶律楚材撰，谢方点校：《湛然居士文集》卷1《和裴子法韵》，中华书局1986年版，第9页。
③ 《元史》卷146《耶律楚材传》，中华书局1976年版，第3458页。

所等,① 也可与王安石、宋神宗崇教兴学、颁布官方经解相比。更为重要的是身兼佛、儒的能力与智慧。耶律楚材与李纯甫皆曾师从禅师万松行秀（1166—1246），皆自名"居士"，也都认为理学家偷师佛学。耶律楚材的用语较之李纯甫更为激越："食我园椹，不见好音。"② 对王安石的赞誉，或许也与对理学的反感有关。

金亡后，元好问尽半生之力保存金人历史及文章。元好问在后世常被视为文章之士，但其所致力的"文"，是包含儒学在内的"斯文"。③ 元好问描述了"唐文"的衰变及其在宋代的振起，表现为三个领域："有古文，有词赋，有明经"，对宋代人物谱系，元好问举出"柳、穆、欧、苏诸人"。继而论金人经过蔡珪（？—1174）、宇文虚中（1079—1146）、吴激（？—1142）的过渡，继承"唐宋文派"，而在党怀英、王若虚等豪杰中，赵秉文是集大成者。"文派"正传要求"经为通儒，文为名家"，而赵秉文"以道德、仁义、性命、祸福之学自任，沉潜乎六经，从容乎百家"④，显然不仅仅是文章之士。元好问与理学家之间，并非是文章家与道学家之对立，而是汉唐儒学与宋人新儒学的对立。只是二者对文章的态度确有不同。理学家中不乏善为文者，但毕竟防范"害道"，而赵秉文、元好问等人突出文章的积极面，不惮于投身艺文世界。赵秉文认为苏学胜于王学、程学，元好问也继承晚金文化多重面向中的传统部分，未将王安石、二程列入宋代谱系。与元好问交好的李治（1192—1279）也表达了对传统儒学的坚持，认为王安石自作新经义是白费精神：

---

① 《元史》卷146《耶律楚材传》，第3459页。
② 《湛然居士文集》卷14《屏山居士鸣道集序》，第308—309页。
③ 求芝蓉认为元好问承接赵秉文等人的"古学运动"，在金亡后构建奉"唐宋文派"为正朔的金朝"中州文统"。北宋中期以后"文""道"分离，南宋重"道"，正与金朝以诗文为主体形成对峙。刘成群则指出元好问的"文统"脱胎于赵秉文等金末儒士，是在家国危机及全真教压力之下构建的历史谱系。这一谱系以治道为内核，以文辞为修饰，涵盖王通（584—619）、韩愈至北宋诸公。求芝蓉：《元初"中州士大夫"与南北文化统合》，社会科学文献出版社2020年版，第1—33页；刘成群：《中州文献之传与金源文派之正——金元"文统"儒士之研究》，《人文杂志》2013年第10期。
④ 《元好问文编年校注》卷3《闲闲公墓铭》。

介甫咏韩退之诗云:"纷纷易尽百年身,举世无人识道真。力去陈言夸末俗,可怜无补费精神。"又集《唐百家选》,其自序云:"废目力于此,良足惜。"此其为言,可以为达矣,求其用心,可以为远矣。然撰著《字说》及《三经新义》,前人论议皆斥去不用,一出新义,必使天下学者皆吾之从,顾不知自谓费精神费目力否也?①

对于王安石的政治作为,元好问存世文字未见直接褒贬,却有一首诗透露出态度:

  百年纔觉古风回,元祐诸人次第来。讳学金陵犹有说,竟将何罪废欧梅。②

论时人对王安石因人废诗情有可原,即是认可对王安石政事的负面评价。另外,元好问认为宋诗至元祐时期的苏、黄方可比拟唐人,而此前欧阳修、梅尧臣(1002—1060)等人也不可忽视,将王安石插叙其中,又暗指王诗值得学习,肯定其"古风"及在诗史的地位。

元好问作诗常化用王安石诗句,③ 其文论也多探讨王安石的诗文观,包括李治提及的《唐百家诗选》及《韩子》诗,引用频次及叙述意象都体现了对王安石品味、观念的认同。元好问继承金末"古学"风潮,认为唐诗胜于宋诗,并以王安石所选唐诗集为入门:"陶谢风流到百家,半山老眼净无花。北人不拾江西唾,未要曾郎借齿牙。"④ 对于苏、黄以后的宋诗,元好问多持批评,如论陈师道(1053—1102):"传语闭门陈正字,可怜无补费精神",化用了王安石对韩愈的评语。⑤ 元好问不喜闭门苦思的诗

---

① (元)李治撰,刘德权点校:《敬斋古今黈》逸文二,中华书局1995年版,第181页。
② (元)元好问撰,狄宝心校注:《元好问诗编年校注》卷1《论诗三十首·二七》,中华书局2011年版,第71页。(以下同书省略作者信息)
③ 《元好问诗编年校注》卷1《愚轩为赵宜之赋》,第40也,及卷2《赠汴禅师》、《芳华怨》,第216、285页,及卷4《看山》,第945页,及卷5《寄答仰山谦长老》,第1337页。
④ 《元好问诗编年校注》卷5《自题中州集后五首·其二》,第1331页。
⑤ 《元好问诗编年校注》卷1《论诗三十首·二九》,第73页。

法，却将真情实感下的切磋琢磨视为通向化境的必由之路，曾借用王安石的"看似寻常最奇崛，成如容易却艰难"为好友诗风辩护。① 苏轼、黄庭坚被认为以议论、才学入诗，但元好问视苏、黄为宋诗的顶点，② 在其观感中，苏、黄诗虽有说理但仍本于真情，是宋诗转入空疏前的临界点。王安石诗也多理趣，在元好问看来应与苏、黄情形相似。另外，元好问似乎尤其钟爱苏轼的《次荆公韵四绝》，其诗作中也有五首化用"从公已觉十年迟"一句。③ 反复吟咏于王、苏相会之诗，也体现对王安石的欣赏之情。

元好问在金亡后向耶律楚材推荐孔元措、王鹗（1190—1273）、杨奂、李冶等数十名金朝遗士。④ 宪宗壬子年（1152），忽必烈开府于金莲川，元好问与张德辉请忽必烈做"儒教大宗师"，忽必烈悦纳。⑤ 元好问虽不入仕，却一直努力推行汉法儒学。元定宗贵由汗（1202—1248）二年（1247），张德辉在忽必烈的支持下重建真定府学，翌年元好问撰写《令旨重修真定庙学记》。元宪宗蒙哥汗（1209—1259）五年（1255），又撰《东平府新学记》。此二文所述培养经世人才、具备道德判断功能的理想学校，完全承自王安石《慈溪县学记》《虔州学记》二文，甚至直接化用其中文句，体现对王安石政教观念的认同。⑥ 另外，《东平府新学记》还着力批判理学，认为当时已经"学政大坏"：

> 自我作古，孰为周孔？（中略）曰："此曾、颜、子思子之学也。"不识曾、颜、子思子之学固如是乎？（中略）夫以小人之《中庸》，欲

---

① 《元好问文编年校注》卷6《陶然集诗序》，第1150页。
② "只知诗到苏黄尽，沧海横流却是谁。"《元好问诗编年校注》卷1《论诗三十首·二二》，第65—66页。
③ 《元好问诗编年校注》卷4《赠冯内翰二首·其二》，第782页，及卷5《自题中州集后五首·其四》《赠李文伯》《答定斋李兄》《寄谢常君卿》，第1333、1517、1699、1790页。
④ 《元好问文编年校注》卷4《癸巳岁寄中书耶律公书》，第307—311页。
⑤ 《元史》卷163《张德辉传》，第3824页。
⑥ 《元好问文编年校注》卷5《令旨重修真定庙学记》，第1052—1064页，及卷6《东平府新学记》，第1414—1432页。（宋）王安石撰、聂安福、侯体健整理：《临川先生文集》卷82《虔州学记》，第1446—1448页，及卷83《慈溪县学记》，第1465—1467页。

为魏晋之《易》与崇观之《周礼》，又何止杀其躯而已乎？①

元好问不认同王安石的《周礼》治国理念，却并未将徽宗政事上溯到王安石。所指斥的标举《中庸》者，显是朱子学。元好问指出理学家的野心是独占学统，到达魏、晋《易学》及宋徽宗时《周礼》的地位，以此作比，说明理学之流衍也可能导致亡国。赵秉文曾肯定朱熹的注经之功，元好问则只继承了赵秉文对理学的批判，并在保存金文化的心理中加重了这一倾向。

五 "排佛反王"者：杨奂

杨奂与元好问齐名，二人早年都曾受赵秉文教诲，也皆在金亡前已为时人推重。② 但杨奂科考不顺，金亡后才在耶律楚材主持的"戊戌试"（1138）中取辞赋、策论两试之魁，后北上燕都，受耶律赏识，授以河南路征收课税所长官。③ 元、杨二人终身友好，元好问为杨奂之父撰写墓志，并于杨奂殁后为其撰神道碑文。杨奂词赋亦属一流，四库馆臣谓"诗文皆光明俊伟、有中原文献之遗"④。但杨奂更专心于儒家经学，且晚年接触理学，同南来理学名儒赵复交往密切。元好问也与赵复交游，⑤ 却不喜理学，赵复曾婉劝元好问勿沉溺于诗文，鼓励追求圣人之道。⑥

杨奂以释、老为异端，视苏轼、王安石等人为推广异端的罪魁：

---

① 《元好问文编年校注》卷6《东平府新学记》。
② 魏崇武等点校：《李俊民集·杨奂集·杨弘道集》杨奂集前言，吉林文史出版社2010年版，第267—275页。
③ 《元好问文编年校注》卷6《故河南路课税所长官兼廉访使杨公神道之碑》，第1451页。
④ （清）永瑢等撰：《四库全书总目》卷166《还山遗稾二卷、附录一卷》，中华书局1965年版，第1430页。
⑤ 《元好问诗编年校注》卷6《赠答赵仁甫》，第1109页。
⑥ "元好问文名擅一时，其南归也，复赠之言，以博溺心、末丧本为戒，以自修读易求文王、孔子之用心为勉。"《元史》卷189《赵复传》，第4315页。

异端蟠结于中国而不解者,以名士大夫主之也。故唐则萧瑀、王缙、白居易、裴休、梁肃也,宋则王安石、苏轼、黄庭坚、张商英也。①

此篇名为《孟子笺》,应为杨奂晚年所作。② 杨奂的排佛倾向,早年已为世人熟知。同样不喜佛学的宋九嘉(1184—1233)在关中为官时,曾致书李纯甫,推荐赴开封考试的杨奂:"焕然,佳士,往见吾兄,慎无以佛老乃嫚之也。"刘祁也赞杨奂"守道不回"。③ 赵秉文在开封与杨奂相识,在其落第后给予安慰,寄去《孟子解》等著述,叮嘱其"留心经学,研究圣心"④。自身禀赋与受教经历是杨奂对理学发生兴趣的基础。

《宋元学案》将杨奂列为"雪斋(姚枢)学侣",归入"鲁斋(许衡)学案"。⑤ 杨奂确与赵复、姚枢、许衡等人论学,其文集中《概说》十卷也涉及"道德性命""理欲"等议题,⑥ 但仍非理学的信奉者。杨奂著述甚丰,但存世者仅为后人所辑《还山遗稿》两卷,其中少见理学论题。在与姚枢的书信中,杨奂指出《朱子家礼》所记石室在正位有误,又根据经验判断是在西壁,并言"朱文公,后宋人也,建炎南渡,庙社之礼一荡,就有故老,或郁郁下僚,无所见于世"⑦。赵复所撰杨奂文集序是以"王道"为核心,称杨奂进入经世文章的门径是学习韩愈辟佛,并未标榜杨奂对理学的掌握。⑧ 杨奂撰有《韩子》十卷,显然也是韩愈的推崇者。杨奂承载着深厚的金文化传统,又推进晚金士大夫排佛崇儒、钻研经学的倾向。虽

---

① 《全元文》卷7《孟子笺》,第163—164页。
② "晚居洛阳,著书数十万言,沉浸庄、骚,出入迁、固,然后折衷于吾孔、孟之六经。"《全元文》卷58《杨紫阳文集序》,第204页。
③ (元)刘祁撰,崔文印点校:《归潜志》卷1附录,第11页。
④ (清)张金吾编纂,李豫执行主编:《金文最》卷54《与杨焕然先生书》,第785页。
⑤ (清)黄宗羲撰,(清)全祖望补修,陈金生、梁运华点校:《宋元学案》卷90,中华书局1986年版,第3005—3006页。
⑥ (元)苏天爵辑撰,姚景安点校:《元朝名臣事略》卷13《廉访使杨文宪公》,中华书局1996年版,第259页。
⑦ 《全元文》卷7《与姚公茂书》,第126—127页。
⑧ 《全元文》卷58《杨紫阳文集序》。

与南来及北方本土理学家深交，但尚未信奉理学，只是坚定的辟佛意识，令其"排佛反王"程度较之赵秉文更加强烈，而最终与朱熹相近。

六　小结

　　金人对王安石的评价发源于北宋晚期，但不如南宋复杂。在全面否定政事方面，金人与南宋相同，但未如南宋一般出现"奸邪"论。学术方面，金初的原北宋地区在经义考试中沿用王安石经义，后经义被罢三十余年，经学衰落，王安石经义也退出科举与官学。金世宗、章宗之际恢复经义考试，经学稍振，但仅维持不坠。章宗晚期至宣宗时期，在家国危机及南宋理学的激发下，士人领袖致力经学，反思本朝积弊，提倡道德性命之学。但又因并未信服理学，在借鉴理学道德功能的同时，也批评其狭隘的道统叙事，将王安石视为"道学"之始。诗文方面，王安石被推崇为北宋大家。在朝廷翰院，王安石文字也被当作词臣范本。金朝晚期，尤其是南渡之后诗文振起，王安石诗文、诗学得到更多赞赏。

　　晚金文化中同时存在接受和拒斥理学的面向，也都延续到金亡之后。拒斥理学的亡金遗士耶律楚材、元好问直接或委婉地表露对王安石的尊崇欣赏。虽然这并不能代表当时士人整体，但这种评价的发生，说明理学场域之外王安石评价存在多种可能性。同一时期，南宋理学逐渐取得官方地位，而王安石的官方评价也降到历史最低。淳祐元年（1241）宋理宗（1205—1264）御笔，升周敦颐、张载、程颢、程颐、朱熹从祀孔庙，罢黜王安石并责其为"万世之罪人"。① 尽管理学家有时也会给予王安石一分为二的评价，甚至不吝褒语（如朱熹、陆九渊），但从整体的理学史观察，并对比金代的情形，可以更加肯定理学的发展，尤其是其官方化进呈，对推动王安石形象负面化、单一化具有巨大作用。

---

① （宋）潜说友：《咸淳临安志》卷11，文渊阁《四库全书》，第490册，第8—9页。

宋代赋役衍变的制度逻辑

黄纯艳

（华东师范大学　历史学系）

赋役制度具有保障财政供给和维持社会稳定的双重功能。宋朝赋役制度既遵循汉唐时期王朝体制、儒家治国和以农立国的基本原理，也有适应财政结构和社会经济新变化，体现出与前代不尽一致的制度逻辑。赋役史的研究积累宏富，如郑学檬、陈明光、包伟民所总结的，已有研究主要是制度史视角的考察，着力在制度阐释和制度运作，深化赋役史研究的必由途径是转换视角，拓宽视野，改进研究方法。[①] 本文拟通过分析宋人对赋役制度的解说，探讨宋代赋役演变中政策与观念的相互体现。

一 "食租衣税"与征榷养兵

儒家思想对赋役的认识有几个原始理念：王土王赋、食租衣税和什一之税。王朝体制下，王土王民是赋役征收最根本的合法性解说，即《诗经》的"普天之下，莫非王土"，也即宋人所说的"既居王土，必输王赋，此法也，亦理也"[②]。不论城乡，居王土为王民，纳王赋、服差役乃理所当然。宋人"王土王赋"的基本理念与历代一样，而内容已赋予了新义。

---

① 陈明光、郑学檬：《中国古代赋役制度史研究的回顾与展望历史研究》2001年第1期；包伟民：《唐宋转折视野之下的赋役制度研究》，《中国史研究》2010年第1期。
② 《开庆四明续志》卷7《楼店务地》，《宋元方志丛刊》，中华书局1990年影印本，第6004页。

"食租衣税"和"什一之税"仍然被部分宋儒宣扬，但已异论纷纭，赋役征收实际难以遵循。

所谓"食租衣税"之"租"即田赋，"税"即户口税。"食租衣税"被认为是圣人之政："古者圣人在上，食租衣税而已……后世鄙陋，乃始益以茶盐酒税之征。"① 圣人之道只"食租衣税"，不实行禁榷，也无关市商税之征，"夫天子之道，食租衣税，其余之取于民者，亦非其正矣。茶盐酒铁之类，此近世之所设耳。夫古之时，未尝有此四物者之用也"②。这也是荀子所称"田野什一，关市几而不征，山林泽梁以时禁发而不税"的"王者之法"。③ 宋代也有人建议罢除禁榷，范仲淹就曾经奏请"诏天下茶盐之法，尽使行商"④。甚至有人主张恢复"食租衣税"，如南宋林勋就说"宜仿古井田之制"，"行之十年，则民之口算，官之酒酤，与凡茶、盐、香、矾之榷，皆可弛以予民"⑤。

但现实是"食租衣税"不能满足募兵制下的财政需求，如北宋余靖所言："三边有百万待哺之卒，计天下二税上供之外，能足其食乎？故茶盐酒税、山泽杂产之利，尽归于官，尚犹日算岁计，恐其不足"，"以宽其禁，三军之食，于何取之？"⑥ 南宋吕颐浩也说"茶盐榷酤，今日所仰养兵，若三代井田、李唐府兵可复，则此皆可罢，不然，财用舍此何出？"⑦ 并将维持茶盐养兵上升到祖宗家法的高度，称"茶盐之法，系朝廷利柄，自祖宗以来，他司不敢侵紊"，若将佐敢"容纵军兵侵夺朝廷养兵利源，非独妨害客人兴贩，显是有违祖宗成法"⑧。在"未能一一复古"，"减经

---

① 《续资治通鉴长编》卷 384 元祐元年八月庚寅，中华书局 2004 年点校本，第 9364 页。
② （宋）苏辙：《栾城应诏集》卷 9《民政上（第五道）》，上海古籍出版社 1987 年点校本，第 1682 页。
③ 《荀子·王制》，中华书局 2011 年译注本，第 124 页。
④ 《续资治通鉴长编》卷 151 庆历四年七月丙戌，第 3672—3673 页。
⑤ 《宋史》卷 173《食货一》；卷四二二《林勋传》，中华书局 1977 年点校本，第 4170、12606 页。
⑥ 《续资治通鉴长编》卷 143 庆历三年九月癸己，第 3462 页。
⑦ 《建炎以来系年要录》卷 59 绍兴二年十月已酉，中华书局 2013 年点校本，第 1025 页。
⑧ 《宋会要辑稿》食货 26 之 19，上海古籍出版社 2014 年点校本，第 6566—6567 页。

总制，罢私买而舍茶盐，则无以立国"①，两税外的工商收入"总其所得，又十倍于两税而不翅"的形势下，②宋人已经承认征榷的合理性，反对王安石变法者曾说"自古为国，止于食租衣税。纵有不足，不过补以茶盐酒税之征，未闻复用青苗放债取利，与民争锥刀之末，以富国强兵也"③，认为除了官府直接经营牟利外，农业和工商税收都是合理的。在现实赋税政策中已不再把"食租衣税"和禁榷征商二元对立。

西汉人解释盐铁官营时还是认为山泽乃天子私藏，因"山海，天地之藏也，皆宜属少府，陛下不私，以属大农佐赋"④，是天子赏赐给大农。宋代在"国家养兵，全在茶盐以助经费"⑤，"采山煮海，一年商利不入，则或阙军须"的现状下，⑥宋人认为"食租衣税"已是"书生之论所以不可行"⑦。不再谈山泽资源为"天子私藏"，而强调茶盐禁榷乃"国家经费"，从政策实践上已经把禁榷商税列入"经费"收入。计司编撰的《会计录》主要统计三司（户部）"经费"收支，《景德会计录》所载财政收入就包括了"户赋"和"课入"。户赋就是两税为主的农业税收，课入就是禁榷商税等工商收入。《皇祐会计录》《元祐会计录》分别列了"户赋""课入"和"民赋""课入"。⑧马端临在《文献通考》中特设"征榷考"，将征榷分为两类："征榷之途有二：一曰山泽，茶、盐、坑冶是也；二曰关市，酒酤、征商是也。"第一类取于"山海天地之藏"，即山泽之利或资源，第二类是"关市货物之聚"，即货殖之利或市场。⑨

现实财政需要使征榷政策不得不行，但征榷成为事实上的"经赋"还

---

① 叶适：《叶适集·水心别集》卷11《茶盐》，中华书局1961年点校本，第779页。
② 杨士奇等：《历代名臣奏议》卷91"户部侍郎汪应辰诏言事"，文渊阁《四库全书》，第435册，第567页上栏。
③ 《续资治通鉴长编》卷384 元祐元年八月庚寅，第9363页。
④ 《史记》卷30《平准书》，中华书局1959年版，第1429页。
⑤ 《宋会要辑稿》食货32之22，第6708页。
⑥ 《续资治通鉴长编》卷50 咸平四年十二月乙卯，第1093页。
⑦ 马端临：《文献通考》，"自序"，中华书局2011年点校本，第4页。
⑧ 《玉海》卷185《景德会计录》《皇祐会计录》，广陵书社2003年版，第3390、3392页；《栾城后集》卷15《元祐会计录叙》，上海古籍出版社1987年点校本，第1326—1328页。
⑨ 马端临：《文献通考》，"自序"，第6页。

需要更具原理性的解说，以消解与民争利的指责。宋人主要从崇本抑末和抑制兼并两个方面解说。宋代在政策上逐步放弃了重农抑商，事实上也通过商税制度和间接专卖制度建立了与商人共利分利的机制，但儒家治国、以农立国的基本格局和观念并没有变化，农本思想仍然是最核心的经济思想和治国理念。"惟农是务，诚天下之本"的议论仍是不变的主流，[①] 劝农也仍是地方官的首要职责。宋代对征榷的争论也都以农本为政治正确："羞言利者，则曰县官当食租衣税而已，而欲与民庶争货殖之利，非王者之事也。善言利者，则曰山海天地之藏，而豪强擅之，关市货物之聚，而商贾擅之，取之于豪强、商贾，以助国家之经费，而毋专仰给于百姓之赋税，是崇本抑末之意，乃经国之远图也。"[②]

征榷同时被赋予抑制兼并的意义。宋人肯定了商与农一样为国家赋税之源。司马光指出"农工商贾者，财之所自来也"，都是国家赋税来源，需"养其本源而徐取之"，"善财税者，养其所自来，而收其所有余"，使"农工商贾皆乐其业而安其生"[③]。从赋税角度看，国家与商人的关系是"大商富贾为国贸迁，而州郡收其税"，"州县财计取办于税务，税务课额仰给于客旅"，[④] "大商富贾不行，则税额不登，且乏国用"[⑤]。所以"大国之善为术者，不惜其利而诱大商。此与商贾共利，取少而致多之术也"[⑥]。

但另一方面又要抑制工商业兼并势力过度膨胀，需通过税收加以调节。宋人说，"盖制商贾者，恶其盛，盛则人去本者众，又恶其衰，衰则货不通，故制法以权之"[⑦]。对市场的征税就是抑商，"茶盐、商税之入，

---

① （宋）范仲淹：《范仲淹全集》之《范文正公别集》卷3《稼穑唯宝赋》，四川大学出版社2007年点校本，第500页。
② 马端临：《文献通考》，"自序"，第6页。
③ 司马光：《传家集》卷44《罢条例司常平使疏》，文渊阁《四库全书》，第1094册，第406页上栏。
④ 《晦庵先生朱文公文集》卷20《乞减移用钱额札子》，上海古籍出版社、安徽教育出版社2002年点校本，第924页。
⑤ 《续资治通鉴长编》卷191嘉祐五年三月丁巳，第4617页。
⑥ 欧阳修：《欧阳修全集》卷45《通进司上书》，中华书局2001年点校本，第642、643页。
⑦ （宋）王安石：《王安石文集》卷72《答韩求仁书》，中华书局2021年点校本，第1253页。

但分减商贾之利尔，于商贾未甚有害也。今国用未省，岁入不可阙，既不取之于山泽及商贾，必取之于农。与其害农，孰若取之商贾"①。因为"山海天地之藏，而豪强擅之"，对资源的禁榷是抑豪强兼并。宋人说，"笼山海之藏以佐经用"是国家"操利柄以干山海之藏"，"其法一缓，则奸人大贾擅之矣"，"弛之则利归豪右，威去公朝"，会导致"兼并之家日富。恃豪强者或势侵于州县"②。抑兼并与农本具有一体两面的合理性，为不同见解的宋儒们共同认可。

二 儒家理念下的奉国与安民

赋税征收首先是保障国家机器运行的现实需要，即宋人留正所言"为国者，有城郭、宫室、宗庙祭祀之礼，有诸侯、币帛、饔飨、百官、有司之事，是其势不得不取诸民"③。《汉书·食货志》也说到自古"有赋有税"，是"天子奉养百官，禄食庶事之费"，"共车马、甲兵、士徒之役，充实府库赐予之用"。同时又说"财者，帝王所以聚人守位，养成群生，奉顺天德，治国安民之本也"④。赋税的奉国与安民也是一体两面的。合格的地方官员"当令国与民皆足，乃为称职"，若借口"我能为君惠养元元，爱惜生民，彼国计之有无，吾不知焉。是贼国盗名之人也。若夫剥下以益上，献佞以营私，曰：'我欲为君充府库而已。'此又古之所谓民贼"⑤。

赋役功能中的奉国即养百官、供军需及百般用度，关乎国家机器正常运行和安全保障。同时赋役的安民功能具有弭讼消乱的重要意义，对社会稳定和国家安全同样重要。苏辙说："薄赋敛，散蓄聚，若以致贫，而民

---

① 《续资治通鉴长编》卷141庆历三年六月甲辰，第3387—3388页。
② 余靖：《武溪集》卷6《楚州盐城南场公署壁记》，文渊阁《四库全书》，第1089册，第58页上栏；张纲：《华阳集》卷8《黄叔敖转一官》，文渊阁《四库全书》，第1131册，第51页上栏；华镇：《云溪居士集》卷27《问盐铁》，文渊阁《四库全书》，第1119册，第596页上栏；（宋）田锡撰：《咸平集》卷22《开封府试策第三道》，巴蜀书社2019年点校本，第191页。
③ 《建炎以来系年要录》卷169绍兴二十五年八月辛巳，第3206页。
④ 《汉书》卷24上《食货志》，中华书局1964年点校本，第1117、1120页。
⑤ 《建炎以来系年要录》卷169绍兴二十五年八月辛巳，第3206页。

安其生,盗贼不作",国家久而不胜其富,"厚赋敛,夺民利,若以致富,而所入有限,所害无穷,大者亡国,小者致寇",久而不胜其贫。从陈胜、吴广、庞勋、黄巢,到宋朝的李顺、张海等变乱,每次平乱"大率不下数百万贯。但得事了,岂敢言费"①。张方平也指出了赋税的安民作用,"厚敛则民困,困则奸盗起而刑辟重。轻赋则民足,足则礼义兴而刑罚简。刑辟重则民愁怨而思乱,礼义兴则民安乐而思治"②。所以,赋役与治乱密切相关。地方官员的职责和地方治理的效果应是"使赋平讼理,民安俗阜"③,"轻徭薄赋,息讼省刑,民俗知向,而俊乂众多,吏道永清"④。

如何利用赋役制度实现安民和弥乱的效果呢?第一是征求适度。平衡奉国与安民,赋税的薄与厚应"量民力而制国用",而不该"量国用而取之民"⑤,"国用之甚急,尤当量民力之所堪"⑥。如果地方官为了考课业绩,多揽财税,不量民力,就是"民间重害"⑦。但是,民力无法统计,只能以适度来解说。即孟子所言"什一而税"被认为是最适度合理的税率,即"什一者,天下之中正也"⑧。宋人也认为赋役"取之得中,似什一而税"⑨,"什而取一,实为天下之通法也"⑩,最合圣人之政,赋税应该"量所用以赋之,为之什一之法,不敢有加焉。过乎此,则百姓有不足,是桀之道也。

---

① 苏辙:《栾城集》卷36《乞招河北保甲充军以消盗贼状》,第800、801页。
② 张方平:《乐全集》卷14《税赋》,文渊阁《四库全书》,第1104册,第115页下栏。
③ 刘安上:《给事集》卷2《朝请大夫集英殿修撰陕西路制置解盐使何述为徽猷阁待制知永兴军》,文渊阁《四库全书》,第1124册,第16页下栏。
④ (宋)唐士耻:《灵岩集》卷1《戒令监司守臣条具州县民间利病诏》,中国书店2018年版,第47页。
⑤ 欧阳修:《欧阳修全集》卷60《原弊》,第872页。
⑥ 杜范:《清献集》卷11《论和籴榷盐札子》,文渊阁《四库全书》,第1175册,第698页下栏。
⑦ 李光:《庄简集》卷12《论诸路月桩之弊札子》,文渊阁《四库全书》,第1128册,第558页上栏。
⑧ (汉)何休解诂;(唐)徐彦疏:《春秋公羊传注疏》卷8《宣公第十六》,上海古籍出版社2014年版,第678页。
⑨ 王禹偁:《小畜集》卷14《纪蜂》,文渊阁《四库全书》,第1086册,第134页下栏。
⑩ 王之道:《相山集》卷24《论增税利害代许敦诗上无为守赵若虚书》,文渊阁《四库全书》,第1132册,第707页下栏。

不及乎此，则君孰与足，是貉之道也。二者圣人皆以为有罪也"①。宋人所言"什一而税"仅是指两税正税。张方平说"大率中田亩收一石，输官一斗"②，强调"亩税一斗者天下之通法"③。

所谓"天下通法"是作为儒家思想下仁政的解说，实际征收则不可能恪守之。如杨宇勋所论，宋朝是儒教国家，受儒家原理所限，两税上有什一之税的天花板，但募兵制的财政压力迫使其开辟财源，特别是前所未有的专卖和国营经济等工商业财源。④ 两税征收中本身也伴生了支移、折变，以及名目繁多的附加税，甚至"秋租加耗之入或过于正数。官收一岁之租，而人输两倍之赋"⑤。各地因土地和财政情况的不同，两税正税也不尽一致。

第二是赋役均平。赋役制度在保障国用的同时要调节贫富，体现公平原则。张方平说："夫致理之本在乎制度，制民之产在乎均平。子曰不患寡而患不均。盖均无贫。"⑥ 宋人所言的赋役"均平"包括赋役制度原则"均平"和赋役征收"均平"两个层面。制度原则的均平就是孔子所说"不患寡而患不均"和"均无贫"。宋人解释"均无贫""盖平富者所谓"，是行"平富之政"，使民无怨而安，"民安则国富"⑦。即赋役均平，民无怨叛，国安而能致富。

"古谓'均无贫'，朝廷立法，但欲均耳"⑧，那么什么可谓之"均"呢？当然不是宽富而征贫，使大商富贾"赋调所不加，百役所不及"。"而农人侵冒寒暑，服田力稼，以供租税，以给徭役"⑨，也非舍贫而取富，

---

① 《建炎以来系年要录》卷169绍兴二十五年八月辛巳，第3206页。
② 张方平：《乐全集》卷14《税赋》，文渊阁《四库全书》，第1104册，第116页下栏。
③ 《梦溪笔谈》卷9《人事一》，《全宋笔记》第二编第三册，大象出版社2006年点校本，第78页。
④ 杨宇勋：《宋代财政史研究的取径与方法》，载林文勋、黄纯艳主编《中国经济史研究的理论与方法》，中国社会科学出版社2017年版，第58—67页。
⑤ 《宋会要辑稿》食货68之6，第7946页。
⑥ 张方平：《乐全集》卷14《畿赋》，文渊阁《四库全书》，第1104册，第117页上栏。
⑦ （宋）林之奇：《尚书全解》卷37《康王之诰》，人民出版社2019年点校本，第648页。
⑧ 《续资治通鉴长编》卷313元丰四年六月己巳，第7588页。
⑨ 张方平：《乐全集》卷14《畿赋》，第1104册，第117页上、下栏。

"尽蠲免中下之民","若中下尽免而取足上户,则不均甚矣"①。朱熹阐释道"均谓各得其分"②,即贫富负担各得其分。所以赋役均平也无全国统一标准,总体原则是"天下租赋科拨支折,当先富后贫,自近及远"③。民户以有无应税资产分为主户、客户。职役摊派依据户等,而户等划分依据是资产,划分办法各县"随其风俗,或以税钱贯百,或以地之顷亩,或以家之积钱,或以田之受种,立为五等"④,无统一财产标准。

执行中的"均平",一是厘清资产,确定贫富。如民田之税"考地之肥瘠,制赋之重轻。裁使平均,本于宽约,利人奉国,诚为中典"⑤。方田均税法推行的理由就是"神宗患田赋不均,熙宁五年重修定方田法",因而方田法又称"均税条约"。⑥南宋多次推行经界法,目的也是均税,"使产有常籍,田有定税,差役无词诉之烦,催税免代纳之弊"⑦。二是体现富者多担,贫者少担或不担的原则。如职役的摊派是将最重的衙前、里正等由第一、二等户承担,较轻的乡书手、壮丁等由第四、五等承担,最贫的主户有"免出之法"。⑧

现实中,或因官员只管课额,或因官员贪腐,或因豪民诡隐等等,使"真为下户,法当免者,今亦及之","豪宗巨室向也析大为小,得与下户俱免"⑨,并不能做到事实的"均平"。但在制度上,维持均平是地方官征收赋役时的基本要求。地方官要"务使田税均平,贫富得实"⑩,宋太宗针曾令"诸知州、通判具如何均平赋税,招辑流亡,惠恤孤贫,窒塞奸幸,

---

① 《续资治通鉴长编》卷313元丰四年六月己巳,第7588页。
② (宋)朱熹集注《宋本论语集注四》卷8《卫灵公第十五》,国家图书馆出版社2016年版,第52页。
③ 《宋史》卷174《食货上二》,第4211页。
④ 《宋会要辑稿》食货13,第6256页。
⑤ 张方平:《乐全集》卷14《税赋》,第1104册,第116页下栏。
⑥ 《宋史》卷174《食货上二》,第4199页。
⑦ 《宋会要辑稿》食货70之126,第8173页。
⑧ 《续资治通鉴长编》卷299元丰二年七月戊寅,第7270页。
⑨ 袁燮:《絜斋集》卷6《革弊》,文渊阁《四库全书》,第1157册,第61页。
⑩ 《晦庵先生朱文公文集》卷100《晓示经界差甲头榜》,第4623页。

凡民间未便事，限一月附疾置以闻"①。"赋役均平"可使"盗贼衰止"②，如果"名为均平，实则偏重"，会导致"千里嗟怨"，甚至"乘衅生事"③。州县官员维持赋役征收的均平，就是维持社会稳定。称职的州县守令就应"赋敛均平，讼狱明允，公人皂吏足迹不至乡里"④。

第三是赈济抚恤。赋役制度中有赈济和抚恤的安排，即"惠养元元"。自宋太祖朝始，即设立义仓，义仓米作为田赋附加说征收，"唯充赈给，不许他用"⑤。最初"所收二税每石别输一斗，贮之以备凶歉，给与民人"，后有所减轻，征收对象由五等户皆征，到"止令上三等户输之"⑥，税率降为"二斗别输一升"⑦。征收义仓的原则和目的就是贫富相济，"自第一至第二等兼并之家，占田常广，于义仓则所入常多；自第三至第四等中、下之家，占田常狭，于义仓则所入常少。及其遇水旱，行赈给，则兼并之家未必待此而济，中、下之室实先受其赐矣"，"损有余，补不足，实天下之利也"⑧。除专用赈济的赋税义仓外，遇到严重灾荒时内藏和朝廷财赋的储备财政和三司（户部）的"经费"财政都会用于赈济。

赋税赈济的另一途径是以赋税收入为本，经营生息，用于赈济。宋朝除了"以常平之法平丰凶、时敛散"⑨，还新创广惠仓，以没入户绝田"募人耕，收其租"⑩，用作赈恤。还制定了蠲免缓征政策，按小饥、中饥、大饥，分别放税二分至十分。⑪赋税缓征包括展限、倚阁，即在纳税期限外

---

① 《宋史》卷173《食货上一》，第4159页。
② 韦骧：《钱塘集》卷9《得替谢监司启》，文渊阁《四库全书》，第1097册，第557页上栏。
③ 赵抃：《清献集》卷10《乞罢天下均税》，文渊阁《四库全书》，第1094册，第891页下栏、892页上栏。
④ 胡寅：《斐然集》卷9《应诏荐监司郡守奏状》，文渊阁《四库全书》，第1137册，第388页上栏。
⑤ 《宋会要辑稿》食货62之47，第7575页。
⑥ 《玉海》卷184《宋朝义仓》，广陵书社2003年版，第3377页。
⑦ 《续资治通鉴长编》卷133庆历元年九月乙亥，第3183页。
⑧ 《宋会要辑稿》食货53之19，第7213—7214页。
⑨ 《宋史》卷163《职官三》，第3848页。
⑩ 《宋史》卷176《食货上四》，第4279页。
⑪ 张文：《宋朝社会救济研究》，西南师范大学出版社2001年版，第100—101页。

允许明确时限的延迟缴纳,或限视情况延期缴纳,都是宋朝首创的赋税措施。①

三 财权分配下的定额和分隶

王朝体制下,"天下之财,孰非天子之有"②,但事实上,中央不可能包揽所有内外事务,赋役分配中既需保障中央财政集权,也需为地方政府履职配置必要的财力。王朝体制下赋役制度也必须包含中央与地方财力分配的安排,逐步形成了定额制度和分隶制度。

定额制度包括上供立额和赋税立额。上供立额自宋真宗景德年间始,"国初上供随岁所入,初无定制"③,没有规定上供年额。宋真宗朝逐渐设立上供定额。景德四年设定东南六路上供米年额六百万石,"米纲立额始于此"。大中祥符元年立上供银纲,"以大中祥符元年以前最为多者为额,则银纲立额始于此"。天禧四年立上供钱额,"钱纲立额始于此"。咸平三年绢绵上供纲"亦有年额"。④ 即"自系省而有上供,自上供未立额而有年额"⑤。

确立上供定额后,虽声称中央于地方"上供钱物无额外之求"⑥,"存上供之名,取酌中上之数,定为年额,而其遗利则付之州县桩管"⑦,实则上供额多次调整。在两税正税税率未大幅调整的情况下,上供额却不断增加。陈傅良说,自宋真宗朝陆续立额后,"熙宁新法增额一倍,崇宁重修

---

① 徐东升:《展限、住催和倚阁——宋代赋税缓征析论》,《中国史研究》2007 年第 4 期。
② (宋)杨万里:《杨万里集笺校》卷 69《轮对札子》,中华书局 2007 年点校本,第 2912 页。
③ 《文献通考》卷 25《国用考三》,第 743 页。
④ 《文献通考》卷 23《国用考一》,第 691 页。
⑤ 陈傅良:《止斋集》卷 19《赴桂阳军拟奏事札子第二》,文渊阁《四库全书》,第 1150 册,第 652 页。
⑥ 《宋朝诸臣奏议》卷 107 陈次升《上哲宗乞罢额外封桩》,上海古籍出版社 1999 年点校本,第 1149 页。
⑦ 《文献通考》卷 23《国用考一》,中华书局 2011 年版,第 691 页。

上供格，颁之天下，率一路之增至十数倍，迄今为额"①。上供额被分配到各州府。如，湖州上供米"岁额不过五万余石"②，各种上供物色都逐步定额至州。如明州有上供的"朝廷窠名"银、绢、䌷、绵、绫、盐钞纸、钱七色，定额分别是银1000两、绢14057匹、䌷2724匹、绵18053两、绫20匹、盐钞纸79300幅、钱512886.201贯。③因地理环境不同，不同州所派上供实物有个别差异，如有些州需承担箭杆、翠羽、皮筋等特殊的上供物资。

各种上供定额按路汇集，由转运司输送中央。如景德四年所立上供米纲600万石，加余羡共620万石岁额，分配到各路分别是淮南130万石、江南东路99.11万百石、江南西路120.89万石、荆湖南路65万石、荆湖北路35万石、两浙路150万石。④绢、绵、钱、银等上供岁额按路定额输送，如庆历三年东南各路定额：江东钱上京89万缗、银20万两、绢50万匹；江西钱上京34万缗、银13万两、绢30万匹；湖南北钱上京27万缗、银32万两、绢13万匹；两浙东西钱上京74万缗、银48000两、绢72万匹；福建银上京208000两。⑤

各种赋税也逐步立额。两税正赋为主的上供正赋在真宗朝立额，⑥商税立额自唐代已见，宋代因之，"至淳化三年，令诸州县有税，以端拱元年至淳化元年收到课利最多钱数，立为祖额"。咸平四年立酒课岁额，"取端拱至淳化元年三年内中等钱数立为祖额，比较科罚，则酒课立额自此始"。太平兴国元年诏募民所掌的茶盐榷酤，"以开宝八年额为定，不得复增"。仁宗时"诏天下茶盐酒税取一岁中数为额，后虽羡益勿增"⑦。李华

---

① 陈傅良：《止斋集》卷20《吏部员外郎初对札子第二》，文渊阁《四库全书》，第1150册，第663页下栏。
② 《建炎以来系年要录》卷20建炎三年二月丙子，第474页。
③ 《宝庆四明志》卷6《郡志六·叙赋下》，《宋元方志丛刊》本，中华书局1990年版，第5059—5068页。
④ 沈括：《梦溪笔谈》卷12《官政二》，第99—100页。
⑤ 《群书考索》续集卷46《财用门》，文渊阁《四库全书》，第938册，第573—586页。
⑥ 包伟民：《宋代的上供正赋》，《浙江大学学报》2001年第1期。
⑦ 《文献通考》卷6《田赋考六》；卷7《田赋考七》；卷14《征榷考一》；卷17《征榷考四》；卷16《征榷考三》，第147、170、401、490、486、453页。

瑞分析了作为工商税收支柱的商税、茶、盐、酒四种税收的"祖额",且"在宋代工商业中,坊场、河渡、房园、茶、盐、矾、坑冶、铸钱、监市舶和酒、商税等课利场务均立有祖额","祖额"是定额,采取酌中之法,确定立额之数,但也不限于三年之期。立祖额作为地方官吏考课的重要参照标准,实际征收的岁额既相似又有区别。①

赋税年额也被分派至各州。如漳州就摊派了"经制之额所以至于二万四千六百五十一贯"、"总制之额所以至于五万五千六百七贯"②,歙州酒课商税、茶课、盐课等皆有定额,并有新旧额的变化。睦州都酒务课、商税、茶、盐、香、矾。③ 定额分配到州是普遍的做法。但是定额也并非所有赋税、所有地区全国一律,如商税、盐课、茶课等重要赋税不同地区存在着立额、不立额的差异,酒课的差异性更大,此不一一赘述。但赋税立额和敷额于州府是基本的赋税制度。

分隶制度即将赋税在中央与地方,及中央、地方各财政机构间进行分配的制度。北宋前期中央与地方赋税分配总体上实行总量分配,乾德之诏以前因循旧制,乾德二年实行地方支度留用外输送中央,景德设立上供额后,实行保障上供额后留用地方。④ 熙宁变法设立朝廷财政,规定了朝廷财政所属赋税窠名,促使中央与地方及中央各财政机构间逐步实行窠名分配。制度逻辑由北宋前期取法于唐后期"两税三分"变为"窠名分隶"。赋税分隶方式主要有完全分配和共享分成。

第一种方式是完全分配。两税夏税正税自咸平三年定额就是用于"殿前诸军及府界诸色人春冬衣用绢、绵、紬、布数百万匹两"支出,南宋和买绢由购买转化为无偿赋税,也归属中央。⑤ 两税苗米大部分归中央,有些地方甚至"州郡二税之正籍尽以上供"⑥。蔡京变法后淮浙盐全面推行钞

---

① 李华瑞:《试论宋代工商业税收中的祖额》,《中国经济史研究》1999年第2期。
② 朱熹:《晦庵先生朱文公文集》卷19《乞蠲减漳州上供经总制额等钱状》,第872页。
③ 《新安志》卷2《叙贡赋》,《宋元方志丛刊》本,中华书局1990年版,第7624—7626页;《淳熙严州图经》卷1《税赋》,《宋元方志丛刊》本,中华书局1990年版,第4293—4295页。
④ 高聪明:《从"羡余"看北宋中央与地方财政关系》,《中国史研究》1997年第4期。
⑤ 《宝庆四明志》卷5《叙赋上》,《宋元方志丛刊》本,中华书局1990年版,第5045页。
⑥ 《叶适集·水心别集》卷12《厢禁军弓手土兵》,第785页。

盐法，茶法也逐步转为合同场茶法，茶盐禁榷收入地方不再能分享。南宋时淮浙榷盐定额"行在、建康、镇江三务场，岁入凡二千四百万缗（建康一千二百万、行在八百万、镇江四百万），皆以都司提领，不系户部之经费"，"径隶提领官，不属总所"①，"所有茶盐钱并充朝廷封桩，诸司毋得移用"②，完全划归朝廷。也有部分地方性杂税和附加税完全划归地方。如庆元府楼店务钱、鄞定海慈溪河涂租堰钱、鄞定海慈溪城基房廊钱、奉化、定海、象山三县醋息钱，以及香泉酒库、慈福酒库和醅酒库息钱完全归属地方。③ 又如，公使库造酒也"并不分隶"等等。④

赋税分隶的第二种方式是共享分成。这是赋税分隶最普遍的方式。如汀州州城商税"以十分为率，解赴知通衙交纳，州库六分，通判衙四分"⑤。两浙路殿前司酒息钱"以十分为率，七分起赴行在，三分应副漕计支用"⑥。南宋权添酒钱"以其钱一分州用，一分充漕计，一分提刑司桩管"，"六文煮酒钱""以四文州用，六文令项桩管赡军"⑦。"两税头脚等钱，以十分为率，其三归州家，其七隶经总制"等。⑧ 另如牙契钱"有正限纳者，有放限纳者，分隶不同"。庆元府牙契钱正限分隶庆元府13.3%，而放限分隶庆元府47.8%。⑨ 也有地方牙契钱"正限则以其七隶经总制，放限则以其七归州用"，形成"州郡利其所得，往往放限"，"故正限少而放限多"⑩。有些赋税规定了"分隶则例"，如庆元府省酒务息钱有"分隶则例"，规定每百贯本府得39.642贯，中央得60.358贯。商税也有"分隶则例"，每百贯本府得48.462贯，中央得51.538贯。实际征收中比例不

---

① 《建炎以来朝野杂记》乙集卷13《四提辖》，中华书局2000年点校本，第727页。
② 《建炎以来系年要录》卷5建炎元年五月壬寅，第130页。
③ 《宝庆四明志》卷5《郡志五·叙赋上》，第5047—5050页。
④ 《宋会要辑稿》食货20，第6433页。
⑤ 《临汀志》，《永乐大典方志辑佚》，中华书局2004年版，第1235页。
⑥ 《宋会要辑稿》食货21，第6444页。
⑦ 《文献通考》卷17《征榷考四》，第490、491页。
⑧ 《宋会要辑稿》食货64，第7793页。
⑨ 《宝庆四明志》卷6《郡志六·叙赋下》，第5059页。
⑩ 《宋会要辑稿》食货64，第7793页。

一定完全遵照"分隶则例",但比例分成的原则相同。① 比例分成的另一种形式是定额分成。如每 100 钱田契钱,"以其三十五钱为经制窠名,三十二钱半为总制窠名,三十二钱半为州用"②。牙契钱正税"除六百七十五文充经、总制钱外,三百二十五文存留,一半充州用,余一半入总制钱帐"③。诸路出纳系省钱头子钱"贯收钱二十三文省,内一十文省作经制起发上供,余一十三文充本路郡县并漕司用"④。

除了定额和分隶外,地方事实存在的非制度性财权是放任擅征。熙宁以前,中央与地方实行总量分配的时期,地方财赋总体上没有出现严重困窘。北宋初期一些地方留用甚至可以满足"三年之储"。⑤ 宋仁宗朝,"天下金谷之数,诸路州军年支之外,悉充上供及别路经费,见在仓库者,更无余羡"⑥,地方财政出现紧张。王安石变法地方财政困窘开始日益加剧。首先是在窠名分隶中禁榷收入、商税、两税等大宗赋税或全部收归中央,或由中央高比例占有,在财权分配中地方财政制度性困窘日重,其次是无额上供钱、经制钱等中央收夺地方财权手段不断加强,地方筹集财源的空间越来越小。⑦ 南宋中央收夺地方财权的名目又有"如总制、月桩、折帛、降本、坊场酒息、净利、宽剩、无额增收之类,其名不一"⑧,层出不穷,使地方财政困窘不断加剧。

在窠名分隶制度下,"凡郡邑皆以定额窠名予之,加赋增员,悉所不问,由是州县始困"⑨,地方财政窠名"归之本府自催自给"⑩,法定的窠

---

① 《宝庆四明志》卷 5《叙赋上》,第 5053、5053 页。
② 《建炎以来朝野杂记》甲集卷 15《田契钱》,第 320 页。
③ 《文献通考》卷 19《征榷考六》,第 547 页。
④ 《宋史》卷 179《食货下一》,第 4368 页。
⑤ 大中祥符元年宋真宗"诏江淮发运、转运司部内各留三年之储,以备水旱"。见《续资治通鉴长编》卷 70 大中祥符元年十二月甲辰,中华书局 2004 年版,第 1581 页。
⑥ 《宋朝诸臣奏议》卷 17 余靖《上仁宗论供支常平本钱》,第 1154 页。
⑦ 黄纯艳:《总量分配到税权分配:王安石变法的财权分配体制变革》,《北京大学学报》2020 年第 5 期。
⑧ 《宋会要辑稿》食货 56,第 7322 页。
⑨ 《建炎以来朝野杂记》甲集卷 17《财赋四》,第 393 页。
⑩ 梅应发等:《开庆四明续志》卷 4《经总制司》,第 5964 页。

名不能满足财政支出需要，只能不断法外擅征，"茶引尽归于都茶场，不在州县。盐钞尽归于榷货务，不在州县，秋苗斛斗十八九归于纲运，不在州县。州县无以供，则豪夺于民，于是取之斛面，取之折变，取之科敷，取之抑配，取之赃罚，无所不至"①。"如总制，如月桩，如折帛，如降本，如七分坊场、七分酒息、三五分税钱、三五分净利、宽剩折帛钱、僧道免丁钱之类，则绍兴间权宜创置者也。如州用一半牙契钱、买银收回头子钱、官户不减半役钱、减下水脚钱之类，几一百万，则又乾道间权宜创置者也。如经制并无额钱增收窠名之类，则绍兴间因旧增添者也。如添收头子钱、增收勘合钱、增添监袋钱之类，凡四百余万，则又乾道间因旧增添者也。"② 其实都是地方政府迫于上供和州县财计而不断新辟的税源。

另一方面，虽然赋税征收是地方官员考课的重要内容，但考课重点是查其是否完成课额，尤其是上供额，而非审察或清理擅征。北宋初规定"科赋有欠逾十之一""降考一等"。③ 皇祐元年因"近年荆湖等路上供，斛斗亏欠，万数不少"，"特置考课一司"，考课知州，"一，户口之登耗；二，土田之荒辟；三，盐、茶、酒税统比增亏递年祖额；四，上供和籴、和买物不亏年额抛数；五，报应朝省文字及帐案齐足"五条中视完成条数定等第。④ 元祐七年规定的守令"治事之最"包括"催科不扰、税赋别无失陷……差役均平"⑤。不能保障上供额会受到处罚。如绍兴四年广东和广西两路转运使"各贬秩一等，坐违欠去年上供，皆十分之四故也"⑥。

不仅要求地方官员赋税和上供及额，还要比较。大中祥符六年诏令"诸路茶盐酒及诸务，自今总一岁之课合为一，以祖额较之，有亏损，则计分数，其知州军、通判，减监官一等科罚"⑦。南宋绍兴六年也规定"诸

---

① 陈傅良：《止斋集》卷20《吏部员外郎初对札子第二》，文渊阁《四库全书》，第1150册，第664页上栏。
② 《宋会要辑稿》食货56，第7318—7319页。
③ 《宋史》卷160《选举六》，第3757页。
④ 《续资治通鉴长编》卷166皇祐元年正月戊辰，第3984页。
⑤ 《续资治通鉴长编》卷472元祐七年四月甲戌，第11271页。
⑥ 《建炎以来系年要录》卷73绍兴四年二月壬午，第1395页。
⑦ 《宋会要辑稿》食货17之16，第6353页。

路酒税务监官，任满未立到新额去处，并且以绍兴三年数为则，比较推赏。如当年数少于旧租（祖）额，即自旧租（祖）额比较"①。而惟不见考课中追究法外擅征。这就使得"一州一路之间，无不以财用为先。催科之急，民大受弊"②。在比较殿最之法诱胁下，地方官员"不复问其政教设施之得失，而一以其能剥民奉上者为贤。于是中外承风，竞为苛急。监司明谕州郡，郡守明谕属邑，不必留心民事，惟务催督财赋"，是"税外无名之赋"横生的根本原因。③

四　结论

　　赵宋王朝延续了汉武帝改制以来王朝体制、儒家治国和以农立国的基本模式，其赋役结构、征收原则的若干基本内核沿袭了汉唐，特别是两税后，保障中央、敦本重农、资产为宗、奉国安民等制度逻辑。同时，宋代由于募兵制导致的财政压力，工商业收入成为财政支柱。但现实需要并不能为赋役变化提供理论支持，而需符合儒家原理的合理解说。宋人依然强调"食租衣税"具有本原的合理性，以农为本，强调工商税收抑制兼并的意义，同时也提出农工商贾皆是国家赋税本原，解说了新的赋役制度和财政结构。

　　赋役制度本身具有保障财政和稳定社会的双重功能，是国家治理的重要手段，其中寓含了处理国家与社会、中央与地方关系的国家治理逻辑，也是一个王朝实施国家治理理念和治理能力的体现。宋代的赋役制度核心的目标是保障财政供给，即实现奉国的功能，同时也寓含着征求适度、赋役均平的理念，安民理念也推动了宋代赋税制度中赈济抚恤的保障机制的丰富和进步。宋代的赋役制度仍然是以强化财政中央集权为旨归的，实行了汉唐所无，或尚不完善的定额制度和分隶制度。宋代赋役制度既追求以

---

① 《建炎以来系年要录》卷101 绍兴六年五月甲申，第1914页。
② 《建炎以来系年要录》卷174 绍兴二十六年八月辛未，第3325页。
③ 朱熹：《晦庵先生朱文公文集》卷11《戊申封事》，第605页。

儒家原理作为合理性解说，又顺应社会经济的新变化，体现了利用赋役制度实现国家治理的新观念和新举措，对其保障国家机器运行，维持社会稳定的国家治理目标的实现发挥了一定程度的助力作用。

另一方面，因为财政过度集权、现实财政压力和吏治腐败，适度和均平都只能以部分的制度设计加以解说，而不能消除赋役征派中事实的重负和不公。宋代赋役的制度逻辑和现实机制导致的实际结果是地方财政困窘不断加剧，百姓赋役负担始终沉重，特别是为了解决财政过度中央集权导致的地方财力不敷事权责任，而放任地方擅征，使苛捐杂税层出不穷，不受实际监管和制约。这也是王朝体制下赋役制度不能解除的魔咒。

论宋代库藏的审计法规*

肖建新

（南京审计大学　法学院）

宋代的仓库及库藏，包括州县赋税征纳的地方仓库、运输中转时的转般仓、赋税运抵地的左藏库、内藏库以及边地仓库等，都是税收的储藏之所，也是国家财政运行的基础和保障。宋人很重视和强调纲运的抵达申报，如北宋通直郎、根究上供钱物张升卿所言："纲运入门，令门司置籍，录部押人姓名、起发月日、物色名数，申所属省、部、寺、监，下库务交纳，库务具年月日正剩欠数，申寺、监。"① 这种申报不只是赋税运输程序上的要求，而且更有利于入库受纳的监督和审计。学界对宋代仓库和库藏的专题研究不是很多，主要探讨职能、功能和作用等，而从监督、审计角度考察的更少，② 至于法律方面探究的几乎没有。为此，宋代库藏审计法律法规的研究还是有学术意义和价值的。

一

宋代《庆元条法事类》是一部基本而重要的法典。其中，《仓库令》

---

* 基金项目：国家社科基金（批准号：14BZS104，21BZS053）。
① （宋）李焘：《续资治通鉴长编》卷379，哲宗元祐元年六月庚寅，上海师范大学古籍整理研究所、华东师范大学古籍整理研究所点校，中华书局2004年版，第9198页。
② 参见李建国《宋内藏库考》，《贵州社会科学》2006年第1期；杨帆《浅谈宋代左藏库的收支》，《商业文化》（学术版）2009年第10期；赵晶《唐宋〈仓库令〉比较研究》，《中国经济史研究》2014年第2期等。

非常丰富，除了规定仓库的一般管理，还有仓库的审计，并且库藏审计的法律比较集中，"令"还是一种重要的法律形式，所以，《仓库令》也就具有典型意义。的确，仓库方面的令规制了库藏审计的许多方面内容，如诸州钱物的收支或应纳的审计：

> 诸转运司，于逐州不许差出官内选差官一员，专主管检察、收支本司钱物并岁计事务。
> 诸州岁具管内应纳军资库钱物，置都簿，当职官一员专掌，录付本库，遇关报，勾销。如次欠或出限，即行举催。监司及季点官到，取索点检。①

如规定榷货务、左藏库牒报客人入便钱数的审计：

> 诸提点刑狱司，承榷货务、左藏库牒报客人入便钱数及所指州者，置每州籍，具注，依限催还讫报。仍因巡历所至点检，次年春季具有无未还及违法事保奏，仍申尚书户部。②

如规定官吏移任时交接库藏官物的审计：

> 诸官物交界讫，本州限十日取帐历、应干文书送磨勘司，限三十日驱磨毕，送库架阁。仍保明申州，给公凭。后须照用者，止录公凭报，不得勾人。即磨勘不如法致失陷者，元主守人及磨勘吏人均备，磨勘之官于吏人总数内备一分，虽会恩去官，犹备如法。③

---

① （宋）谢深甫：《庆元条法事类》卷4《职制门》，戴建国点校，黑龙江人民出版社2002年版，第30页。
② （宋）谢深甫：《庆元条法事类》卷7《职制门》，戴建国点校，黑龙江人民出版社2002年版，第122页。
③ （宋）谢深甫：《庆元条法事类》卷17《文书门》，戴建国点校，黑龙江人民出版社2002年版，第359页。

如规定朝廷、禁军阙额封桩库藏的钱物审计：

  诸朝廷封桩并禁军阙额封桩钱物，提点刑狱司每半年差官点检已、未封桩数，比对州县元申同衮，保明申本司验实，申枢密院及尚书省。①

如规定仓库监专官交替时钱物的审计：

  诸仓库监专应替并差官监交，仍置交历四本，分新旧官及本州、转运司为照。物多难交者，具事因申本州审度，听新界抽摘点检。②

如规定仓库及场务收到钱物、簿历的审计：

  诸仓库场务应收到钱物，每处止置都历一道，抄转分隶上供及州用之数，各立项目桩发，仍从转运司每半年一次差官取索点检。
  诸州仓库场务簿历并岁前两月缴申提点刑狱司印押，限岁前一月给下，岁终开具已印给过名件申尚书户部帐司。若州郡巧作名色增置，令本司觉察按劾。③

如规定仓库长期闲置或不堪使用官物的审计：

  诸官物无支用者，申转运司相度转易，不堪支用，估卖讫申，又不堪，差官覆验弃毁。④

---

① （宋）谢深甫：《庆元条法事类》卷 31《财用门》，戴建国点校，黑龙江人民出版社 2002 年版，第 478 页。
② （宋）谢深甫：《庆元条法事类》卷 32《财用门》，戴建国点校，黑龙江人民出版社 2002 年版，第 504 页。
③ （宋）谢深甫：《庆元条法事类》卷 36《财用门》，戴建国点校，黑龙江人民出版社 2002 年版，第 541—542 页。
④ （宋）谢深甫：《庆元条法事类》卷 36《财用门》，戴建国点校，黑龙江人民出版社 2002 年版，第 559 页。

如仓储粮草、钱物现状和数量的审计规定:

> 诸粮草,以本处见在数及岁入税租约度,若州支不及三年,县镇寨不及二年者,具所阙数磨审讫计置籴买,尚阙者,申转运司支拨。其约计状,夏税限正月,秋税限六月,申到转运司、尚书户部。
>
> 诸仓库见在钱物(诸司封桩者非),所属监司委通判岁首躬诣仓库点检前一年实在数,令审计院置簿抄上,比照帐状。①

以上只是《庆元条法事类》上一些相对明确的仓库及库藏审计规定,主要是仓库收纳钱物和账簿,以及库藏钱物状况的审计,涉及仓库审计的主体、对象、程序、方法等。此外,还有许多相关的法律法规以及其他法律文献的记载,其内容更为丰富,只是极为分散罢了。为此,在充分收集、梳理的基础上,可以勾勒出宋代仓库或库藏审计法律的概貌。

二

宋代赋税转般的纳支环节,既有管理和监督的规定,也有审核和审计的规定。宋代转般管理主要是对转般仓和监官的监督,更关键的是对监督者的监督。天圣三年(1025)十月,仁宗诏曰:"逐处转般仓监官须是公平装卸,不得大纳小支,收到出剩,不得批上历子。至替日,但一界给纳了当,即特与酬奖。"至于和籴转般,"和籴斛斗装发至卸纳仓场,如验得粗弱不堪上供,即委知州、通判入仓,同与监官、集纲(稍)〔梢〕人员对众看验,如寔粗弱不堪,即勒行人估定纽计亏官价钱并枉费般輂请受,牒元籴州军勘断"②。此诏一方面要求"公平装卸",不能追求羡余酬奖,

---

① (宋)谢深甫:《庆元条法事类》卷37《库务门》,戴建国点校,黑龙江人民出版社2002年版,第570、571、579页。
② 《宋会要辑稿》食货46之8,刘琳等点校,上海古籍出版社2014年版,第7037页。

另方面规定知、通判、监官等入仓，"对众看验"，若有"粗弱不堪"，则移交"元籴州军勘断"。可见，对转般中的装卸、纳支、粗弱等问题，进行较为全面的审核或审计。当然，这个规定的核心内容是监督审核转般仓的数量和质量，保证赋税依法转般抵京。北宋后期，政治腐败，也许为了满足财政的支出，更重视并奖励转般，政和二年（1112）二月，徽宗下诏奖励湖南运副张徽言、通判毛衍等的转般，各转一官，"以经画斛斗，河水未冻已前转般上京，颇见用心举职"①。也就是奖励转般的绩效，应该是以转般结果的审核或审计为前提的。

南宋孝宗乾道四年（1168）三月，沿用北宋末年政和时榷茶指挥法规，实行赏罚。当时，户部也支持都大榷茶司的申言：成都排岸司、兴州长举县装卸库、凤州转般库监官等，"任满，收发过茶无去陷欺弊，提举司保明，每四万驮，与减磨勘二年。如不获收附，失陷一分，展磨勘二年。其承直郎以下赏罚，并各比类施行"②。指挥和申言，实质上规定了任期转般管理审计及转般"收发"的奖惩标准，至南宋孝宗乾道时户部还在重申，仍具有法律效力。这类涉及转般仓审计的规定，宁宗嘉定七年（1224）十一月，就有相似的诏令，"今后建康府、镇江府转般仓监门官任满，如能搜检无透漏官物，比仓官与减半推赏施行"③。此诏明确要求转般仓的仓官、监门官认真履职，监管官物，任满时接受审计，若是"搜检无透漏官物"，则可获得奖赏。这种转般仓监督审计的要求，淳祐十年（1250）三月尚书省的劄子也有相似的内容，"提领转般仓所申，勘会建康府、镇江府转般仓监门官之任，今后赴上，先经本所铨量及呈验告劄方许交割"④。这规定转般仓监门官赴任时，只有在提领转般仓"铨量及呈验告劄"即审计和奏报之后才能"交割"。这有利于确定前、后任转般仓监门官的责任和绩效，因而这个劄子成为宋代《侍郎左右选考功通用申明》的组成部分。总之，宋代转般仓的纳支、装卸、收发、透漏，都有相关的法

---

① 《宋会要辑稿》食货49之27，刘琳等点校，上海古籍出版社2014年版，第7109页。
② 《宋会要辑稿》兵23之3，刘琳等点校，上海古籍出版社2014年版，第9090页。
③ 《宋会要辑稿》食货62之75，刘琳等点校，上海古籍出版社2014年版，第7590页。
④ 《吏部条法》印纸门，刘笃才点校，黑龙江人民出版社2002年版，第240页。

律法规，并且重视审计之后的绩效奖惩和责任追究。此外，宋代还重视州县仓库、桩管上供仓库及朝廷各种库藏的审计，相关的审计法律法规也是比较丰富的。

宋代地方征收基础性的农业夏秋二税以及其他赋税、钱物，主要贮藏在州县的仓库。仓库有的建在州城，也有的位于属县，一般由知州、通判定期检查和审核仓储或簿籍。真宗大中祥符七年（1014）四月，"诏诸路知州、通判，自今在城仓库则每季检视，在外县者止阅簿籍，不须巡行"①。其实，不仅检视仓库储存的状态，而且审核所收赋税的依据是否合法正当，神宗熙宁七年（1074）正月，诏："诸仓库所收课利钱钞数封送本县。若受纳别州支移官物，每季逐州县所纳数对历开项，具状二本，并实封钞申本州。内一状留充案，一状出内引关子与钞同封，递送支移处。其逐处收领点对讫，登时缴回关子照会。以上候都大数足，本仓库出给收附，申州亦依旧封送。（裏）［衷］私取领、收附并给。违者，各杖一百。"② 这不仅强调仓库所收课钞数封送于本县，为赋税征收审计准备条件，而且对于"受纳别州支移官物"，要求仓库官吏具历申州，以便关钞照会点对，直至"都大数足"也得申州，为以后的审计服务。

桩管或封桩，是宋代寄藏于地方或某地的上供赋税、朝廷钱物，一般由地方的仓库储藏，以便中央财政的调度和使用，如赈济灾荒，和籴均粜，或满足军需，转移支付，相关的审计规定也与桩管仓储的法律法规密切相关。因此，桩管仓储的管理和审核，包括审计应是桩管或封桩法律制度的重要内容。神宗元丰七年（1084）十二月，"诏三路州封桩常平钱物，半年一具数上都省。又诏常平免役场务钱谷剩数，提举常平司立限移于帅臣所在及边要州封桩"③。这要求封桩于三路的常平钱物，每半年一次上报"都省"，以便于监督审计，而增收的常平免役场务等钱谷，封桩于帅臣所

---

① （宋）李焘：《续资治通鉴长编》卷82，真宗大中祥符七年四月庚辰，上海师范大学古籍整理研究所、华东师范大学古籍整理研究所点校，中华书局2004年版，第1873页。
② 《宋会要辑稿》食货54之4，刘琳等点校，上海古籍出版社2014年版，第7237页。
③ （宋）李焘：《续资治通鉴长编》卷350，神宗元丰七年十二月辛巳，上海师范大学古籍整理研究所、华东师范大学古籍整理研究所点校，中华书局2004年版，第8394—8395页。

在地及边要之州，有利于军事和边疆的财政支付。哲宗元祐三年（1088）三月，兵部奏状的目的更明确："就措置勘会逐路应管兵部钱物，令桩留在彼，以备置监支用。乞指挥勘会本部所管钱物，依条许召人兑便，起发上京送纳。今据上项河北等路应管本部钱物，并随处封桩，准备置监支用，今后权住兑便起发。"① 据此可知，诸路"应管兵部钱物"，只有在勘会审计之后，才能封桩于路，"以备置监支用"，或在勘会和兑便之后，起发上京送纳，后又被请求权住暂停。其实，无论封桩勘会，还是起发勘会，都是基于封桩仓库的审计，也是封桩或桩管的基本法律规定。

南宋对桩管或桩积于地方的朝廷钱粮，十分重视，不断加强监管和审计。孝宗淳祐六年（1246）十二月，尚书省劄子："诸路州军桩管朝廷米斛，每遇支拨，合照年辰资次，毋得掺支新米，积压陈腐。今后拘榷官仓，任满所属勘当，委无掺越陈腐等弊，印纸内分明批书，方许放行离任。右劄付吏部照应施行。"② 这明确了州军桩管朝廷钱粮的责任，并且作为相关官吏离任审计的内容。与此极相似的是，理宗开庆元年（1259）八月，尚书省又有劄子曰："朝散大夫右谏议大夫戴庆炣奏，比年边郡侵移，及总所借欠，亏失元额。今朝廷再运米桩积，正为缓急之备。下各州委通判一员，专督仓官监守，不容（那）［挪］兑。如通判在任两年，桩积米不亏元数，与减三年磨勘。亏欠不许批书离任，重行责降。各路委运司任责觉察。"③ 朝散大夫右谏议大夫戴庆炣指出边郡的桩积，被侵移借欠，亏失原额，造成边备空虚。于是，尚书省强调通判监管和督查仓官，并接受任期考核，根据桩积米的维持和亏失的课绩，进行奖惩，并令各路的运司觉察监督。这两劄子经过编纂之后，成为《吏部条法》的《尚书侍郎左右选考功通用申明》和《侍郎左右选考功通用申明》的组成部分。尽管申明的法律位阶较低，但仍是宋代的法律形式，这两个劄子实际上是桩管和桩管仓库审计的法律规定。

南宋初年政局动荡，战事不断，经济凋敝，以致"左藏库隘陋"，无

---

① （宋）李焘：《续资治通鉴长编》卷409，哲宗元祐三年四月丁酉，上海师范大学古籍整理研究所、华东师范大学古籍整理研究所点校，中华书局2004年版，第9925页。
② 《吏部条法》印纸门，刘笃才点校，黑龙江人民出版社2002年版，第240页。
③ 《吏部条法》印纸门，刘笃才点校，黑龙江人民出版社2002年版，第241页。

法容纳上供赋税。上供赋税纲运至左藏的同时，又不得不运赴江宁府、平江府入纳，也就是将部分上供赋税寄藏于特定的地方，这可以说是桩管的一种特殊形式。建炎二年（1128）八月，高宗诏令诸路州军的纲运，除了京畿、淮南、京东西、河北、陕西路及川纲运抵行在左藏库外，而二广、湖南北、江东西路赴江宁府送纳，福建、两浙路赴平江府送纳，此外，福建纲运经由江东西的也许赴江宁府送纳，为此，要求"逐州府选委清（彊）[疆]官受纳，专委通判监视，提点刑狱官常切点检"①。江宁府、平江府的受纳，表面上类似封桩，但又有很大的差别，承担左藏库的职能，由"清强官受纳"，具有很高的地位，同时，专门委派通判"监视"，并要求提点刑狱官经常点检。可见，江宁府、平江府的受纳承担左藏的部分功能，仍需要通判、提点刑狱使的监督审计。其实，除了寄藏江宁府、平江府的纲运之外，还有作朝廷财政重要来源的经制钱，也在地方专库桩管。绍兴五年（1135）五月，高宗诏曰："诸路所收总制钱，专委通判一员拘收检察，别库桩管。其所委官废弛苟简，稍有欺隐失陷，并当取旨重作责罚，仍令提刑司常切检察。"②也即通判拘收检察，提点刑狱司又检察拘收、桩管，以防欺隐失陷。绍兴二十七年（1157）七月，两浙路转运司建议：经总制库收贮的浙西州军人户纳苗米水脚钱、管押并赴行在及军前交纳的米斛、马料，"每船及二万硕，计减磨勘一年，每增一万硕，减磨勘半年"，并根据"仓部勘当"，对押纲使臣和押纲兵梢予以奖惩："押纲使臣管押米斛、马料赴行在及军前交卸，除破耗别无抛失，及少欠不碍所欠分厘、次运折会补足，别无违程，一岁内每纲累押及二万硕，乞许减磨勘一年，每增一万硕，减磨勘半年。所有欠多押纲兵梢合该责罚，及兵梢纳足特赏，并乞依见行条法施行。"③可见，仓部的"勘当"，既是为了确保经总制库收贮和管押钱粮的安全，也以此奖惩押纲使臣和押纲兵梢，成为经总制钱库藏及其运输的审计法律法规的重要内容。

---

① 《宋会要辑稿》食货47之14，刘琳等点校，上海古籍出版社2014年版，第7061页。
② 《宋会要辑稿》食货35之23、24，刘琳等点校，上海古籍出版社2014年版，第6767页。
③ 《宋会要辑稿》食货48之4，刘琳等点校，上海古籍出版社2014年版，第7072页。

事实上，左藏库又是宋代中央最大的财库，即所谓"国初，贡赋悉入左藏库"①。此库先后隶属三司、太府寺、户部等，仓库的构成也有变化。②这是宋朝的主要国库，也是财政的来源和基础。宋初太祖时就遣使校核左藏库的金帛，开宝四年（969）三月，"上使军器库使楚昭辅校左藏库金帛，数日而毕，条对称旨"③。而诸州的上供，太平兴国二年（977）七月，又要求"监视"上供入库，保证受纳钱物的质量和数量，"令左藏库及诸库所受诸州上供均输金、银、丝、绵及他物，监临官谨视主秤，无令欺而多取，犯者，主秤及守藏吏皆斩，监临官亦重置其罪"④。这种上供入库时的"监视"，无疑是库藏审计的基础，或者说具有一定的审计特性。而神宗时"进呈衣、粮样"的规定，则有异曲同工之妙。元丰五年（1082）七月，诏："进呈衣、粮样，旧属左藏库及仓界。自今衣样归太府寺，粮样归司农寺。"⑤ 有了"呈祥"的要求，实际上为以后的审计提供了标准。为此，宋代审计左藏库的法律规定是客观存在的，也是有实施的记载。北宋后期，"宣和元年，以左藏库亏没一百七十九万有奇，乃别造都籍，催辖司、太府寺、左藏库互相钩考，以绝奸弊"⑥。这既反映左藏库亏损的严重，也说明钩考左藏库的必要，而催辖司、太府寺、左藏库之间的"互相钩考"，无疑反映了左藏库审计的法律实施，至于能否起到止绝奸弊的效果，又是由许多相关条件决定的。南宋绍兴时，还有人指出："言者论近太府寺选官检视左藏库，有剩物计值十四万七千余缗。乞依天圣故事，拘

---

① （宋）马端临：《文献通考》卷23《国用考》，上海师范大学古籍整理研究所、华东师范大学古籍整理研究所点校，中华书局2011年版，第690页。
② 参见（宋）马端临《文献通考》卷60《职官考》，上海师范大学古籍整理研究所、华东师范大学古籍整理研究所点校，中华书局2011年版；高承：《事物纪原》卷6《左藏库》，文渊阁《四库全书》，第932册。
③ （宋）李焘：《续资治通鉴长编》卷12，太祖开宝四年五月丁酉，上海师范大学古籍整理研究所、华东师范大学古籍整理研究所点校，中华书局2004年版，第265页。
④ （宋）李焘：《续资治通鉴长编》卷18，太宗太平兴国二年七月庚午，上海师范大学古籍整理研究所、华东师范大学古籍整理研究所点校，中华书局2004年版，第405页。
⑤ （宋）李焘：《续资治通鉴长编》卷328，神宗元丰五年七月丁未，上海师范大学古籍整理研究所、华东师范大学古籍整理研究所点校，中华书局2004年版，第7908页。
⑥ 《宋史》卷179《食货志》，中华书局1977年版，第4360页。

管入帐，不得将剩数比折欠少。"① 这反映了如下事实："太府寺选官检视左藏库"，即选派专门官吏审计左藏库，审出剩溢之物，价值 147000 余缗，应该是有一定成效的。只是规定审出的剩数，只能作为左藏的收入，不得比折抵欠。

同时，左藏库又受到内藏库的干扰，即内藏转移并贮藏了左藏大量的钱物，影响了左藏库审计及其法律实施。内藏库是太宗即位后建立的由皇帝直接控制的库藏，也被称之为"天子之别藏"。②

> 太宗嗣位，漳泉、吴越相次献地，又下太原，储积益厚，分左藏库为内藏库，令内藏库使翟裔等于左藏库择上绫罗等物别造帐籍，月申枢密院；改讲武殿后库为景福殿库，俾隶内藏。其后乃令拣纳诸州上供物，具月帐于内东门进入，外庭不得预其事。③

内藏库是分左藏库而来的，其特点为：钱物从左藏库拨入，所造帐籍上报枢密院，外朝官吏不得干预。之所以如此，太宗自圆其说："此盖虑司计之臣不能节约，异时用度有阙，复赋率于民，朕不以此自供嗜好也。"④ 理由讲得很冠冕堂皇，是为了节约，防止浪费，也满足临时急需，减轻百姓的负担。神宗即位时，内藏数量巨大，岁输内藏钱帛之额，相当于庆历时的上供之数。神宗元丰七年（1084）八月，荆湖南路转运司据"内藏库牒"和"三司例"说："诸路坑冶课利金银并纳本库。"⑤ 宋代尽管强调督催，甚至皇帝直接监控，但失于钩考，问题仍很严重。神宗曾说："比阅内藏库籍，文具而已，财货出入，初无关防。旧以龙脑、珍珠鬻于榷货务，数年不输直，亦不钩考……今守内藏臣，皆不晓帐籍关

---

① （宋）李心传：《建炎以来系年要录》卷 187，高宗绍兴三十年十二月己酉，中华书局 1988 年版，第 3132 页。
② 《宋史》卷 179《食货志》，中华书局 1977 年版，第 4369 页。
③ 《宋史》卷 179《食货志》，中华书局 1977 年版，第 4370 页。
④ 《宋史》卷 179《食货志》，中华书局 1977 年版，第 4370 页。
⑤ （宋）李焘：《续资治通鉴长编》卷 348，神宗元丰七年八月乙巳，上海师范大学古籍整理研究所、华东师范大学古籍整理研究所点校，中华书局 2004 年版，第 8356 页。

防之法。"① 元丰改革官制，似乎有所调整，"以金部右曹主行内藏受纳，而奉宸内藏库受纳又隶太府寺"，但监督管理的效果并不理想。哲宗元祐元年（1086），监察御史上官均明确主张户部、太府寺等检察内藏库："总领之者，止中官数十人，彼惟知谨扃钥、涂窗牖，以为固密尔，又安能钩考其出入多少，与夫所蓄之数哉？宜因官制之意，令户部、太府寺，于内藏诸库皆得检察。"② 也就是说，皇帝的亲信内侍中官，根本钩考不了内藏库，宜令户部、太府寺等财政机构检察。北宋后期内藏库的问题更为严重，宣和元年（1119）十月，户部尚书唐恪等奏论后，所奉御笔亦云："比览总领左藏库所奏，一岁之间，财用亏陷与失于拘催者，动以万计。御前覆行取索考覈，大约除已到及供具不同外，亏失违滞、出纳不明者，犹无虑一百七十九万有奇。求财用之充，顾岂可得？可依前项处分，专委唐恪、浓积中措置施行。"③ 可见，左藏库等失于拘催和钩考而导致的亏陷，数量是惊人的。南宋时，内藏库的问题依然如故，"南渡，内藏诸库货财之数虽不及前，然兵兴用乏，亦时取以为助。其籍帐之详莫得而考，则以后宋史多阙云"④。后来，还有臣僚所述内藏境况与此相似："今天下财赋半入内帑，有司莫能计其盈虚，请悉以归左藏。"⑤ 为此，我们初步可能得出一个结论，内藏库确是宋代重要的国库，财政的重要组成，尽管也有臣僚看到了内藏库的问题及其审计的重要，元丰改革官制也有审计的制度安排，但因皇权的直接控制，又破坏了内库藏的审计及其法律实施。这是最高统治者无法预料的，也是专制和集权的统治无法避免的。

三

宋代有些酒库不是一般储酒的仓库，有特殊的作用，如犒赏酒库、激

---

① 《宋史》卷179《食货志》，中华书局1977年版，第4371页。
② 《宋史》卷179《食货志》，中华书局1977年版，第4372页。
③ 《宋会要辑稿》食货56之4，刘琳等点校，上海古籍出版社2014年版，第7284页。
④ 《宋史》卷179《食货志》，中华书局1977年版，第4373页。
⑤ （宋）朱熹：《朱子全书》第24册《晦庵先生朱文公文集》卷91，朱杰人等主编，上海古籍出版社、安徽教育出版社2002年版，第4217页。

赏酒库、赡军酒库等，与左藏库的性质有相似之处，具有专门的财政功能，也有相关审计的法律规定。北宋有惩处偷盗酒库的案例，"内品王守忠弃市，坐监法酒库，盗官酒三百瓶，为其匠王景能所发故也"①。这是惩处盗酒犯罪，还不是审计的案例。而在宋代史料中，南宋酒库审计及其法律规定的记载明显增多，也许此时酒库的财政作用要突出一些。绍兴二十八年（1158）正月，权户部侍郎、专一点检措置赡军激赏酒库钱端礼，奏言酒库岁额和赏罚，"监官任满，增亏赏罚，并依诸酒库体例施行"②。显然，赡军激赏酒库是有年度定额的，要接受"点检"，并且赏罚是有法律依据的，也即专门的"体例"。这种点检实质上就是审计，重点是审核岁额完成的状况，此外审定酒库的岁额也是审计的组成部分，这类诏令还是比较多的。如：

（绍兴二十九年）七月二十日，诏："户部点检激赏酒库所南外库见赴额钱一十六万贯，东外库一十四万六千贯，减作一十五万贯、减作一十四万贯为额。"以展城移寨、界分窄狭故也。

（绍兴三十年正月）二十五日，诏："点检赡军激赏酒库所增置新中酒库一所，监官从本所不以有无物碍选差。务满，别无遗（关）[阙]，优与推赏，候至来年见得递年额数增亏赏罚，仍与例累赏。如系诸库见任官内改差（有）[者]，许通理前月日赏典。如能用心措置，早见就绪，亦从本所保明申奏朝廷，任优异推赏。"

（绍兴三十年八月）二十三日，诏："点检所不时较定，将增额最增库分监官、专匠等量行（倘）[犒]设，每岁不得过三次。若监官任满，有增无亏，许再任一次；如已差下替人，即许差填别库名阙。或弛慢不职，欺隐官物，有亏课额，别行差人抵替。"③

---

① （宋）李焘：《续资治通鉴长编》卷18，太宗太平兴国二年九月辛卯，上海师范大学古籍整理研究所、华东师范大学古籍整理研究所点校，中华书局2004年版，第411页。
② 《宋会要辑稿》食货21之2，刘琳等点校，上海古籍出版社2014年版，第6443页。
③ 《宋会要辑稿》食货21之22、23，刘琳等点校，上海古籍出版社2014年版，第6440—6441页。

这种审定岁额，以及审核岁额的完成，实质上是确定酒库的年度任务和点检标准，考核酒库监官年度或任期的课绩，并根据酒库生产管理的课绩或绩效进行赏罚。高宗绍兴时，之所以多次下诏审定年额，应与当时酒库兴办不力有关，如绍兴三十年（1160）正月，中书门下省指出赡军诸酒库"近年趁办不敷"、户部"独员点检不前"之后，"诏今后从三省拟差官一员或两员，专一点检措置"①。此外，也与造酒和卖酒管理混乱相关，八月户部侍郎邵太受等就指出："内外岁计，赖经、总制裹名至多，今稽考诸路一岁亏欠二百余万缗，皆缘诸州公使库广行造酒，置店酤卖，及巧作名目，别置酒库，或于省务寄造，并不分隶，搀夺省司课利，致诸路酒务例皆败坏，亏失国计。"② 这种造酒和酒库管理的混乱，必然导致榷酒受阻，私酒盛行，直接影响南宋重要税源——经总制钱的收入，也是国家财政的损失。

为此，强化酒库的管理，包括对生产、销售等环节的审计法律规制，这是由当时的经济形势决定的。孝宗时，户部侍郎兼点检赡军激赏酒库曾怀就指出：行在赡军诸酒库比年以来"亏欠日积"。这应该是点检或审计之后得出的结论。于是，乾道二年（1166）五月，"诏临安府、安抚司酒库悉归赡军，并将赡军诸库共并为七库。临安府及安抚司酒务，令户部取三年所趁息钱，以一年酌中之数立为定额，却于赡军库息钱拨还"③。也就是通过扩大赡军管辖、确定息钱岁额的办法，保证赡军诸库的运营和赢利，而确定的岁额无疑为以后审计的开展提供了依据。南宋时赡军酒库以及酒务发展的速度很快，酒税也就成为财政收入的重要来源，甚至"国家岁入，唯仰酒务"，同时，酒务、酒税的问题又日益严重，形态百端，州县收税不实、别置私历、巧名支使、本州寄造、拨入分数，以资妄用，导致亏损岁额，而场务监官任满推赏，不分隶裹名，虚桩入数，妄作增羡。有鉴于此，权户部尚书杨倓奏请："乞下诸路转运司，今后保明酒税监官

---

① （宋）李心传：《建炎以来系年要录》，卷184，绍兴三十年正月壬午，中华书局1988年版，第3069页。
② 《宋会要辑稿》食货20之23，刘琳等点校，上海古籍出版社2014年版，第6441页。
③ 《宋会要辑稿》食货21之6，刘琳等点校，上海古籍出版社2014年版，第6448页。

任满推赏,须取索点磨所收钱数,开说分隶各色窠名发纳去处,点对朱钞,录白获钞月日,见得确寔,方得保明。有违戾去处,当职官吏(其)[具]名取旨黜责,仍委漕、宪官常切觉察检举。"主要内容就是要求加强酒税监官的离任审计,在任满时诸路转运司"点磨"酒税的收入,"开说"各色窠名的去处,"点对"朱钞录白等票据,并据实保奏。若有违法之处,当职官吏"具名取旨责罚",转动使、提点刑狱使"常切觉察检举"。① 这个奏请比较系统地呈现出酒税监官任满审计,也即离任审计的内容以及审计监督的制约机制。这些要求和内容也与宋代审计法律的规定相一致的,得到了孝宗的认同。为此,孝宗时酒库审计比较具体明确,审计法律法规实施至酒务、酒税领域,这与当时财政对酒税依赖有直接的关系,因为酒税关乎"国家岁入"。至于效果,随着南宋政治的衰弱和腐败,又难以令人乐观起来。

  总之,宋代库藏是财税收入至财政支出之间的关键环节,审计的法律法规也就是为了保障财政的来源和安全,从而为财政支出和政权运行奠定物质基础。尽管宋代赋税库藏审计的法律法规,专门的律令较少,分散于不同法律门类中,但是,通过上述初步钩沉和梳理,基本内容和概貌还是勾勒出来了。宋代法典对库藏的基本规定是库藏审计法律法规的基础,而更多的是以令式、申明、诏令等形式确定下来的,还有许多审计案例、史实、奏闻反映了库藏审计法律法规的实施。在此需要特别指出,宋代法典中《仓库令》有关库藏审计的法条比较丰富,涉及转般仓、州县仓、桩管仓及左藏库等审计的主体、对象、程序、方法,并与赋税钱物起发、转般、受纳、保管等环节密切相关。这些规定是宋代库藏审计法律的基础内容,在赋税转变为财源的过程中发挥了重要作用。同时,我们也要看到,宋代库藏审计的专门法律较少,法律的专门性较弱;审计法律的制定和实施,深受时局和环境的影响,各个时期表现不一。为此,我们既要看到宋代库藏审计法律的发展,又要认识它的局限,才能求得接近真相的历史,以利于科学地借鉴和参考。

---

① 《宋会要辑稿》食货21之11、12,刘琳等点校,上海古籍出版社2014年版,第6453页。

南宋江南财赋苛敛与士人群体抗争*

吴业国　梁　瑜

（华南理工大学　公共管理学院）

　　财赋是王朝治理的根基，特别是处于宋金对峙战时财政情境下的南宋政权来说，对江南财赋的倚重成为时代特征，促成南宋政权江南化。有关研究受到了陈寅恪、寺地遵、万志英（Richard von Glahn）等中外学者的关注①。抑或是对两税法以来"据地出税，天下皆同"② 下，财产税取代人头税的这一财政问题的研究。③ 笔者亦曾撰文围绕南宋经界法实施对国家财政的影响以及对乡村社会的控制进行了初步研究。④ 实际上，王朝战时财政政策实践背景下，作为江南财赋苛敛的直接利益相关者，以李光、胡安国、周葵为代表的士人群体，在当时曾奋起抗争，积极维护所属地域和阶层的利益。

---

* 基金项目：国家社科基金项目"南宋前期财政研究（1127—1194）"（21FZSB047）；广州市社科规划共建项目"宋代江南县域治理中的士人群体研究"（2022GZGJ271）。

① 陈寅恪先生曾提到唐朝的制度与江南化的趋势（陈寅恪：《隋唐制度渊源略论稿》，生活·读书·新知三联书店 2004 年版，第 156 页）。寺地遵对南宋政权的江南化有较为深入系统的阐释。（《南宋初期政治史研究》，刘静贞译，台北稻禾出版社 1995 年版）。万志英在《剑桥经济史：古代到19 世纪》（崔传刚译，李伯重序，中国人民大学出版社 2018 年版，第 220 页）指出，控制江南地区的宋朝，处于深陷军事与财政的两难。南渡以后，强调地方领导之下的道德复兴和社区改革。江南化正是南宋政权的重要特征，构成南宋治国理政的基础。

② （宋）王溥：《唐会要》卷 84，大中六年三月，文渊阁《四库全书》，第 607 册，第 270 页。

③ 葛金芳：《南宋赋役制度整顿及其经验教训》，载《南宋史及南宋都城临安研究》，人民出版社 2013 年版，第 181—205 页。

④ 吴业国：《南宋前期财政集权及其对乡村的控制》（与葛金芳合作），《学术界》2009 年第 9期。梁庚尧：《南宋的农村经济》（新星出版社 2006 年版），从农村赋役均平、贫穷救济和家庭互助等角度，对农村经济协调进行了深入研究。

一 何谓"江南化"

随着绍兴和议（1141）的签订与形势的发展，赵宋君臣"待机恢复"的观念逐渐淡化，而安于南北共治的局面。所谓"前则有将帅而无君相，后则有君相而无将帅，此固天意所以分南北也"①。清人席世臣订《钱塘遗事》述及南宋这段史实："高宗不都建康，而都于杭，大为失策；士大夫歌舞之余，视天下事于度外。"② 南宋国内的君臣百姓也安于治内，不思恢复、苟且偷安的社会风气弥漫，使南宋政权丧失了一统全国的志向，而安于对东南半壁的统治。所谓"十里荷花留玉辇，竟忘烟柳汴宫愁"③，最终沦为一个割据、偏安的政权。

（一）南宋政权的江南化

偏安江南的南宋政权，首先呈现江南自治特征，该特征源于绍兴二年（1132）以来根深蒂固的江南民力涵养论的国家政策化。"使军民少就休息，因得为自治之计"④，显示其自治论的立场。从南宋前期财政政策的过程来看，江南自治论与江南民力涵养论在南宋前期财政史上，都是重要的思想，并上升为国策。然而，在实施过程之中受到秦桧专制体制的不断压制。孝宗初立，汤思退等人期待隆兴和议，并将路线调整为整顿、充实内政，正是将江南在地地主自南宋政权建立以来，江南民力涵养论这一主张的具体化，此时的南宋政府成了立足于江南地区的政权。⑤ 如朱熹所说：

---

① （清）赵翼：《廿二史札记校证》卷26《和议》，中华书局1984年校证本，第554页。
② （元）刘一清：《钱塘遗事》卷1，上海古籍出版社1985年点校本，第17页。
③ （宋）罗大经：《鹤林玉露》丙编卷之1《十里荷花》，中华书局1983年点校本，第242页。
④ （宋）李心传：《建炎以来朝野杂记》甲集卷20《癸未甲申和战本末》，中华书局2000年点校本，第468页。
⑤ ［日］寺地遵：《南宋初期政治史研究》，刘静贞译，台北稻禾出版社1995年版，第427页。寺地遵将南宋政权江南化视为赵宋王朝在权力构成上破除了秦桧专制时期的闭塞与孤立，开始向江南出身人士开放，也获得了江南舆论的支持。

然罢兵讲和，遂使宴安酖毒之害，日滋日长，而坐薪尝胆之志，日远日忘。是以数年以来，纲维解弛，蚌孽萌生，区区东南，事犹有不胜虑者，何恢复之可图乎。故臣不敢随例迎合，苟为大言，以欺陛下。而所望者，则惟欲陛下，先以东南之未治为忧，而正心克己以正朝廷，修政事庶几真实功效可以驯致，而不至于别生患害，以妨远图。①

透过引文可见，原来激烈反对和议的一些士大夫，也不得不同意立足于现实，放弃了原有与金对决的主战论，对金的战争持谨慎态度，重视内政的路线。最终，孝宗初年"隆兴和议"（1164）以后，江南自治论登上历史舞台，这对于孝宗朝及其之后的施政重心与财政走向产生了十分重要的影响。

（二）南宋江南经济的发展与勃兴

江南经济的发展水平高于唐朝，"无论是劳动人手、垦田面积、单位产量、耕作技术、水利设施以至手工业生产的分工和规模，都已达到古代经济新的高峰"②，而且经济重心的南移最终在南宋完成。实际上，北宋时有人指出："东南诸郡，饶实繁盛"，"今之沃壤，莫如吴、越、闽、蜀"，所以"国家根本，仰给东南"③。有学者将两宋时期经济繁荣和进步称誉为经济革命，而且将经济革命的内容细化为城市的兴盛、工商业的发达、职业的专门化、货币经济的出现、地区间和国际贸易的长足进展等。④ 表现在以下几点：

第一，经济江南化的趋势更加明显，主要是由于北宋以来原来富饶的八百里秦川、河东等地已逐渐成为北宋与辽、西夏间交战的军事前线，虽然中间或有停歇，但战争使得大批民户逃离，生产遭到严重破坏，而广大江南地

---

① （宋）朱熹：《晦庵集》卷11《戊申封事》，文渊阁《四库全书》，第1143册，第195页。
② 王棣：《宋代经济史稿》，长春出版社2001年版，第2页。
③ 《宋史》卷337《范祖禹传》，中华书局1985年标点本，第10796页。
④ 陶晋生：《宋史》，台北"国立"空中大学出版社2004年版，第7页。

区则处于相对安定的状态，人口稳步增长。以南北户口的增减为例，唐朝开元二十八年（740）东南户数不过占全国户数的40%，到了宋神宗元丰八年（1085），南方户数已经占全国50%以上，南宋时南方人口占65%，北方占35%。人口增加即人力资源增加，投入工商业的人口增加。

第二，唐末以来南方持续开发，耕地面积增加，北宋时已经超过北方。以神宗时期诸路垦田数为例，东南九路已占全国垦田数的60%。北宋疆域不如唐代，州县数目则超过唐代，而且南方州县超过北方。唐代漕运粮食年额最多300万石，北宋最高额则达到700万石。南宋以杭州为首都，人口更集中于东南。所以，《宋史·食货志》载："高宗南渡，虽失旧物之半，犹席东南地户之饶，足以裕国。"①

第三，经济作物大都在南方，手工业资源和人力丰富，农、工业的生产不断增加，江南商业发达于北方。矿产、铸冶、造船业、染织业、陶瓷业、造纸业、文具业，及一般日用品，都以江南地区为中心。②

其四，靖康之难后，北方人口大量南迁，也使南方的土地得到开发，但是南方的地理特征与北方大相径庭。北方战乱后由金朝统治，经济凋敝，北方经济不如江南繁荣而南方的工商业较北宋时代更有长足进步。东南地区的经济是宋代经济最发达的地区，而且存在经济重心南移的现象。

（三）重用财政实务官僚群体

吕颐浩的财政政策，主要是保证国库的收入。所以其官僚集团多为富有理财经验的实务官僚，使能与任贤同等重要；③ 也受到时人批评："公为政，喜用材吏，以其多出京、黼之门。"④ 后来，高宗在朝臣的谏诤下加以批评："才吏亦不可无，但勿令太多。前吕颐浩当国，纯用掊克之吏。"⑤

---

① 《宋史》卷173《农田》，第4156页。
② 葛金芳：《中国经济通史》（第五卷），湖南人民出版社2002年版，第836—842页。
③ （宋）张守：《毗陵集》，上海古籍出版社2018年版，第2—3页。
④ （宋）李幼武：《宋名臣言行录》别集卷2《吕颐浩成国忠穆公》，文渊阁《四库全书》，第449册，第515页。
⑤ （宋）李心传：《建炎以来系年要录》卷33，建炎四年五月癸亥，第649页。

吕颐浩为了维持战时财政,借茶、盐、酒专卖利益,经制钱、月桩钱等措施增加国库收益。这当然由江南地区来负担。于是,如前文"郡邑多横赋,大为东南患云"。据汪藻言:"若夫理财,则民穷至骨,臣愿陛下毋以生财为言也。今国家所有,不过数十州。所谓生者,必生于此。数十州之民,何以堪之。"① 这是鉴于江南数十州已成为负担国家财政的中心地区,江南各地的官僚,纷纷指责吕颐浩行掊克之政,他的施政特色被指为蔡京、王黼财政政策的继续:"循蔡京、王黼故辙,重立茶盐法,专为谋利。"② 绍兴三年秋,吕颐浩在前元祐党人的弹劾下罢相,完成了自徽宗禅位以来的人事变动。前元祐派官僚得以复位,给南宋政权注入了新的活力。

从绍兴三年秋之前的高宗用人策略,可以看出,高宗充分利用了蔡京、王黼系财务官僚群体的理财职能。虽然,高宗本人宣扬"最爱元祐",要以仁立国,也意识到才吏"勿令太多",但是,当时的历史实情并不允许他真正的行元祐之政。只能在舆论宣传上作出安抚民力的高姿态。为了巩固南宋政权,在财政上,南宋初期不得不藉老练的实务官僚整备专卖制及各种附加税,确保国家的财政供给。

高宗亲政后,沈该、汤思退任宰相,负责国家的营运方针,他们继承了秦桧的路线,掌握大量实务官僚,汤思退被称为"养家宰相"③,在私财的营取方面颇有心计。在沈该、汤思退政权下汇聚大量不同于秦桧时代的官僚,关注国家的财政事务。如,辛次膺,在绍兴二十七年(1157)任礼部侍郎后,为了维护国家财计,鉴于当时财政岁入岁出紊乱的现实,强调"朝廷一岁中出入之数",当立为定额。④ 王大宝绍兴二十六年(1156)二月,任国子司业时,曾列举江南诸州月桩钱、折帛钱的弊害,请令诸路监司核实月桩钱名色,立为定额,又请停止贩卖度牒。⑤ 虞允文曾于绍兴二

---

① (宋)李心传:《建炎以来系年要录》卷42,绍兴元年二月癸巳,第771页。
② (宋)李心传:《建炎以来系年要录》卷68,绍兴三年九月戊午,第1146页。
③ (宋)李心传:《建炎以来系年要录》卷187,绍兴三十年十二月丙午,第3130页。
④ (元)脱脱:《宋史》卷383《辛次膺传》,第11802页。
⑤ (元)脱脱:《宋史》卷386《王大宝传》,第11856页。

十八年（1158）奏罢常赋以外附加税六万五千余缗，① 等等。

南宋高宗与吕颐浩、秦桧、汤思退君臣，都以江南为其政治基础，使南宋政权在江南地区建立了稳固的根基，并得到江南社会舆论的支持。因而，高宗在政权的自我定位上，逐渐明晰并进一步向江南政权化迈进。

二　分税制下财政收入的江南化

《宋史》载宋代的赋税结构：

> 宋制岁赋，其类有五：曰公田之赋，凡田之在官，赋民耕而收其租者是也；曰民田之赋，百姓各得专之者是也；曰城郭之赋，宅税地税之类是也；曰丁口之赋，百姓岁输身丁钱米是也；曰杂变之赋，牛革蚕盐之类，随其所出变而输之是也。②

如漆侠先生所说，两税从其创立之日，即已经包括唐初的租庸调，也即所谓粟米之征、布缕之征和力役之征。宋代继承了五代"苛敛繁征"，在两税之外，既有租外之租、调外之调，也有庸外之庸。③ 南宋实行"量出制入"的理财原则。为了满足军费、官俸等财政支出，加强了对财政收入的管理，主要包括经常性和非经常性两大财政收入类型，包括实物和货币，前者主要是基于田亩的粮食和布帛，货币主要来自商品经济发展带来的征商和专卖收入。

（一）南宋对江南财赋的倚重

1. 仰给江南

两浙、淮南东西、江南东西和福建等江南地区，这七路的自然条件较

---

① （元）脱脱：《宋史》卷383《虞允文传》，第11793页。
② （元）脱脱：《宋史》卷174《赋税》，第4202页。
③ 漆侠：《宋代经济史》，上海人民出版社1987年版，第441页。

好，资源丰富，多种经营发达，商品经济繁盛，而且除淮南外其余地区在两宋时期经济一直呈上升态势，并超过北方，成了南宋的经济重心。①

中国古代经济重心的南移表现在，无论是粮食生产还是经济作物种植面积，抑或是农业劳动生产率、手工业和商业的发展水平，江南地区已全面超过中原地区，成为新的经济重心所在地。宋代经济重心的南移，表现在人口、耕地、生产率和商品经济发展程度等方面。江南区域是水稻种植区，陆游引用当时农谚说："苏湖熟，天下足。"② 此为东南地区农业经济地位举足轻重这一现实的反映。经济重心的南移，带来赋税重心也移向南方。

北宋时东南六路每年600万石漕粮，不仅是汴京开封，而且也是河北、河东和陕西驻军的衣食之源。漕粮以外，各路"上供钱物"也以南方居多。据《中书备对》所载：神宗时期，当时北方有464万余户，南方有1036万户，垦田北方有1431万余顷，南方有3184万余顷。无论户口、耕地南方均占2/3以上。③ 早在北宋末叶，苏辙就有"东南都漕，出纳财赋，几半天下"，"东南漕事，国用之根本"④ 等说法，说明宋人已从国家财政收入的角度，感觉到经济重心南移过程临近完成。徽宗宣和元年（1119），户部尚书唐恪核实各路上供数据，在全国1503万贯、匹、两上供钱物中，北方只占1/6，南方占5/6。其中，两浙一路就占总额的29%，若加上江东西、淮南、福建等四路共达1146万之多，占总额的76%。⑤ 在北宋末期，东南地区俨然成为中央政府的财政基础。这样，中央政府的财政收入，无论是漕粮，还是缗钱、布帛，都已经依赖东南七路。在财赋重心既已南移的背景下，以2/3的财政收入供应南宋20万人的军费，且军额不断

---

① 吴业国：《南宋"四十大邑"考论》，《中国史研究》2022年第2期。
② （宋）陆游：《渭南文集》卷20《常州奔牛闸记》，文渊阁《四库全书》，第1163册，第465页。
③ （清）徐松辑：《宋会要辑稿》食货11之8，中华书局1957年影印本，第4996页。
④ （宋）苏辙：《栾城集》卷30《张汝贤右司郎中》《范纯礼发运副使》，文渊阁《四库全书》，第1112册，第323页。
⑤ （元）马端临：《文献通考》卷24《国用二》，浙江古籍出版社2001年《万有文库》本，第234页。

减少，不断精兵简政。所以，较之北宋，南宋前期的军费筹措并不被动。

2. 重征敛、轻正赋

农户的日常生产生活与商品经济发生了广泛的联系，宋政府便通过征商达到间接征农的目的。并且，南宋建立伊始，民户承担的赋税已经很重。要大幅度增加国家财政收入，必须着眼于分割豪强地主的利益。通过征商间接征农，可以减少障碍。因为直接清查豪强隐占的人口和土地并非易事，往往会招致他们的反对。在此情况下，蔡京政和年间（1111—1117）的征榷体制便得以继承并严格推行。

征榷的对象往往与人们日常生活息息相关，如茶、盐等消费品。早在战国时期，管子指出："十口之家，十人食盐；百口之家，百人食盐；……万乘之国，人数开口千万也。"① 开口是举其大数而言，谓大男大女之所食盐也。在茶盐专卖制度下，民户消费不得不随着官府的价格，这是在向国家交税。

在南宋经界法之前既已实施的征榷制度，首先是对北宋蔡京茶盐专卖政策的继承，同时，由于混乱的局面，无法进行全国范围内的田制测量，所以，便通过榷商的方式来解决财政危机。这是绕过对土地清查的变通选择。这种间接性的征税具有广泛性，征商实际上是征农。在此情形下，两宋时期纵然"田制不立""不抑兼并"，② 统治者心中明白，无非是要使"富室""为国守财耳"③。因而，宋代历史上多次清查田亩的行为都无法彻底实施。

为了应付数量庞大的财政需求，南宋君臣采取了绕开土地占有状况的征农政策，形成以"税人"为核心的制税体制。绍兴元年至三年吕颐浩第二次为相期间，确立了国家财政大纲，并为建立南宋的财政而努力。他的理财政策，是以江南为国家财政主要的承担者。因为，此时的南宋已经将江南定为其立国的基础，并努力以平定国内的叛乱、恢复国内的治安为其

---

① （春秋）管仲：《管子》卷22《海王》，文渊阁《四库全书》，第242册，第74页。
② （元）脱脱：《宋史》卷一七四《赋税》，第4209页。
③ （宋）王明清：《挥麈录》余话卷1《〈祖宗兵制〉名〈枢廷备检〉》，上海书店出版社2001年排印本，第221页。

重要的政治课题。平定叛乱主要靠招安之策，这有赖于充足的财源，确保并维持国家财政。

南宋时人在总结南宋初年的财政时指出：

> 渡江之初，东南岁入犹不满千万。上供才二百万缗，此祖宗正赋也。吕颐浩在户部，始创经制钱六百六十余万缗。孟庾为执政，又增总制钱七百八十余万缗。朱胜非当国，又增月桩钱四百余万缗。①

绍兴四年，当时南宋"所收钱物，计三千三百四十二万余缗"②，可见南宋的财政规模大致成型于吕颐浩任内。前引月桩钱虽是朱胜非所创，其实是和吕颐浩共同推行的。③ 这样，绍兴四年（1134）的财政收入3342万缗中，经制钱660万缗、月桩钱400余万缗，合1060余万缗，皆为吕颐浩创立的岁入项目。可见，吕颐浩在南宋政权确立时期的财政岁入中相当关键。

（二）财政苛敛带来地方法外征税

田赋包括两税及其附加税。田亩是征收两税的基础。南宋前期，在绍兴和议（1141）后，行经界法清查、核实田亩，使"民有定产、产有定税、税有定籍"④，借此达到控制乡村的目的。为了应付巨额的钱粮需求，南宋田赋收入扩大的一个显著特征，是在原两税即上供常赋基础上，大量增加附加税。在附加税中，加耗是重要的一项，北宋税米一石加耗一斗，最高也不过二斗。在南宋，情况大不相同，而且，各地差别很大。如江西临江军清江县，"每石加耗七斗"；而在广德县"于正苗上每斗出耗米三升

---

① （宋）章如愚：《群书考索》续集卷45《绍兴岁入之数》，书目文献出版社1992年影印本，第1186页。
② （宋）李心传：《建炎以来系年要录》卷111，绍兴七年五月壬午，第1796页。
③ （元）脱脱：《宋史》卷362《朱胜非传》，第11315页。
④ （元）脱脱：《宋史》卷173《农田》，第4182页。

七合，充宣仓脚乘之费，名曰'三七耗'"①。在宁国府，"不用文思斗斛，而用私制宽大斗斛，两岁以来，加增收耗，尤甚于前，总而计之，不啻多量一倍于上"②。表明加耗已经超过了正税，往往为正税的两倍。并且，在有些地区，加耗之外还有"斛面"。如江西地区，"所收苗米于常年所受加耗之外"，"增收斛面米多至三升"，并且又有"将斛面纽作实数，更增三升"，"即是无名暴赋，立为常规"③；湖南的斛面重于江西，"人户纳苗，往往州县高量斛面，一石正苗有至三石，少至一石"④。从中可见，在江南主要粮食产区的江西、湖南，加耗和斛面把原有税额提到100%—300%。然而，田赋成倍的增加并不能满足需要。这样，继承了北宋时的和籴、和买政策，以扩大征敛。

当附加税并不能解决南宋财政的困难的时候，南宋政府又创造了一个新的征敛方法，是为寅吃卯粮的"预借"。在绍兴二年，就有臣僚上言：当时赋税之重，"一遇军兴，事事责办；有不足者，预借来年之赋；又不足者，预借后年之赋。虽名曰和，乃强取之；虽名曰借，其实夺之"⑤。可见，绍兴二年已经存在预借。预借在绍兴末年成为地方官府解决财政困难的灵丹妙药，"自一年、二年以至三年、四年而未止也"⑥。所谓州县逋欠二税，已不存在，这是因为，"来年夏料已预借于今年之秋，秋料已预借于去年之夏，岂容有一钱之逋"⑦。孝宗时，朝臣指出"郡县之政，最害民者，莫甚于预借"⑧。南宋政府为了增加税收，只能在杂税上下工夫。对此，马端临评论

---

① （清）徐松辑：《宋会要辑稿》食货9之24，第4973页。
② （宋）真德秀：《西山文集》卷12《奏乞将知宁国府张忠恕亟赐罢黜》，文渊阁《四库全书》，第1174册，第183页。
③ （宋）曹彦约：《昌谷集》卷16《豫章苗仓受纳榜》，文渊阁《四库全书》，第1167册，第193页。
④ （清）徐松辑：《宋会要辑稿》食货9之6，第4964页。
⑤ （宋）李心传：《建炎以来系年要录》卷54，绍兴二年五月丙戌，第961页。
⑥ （宋）朱熹：《晦庵集》卷11《庚子应诏封事》，文渊阁《四库全书》，第1143册，第176页。
⑦ （清）徐松辑：《宋会要辑稿》食货10之20，第4987页。
⑧ （宋）熊克：《皇宋中兴两朝圣政》卷56，淳熙五年二月戊辰，北京图书馆出版社2005年影印本，第2105页。

道:"盖南渡以来,养兵耗财为夥,不敢一旦暴敛于民,而展转取积于细微之间,以助军费,初非强民而加赋也。"① 从杂钱入手,根据其统治力量而逐步扩大,这就是内外交困下解决财政困难的巧妙手段。

与此同时,高宗为首的统治集团在南渡前后,即留意于盐法,原因在于榷盐为南宋政府提供一条获取财赋的有效途径。所以,一旦在江南站稳脚跟,便施行蔡京的钞盐法,设立三榷货务,靠茶、盐解决其财政上的困难。为此,南宋政府凭借其强势权力,严禁私盐,想方设法强化征榷体制,从而攫取巨大的榷盐收入。南宋盐税不断增长,达到或超过了北宋。

实际上,盐利的不断增长,在宋代财政结构中占有越来越重要的地位。高宗绍兴末年总收入为3540余万贯,盐利1930余万贯,占54.2%;孝宗淳熙末总收入为4530余万贯,盐利2196万,占48.4%。南宋盐利占国家财政收入半数,这是宋代财政结构中一个明显的变化。加上茶税、酒税和商税,这个比例更高。

鉴于盐利在国家财政构成中所占的比重,时人特别重视。南宋监行在榷货务都茶场的陈从古说:"国家利源,卤茗居半。"② 户部侍郎叶衡指出:"今日财赋之源,煮海之利实居其半。"③ 王象之则说:"计每岁天下所受盐利,当租赋三分之一。"④ 高宗本人承认:"今国用仰给煮海者,十之八九。"⑤ 在南宋财政收入结构中,工商税收占据重要的位置。

三 对江南地方州县秩序的控制

南宋为了满足军费、官俸等财政支出,在"量出制入"理财原则下加

---

① (元)马端临:《文献通考》卷19《杂征敛》,浙江古籍出版社2001年《万有文库》本,第189页。
② (宋)周必大:《文忠集》卷34《朝散大夫直秘阁陈公从古墓志铭》,文渊阁《四库全书》,第1147册,第377页。
③ (清)徐松辑:《宋会要辑稿》食货27之33,第5272页。
④ (宋)王象之:《舆地纪胜》卷40《泰州·古迹》,中华书局1992年影印本,第1764页。
⑤ (宋)熊克:《皇朝中兴纪事本末》卷59,绍兴十二年六月甲申,北京图书馆出版社2005年影印本,第1115页。

强对财政收入的管理。通过前文南宋分税制下财政收入构成的归纳，可以发现当时财政收入日益增长，这些巨额财政收入，呈现出对江南财赋的倚重，也促成对地方州县行政系统的有效控制。

（一）使者宣谕控制江南地方州县行政

皇帝的使臣作为加强皇权的重要人事制度，包含的内容十分广泛，有持节出使外国的国信使，有持诏宣谕国内的专使。① 留正在编纂《皇宋中兴两朝圣政》时，在"官职门"门中，将宣谕使归为了"奉使"目，与"国信使"目并列，为出使国内之意。

宣谕使职掌宣布皇帝旨意，访问民情风俗，按察官吏，平反冤案，为使者之职。最早出现于唐肃宗时期（757—769）。至德元年（757）八月，由崔涣任江淮宣谕使。② 北宋宣和七年（1125）十二月二十二日，始遣河北、河东路宣谕使，事已即罢。③ 绍兴八年（1138）十一月差李采为江西路宣谕使，专督捕盗。绍兴十一年郑刚中为川陕宣谕使，其后得节制军马，使权益重。④ 品位视所带官职，高下不等。或以保和殿大学士（正三品）、或以监察御史（从七品）、刑部侍郎（从三品）等充，"权位几亚于宣抚使"。⑤ 宣谕使司作为官司名，是宣谕使治所。南宋绍兴十一年后多置司设官，差拨军马人从。如湖北、京西宣谕使司，川陕宣谕使司等。官属有参谋官、参议官、干办公事、主管机宜文字、准备差遣、准备差使、准备使唤等。⑥ 宣谕使作为中国古代唐宋社会中普遍存在的持诏出使国内的使臣，有其存在的社会历史背景，其代表皇帝的出使职责，在战争频繁的南宋时期起到了重要的作用。

建炎年间（1127—1130），南宋政权在金军追迫之下，流徙各地，建炎三年十二月曾避难于海上。其时，"从官以下，各从便去"，"郎官

---

① 另有三奉使，旋即废罢（见张守《毘陵集》，第 25—26 页）。
② （宋）欧阳修、宋祁：《新唐书》卷 108《崔涣传》，中华书局 1975 年标点本，第 4318 页。
③ （宋）脱脱：《宋史》卷 22《徽宗四》，第 417 页。
④ （宋）李心传：《建炎以来朝野杂记》甲集卷 11《宣谕使》，第 221 页。
⑤ （清）徐松辑：《宋会要辑稿》职官 41 之 1—17，第 5526—5534 页。
⑥ （元）脱脱：《宋史》卷 370《郑刚中传》，第 11513 页。

以下，或留越或径归家者多矣"①。总之，百官的组织与机能皆暂时中止。然而，随着事态的平静，不但官僚机构需要重新整顿，官僚员额也需要再充实，如绍兴元年十一月，诏令内外侍从官于五日内就所知人物各举三名以进。典型的例子见于二年十二月，朱异等五人奉遣分赴长江以南各地以监察现任地方官并起用人才。朱异往浙东、福建，胡蒙往浙西，刘大中往江东、西，薛徽言赴湖南，明橐至广东、西，他们奉使归还之日虽有早迟，然于绍兴三年至四年间，共按吏 79 人，荐士 57 人。其中，日后以赵鼎左右手活跃政坛的刘大中最是热心，他共按吏 28 人，荐士 16 人。② 一入绍兴时期，江南的地方官与未仕人才，就有组织的大量进入权力中枢，这对于以高宗为首的流寓到江南地区的统治集团，无疑是一股新浪潮。

因此，南宋政权也派遣使者在长江以南地区努力发掘人才，将其吸纳到权力中枢内，一方面，有助于收拾南方叛乱，加强对州县地方社会的控制；另一方面，强化了与当地势力相联系，使华北南来的赵宋统治集团得以继承前朝的政权，在以江南为中心的新领域内自我稳固下来。

（二）整顿地籍加强对乡村社会的渗透

以南宋高宗秦桧君臣力推、由李椿年实施的经界法，纵然是要制作均摊赋役、清查隐陷的地籍图，实践中则是借根括隐田的机会恢复长期存在的赋税缺额。经界法的实施，在江南社会士人阶层中引起了强烈反响与抗争。

经界法实施核心区域的江南士人群体，面对北宋末年徽宗蔡京集团已经散漫化的财政现状，极力要求整理南宋重建以来战时财政政策，以改善民户困苦的现状。首先，提出"量入制出"、财有"常数"的主张，并将之视为财政营运的原则。其次，减轻或免除月桩钱、经制钱、总制钱等临

---

① （宋）徐梦莘：《三朝北盟会编》卷 134，建炎三年十一月丁卯，中华书局 1987 年影印本，第 978 页。
② （宋）王应麟：《玉海》卷 132《绍兴宣谕五使》，广陵书社 2007 年影印本，第 2444 页。

时税、附加税。其三，期待整顿并改革中央和地方财政机构。① 然而，江南士人群体对基于国家财政公正的均税，则不做要求。李椿年和高宗等基于国家和王朝利益之上实施的经界法，其一个重要目的便是在均税基础上的增税。所以，朝廷中央和江南地方士人之间产生了冲突。

与江南士人的第一次交锋，发生在绍兴十四年（1144）五月李椿年与平江府知府周葵之间。前者以转运副使的身份置局平江府，后者是平江府守臣。二者在增税与否上，展开争执。其结果，李椿年在秦桧的支持下最终得以胜利，周葵罢职、主管台州崇道观，赋闲达 11 年之久。当然，李椿年也有所妥协，即将原定的税额 70 万石减至 30 万石，② 以经界行增税的初衷没有实现，表明朝廷在推行经界法过程中一定的妥协性。

面对来自江南地方士人阻力和冲突的时候，为了推行以均税为目标的经界法，高宗秦桧集团全力支持李椿年。凡是反对、抵制经界法的人士均遭到罢免，或者从中央机构放逐出去。民户田产虽有契书，也必须要在新的砧基簿登记在册，否则"并拘没入官"，地方胥吏有因为量田不实，而"罪至徒流"③。这种以皇帝诏敕来强力推行经界法的举措，正是高宗秦桧集团力图全面控制江南乡村统治策略的呈现。

南宋经界法主要通过核实民户田产确定其赋税负担，以实现"据地出税"的赋税原则，这直接触犯江南地区隐产漏税的形势豪右的既得利益，受到了重重阻力。正如朱熹所说："此法之行，其利在于官府、细民，而豪强大户、滑吏奸民，皆所不便，故向来议臣屡请施行，辄为浮言所阻。"④ 能造浮言达于上听者，非士大夫莫属。所以文献中"推行之初，臣

---

① 《南宋前期财政集权及其对乡村的控制》（与葛金芳先生合作），《学术界》2009 年第 9 期。

② （宋）李心传：《建炎以来系年要录》卷 151，绍兴十四年五月甲戌，第 2437—2438 页。

③ （元）佚名：《宋史全文》卷 21 中，绍兴十四年四月壬寅，黑龙江人民出版社 2005 年校点本，第 1400 页。

④ （宋）朱熹：《晦庵集》卷 19《条奏经界状》，文渊阁《四库全书》，第 1143 册，第 378 页。

僚有肆异议、图沮坏者"①，均为既得利益者的自然反应。

在李椿年力行经界阶段，那些江南乡村社会中结托地方官、反对秦桧李椿年的士大夫遭到了全面打压和排挤。时殿中侍御史李文会指出，"寄居士大夫，干扰州县"，建议严行诫饬，并责令各地监司郡守"密具姓名闻奏，重置典宪，不以赦原"，得到高宗认可。② 所以，士大夫中与秦桧不同调者，多赋闲或迁居他郡。在高宗诏敕授意下，秦桧正是要通过弹压反对者来支持李椿年推行经界法，这利于落实当时南宋上下正在进行的检地、制作图帐、根括欺隐田亩等内政。面对来自江南士大夫联合地方官抵制行为时，则以强权政治加以排斥，并给予法律上的制裁。最终，绍兴和议以后高宗秦桧集团正是通过李椿年的经界法，将江南地区的绝大部分乡村置于中央政权的掌控下，实现财政集权中央之目的。

四 江南士人群体的抗争与能动

财政是王朝政治的基础，财政中央集权是赵宋王朝重要的施政目标。如前所述，南宋统治集团起用大批财务官僚，倚重江南财赋，行征商将江南地方财权渐次收归朝廷。经界法在制作均摊赋役、清查隐陷地籍图的同时，恢复长期存在的赋税缺额，在提升国家财政汲取能力和重塑中央权威的同时，在江南士人③阶层中引起强烈的反应，他们基于地方自治与改革，在德治理念下积极组织起来并奋力抗争。

（一）江南士人"德治"理念的形成

从绍兴三年开始，江南士人主要居住在两浙的平江府、湖州、秀州、

---

① （宋）李心传：《建炎以来系年要录》卷159，绍兴十有九年三月己酉，文渊阁《四库全书》，第327册，第223页。
② （元）佚名：《宋史全文》卷21中，绍兴十三年四月庚辰，第1384页。
③ 寺地遵将当时的政治主体界定为地方豪强、地方士大夫、南渡权门三类，其中江南在地士大夫，与南渡而来中央权门相对立抗争（《南宋初期政治史研究》，台北稻禾出版社1995年版，第43—52页）。

常州、江阴军、绍兴府、衢州、温州，福建路建安、福清，还有江东的建康府、广德军等地。这些都是南宋社会经济水平最高的地方，是江南的核心区域。前揭绍兴二年（1132）朱异等五人奉使分赴长江以南各地监察现任地方官并起用人才，使得江南地方小官和未仕人才，有组织地大量进入权力中枢，这些"挟诗书而为士"①的读书人，"以学行为乡里所荐"②，是既与江南地方势力相结合，又具有儒学素养的人物。因为具有比较高的文化水平，包括普通士人、以科举为目的的士人，有科举头衔的士人，以及退职、待阙的官员寓公，或者像李光、周葵等位至宰执的官员，他们身份地位上高于富民、僧道，又能够和现任官员之间形成联系，无形之中在社会中居于优势地位。

以李光为代表的江南士人，在类型上是属于学者型官员。他们在地方社会事务中延续了北宋张载《西铭》中"民胞物与"这一以仁为本的理想社会蓝图，崇尚义。③ 江南士人在国家治理政策上强调德治。所以，他们对建炎以来的事务官僚颇为反感：

> 州县之间，号为能吏者，往往务为急刻，专以趋办财赋为功，而视抚字、听断为不急。其间，又有聚敛以为羡余之献者。曾市征则害商贾，督逋赋则病农民。甚或侵移常赋贻患后人，朝廷不察，反谓有才。愿有以深戒斁之，则天下之幸。④

他们反对能吏，主张德治，甚于财政等实务，并以此影响绍兴二十五年（1155）秦桧死后、高宗中后期以降的政治政策走向。"上监秦桧擅权

---

① （宋）游九言：《默斋遗稿》卷下《蓝桥记》，线装书籍 2002 年《宋集珍本丛刊》本，第 64 册，第 789 页。
② （宋）李心传：《建炎以来系年要录》卷 66，绍兴三年六月乙酉，文渊阁《四库全书》，第 325 册，第 853 页。
③ 有关南宋士人在地方公益事业中的价值理想、积极作为与模式探讨，请参阅宋燕鹏《南宋士人与地方公益事业之研究》（中国社会科学出版社 2019 年版）的相关章节的内容。
④ （宋）朱熹：《晦庵先生朱文公文集》卷 96《少师保信军节度使魏国公致仕赠太保张公行状下》，上海古籍出版社、安徽教育出版社 2002 年点校本，第 4604 页。

之弊,遂增置言事官。"① 所以,尚道义的言官占据朝堂。

前述能吏,即为强行征税、专卖,向中央进献羡余,求一己荣华富贵,自私自利的官僚。至于德治为宗旨的官员,则固守地方乡村利益,抵抗集权主义,进而整肃官僚群体。绍兴二十五年,王珪就请地方收纳数设立定额,② 绍兴二十六年刘才邵、许兴古、鲁冲等请废酷吏,停增盐税等。③ 后至向伯奋、辛次膺等人,乃请地方财政、国家财政,各"以入制出""立为定数"④;绍兴三十年十二月,最终落实以过去十年的平均额为经总制钱定额的政策。⑤ 以往经总制钱是以绍兴十九年额为定额,这是秦桧时期的最高额,所以在绍兴二十六年以来,大臣们纷纷上言,经汪澈强烈要求与陈康伯的支持,得以实现。总之,这些人因为固守江南地方的利益,而要求采取宽松的财政措施,回复到祖宗旧制。

(二)江南地方士人的兴盛及其对官府的干预

宋代,随着科举取士人数的增加和致仕、候缺、丁忧等规则的完善,赋闲乡居的官僚士人越来越多,形成寓公群体,他们开始向地方发展并重新回归乡里社会。这与中唐五代,士人在功名仕宦方面荟萃于京师庙堂,而与家族、乡里相对分离截然不同。庆元九年(1203),刘德秀言:

> 且今天下几郡,为郡守者几人,或已居官,或未赴上。姑以十分为率,其三则为朝廷补外之人,其七则由小官积累以至者。其由朝廷

---

① (宋)李心传:《建炎以来系年要录》卷171,绍兴二十六年正月丙寅,文渊阁《四库全书》,第327册,第402页。
② (宋)李心传:《建炎以来系年要录》卷170,绍兴二十五年十二月丁酉,文渊阁《四库全书》,第327册,第394页。
③ (宋)李心传:《建炎以来系年要录》卷171,绍兴二十六年二月癸酉朔、甲戌,文渊阁《四库全书》,第327册,第405—406页。
④ (宋)李心传:《建炎以来系年要录》卷174,绍兴二十六年八月辛未,第327册,第447页;卷175,二十六年十一月甲戌,第327册,第471页。
⑤ (宋)李心传:《建炎以来系年要录》卷187,绍兴三十年十二月癸丑,第327册,第673页。

补外者，则以才望选，而由小官以至者，特以资历耳。①

南宋中期地方上广泛存在"待阙"官员群体，他们在乡里社会具有很强的政治影响力，他们和现任官员不同处在于缺乏差遣。然而，官的身份成为他们和现任地方官接触的便捷途径，他们能够在地方事务中形成默契合作，士人与官员间构建起和谐的关系，士人无形之中具有社会优势，能够在社会中保持其威望，一般民众对其敬畏有加。

宋代科举取士人数的增加和赋闲乡居的官僚士人越来越多，其地方精英性格日趋完善②。而且，南宋士人一改北宋中后期理想与现实间的彷徨，转向现实，极力融入并维护社会的利益，成为城乡基层社会的中坚。在应对乡役、宗族复兴、慈善救济和兴学教化等方面能动地补充了专治国家支配乡村新方式下的诸多缺位，得以充当官与民、官府权力与基层社会之间的桥梁，呈现出战时财政下税收国家与江南士人阶层的地域性互动图景，成为南宋至明清基层社会新秩序中的主导力量。

（三）战时财政下税收国家与江南士人阶层的地域性互动

在王朝财政建设过程中，国家财政越来越依赖于江南地区的财富；与此同时，随着政权的稳定，江南地区财务官僚不得不面对地方士人的利益诉求，行较为宽松财政措施。江南地方各个阶层自身权利意识崛起，士人阶层利益萌生，在绍兴和议前的抗争，以及和议后极力促成高宗和孝宗时期蠲免赋税的行为。

此种背景下，王朝财赋主要征敛区的江南地区，希望朝廷的征税行为纳入某种制度化的约束，而且要求能够负责且有效地使用这些赋税，他们对财赋问题尤为关注，并且将自身的权益和王朝的利益紧密相连，赋予国家财政以公共意义。官府也必须对江南士人负责，在财赋的汲取和使用上

---

① （清）徐松辑：《宋会要辑稿》职官47之47，第3441页。
② 宋朝优礼大臣言官，养成士大夫自尊之心，启发其对于个人人格尊严的认识，也构成了宋代理学的精神基础。（张荫麟：《两宋史纲》第一章附二《宋太祖誓碑及政事堂刻石考》，北京出版社2016年版，第38页）

体现他们的意愿。

非正式经费弥补地方行政经费的不足,也带来了江南赋税征收的失序,造就了以士人阶层为主体的江南地方力量的能动与抗争。早在绍兴二年(1132)五月,南宋既设置了修政局,收纳以胡安国为首的江南知名人士,与当时流寓江南的以吕颐浩为代表的权贵集团形成鲜明对比,制定并审议省费、裕国、强兵、息民等相关政策。① 绍兴四年十二月,礼部尚书李光言:"陛下驻跸东南,江浙实为根本之地,自兵兴以来,科须百出,民力即殚,理宜优恤。"② 最终在绍兴八年十二月得以就任参知政事,当时为了摆脱战乱导致财政机构混乱,苛敛诛求民众,民不堪其累,从而重建国家财政,减轻人民负担的呼声大起,形成一股潮流,高宗也下诏:"朕欲养兵,全藉民力,若百姓失业则流为盗矣。上知月桩之害,每每宣谕,忧形于色,此臣下所当奉承也。"③ 所以,从国家政策层面上,随着和议的到来,蠲免杂税,重建国家财政,破解以秦桧为首权贵势力的影响,成为当时高宗和江南士人君臣共同努力的方向。

总而言之,江南地区地方士人官僚阶层的这种民胞物与的德治诉求,有其历史的原因,那就是破解秦桧擅权时期政治基础的狭隘化和任意性。某种意义上来说,江南地区士人阶层的抗争,是对绍兴和议以来苛敛政治的一种反动,在实践中也得到了高宗的支持。新的官僚集团立足江南,摆脱秦桧擅权导致的自利性特征,扩大了统治基础。在财政政策上,在江南民力涵养论基础上积极实施自治。自治局面的最终形成,则是孝宗时期,渡江南来的官僚群体和江南地方士大夫双方不断博弈,最终形成融合、妥协关系的结果④。博弈妥协的结果,推动了江南地区社会经济的发展,延续了赵宋王朝的统治。

---

① (宋)李心传:《建炎以来系年要录》卷54,绍兴二年五月丙戌,第325册,第734页。
② (宋)不署撰人:《群书会元截江网》卷6《皇朝事实》,上海古籍出版社1991年《四库类书丛刊》本,第117页。
③ (宋)熊克:《中兴小纪》卷26,绍兴九年二月甲子,文渊阁《四库全书》,第313册,第339页。
④ [日]寺地遵:《南宋初期政治史研究》,刘静贞译,台北稻禾出版社1995年版,第76页。

空间与权力：环城半程空间与宋代官户的活动展开

廖 寅

(河北大学 宋史研究中心)

"空间是政治性的"[①]，"是任何权力运作的基础"[②]，在有专制传统的中国古代，官府所在的城市尤其如此。关于宋代城市空间的权力展开，目前的研究多从城市布局的角度来分析，相对来说，对于地域社会主要政治权力人——官户与城市空间的权力关系关注的尚比较有限，梁庚尧《南宋官户与士人的城居》《南宋城居官户与士人的经济来源》[③]是这方面有益的尝试。不过，这两篇论文侧重于分析官户、士人的城居形态和趋势，并没有涉及城市空间的权力展开。与静态化的城市建筑不同，政治权力人——官户具有超强的流动性，因此，本文试图以政治权力人——官户为分析主体，摆脱传统的城内空间观，将权力场放大到以城市为导向的环城权力空间，以期对宋代官户的空间权力展开作出更新和更深入的阐释。所谓环城权力空间，指的是以城市为基点，当天可以往返于城市的区域。宋朝规定，常程"六十里为一程"[④]，当天能够往返于城市的区域即为环城半程空间，也就是以城市为圆点，半径约三十里的空间。

---

① [法]亨利·列斐伏尔:《空间与政治》，李春译，上海人民出版社2015年版，第37页。
② [法]米歇尔·福柯、保罗·雷比诺:《空间、知识、权力》，载包亚明主编《后现代性与地理学的政治》，上海教育出版社2001年版，第13—14页。
③ 梁庚尧:《宋代社会经济史论集》(下)，允晨文化实业股份有限公司1997年版，第165—321页。
④ 《宋会要辑稿》选举三〇之二五，上海古籍出版社2014年校点本，第5835页。

一　城市的服务半径与官户环城半程居住之普遍性

从服务的角度来说，宋代城市最佳服务半径为半程三十里。三十里大概是人类行走进入疲劳状态的距离节点，所以，驿道一般要求"每三十里置一驿"①。"每驿不及三十里"，则"地程促近"②，"更远不过三十里"③，超过三十里，则会有隔远之感。"出城泛南溪，朝暮可往返。"④ 城市服务半径本质上就是半程交通圈。人正常的行走速度是一小时8—10里，单程三十里，步行需时约3.5小时，往返六十里，步行需时约7小时。单纯从行程的角度看，人一天行走的距离可以超过六十里。但是，环城半程圈不单单是行程，更重要的是理事、游乐。往返于城区与城外，主要的目的是办事或游乐，这就必须在行程之外匀出大量时间。早出晚归，一天按12小时有效时间计算，半程圈当天往返，有5个小时以上的时间可以用来办事或游乐。除了行程之外，饮食也是一个重要因素。"谁谓一舍远，不办三餐趋。"⑤ "行半程，饭旅店"⑥，三十里也是饮食补充的一个距离节点。可见，三十里是古代城市的最佳服务半径。

宋代城市半程三十里服务圈，可以从官府活动得到证明。宋朝城内驻军出城拉练，按例"出城三十里回"⑦。建炎三年（1129），张俊部队驻明州，"出城以清野为名，环城三十里，皆遭其焚劫"⑧。淳熙中，蔡戡在

---

① 《天一阁藏明钞本天圣令校证》，中华书局2006年校点本，第303页。
② 《宋会要辑稿》兵二三之一七，第9098页。
③ 李复：《潏水集》卷11《兵馈行》，文渊阁《四库全书》，第1121册，第110页。
④ 《潏水集》卷10《泛舟潏水君俞用韩泛南溪韵作诗三首遂和》，文渊阁《四库全书》，第1121册，第100页。
⑤ 陈造：《江湖长翁集》卷3《十二月二十六日趋府》，文渊阁《四库全书》，第1166册，第31页。
⑥ 洪迈：《夷坚志·支庚》卷1《林子安赴举》，何卓点校，中华书局1981年版，第1141页。
⑦ 崔与之：《宋丞相崔清献公全录》卷1《言行录上》，张其凡等整理，广东人民出版社2008年版，第6页。
⑧ 李心传：《建炎以来系年要录》卷30，建炎三年十二月丙申，胡坤点校，中华书局2013年版，第694页。

《论屯田利害状》中说："襄阳屯田，近者负郭，远者数十里，主帅可以亲临，朝出暮归，察其农事之勤惰。"①"朝出暮归，察其农事之勤惰"，蔡戡所言屯田明显在环城半程圈内。半程圈内之田产，当日可以往返，田主可以随时检查田产经营状况。超过半程，田主就只能"遥度"了。嘉定九年（1216），叶适提议公田养兵，"其为兵也，必在州县四方三十里之近家者"②，"傅城三十里内，以爵及僧牒买田"，"所行止于傅城三十里之近"③，即"绕城三十里内买其田一半，计谷九万八千一百二十五扛，以养兵二千七百二十二人"④。宋理宗时，孙子秀又提出了类似设想："欲计每郡上供支遣及官兵衣粮之数，合管田若干，绕城二三十里，除坟墓宅舍仍旧外，凡田皆为公田。"⑤叶适、孙子秀二人的设想有一个非常明显的共同点，那就是公田当集中在环城三十里内。环城三十里是官府最佳管理半径，"守倅登城可以目望，出郊可以手摘，官吏皆无所容其欺"⑥。

三十里常常也是官府许多政策实施的地理边界。比如赦免，建隆元年（960），宋朝攻潞州，德音："近城三十里内勿收今年田租。"⑦ 比如常平、义仓救济，吏部侍郎李椿言"不出三十里之外"⑧，名儒刘清之亦言"此惠不过三十里内耳"⑨。曹彦约亦言："应有常平、义仓去处"，"其近城三十里内，不能远去之人"，"宜令五日、十日赈济一次"，"于三十里内，分置抵当库数十所，应有衣服什物之类，即与抵当"⑩。

---

① 蔡戡：《定斋集》卷3，文渊阁《四库全书》，第1157册，第597页。
② 叶适：《叶适集·水心别集》卷15《终论二》，刘公纯等点校，中华书局1961年版，第821页。
③ 《叶适集·水心别集》卷16《后总》，第850页。
④ 黄震：《黄震全集·黄氏日抄》卷68《读文集十·叶水心文集·后总》，浙江大学出版社2013年版，第2063页。
⑤ 《黄震全集·黄氏日抄》卷96《安抚显谟少卿孙公行状》，第2482页。
⑥ 《黄震全集·黄氏日抄》卷96《安抚显谟少卿孙公行状》，第2482页。
⑦ 《续资治通鉴长编》卷1，建隆元年六月辛卯，中华书局2004年校点本，第17页。
⑧ 李椿：《奏常平义仓疏》，《历代名臣奏议》卷247，文渊阁《四库全书》，第440册，第108页。
⑨ 《宋史》卷437《刘清之传》，中华书局1985年校点本，第12953页。
⑩ 曹彦约：《曹彦约集》卷12《上丞相论都城火灾札子》，尹波、余星初点校，四川大学出版社2015年版，第277页。

空间与权力：环城半程空间与宋代官户的活动展开

城市半程服务半径是官户向半程空间汇聚的外在诱因，不过，官户向半程空间汇聚，首先是源于迁徙观念的变化。尽管南北朝隋唐时期士族就有了向城市迁徙的趋向，但当时迁徙的规模非常有限。到宋代，官户迁徙成为时代潮流。"宋时随地有寓公"[①]，"离亲戚，弃坟墓，宦游忘归，侨寓它境，爱其山川，乐其风俗，留居之者十率八九"[②]，"仕宦卒葬，终身不归其乡"[③]。宋代的官称为寄居官，这是宋代独有的称呼，"不以客居及本贯土著"，皆谓之寄居。[④] 很显然，中国古代家族毫无顾忌的迁徙是从宋代开始的。如果跨州迁徙都无所顾忌，州域范围内的迁徙自然不会有任何问题，"虽迁，犹不迁也"[⑤]。正因为如此，宋代官户向环城半程空间迁徙成为时代潮流。

随着越来越多的官户向城市迁徙，有限的城市空间必然面临空间资源不足的问题，于是，城外半程空间区域成为新来者的理想选择。鉴于梁庚尧已对官户城居作了详细论述，笔者在此主要补充官户向城外半程空间汇聚的情形。绍定三年（1230），兴化军名士、前宰相陈俊卿之子陈宓首倡筑城，遭到城外官户强烈反对。他说："未经始，但乡中有一种士夫，家居城外，谓筑城乃弃城外于贼。"[⑥] 陈氏是当时兴化军第一家族，竟遭反对，这表明，兴化城外官户并不在少数。从历史书写来说，城区是收敛的点，易于集中性描述，城外半程空间则是放散的面，很难作集中性描述，像兴化城一类的史料非常罕见。正因为如此，宋人对于官户城外半程空间居住多为个体性描述。如周必大，"所居去城二十里"[⑦]，"不废往还"[⑧]。

---

① 王志坚：《读史商语》卷 4，《续修四库全书》，第 449 册，上海古籍出版社 2012 年影印本，第 461 页。
② 陆文圭：《墙东类稿》卷 8《本竹山房记》，文渊阁《四库全书》，第 1194 册，第 624 页。
③ 王士禛：《香祖笔记》卷 11，湛之点校，上海古籍出版社 1982 年版，第 210 页。
④ 赵升：《朝野类要》卷 2《寄居官》，王瑞来点校，中华书局 2007 年版，第 47 页。
⑤ 王义山：《稼村类稿》卷 10《黄草塘移居图跋》，文渊阁《四库全书》，第 1193 册，第 61 页。
⑥ 陈宓：《复斋先生龙图陈公文集》卷 16《与陈运使汶札》，《续修四库全书》，第 1319 册，第 476 页。
⑦ 周必大：《周必大全集》卷 189《汪圣锡尚书应辰》，王蓉贵、白井顺点校，四川大学出版社 2017 年版，第 1776 页。
⑧ 《周必大全集》卷 186《张真甫舍人震》，第 1732 页。

如陆游，居住于府城西南十里，"近在官道傍"①，"舟车皆十里"②。

需要说明的是，宋代半程距离感与交通条件的好坏存在着正相关关系。半程三十里是就常程而言。如果交通条件非常差，半程的距离感是远远达不到三十里的。尚书左丞叶梦得晚年隐居湖州玲珑山石林，距州城大概只有十九里。③ 但是，范成大在游览石林时，却感觉非常遥远，"谓此地离人太远"，原因即在于石林与州城之间根本就没有正规的道路。④

二 "村居近城郭，幽兴得相兼"：环城半程空间的优越性

环城半程空间蕴含了城市与乡村两种元素，无论是相对于城市，还是相对于半程之外的纯粹乡村，此空间都有许多优越之处。兹仅以品味生活与享受城市先进服务为例略作说明。

（一）自然环境优越，便于品味生活

宋代以"右文"为基本国策，宽松、优越的社会文化氛围促使文人士大夫在与皇帝"共治"天下的同时，也不断地追求自身生活品味的完美。文人士大夫追求生活品味的基本宗旨是崇雅反俗。除了常见的诗文、书画、茶道外，空间中的情趣亦非常重要。"性灵偏爱居山水"，"已约烟霞共结庐"。⑤ 相比于拥挤的城市空间，城外半程空间无疑更适合品味化的生活。孔齐曰："卜居近水最雅致"，"择乡村为上，负郭次之，城市又次之，山少而秀水，潆而澄者可作居"，"若作圃，须要水四分，竹二分，花药二分，亭馆二分，然后能悦人心目，可游可息"⑥。居住环境有水才"雅"，

---

① 陆游：《剑南诗稿校注》卷36《送严居厚弃官归建阳溪庄》，钱仲联校注，上海古籍出版社1985年版，第2333页。
② 《剑南诗稿校注》卷55《不入城半年矣作短歌遣兴》，第3242页。
③ 范成大：《范石湖集注》卷中，沈钦韩注，中华书局1985年版，第65页。
④ 范成大：《骖鸾录》，《范成大笔记六种》，孔凡礼点校，中华书局2004年版，第42页。
⑤ 陈深：《宁极斋稿·次韵叔时述怀》，《宋集珍本丛刊》，线装书局2004年影印本，第91册，第365页。
⑥ 孔齐：《至正直记》卷2《卜居近水》，中华书局1991年版，第30页。

才可"悦人心目",城外自然比城内有优势。虽然是"乡村为上",但不能离城太远。"半近烟村半近城","始信陶潜两眼明"①。"村居近城郭,幽兴得相兼。"② 只有环城半程空间,才可既得城市的便利,又得乡村之幽美。"所以近城市,幽处卜吾居"③,"密迩城市居,复与嚣尘隔"④,城外半程空间的雅趣是城内无法比拟的。程颐弟子刘安上诗云:

> 为爱端居上郡章,里闾何幸得徜徉。买田郭外春耕早,筑室湖宾野趣长。且把旧书遮病眼,了无尘事扰中肠。故人访我留佳句,应笑年来两鬓苍。⑤

该诗非常典型地体现了城外半程空间居住的优越性,既可以享受乡居的乐趣("筑室湖宾野趣长")、远离城市的喧嚣("了无尘事扰中肠"),又不妨碍与官府的互动("上郡章")以及与亲朋好友们的交流("故人访我留佳句")。

空间上的优雅集中体现在园林,园林几乎是宋代官户的标配。理学家邵雍居洛阳,"宅契,司马温公(光)户名;园契,富郑公(弼)户名;庄契,王郎中(慎言)户名"⑥,园林明显是独立存在的要素。宋末元初文学家戴表元曾感叹:"呜呼!江南士大夫,吾见其禄苟充,宦苟达,即崇园池,饰馆榭,佳名美号以相标者,十人而十,百人而百也。"⑦ "十人而十,百人而百",意思是:只要经济条件允许,宋代官户几乎没有不兴建园林的。名

---

① 汪莘:《再到》,《两宋名贤小集》卷193,文渊阁《四库全书》,第1363册,第574页。
② 苏洞:《泠然斋诗集》卷3《幽兴》,文渊阁《四库全书》,第1179册,第92页。
③ 张九成:《张九成集》卷3《拟归田园》,杨新勋整理,浙江古籍出版社2013年版,第32页。
④ 刘应时:《颐庵居士集》卷上《史太师病愈未果走贺诞辰伊迩作古诗三首寄之》,中华书局1985年版,第3页。
⑤ 刘安上:《刘安上集》卷1《和左经臣见过》,陈光熙点校,上海社会科学院出版社2006年版,第174页。
⑥ 周煇:《清波杂志校注》卷12《司马田宅》,刘永翔校注,中华书局1994年版,第498页。
⑦ 戴表元:《戴表元集》卷19《题翁舜咨所藏文丞相梅堂扁》,陆晓冬、黄天美点校,浙江古籍出版社2014年版,第393页。

士刘克庄为建阳令，"邑中士大夫家水竹园池，皆尝游历"①。园林是"有效的社交磁铁"②，官户修建园林，目的不仅仅在于自赏，更在于为交游提供游宴之地。工部侍郎郎简，杭州人，"喜宾客，即钱塘城北治园庐"。③ 同为杭州人的王复，"筑室候潮门外，治园圃，作亭榭"，"以与贤士大夫游"④。"园林幽雅已成趣"⑤，相应地，园林中的游宴常被视为雅集，比如苏轼等人参加的"西园雅集"。名儒真德秀曰："今之世，有勤于吏事者，反以鄙俗目之，而诗酒游宴，则谓之风流娴雅。"⑥ 可见当时园林雅集之盛。

园林对空间的要求非常高，在城市空间非常有限的情况下，城外半程空间无疑是兴建园林的最佳选择。"城里池台俗俭穷，却来城外探东风。"⑦即使有人在城区建有园林，在档次上亦无法与城外园林相提并论，所以，"城里争看城外花"⑧。比如首都开封府，"大抵都城左近，皆是园圃，百里之内，并无闲地"，上元收灯毕，"都人争先出城探春"⑨。

（二）便于享受城市先进服务

宋代的城市相对宋以前发生了显著的变化。"随着士大夫阶层城居的经常化与规模化，政治之外的经济、文化等要素之集聚于城市的程度，前所未有"，反过来，"由于政治、经济、文化等各种要素的集聚，文人士大

---

① 刘克庄：《刘克庄集笺校》卷102《题丘攀桂月林图》，辛更儒笺校，中华书局2011年版，第4269页。

② 韩德玲：《行善的艺术：晚明中国的慈善事业》，曹晔译，江苏人民出版社2021年版，第164页。

③ 《宋史》卷299《郎简传》，第9927页。

④ 苏轼：《苏轼诗集》卷16《种德亭并叙》，孔凡礼点校，中华书局1982年版，第823页。

⑤ 杨公远：《野趣有声画》卷上《借虚谷太博狂吟十诗韵书怀并呈太博十首》，文渊阁《四库全书》，第1193册，第737页。

⑥ 真德秀：《政经》，文渊阁《四库全书》，第706册，第454页。

⑦ 王庭珪：《卢溪文集》卷24《湖头观桃李》，文渊阁《四库全书》，第1134册，第206页。

⑧ 魏野：《清明日书谔公房》，蒲积中编：《岁时杂咏》卷15，文渊阁《四库全书》，第1348册，第328页。

⑨ 孟元老：《东京梦华录笺注》卷6《收灯都人出城探春》，伊永文笺注，中华书局2007年版，第612—613页。

夫阶层纷纷迁居城市"①。不过，从享受城市先进服务的角度来说，城居并非唯一的选择，城外半程空间亦可享受。"管中窥豹"，兹以灯市和医疗为例，对城外半程空间享受城市先进服务略作说明。

灯市。张方平知益州，"上元观灯，城门皆通夕不闭"②。张方平通夕不闭城门，自然是想方便城外百姓入城观灯。建州有翁起予者，家于州城外十里，"上元之夕，约邻家二少年入城观灯"③。苏州灯市名闻天下，范成大《灯市行》云："吴台今古繁华地，偏爱元宵灯影戏；春前腊后天好晴，已向街头作灯市。……儿郎种麦荷锄倦，偷闲也向城中看；……侬家亦幸荒田少，始觉城中灯市好。"④ 这些"偷闲也向城中看"的"侬家"儿郎，肯定不是城居者，同时也不会距离城市太远。绍定四年（1231），军阀李全围扬州，时赵葵守城，"因元宵放灯"，挂榜城门，"止许百骑入城观灯"，"初一夕八十骑皆皂袍，游城出去"，"次一夕百骑皆红袍"，"又次夕百骑皆白袍"⑤。当时正值战时状态，敌军连续三天入城观灯，如在平时，城外百姓入城观灯者必然很众。

医疗。《容斋随笔》记载："士大夫发迹垄亩，贵为公卿，……以医药弗便，饮膳难得，自村疃而迁于邑，自邑而迁于郡者亦多矣。"⑥"往来城市买山药"⑦，方便就医买药是当时官户向城市迁徙的重要原因。当然，迁徙目的地不一定是城区，城外半程空间亦可。名儒胡安国乡居，晚年多病，"子弟或请稍近城郭，便药饵"⑧。"稍近城郭"即城外半程空间。如果超出半程空间，就医就非常不方便了。陈伯瑜"所居去城市稍远，俗不饵药，唯以巫祝为尚"⑨。"所居去城市稍远"，应该在半程空间之外。"或居于乡落之间，僻

---

① 包伟民：《宋代城市研究》，中华书局2014年版，第334—353页。
② 《续资治通鉴长编》卷178，至和二年正月丁亥，第4306页。
③ 《夷坚志·丁志》卷3《翁起予》，第558页。
④ 范成大：《范石湖集·诗集》卷30，中华书局1962年版，第410页。
⑤ 汪圣铎点校：《宋史全文》卷31，绍定三年十二月庚申，中华书局2016年版，第2656页。
⑥ 洪迈：《容斋随笔·续笔》卷16《思颍诗》，孔凡礼点校，中华书局2005年版，第415页。
⑦ 于本大妻：《得仙诗》，厉鹗：《宋诗纪事》卷87，上海古籍出版社2013年版，第2108页。
⑧ 胡寅：《斐然集》卷25《先公行状》，文渊阁《四库全书》，第1137册，第679页。
⑨ 陈渊：《默堂集》卷21《陈伯瑜宣义行状》，文渊阁《四库全书》，第1139册，第517页。

陋之所，城市药肆又远。"① 半程空间之外无法享受城市医疗资源，"所居僻远，一旦老少疾恙，难致良医"②，亦"难得药材"③。泉州安溪县，"深山穷谷，距县有阅五六日乃至者"，"市绝无药者"④，"医药之利，人所未知"，"仓猝间，有疾求药于百里之外"⑤。利州路文、龙二州亦然，"相去州县地远"，"设遇有疾病之人，本处无医药"⑥。宋代信巫不信医，主因实在于环城半程空间之外医疗资源的极度匮乏。

三 半程空间之官户世界

作为特权阶层，宋代官户大量向半程空间汇聚，导致半程空间经济、政治、社会等诸多方面都出现了新的变化。这些变化的总体趋向是：半程空间逐渐成为官户的世界。

（一）经济方面，半程空间之土地大部分为官户所占据

负郭田园是宋代绝大多数官户的梦想。战国纵横家苏秦曾有一句名言："且使我有洛阳负郭田二顷，吾岂能佩六国相印乎！"⑦ 从秦汉至隋唐，官僚迁徙风气不盛，国家对土地买卖亦有诸多限制，因此，苏秦的话并没有引起太多共鸣。到宋代，官僚迁徙成为时代潮流，土地买卖亦不再有限制，苏秦的话遂成为大多数官员的口头禅，"负郭田二顷"成为他们的梦想。像范仲淹，"既贵，于姑苏（苏州）近郭买良田数千亩，为义庄"⑧。

---

① 朱佐：《类编朱氏集验医方》卷12，人民卫生出版社1983年版，第180页。
② 李光：《庄简集》卷17《跋再刊初虞世必用方》，文渊阁《四库全书》，第1128册，第618页。
③ 李讯：《集验背疽方·疽疮方》，赵正山校注，福建科学技术出版社1986年版，第12页。
④ 《复斋先生龙图陈公文集》卷9《安溪县惠民局记》，《续修四库全书》，第1319册，第349页。
⑤ 《复斋先生龙图陈公文集》卷20《安溪县劝民服药戒约巫师文》，《续修四库全书》，第1319册，第513页。
⑥ 《宋会要辑稿》职官二七之二一，第3721页。
⑦ 《史记》卷69《苏秦传》，中华书局1982年校点本，第2262页。
⑧ 王闢之：《渑水燕谈录》卷4《忠孝》，吕友仁点校，中华书局1981年版，第35页。

负郭、近郭田的范围大概就是环城三十里，此范围适合"朝出暮归，察其农事之勤惰"。抚州崇仁县颖秀乡共计七都，"去城闉才十五里，无非在城寄产，省簿立户，并有官称，无一编民"①，其中二十三都，"省簿并是城中寄居产业，无非立为官户"②。崇仁县惠安乡与颖秀乡类似，亦有七都，"去城才一、二十里，所有田业，无非城中寄产，各冒官称"③。崇仁县近城两乡十四都田产基本在官户名下，这不是特例，而是带有普遍性。嘉定五年（1212）南郊赦文有云："自今官户税物，官司自行就坊郭管揽门户干人名下催理。"④ 干人是官户产业实际管理人，从赦文语气来看，官户干人多城居，相应地，官户田产必然多在环城半程圈内，否则，干人很难有效管理官户田产。

　　官户向环城半程空间汇聚，需要攫取尽可能多的田产，这必然导致半程空间土地溢价，"价高而田薄"⑤。"近郭之田，人情所惜，非甚不得已不易也。"⑥ 不过，当田价溢价到一定高度，没有政治追求的民户还是愿意出售的，这就是排挤效应。如江宁府负郭上元县，"近府美田"，"小民苟一时之利"，"为贵家富室以厚价薄其税而买之"⑦。对于没有政治追求的半程圈民户来说，同样的财力能在半程圈外购买更多的田产，迁居半程圈外是比较理性的选择。"负郭之间，但得十亩，足赡数口，若稍远城市，可倍添田数，至半顷而止。"⑧ 负郭十亩地，相当于稍远城市的二十亩至五十亩地。晁补之曰："或去城郭益远，居人胜士足迹之所不至，而田夫野老常居之。"⑨ 去城市越远，官户居之者越少，相应地，"田夫野老"（民户）

---

① 范应铃：《限田论官品》，《名公书判清明集》卷3，中华书局1987年校点本，第88页。
② 范应铃：《使州判下王钜状》，《名公书判清明集》卷3，第87页。
③ 范应铃：《提举再判下乞照限田免役状》，《名公书判清明集》卷3，第89页。
④ 《宋会要辑稿》食货七〇之一〇六，第8161页。
⑤ 《续资治通鉴长编》卷397，元祐二年三月，第9691页。
⑥ 《续资治通鉴长编》卷397，元祐二年三月，第9682页。
⑦ 《二程集·河南程氏文集》卷11《明道先生行状》，王孝鱼点校，中华书局1981年版，第631页。
⑧ 王祯：《农书》卷11《囿田》，中华书局1956年版，第134页。
⑨ 晁补之：《鸡肋集》卷30《拱翠堂记》，文渊阁《四库全书》，第1118册，第621—622页。

则常居之。

(二) 政治方面，与官府合作共赢

宋代州县官数量有限，应付常规的"刑名""钱谷"尚可，一旦遇到突发事件，立马感到人员紧张，因此，州县官非常需要共治力量。从前面官府活动可以看出，环城半程空间是州县官的最佳活动区域，因此，州县官选择共治力量，一般不会超过半程空间。

1. "时备咨访"①

郑瑄在论水旱时说："水田近城郭，为士人所见，而税复重，旱田远城郭，士人所不见，而税轻，故议者止论治旱也。"② 郑瑄所论虽然只是水旱问题，但却道出了宋代信息传递的一个基本事实：那就是官府接收到的信息主要是"近城郭"之士人、士大夫言论，而"远城郭"之议论则很难到达官府耳中。正因为如此，官府在主动征求信息时，征求对象自然主要是半程圈内的士人、士大夫。广德军张介，"隐居城北"，"谙识时务"，绍圣中，知军孙谔"慕其名而礼重之，每访以政要，议论允合"③。前述周必大，"所居去城二十里，太守一两月一见之，其余过从亦不乏"④。兴化军方大琮，"去家十二里，结草庵，稍远城市，足以求志，足以俟命"⑤。"求志""俟命"，对象自然指的是城中的州县官。

2. 直接介入地方政务

富弼知青州，赈济流民，"分遣寄居闲官往主其事"⑥。朱熹提举浙东

---

① 欧阳守道：《巽斋文集》卷 4《与王吉州论郡政书》，文渊阁《四库全书》，第 1183 册，第 532 页。
② 郑瑄：《奏治水利害》，《历代名臣奏议》卷 250，文渊阁《四库全书》，第 440 册，第 168 页。
③ 朱麟、黄绍文：《广德州志》卷 8《人物志·张介》，《原国立北平图书馆甲库善本丛书》，国家图书馆出版社 2013 年影印本，第 327 册，第 80 页。
④ 《周必大全集》卷 189《汪圣锡尚书应辰》，第 1776 页。
⑤ 方大琮：《宋宝章阁直学士忠惠铁庵方公文集》卷 15《书·刘郎中》，《北京图书馆古籍珍本丛刊》，书目文献出版社 1990 年影印本，第 89 册，第 487 页。
⑥ 苏辙：《龙川别志》卷下，俞宗宪点校，中华书局 1982 年版，第 97 页。

常平，"颁条目于州县，请寄居为赈济官"①，"令与州县当职官公共措置"②。不过，受请的寄居官自然是半程空间内的。以名儒黄震的赈济为例，黄震的赈济一般都会设置领导机构——局，而局官则会敦请近城的寄居官。其《更改社仓事宜申省状》说道："别请近城寄居充局官"，"遇水旱"，则"请局官及时下乡监仓职"③。其《更改社仓公移》也说："请委寄居充局官"，"凡事并听局官区处"④。其《四月十六日委请诸县乡都劝果官牒》还说："各县礼请寓贵、士大夫充局官，请自于其乡提纲劝谕。"⑤如果官户居住在半程圈外，几乎没有参与地方政务的机会。"村居僻甚城闉远，避俗柴门入不开。"⑥像名儒林光朝，晚年所居"去城市七八十里"，终岁足迹不到城。⑦

（三）社会方面，谋取社会领导权

官户对于社会领导权的谋取是全方位的，公益事业、公共工程、社会信仰、社会安全等各个领域，只要关乎社会权威，官户都会尽可能地介入。因关涉面太广，此处仅以抚州金溪陆氏对社会安全的介入为例略作窥探。

金溪县陆九渊家族，居于延福乡青田里，距县城约二十里⑧，属于标准的环城半程空间。陆九渊高祖、曾祖"并以学行重于乡里"，祖父、父亲"究心典籍"，"著闻州里"⑨，父亲"以学行为里人所宗"，陆九渊及其

---

① 舒璘：《舒文靖集》卷下《再与前人论荒政》，文渊阁《四库全书》，第1157册，第544页。
② 朱熹：《朱熹集》卷18《奏巡历至台州奉行事件状》，郭齐、尹波点校，四川教育出版社1996年版，第710页。
③ 《黄震全集·黄氏日抄》卷74，第2145页。
④ 《黄震全集·黄氏日抄》卷74，第2147页。
⑤ 《黄震全集·黄氏日抄》卷78，第2203页。
⑥ 林希逸：《竹溪鬳斋十一稿续集》卷1《吴帅用前韵以别再赋以谢》，文渊阁《四库全书》，第1185册，第563页。
⑦ 林光朝：《艾轩集》卷6《启·与薛守》，文渊阁《四库全书》，第1142册，第612页。
⑧ 王宗沐：《江西省大志》卷4《溉书引》，《中国方志丛书》，成文出版社1989年影印本，第779册，第556页。
⑨ 杨简：《象山先生行状》，陆九渊：《陆九渊集》卷33，钟哲点校，中华书局1980年版，第388页。

哥哥陆九龄更是进士及第,并以理学知名。陆氏还是著名的"义门","阖门千指","顺弟之风,被于乡社,而闻于天下"①。在传统儒家观念中,士人与士兵是格格不入的,因此,长期以来,乡居官员和士人很少介入民间武装。正因为如此,民间武装长期给人的印象是土豪武装。但是,到南宋,情况有了新的变化,乡居官员和士人开始积极介入民间武装,试图掌控民间武装的领导权。对于民间武装领导权的争夺,金溪县曾经上演过一场拉锯战。

金溪县民间武装兴起于南宋初年,"大姓邓氏、傅氏各有乡丁数千","号邓、傅二社"②,"两家子孙世袭其职"③。邓、傅二社的具体位置在金溪县白马乡白马峰,距县城四十里。④ 邓、傅二氏属于纯粹的土豪,其中邓氏虽然从事举业,但"名为应举,其实假儒耳"。陆氏虽然没有武装,与邓、傅二社亦不在同一乡,但各级官府皆希望陆氏领导乡社。先是,"转运司命充都社,邓、傅皆隶焉",后来,随着陆氏有所"零落",邓氏乘机申请独立,"听自为一社,毋隶陆氏",但州县官府还是让陆氏"世其职",并敦请陆九龄主持民兵大局,即"郡从众请以九龄主之"⑤。

陆氏主持乡社,虽然有官府和民众的敦请,但同时也是陆氏自己的意愿。当州府敦请陆九龄,陆九龄欣然应邀,"门人多不悦",陆九龄给出了耳目一新的解释:"士而耻此,则豪侠武断者专之矣。"⑥ 陆九龄摆脱了传统的"士而耻此"的观念,认为民兵领导权应该掌握在官户手中,否则,"豪侠武断者专之",必然危害社会。

需要说明的是,此处所说的"官户世界",是就社会整体主导性而言。如果将社会阶层比作食物链,半程圈内,官户无疑居于食物链的顶端,

---

① 吕祖谦:《吕祖谦全集》卷13《陆先生墓志铭》,浙江古籍出版社2008年版,第202—203页。
② 《周必大全集》卷20《金溪乡丁说》,第191页。
③ 马蓉等点校:《永乐大典方志辑佚·临川志·民兵》,中华书局2004年版,第1937页。
④ 同治《金溪县志》卷2《地理志·山川》,《中国地方志集成·江西府县志辑》,凤凰出版社2013年影印本,第50册,第24页。
⑤ 《宋史》卷434《儒林四·陆九龄传》,第12878页。
⑥ 《吕祖谦全集》卷13《陆先生墓志铭》,第203页。

"自缙绅而下，士人、富民、胥吏、商贾、皂隶，衣服递有等级，不敢略相陵躐"①。居于食物链中端的富民只能仰望官户，比如婺州东阳巨富郭良臣，"家资巨万"，但却心常"惴惴"，"不得自齿于程文熟烂之士"，"每每有身挂宪网之忧"，忧虑"向之所谓士者，常足以扼其喉而制其死命"②。但这并不妨碍富民们积极参与公共活动。

四 半程圈外"揽户"与"土豪"世界

随着官户不断地向环城半程空间聚集，半程圈外官户逐渐变得稀少。因为本地官户少，外来作客的士大夫亦极稀少。"地僻村深过客稀"③，"要是村深少客行"④，以至于出现"村儿骇车马，野犬吠衣冠"⑤的情景。"除了赵氏皇室外，官户作为一个法定的阶层，居于社会的最高层。"⑥ 相比半程内空间，官户稀少的半程外空间必然呈现出不一样的社会生态，其中最引人注目的是"揽户"和"土豪"。

（一）"揽户"世界

"揽户"是宋代新生的职业群体，主要业务是做纳税中介。揽户之存在，与空间距离有着决定性的关系。晁说之在谈青苗法时说："其请常平钱于县司，则有往来道路居止舍屋之费，又出息一分也。"⑦ 与请常平钱于县司一样，半程圈外人户只要进城办事，都会产生"往来道路居止舍屋之费"，即交通、生活、住宿等费用。这些费用大约相当于一分利息。宋代

---

① 梁克家：《三山志》卷40《土俗类二·岁时》，海风出版社2000年版，第639页。
② 陈亮：《陈亮集》卷34《东阳郭德麟哀辞》，邓广铭点校，中华书局1987年版，第457页。
③ 俞德邻：《佩韦斋集》卷6《村居即事》，文渊阁《四库全书》，第1189册，第47页。
④ 韩淲：《涧泉集》卷13《昌甫谢徐倅行县因到山中次韵呈徐》，文渊阁《四库全书》，第1180册，第751页。
⑤ 王令：《王令集》卷10《野外》，沈文倬校点，上海古籍出版社2011年版，第185页。
⑥ 王曾瑜：《宋代社会结构》，载氏著《涓埃编》，河北大学出版社2008年版，第163页。
⑦ 晁说之：《景迂生集》卷1《元符三年应诏封事》，文渊阁《四库全书》，第1118册，第11页。

的赋税需要到县城或州城输纳，半程圈内当天即可往返，无须大笔交通、生活、住宿费用，正如朱熹所说："朝至暮归，无诸枉费。"① 因此，半程圈内，"官户输纳多凭干人"②，民户则多自纳。半程圈外输纳，无法当天往返，需要额外支出交通、生活、住宿费用。"山乡百姓担擎送纳，动是数程。"除了看得见的费用外，还有很多看不见的费用，尤其是收税公吏有意无意的刁难，"非理退抑，率意改更，令穷朴之民奔走转换"，从而导致半程圈外百姓纳税"倍费不暇"。③ 在各种直接成本和间接成本的压力之下，宋代逐渐形成了纳税专业中介——揽户。

  揽户代纳赋税是时代的必然。首先，揽户多为城居，与公吏有着千丝万缕的联系，可以不受或少受公吏刁难，从而减少输纳环节的额外支出。"邑井揽户，与仓斗深熟；乡村自输人户，与斗子不识。当交量时，往往轻重其手，致令自输人户折米与揽户。"④ "揽户城居也，仓斗亦城居也。或自为揽户，或身非揽户，而子婿亲戚为之，事同一家，臂指相应。""民户，乡人也"，"自纳者常是吃亏"⑤。其次，揽户代纳可以克服纳税的技术难题。宋代每户所承担赋税常常有零头，号称"畸零"。合理的纳税方法是"众户合零就整，同旁送纳"⑥。对于半程圈外的百姓来说，联合纳税是非常难以操作的，"百姓僻居郊野，艰于凑成端疋"⑦。如果自己单独纳税，即使是零头也必须缴纳整数，"绢绵有零至一寸一钱者，亦收一尺一两；米有零至一勺一秒者，亦收一升之类"⑧，这无疑是非常吃亏的。如果将赋税委托给揽户，"畸零"问题就迎刃而解了，"远村细民户产微薄，输纳零

---

  ① 《朱熹集》卷20《申免移军治状》，第819页。
  ② 胡太初：《昼帘绪论·催科篇第八》，《宋代官箴书五种》，闫建飞点校，中华书局2019年版，第183页。
  ③ 程俱：《北山小集》卷39《缴李处劝再任词头奏状》，徐裕敏点校，人民文学出版社2018年版，第657页。
  ④ 佚名：《州县提纲》卷4《优自输人户》，《宋代官箴书五种》，第149页。
  ⑤ 周应合：《景定建康志》卷40《税赋》，南京出版社2009年版，第1012页。
  ⑥ 《宋会要辑稿》食货一〇之一四，第6200页。
  ⑦ 《宋会要辑稿》食货一二之一五，第6237页。
  ⑧ 《建炎以来系年要录》卷88，绍兴五年四月戊辰，第1476页。

细,须凭揽人凑数送纳"①。再次,揽户代纳可以大幅节省交通、生活、住宿费用。"村民或去州县一二百里,既难裹足,且畏后期。故有市井之人代干其事。"②百姓自纳存在很多不可控因素,"民户自诣输纳夏税、和买缣帛等,往往多端沮抑,不堪留滞之苦"③,"人户所纳之物,绢必授掭令破,绵子晒或经月,米麦必十来日宿仓,又多取合耗"④。对于半程圈外的百姓来说,"留滞""宿仓"一天,则多一天之食宿费。揽户属于规模化经营,一次可以接纳很多民户的赋税,自然可以大大节约交通、生活、住宿费用。

"利尽归于猾揽"⑤,在代纳赋税的过程中,揽户自然是要获利的。不过,只要揽户索取的中介费少于百姓自纳的额外支出,百姓将赋税委托于揽户就是有利的和合乎理性的,所以,"民必归之揽户"⑥。虽然号称"奸猾",但揽户作奸的空间其实非常有限。一方面,如果揽户索取太多,百姓可以选择自纳;另一方面,一个城市有很多揽户,彼此之间也会有服务与价格竞争。饶州乐平富室刘氏,原本将输纳委托与揽户叶三郎,后有揽户苏氏,承诺刘家"邂逅或缓期","则能先出己财以代急",刘氏遂将全部输纳业务转托于苏氏。⑦可见当时揽纳市场是非常开放的,揽户很难过度欺诈和长期作奸。

需要说明的是,揽户虽然多居住于半程空间之内,但其服务对象基本都是半程空间之外的民户,因此,揽户更多体现的是半程空间之外的世界。

(二)"土豪"世界

宋代环城半程空间之外,随着与城市距离越来越远,官户的影响力越

---

① 《宋会要辑稿》食货九之九,第6179页。
② 李觏:《李觏集》卷28《寄上孙安抚书》,王国轩点校,中华书局2011年版,第312页。
③ 《文献通考》卷5《田赋考五》,中华书局2011年校点本,第120页。
④ 《朱熹集》卷18《按唐仲友第三状》,第729页。
⑤ 《景定建康志》卷40《税赋》,第1012页。
⑥ 《宋会要辑稿》食货九之九,第6179页。
⑦ 《夷坚志·补》卷7《叶三郎》,第1611页。

来越弱，社会逐渐转成"土豪"的世界。宋以前，士族居乡者多，"土豪"多为褒义，是"乡贵之隆号"①。宋以后，官僚家庭多迁居环城半程空间，居乡者少，"土豪"转成贬义，主要指土人之雄于财富，并恃财富而豪横者。刘一止曰："莫若招徽、婺、温、台等州之民，居山谷间号为土豪者，假以官称。"② 所言即是半程圈外的情形。在社会阶层食物链中，半程圈内富民需要仰望官户，敢于豪横者较少；半程圈外则不然，由于官户稀少，富民转居食物链的顶端，百姓"畏乡里之豪强"，"伏豪强之号令"，"折节而归豪强之门"，富民豪横者比比皆是。③

从中心到边缘，"官户"世界色彩会逐渐减淡，"土豪"世界色彩会逐渐增浓。越远离半程圈，"土豪"世界的"土豪性"越强。比如福建路南剑州顺昌县土豪官氏，"纳粟得官"，"其居在三县之界，霸一乡之权"，"三十年间，民知有官氏之强，而不知有官府"，表现在："私置牢狱，造惨酷狱具"；"停塌私盐"，"坐夺国课"；"私置税场"，"赃以万计"；"白夺平民田园屋业"，"掠人女与妻"。④ 再比如两浙路平江府昆山县东七乡土豪，昆山县"东西相距几二百余里"，县治"僻在西北"，处在西七乡的中间，故"西七乡与官司相接，稍稍循理"。东七乡则不然，与县治近者有七十里，远者达一百四十里，"故东七乡之民凭恃去县隔绝，敢与官司为敌"，"豪民慢令"，"不受追呼，殴击承差，毁弃文引"，甚至"挟持器仗以相抗拒"。昆山县东七乡"土豪"豪横不是一两个人的短期举动，而是一大批"土豪"的长期行为，"顽俗莫可谁何"，"其来非一日矣"。最终的解决办法是新设政治中心——嘉定县。⑤

需要注意的是，与官户有长者与豪横两种面相一样，宋代土豪的面相

---

① 郝懿行：《晋宋书故·土豪》，《丛书集成新编》，新文丰出版社 2008 年影印本，第 114 册，第 367 页。
② 刘一止：《刘一止集》卷 11《与越帅议讨杭贼状》，龚景兴、蔡一平点校，浙江古籍出版社 2012 年版，第 140 页。
③ 王质：《雪山集》卷 3《论镇盗疏》，中华书局 1985 年版，第 25 页。
④ 刘寺丞：《母子不法同恶相济》，《名公书判清明集》卷 12，第 471—472 页。
⑤ 郑虎臣：《吴都文粹》卷 9《嘉定十年置补注省札》，文渊阁《四库全书》，第 1358 册，第 844 页。

并非单一的。很多土豪亦有官资，或是朝廷"假以官称"，或是土豪主动"纳粟得官"。土豪也会有长者的一面，积极参与当地公共活动。此处所说"土豪世界"，也是就土豪所处地域社会的主导性而言。"豪右之家，所居乡村，宗族、姻亲、佃客之属，常居其半。"① 很显然，半程圈外，"土豪"某种程度上主导着当地社会。

总之，由于迁徙观念的变化和环城半程空间的优越性，宋代官户越来越向环城半程空间汇聚。半程圈内、外分而观之，社会主导性力量存在着明显的分野，半程圈内某种程度上是官户的世界，而半程圈外则某种程度上是揽户和土豪的世界。但社会本身是整体的，还需要合而观之。无论是政治、经济秩序，还是思想、文化潮流，皆存在着明显的中心支配边缘的倾向。基于半程圈内官户在政治、经济、思想、文化各方面的巨大影响力，宋代社会的整体走向仍是由官户阶层所决定，社会总体上属于"官户"的世界，距离理想的"富民社会"尚有非常大的距离。

---

① 《刘一止集》卷12《论断罪囚》，第155页。

理想模型：南宋货币议论中的北宋交子形象*

王 申

（中国社会科学院 古代史研究所）

以北宋交子的流通为起点，纸币登上了历史舞台。进入南宋后，作为交子继承者的钱引继续行用于四川，朝廷又在不同地域内，长期、大量地发行东南会子、湖北会子、淮南交子等多种纸币，使纸币流通基本遍布南宋全境，对国计民生产生了举足轻重的影响。然而随着发行量增长，纸币逐渐出现通货膨胀，财政、物价乃至社会控制都随之出现了许多问题。这些问题不仅是现代学者笔下的研究议题，更是时人所面临的真实困境。当时既涌现出了如提出"钱楮母子"说的杨万里、秉持"钱实楮虚"说的杨冠卿等一批对货币理论较有建树的士人，又有大量官员在财政运作中建言献策，并实践了某些货币政策。

前人梳理南宋人关于货币的代表性议论，已有许多成果。① 这些议论

---

* 本文系国家社会科学基金青年项目"宋代货币与国家财政体系建设研究"（22CZS024）的阶段性成果。

① 可参阅彭信威《中国货币史》，上海人民出版社 2015 年版，第 378—388 页；萧清《中国古代货币思想史》，人民出版社 1987 年版，第 173—218 页；叶坦《宋代纸币理论考察》，《中国经济史研究》1990 年第 4 期；刘森《宋金纸币史》，中国金融出版社 1993 年版，第 178—213 页；贾大泉《宋代的纸币发行和纸币理论》，《社会科学研究》1996 年第 1 期；胡寄窗《中国经济思想史》下册，上海财经大学出版社 1998 年版，第 164—239 页；高聪明《宋代货币与货币流通研究》，河北大学出版社 2000 年版，第 355—365 页；叶世昌《古代中国经济思想史》，复旦大学出版社 2003 年版，第 280—317 页。

试图观察纸币困境的起因、表现、后果，抽象出某些自认为正确的理论逻辑，进而为朝廷制定货币政策提供参考。既有研究也在整理宋人议论的主要内容后，参照现代经济知识，归纳宋人说法所体现的某些经济学原理，论辩其是否能够成立。可以说，今人对于南宋货币议论的研究，主要是以理论原理作为讨论对象。

然而，除了李心传《建炎以来朝野杂记》、林駉《古今源流至论》和宋元之际的马端临《文献通考》等少数著作对纸币历史做出了相对严谨的考证，并被研究者视作讨论宋代纸币制度的基本史料外，绝大部分宋人议论的落脚点或是说理，或是论政。尽管多少提及了纸币制度的沿革变化，这些议论并不以历史考证见长，相反还多将过去的制度改写为论证自己观点的注脚。因此，作为纸币制度源头的北宋四川交子，虽时常在南宋人的货币议论中现身，其形象却与真实情况不尽相同。议论者为了更好地实现论述目的，选择、删削乃至虚构北宋交子的形象，将其塑造成为纸币制度的理想模型。看似逻辑缜密、说理密实的南宋货币议论，其实也包含了许多有意为之的"不真实"之处。这些"不真实"并非无用，恰恰投射出议论者对于理想纸币制度的关切之处和设计要点，并在分析议论观点的理论内涵之外，给予了我们利用和解读南宋货币议论的另一种可能性。本文试图从整理南宋货币议论中的北宋交子形象入手，考察这些形象与真实的四川交子之间的差异，进而说明南宋人究竟重视纸币流通中的哪些要素，他们理想中的纸币制度是什么，他们的意见能否作用于南宋货币实践，以期为我们进一步挖掘宋代纸币思想提供一些新的向度。

必须说明，本文所称的货币议论主要指南宋人讨论货币问题的奏疏、劄子、策论等，不包括历史考据专论。

一　北宋交子制度及流通状况述要

北宋交子的制度与流通状况，是货币史、财政史研究领域中的经典议题。① 此处试从前人研究中归纳几个北宋交子的关键性质，稍作解释。这些性质对说明北宋交子的制度与流通状况具有重要提示意义，亦是南宋议论所重点关心的内容。

（一）官营北宋交子具有浓厚的财政性质

交子起源于民间经济，一般认为铁钱过重、难以搬运因而无法满足经济活动的需求，是交子产生的重要原因。私营交子起初由 16 富户主办，后因主办者经营不善，无法按承诺兑现而陷入困境。天圣元年（1023），新设的益州交子务接管交子发行工作，② 交子由私营转变为官营。这是交子进入财政的开端，但其影响力仍局限于四川本地。使交子具有国家财政意义的事件，是宋廷将其投放于陕西，购买军需粮草。大致的运作流程，可见天圣四年（1026）三司的说明：

> 辖下秦州所入纳粮草，取客稳便指射，赴永兴、凤翔、河中府及西川嘉、邛等州请领钱数。准益州转运司牒：近就益州置官交子务，书放交子行用，往诸处交易，其为利济。当司相度辖下延、渭、环、庆州、镇戎军等五州军最处极边，长阙粮草。入中客旅上京请钱，难为回货，兼榷货务支却官钱不少。欲乞许客旅于前项五州军依秦州例

---

① ［日］加藤繁：《关于交子的起源》，载《中国经济史考证》（第二卷），吴杰译，商务印书馆 1963 年版，第 1—11 页；日野開三郎：《交子の発達について》，载《日野開三郎東洋史学論集》，第 7 卷，三一书房 1983 年版，第 135—176 页；彭信威：《中国货币史》；李埏：《北宋楮币史述论》，《思想战线》1983 年第 2 期；王曾瑜：《关于北宋交子的几个问题》，载《锱铢编》，河北大学出版社 2006 年版，第 110—123 页；萧清：《中国古代货币史》，人民出版社 1984 年版；郭正忠：《铁钱与纸币的起因——关于交子起源的研究》，《学术月刊》1985 年第 4 期；漆侠：《宋代经济史》，人民出版社 1987 年版；贾大泉：《论交子的产生》，《社会科学研究》1989 年第 2 期；刘森：《宋金纸币史》，中国金融出版社 1993 年版；包伟民：《试论宋代纸币的性质及其历史地位》，《中国经济史研究》1995 年第 3 期；高聪明：《宋代货币与货币流通研究》，河北大学出版社 2000 年版；汪圣铎：《两宋货币史》（修订版），社会科学文献出版社 2016 年版；［日］高桥弘臣：《宋元货币史研究——元朝货币政策之形成过程》，林松涛译，上海古籍出版社 2010 年版；管汉晖、钱盛：《宋代纸币的运行机制：本位、回赎、战争与通胀》，《经济科学》2016 年第 4 期。

② （宋）李焘：《续资治通鉴长编》（以下简称《长编》）卷 101，天圣元年十一月戊午，中华书局 2004 年版，第 2343 页。

入纳粮草，于四川益州支给见钱或交子，取客稳便请领。①

筹集包括陕西在内的西北军需，是北宋国家财政的一大要务。交子被指定为支付陕西粮草和籴的工具，使其真正走上国家财政运作的前台。自此，交子不仅仅是四川本地的流通货币，更是国家实现跨区域物资调度的重要结算手段，交子的发行、流通也就具有了浓厚的财政性质。相较于在四川本地的流通职能，交子的财政意义显然更在国家层面受到中央官员重视。南宋绍兴六年（1136），当时的中书省官员追溯称"交子、钱引并沿边籴买文钞，皆系祖宗旧法"②，将上述票据归为一类，可谓一语中的。

（二）北宋官营交子不能完全兑现

私营交子尚为货币兑换券，需保证兑现，16富户经营失败的原因正在于无法履约。交子官营之初的发行制度保留了许多私营时期的做法。李攸《宋朝事实》记载："候有人户将到见钱，不拘大小铁钱，依例准折交纳置库收锁，据合同字号给付人户，取便行使。每小铁钱一贯文，依例克下三十文入官。其回纳交子，逐旋毁抹合同簿历。"③ 从"回纳""合同字号""合同簿历"等词汇可知，早期的官营交子仍是一种兑换券，依合同在人户和官府之间出入。随着交子流动范围扩大、转手率增加、发行量扩大，其日渐渗透于货币流通领域，要求"一一对应"的合同兑换体系被弃用。④ 以新一界交子兑换旧一界的换界制度成为官府循环交子的主要方式。根据每界交子的发行数量，基本可以认为新一界交子全额回收了旧交子，官府事实上不再组织日常兑现。⑤ 此外，按天圣时期的制度设计，交子一界发

---

① （清）徐松辑，刘琳、刁忠民、舒大刚、尹波等校点：《宋会要辑稿·食货》36之18、19，上海古籍出版社2014年版，第6794—6795页。
② （宋）李心传：《建炎以来系年要录》（以下简称《要录》）卷98，绍兴六年二月甲辰，中华书局1988年版，第1611页。标点有改动。
③ （宋）李攸：《宋朝事实》卷15《财用》，文渊阁《四库全书》，第608册，第173页。
④ 汪圣铎：《两宋货币史》（修订版），第587页。
⑤ 交子发行量统计表见王曾瑜《关于北宋交子的几个问题》，第120—123页；刘森《宋金纸币史》，第24—26页。

行 125 万余贯，备本钱 36 万余贯，但本钱"新旧相因"，并不用于日常兑现。① 可以认为北宋官营交子是以铁钱为本钱的不兑现纸币。南宋钱引沿用了换界制度，也要求全额换界。少数收换不尽的钱引，被称为"水火不到钱"并成为总领所的收入。②

作为官府购买陕西军需结算手段的交子则在一定程度上保留了兑换券的性质，理论上能够兑现。宋廷试图将交子作为便钱，既便于商人携带，又能调动多地财赋支边。如熙宁七年（1074）中书省官员称"若于陕西用交子，止当据官所有见钱之数印造。假如于边上入中万缗，却愿于某州军纳换，即须某州军纳换处有钱万缗，画时应副支给"③，但大多数情况却多是官府没有准备兑现的现钱，致使交子贬值。④

（三）北宋交子屡因多发而贬值

北宋交子的发行过程也非一帆风顺。在交子被用作国家财政结算手段后，其日渐增发以致贬值。增发主要包括两种方式：第一，熙宁五年（1072）后，交子改为两界同时流通，市面上的流通量增加了 1 倍；规定的发行量也多次被调高。⑤ 第二，为满足财政购买的需要而临时增发。

若细读《宋史·食货志》的记载，可知交子的制度动荡与币值下跌在熙宁之后已成为常态。熙宁五年后，"交子给多而钱不足，至价太贱，继而竟无实钱，法不可行"；绍圣（1094—1098）以后，为了兼顾陕西军需和四川本地开支，"界率增造……每岁书放亦无定数"；蔡京改交子为钱引后，发行数量的增幅愈甚。大观（1107—1110）中"不蓄本钱而增造无艺，至引一缗当钱十数"。后经张商英整顿，钱引的流通状况才有所好转，

---

① 《宋史》卷 181《食货志下三》，中华书局 1977 年版，第 4403、4405 页。
② （宋）李心传撰，徐规点校：《建炎以来朝野杂记》甲集卷 16《钱引兑监界》，中华书局 2000 年版，第 365 页。
③ （宋）李焘：《长编》卷 254，熙宁七年六月壬辰，第 6214 页。
④ （宋）李攸：《宋朝事实》卷 15《财用》，第 174 页；（宋）李焘：《长编》卷 256，熙宁七年九月辛酉，第 6263—6264 页；同书卷 270，熙宁八年十一月甲戌，第 6623 页。此类记载较多，不再赘引。
⑤ 具体数目可见前引王曾瑜、刘森整理的交子发行量统计表。

此时距离北宋灭亡已经不远了。

综上所述，北宋交子一方面是四川本地的不兑现纸币，另一方面承担着西北军事财政结算手段的重要职能。这既使交子带有浓厚的财政性质，又使其发行和流通状态受制于国家财政运作。具体的表现主要是交子发行数量远多于四川本地的货币流通需求量，币值因而下降。

二　南宋货币议论中的北宋交子形象

南宋货币议论中的北宋交子形象，并未呈现现实中复杂、多变的状态，而是作为一个制度源头，或是理想的模型出现。尽管交子的演变和发展是不难获取的史实，但几乎没有获得议论者的关照。论者大多先树立起北宋交子的理想形象，再引出所关心的货币问题。以下对这些理想形象的主要内容略作分析。

对北宋交子的最高评价无疑是毫无弊病。杨冠卿在其《重楮币说》中设问："西州之楮币其便用亦东州之楮币也，东州之铜钱其流通亦西州之铁钱也，何西州用之百年而无弊？"[①] 他认为交子流通无弊的一个原因是铁钱易坏而不可长存，蜀人便乐于持有纸币。相反铜钱能够久藏，东南地区的民众不愿用纸币形式来保存自己的财富，这是东南地区的先天不足。但两地之间更大的区别则是交子的流通性远远强于东南会子。他说：

> 夫蜀之立法则曰租税之输，茶盐酒酤之输，关市泽梁之输，皆许折纳以惟民之便，此一法也。又有一法焉，贱则官出金以收之而不使常贱，贵则官散之以示其称提……今此则不然，天下之输税不责以楮，而必责以钱，官务之支取既无其钱，而徒易以楮。至发纳上供，官则以微价收民之楮以充其数，则是我不欲此矣，而求民之无轻乎

[①]（宋）杨冠卿：《客亭类稿》卷9《重楮币说》，文渊阁《四库全书》，第1165册，第499—500页。

此，其势固不可得也。①

看起来交子能够在四川地区的各种财政收支中行用，官府还通过称提等手段，②使用贵金属来调节交子的币值；东南会子则在财政活动中处处受限，官吏甚至利用纸币与铜钱的差价来牟利。问题是，文字中交子的良好流通状态乃是"蜀之立法"，并不一定是实情，用以对比东南地区的实际流通状况，未见公平。事实上宋廷也设计了诸多保障东南会子流通性的法令条例，如按"钱会中半"比例征税，命商人按比例使用现钱、贵金属和纸币购买茶盐钞引，至于使用贵金属、度牒等称提东南会子市价的案例，更是屡见于史料。③上文呈现的种种问题多因地方官员作弊而起，并非结构性难题，无法说明朝廷不重视东南会子的流通性。④杨氏在文中提出的一些解决方案，不外乎是坚守"钱会中半"的使用比例，由官府掌握纸币的"轻重之权"等早已出台的政策。蔡戡也曾发表相似意见。他称当时的纸币受伪造影响，无法长久流通。若要使纸币经久可用，须"用蜀之制，必治欺伪之罪，使猾吏不能欺，而奸人不敢伪"⑤。实际上南宋朝廷一直很重视纸币伪造问题，多次出台相关法律，欺伪之罪可谓必治。⑥而北

---

① （宋）杨冠卿：《客亭类稿》卷9《重楮币说》，第500页。
② 宋人常混用"称提"与"秤提"。本文在正文中同一使用"称提"，引文则不改动宋人原文。
③ 关于东南会子的制度设计与变迁，以及在财政活动中的流通情况，可参阅草野靖《南宋行在会子の発展（上）》，《東洋学報》第49卷第1号，1966年；《南宋行在会子の発展（下）》，《東洋学報》第49卷第2号，1966年；《南宋財政における會子の品搭收支》，《東洋史研究》第41卷第2号，1982年。朝廷对东南会子的数次回收，可参考汪圣铎《两宋货币史》（修订版）（第672—700页）的整理。
④ 地方官员大多利用东南会子与铜钱差价牟利，造成比价差的主因是两种货币的数量比失衡。相关研究可参阅王申《论南宋前期东南会子的性质与流通状况》，《清华大学学报》（哲学社会科学版）2019年第3期。此外，林駉对两宋纸币发行史有非常翔实的考述，但他也与杨冠卿一样将北宋交子制度规定等同于实际的流通状况。不过他强调了南宋朝廷为增加纸币流通性所做出的努力，无奈因官员作弊而难以奏效。而如何在官吏作弊的情况下提升纸币币值？林駉认为应该学习宋孝宗，用金、帛直接回收纸币。参见（宋）林駉《古今源流至论·续集》卷4，文渊阁《四库全书》，第942册，第407—409页。
⑤ （宋）蔡戡：《定斋集》卷11《廷对策》，文渊阁《四库全书》，第1157册，第680页。
⑥ 相关梳理可见汪圣铎《两宋货币史》（修订版），第754—759页。

宋也曾出现过严重的伪造交子事件,险些导致交子被废除。①

有论者甚至认为交子直至南宋都毫无弊病。

绍兴六年,朝廷试图按四川法在东南地区发行交子,但据说没有准备本钱。许多臣僚纷纷上疏反对朝廷不蓄本钱的做法,其中一位上言者说:"四川交子行之几二百年,公私两利,不闻有异议者,岂非官有桩垛之钱,执交子而来者,欲钱得钱,无可疑者欤?"②至绍兴六年,四川交子发行不过略超百年,言者称其流通"几二百年",着实夸张;而无论是作为不兑现的日常流通货币,还是作为时常无法兑现的财政结算手段,北宋交子都难以实现"欲钱得钱,无可疑者"。南宋初,钱引更是因宋金战事而增发数千万贯;与此相对,铁钱则大幅减产,根本不可能逐一兑现钱引。③那么,官府究竟储蓄多少本钱才能做到即时兑现呢?上言者以当时发行的货币兑换券"见钱关子"为例,称:绍兴四年(1134)官府仅部分兑现,见钱关子币值相应打了折扣;绍兴五年(1135),朝廷发行关子130万贯,"先令和[榷]货务桩足见缗,日具数申省部,民间行使,亦依见缗用"④。在上言者看来,纸币本钱需备足100%,这是两宋官方均难以做到的。

如果说绍兴六年上言者的议论侧重于北宋交子作为财政结算手段的一面,宋光宗时淮东转运副使虞俦的《被诏上殿劄子》则以北宋交子法为日常流通货币的理想制度。他指出淮东钱法屡变,致使币制不被民众信任,货币流转不畅。解决之道在于"事体既定,不可复有纷更",如"四川铁钱、钱引行之二百余年,公私流通,未有议其为不便者,良由事体素定,民听具孚故也"⑤。虞俦的建议自有其道理,然而四川钱引既非"事体素定",又颇有人议其不便。崇、观间,交子多发而制度变更无常,致使币

---

① (宋)李焘:《长编》卷137,庆历二年九月辛丑,第3289页。
② (宋)李心传:《要录》卷101,绍兴六年五月乙酉,第1656页
③ 相关史实梳理,可见汪圣铎《两宋货币史》(修订版),第608—609页;[日]高桥弘臣《宋元货币史研究——元朝货币政策之形成过程》,林松涛译,第244—251、259—268页。
④ (宋)李心传:《要录》卷101,绍兴六年五月乙酉,第1656页。标点有改动。
⑤ (宋)虞俦:《上殿劄子》,载(明)黄淮、杨士奇编:《历代名臣奏议》卷272《理财》,上海古籍出版社1989年版,第3552页。

值大减；即便在官营之前，官员们也十分激烈地争论了是否有必要接手并发行交子。①

北宋交子近百年的发行过程中问题频出，可以说是显而易见的事实，上述无弊病论无疑失实。接下来的问题是，议论者如何在将北宋交子塑造为纸币理想模型的同时，规避其弊病？一种常见的做法是：选择性地分隔交子制度设计与流通状态，尤其是切割天圣制度和崇、观弊政。

李纲是反对发行绍兴六年交子的代表人物之一，他曾数次与右相张浚通信论及交子。李纲将交子制度上溯至起源之时，认为交子只能行于四川，而不可流通于其他路分，理由是"四川山路峻险，铁钱脚重，难于赍挈，故以交子为便"。他接着批评绍兴六年交子没有本钱支撑，而北宋时"常预桩留本钱一百万贯，以权三百万贯交子，公私均一、流通无阻，故蜀人便之"，但即便四川地区也是"近年不桩钱本，其法已弊"，更何况绍兴六年交子。是否有本钱，是李纲判断纸币制度能否成立的决定性条件。总之，李氏大体支持北宋官营交子的部分储备本钱制度，并借此批评南宋纸币。② 然而崇、观制度却不在李氏所指称的北宋交子制度之内。在给张浚的另一封通信中，他说：

> 某窃见交子之法，初若可行，其后官私皆受其弊，而卒于不可行。与其至于不可行而后改，曷若未行而罢之为愈也。崇、观间盖尝行之矣，然未几改法，则是不可行之明验也。③

上段文字仅仅将绍兴六年交子的制度源头上溯至崇、观交子（钱引），而不涉及天圣制度，人为地割裂崇、观制度与天圣制度的联系。总而言之，在李纲看来，天圣交子是纸币的理想模型，有本钱储备而便民使用；崇、观改法则开南宋纸币乱象之先，制度上更接近绍兴六年交子。这就将

---

① （宋）李焘：《长编》卷101，天圣元年十一月戊午，第2342—2343页。
② （宋）李纲：《梁溪先生文集》卷104《与右相乞罢行交子劄子》，四川大学古籍整理研究所编：《宋集珍本丛刊》，线装书局2004年版，第37册，第197—198页。
③ （宋）李纲：《梁溪先生文集》卷124《与张相公第四书》，第377—378页。

北宋交子制度中问题较大的部分"开除",转而与南宋纸币归为一类了。

运用类似手法的议论者为数不少。湖广总领周嗣武曾在淳熙五年(1178)上奏,建议朝廷不再多发四川钱引。他以"蜀中钱引自天圣间创始,每界初只一百二十五万道"开头,之后却径直说明建炎以来的状况,几乎不涉及北宋的发行经过。由天圣祖额直接对比南宋的钱引发行量,周氏的行文手法渲染了近年来钱引数量的巨大增幅,有力地实现其论说目的。[1] 吴泳曾向宋宁宗进《乾淳讲论会子五事》,他认为天圣交子"与钱相权,或便商贾之懋迁,或佐公上之不给",并给出"造端立法实本于周"的高度评价。此后话锋一转,称"然法之创也,求以便民,而其弊也,或以厉民",批评当前纸币数量过多,又无足够本钱,再举宋孝宗涉及纸币数量的言论若干,请求皇帝重视纸币问题。[2]

戴埴《楮券源流》一文对于南宋纸币发行数目记载详细,颇受今人关注。此文将纸币源流追至西汉皮币、唐代飞钱,随后简单论述北宋私营交子出现及其转为官营的过程。然而,下文却转向绍兴三十年(1160)东南会子发行之后的纸币流通情况,重点论说庆元(1195—1200)以来的数次增发。天圣元年以后的整段北宋交子发行史、南宋前30年的纸币发行状况,均被其忽略了。尽管戴埴所述确为事实,但他有选择性地回避了北宋交子在流通中出现的增发、贬值问题,又将这些问题集中展现在南宋东南会子之上,可见《楮券源流》的重点并不在于考论"源流",而在于批评当时的货币制度和流通状况。事实上,戴埴认为南宋纸币制度的主要弊病在于没有足够的本钱储备,难以使用现钱回购纸币来提升纸币币值,正所谓"以州郡不能秤提为病"。而北宋交子制度则被他简化:"自商贾惮于般挈,于是利交子之兑换,故言楮则曰秤提。所以见有是楮,必有是钱,以秤提之也",美化为称提的理想模式。[3]

---

[1] (宋)佚名著,汪圣铎点校:《宋史全文》卷26下,淳熙五年闰六月丁酉,中华书局2016年版,第2217页。
[2] (宋)吴泳:《鹤林集》卷15《乾淳讲论会子五事》,《宋集珍本丛刊》,第74册,第419—420页。
[3] (宋)戴埴:《鼠璞》卷上《楮券源流》,文渊阁《四库全书》,第854册,第80—82页。

总结而言，由于上述南宋货币议论的目的大多是批评当前的纸币制度或流通状况，并给出解决方案，论者更关注作为宋代纸币源头的北宋交子及其制度，而较少着墨于交子在北宋的流通状况和制度流变。这些议论的论述方式大致可分为两类：一类是将制度规定同时视为交子的真实流通状况，从而认为交子（钱引）毫无弊病；另一类将制度设计与流通分而论之，突出天圣制度，切割流通中的问题。两种论述方式的交会点均在于试图说明交子背后需要有足量的价值保障。在南宋人的想象中，价值保障应由可随时兑换的现钱来提供，这也是作为理想模型的北宋交子的根本特质。至于官司在财政活动中削减纸币的使用范围、制度规定经常变动、伪造现象频出，只是从外围加剧了纸币贬值程度，并非决定性问题。那么，议论者建构的理想模型，对于宋廷健康运作南宋纸币，究竟有多大的提示作用？又，南宋的财政、经济状况，能否允许理想模型得以实践？

三　另觅新途："理想模型"与南宋纸币的机制差异

既然南宋货币议论构建理想模型的目的在于批评当前问题，我们可以从构成模型的要素入手，反推出他们推崇的纸币制度，而南宋纸币制度明显不在其中。另一方面，尽管被议论者指出了大量弊病，甚至被质疑制度的合理性，以东南会子为代表的南宋纸币却长期流通。东南会子自绍兴三十年发行后，几乎流通至南宋灭亡。会子虽然随着发行数量的增加而贬值，却并未成为废纸。如宋元之际的方回（1227—1307）指出，发行于嘉熙四年（1240）的第 18 界东南会子 1 贯大约相当于铜钱 250 文，[①] 其流通自"庚子（嘉熙四年）至甲子（景定五年，1264），阅岁二十五，民颇安之"[②]。显然，直到南宋晚期，东南会子仍然拥有相对稳定的流通秩序。至于钱引、湖北会子、淮南交子等区域性纸币，也都流通了相当长的时间。

[①] 东南会子共 18 界。贾似道（1213—1275）在景定五年主导发行见钱关子后，第 18 界会子仍然流通。

[②] （元）方回：《监簿吕公家传》，载（宋）吕午《左史谏草》，文渊阁《四库全书》，第 427 册，第 412 页。

被议论者批评颇多的南宋纸币,为何能够长时间顺利运行?在诸多弊病之外,南宋纸币制度是否也存在未被理想模型包括,但对保证流通又十分奏效的机制呢?

首先考察理想模型的运行机制。推敲前引货币议论文句,可知议论者集中批评的问题是,南宋纸币发行量与本钱储备数不对应(甚至没有本钱),使纸币因无法被即时收兑而贬值,所谓"不桩钱本""以州郡不能秤提为病"均属此类。与之对应,有足够的本钱储备、能够即时兑现,是议论者观念中理想纸币制度所应该具备的特质,并多用于对照南宋的缺陷之处。在前引议论之外,吕中在其编撰的科举参考书《类编皇朝大事记讲义》①"仁宗皇帝·行楮币"条下所作的评语,可能在一定程度上代表了许多南宋士人对理想模型的认识。他在概述天圣元年朝廷设益州交子务的史实后说:

> 此楮币之始也。然其有钱以行楮,有楮以权钱,子母均通而无偏重之患,故民视钱犹楮,视楮犹钱。今则为是币,而初无是钱,以虚驾虚,宜乎楮币之不行。②

如果没有足够的本钱,那么纸币制度便是"以虚驾虚",不可能顺畅流通。虽然现钱与纸币应该是相互依托的关系,但在"为是币、无是钱"的情况下,实际上仅有现钱的重要性被突出了。足够的本钱,是理想纸币制度的必须要素。

储备本钱、即时兑现虽十分理想,但未必是最切合实际的机制。实践理想模型需要储备相当数量的本钱,这就使得官府必须通过铸造或征收取得大量闲置的金属铸币。这样一来,纸币当然是金属铸币的附属品,其币值基本上取决于本钱与纸币发行量的数量比。而问题恰恰在于官方不可能

---

① 吕中于淳祐七年(1247)左右担任肇庆府学教授,此书为当时刊印。对于该书性质的判断,见张其凡《〈大事记讲义〉初探》,《暨南学报》(哲学社会科学)1999年第2期。
② (宋)吕中撰,张其凡、白晓霞整理:《类编皇朝大事记讲义》卷11《仁宗皇帝·行楮币》,上海人民出版社2013年版,第224页。

为发行纸币准备充足本钱。即便在金属货币铸造量较高的熙宁时期，官府也时常没有本钱兑现交子，对和籴等财政购买活动造成了很大的负面影响。许多商人不再寻求兑现，转而借助不同地区的交子差价套利。① 进入南宋，不仅四川地区少有新铸铁钱，东南地区的铜钱铸造量也大幅下降，东南会子正是为了弥补财政中铜钱数量的缺失才被发行的。② 毕竟货币发行不足，宋廷便减少了财政收入的一大来源。东南会子发行后不久，宋金再起战端。宋廷为了准备兑现会子的本钱，挪用财政资金、大量出售度牒，对财政收支和社会控制造成了很不利的影响。③ 乾道四年（1168），东南会子正式立界，并成为不兑现纸币，宋廷不再设置机构负责兑现东南会子。④ 在这种情况下，无论朝廷发行多少东南会子，都会背离理想模型的运行机制。因此，虽然南宋议论者对当前的货币制度颇有微词，但朝廷却绝无可能长期实践他们设计的理想模型。

在不兑现之后，东南会子等纸币的流通情况反而更为顺畅。成为不兑现纸币，不能说明它们没有价值保障，是宋廷发行的"白条"。相反，朝廷为了在现钱不足的情况下保障纸币价值，动用了金属铸币以外的国家财政资源。

马端临《文献通考》概括了东南会子的流通机制：

> （绍兴）三十年，户部侍郎钱端礼被旨造会子，桩见钱，于城内外流转，其合发官钱，并许兑会子，赴左藏库送纳。明年二月，诏会子务隶都茶场。正以客旅算请茶、盐、香、矾等，岁以一千万贯，可以阴助称提，不独恃见钱以为本，又非全仰会子以佐国用也。⑤

---

① （宋）李焘：《长编》卷272，熙宁九年正月甲申，第6668页。
② 包伟民：《试论宋代纸币的性质及其历史地位》，《中国经济史研究》1995年第3期。对两宋铜钱铸造量的梳理，可参阅高聪明《宋代货币与货币流通研究》，第99—104、165—179页。
③ 草野靖：《南宋行在会子の发展（上）》。
④ 草野靖：《南宋行在会子の发展（下）》。
⑤ （元）马端临著，上海师范大学古籍研究所、华东师范大学古籍研究所点校：《文献通考》卷9《钱币考二》，中华书局2011年版，第246页。

他指出东南会子有两大价值保障，现钱和茶、盐等专卖产品。东南会子成为不兑现纸币后，现钱不再作为日常价值保障，专卖品的重要性上升。宋廷事实上将和籴—专卖贸易作为东南会子最主要的日常发行—回笼渠道，充分借用了专卖品和专卖票据的价值来保障纸币币值。① 由此，东南会子的运行和专卖体系牢固地捆绑在了一起。绍兴末，总领四川财赋王之望也发表过类似意见，他说目前四川钱引有4147万余贯，而铁钱仅有70万贯，钱引"所以流通者，盖缘盐、酒等物，阴为称提"②；湖北会子能够在荆京湖地区流通，也仰仗当地的粮食、茶引贸易。当地官员甚至认为，若无茶引贸易，湖北会子将丧失流通基础。③ 总之，以专卖体系来保障纸币价值，已成为南宋纸币运行机制的重要环节。这虽起于现钱不足，却也使现钱储备的必要性大大下降。同样面对和籴，北宋陕西、四川官府承担的巨大兑现压力，在南宋消失了。

当然，专卖体系的容量有限，纸币数量过多也将贬值。宋廷采取了议论者多次提及的"称提"手段，回收市面上的部分纸币，以达到暂时提高纸币币值的效果。与议论者设想的不同，现钱在称提活动中并非主角，金银等贵金属、度牒等身份证书、香药等专卖奢侈品更多地被朝廷使用。④ 这应当受到了南宋较低的铸币量的直接影响。此外，在南宋纸币数量过多时，称提的有效性颇受质疑。如孙梦观在淳祐六年（1246）的轮对劄子中说"秤提殆几无术，毋已，则权之以盐笑乎"，⑤ 认为保证纸币币值最终还是以盐为主。南宋晚期，土地也开始进入某些官员的视野，他们试图以部分官田和农作物产出来保证纸币币值。方岳在轮对中建议官府收回被民众占佃的土地。之后"斛可收楮五十缗，是千斛之谷岁收五万楮也。百之则五百万，千之则五千万，合天下而言当不止万亿顷亩也。发廪有若干之

---

① 王申：《论南宋前期东南会子的性质与流通状况》，《清华大学学报》2019年第3期。
② （宋）李心传：《要录》卷193，绍兴三十一年十月戊辰，第3253页。
③ （元）马端临：《文献通考》卷9《钱币考二》，第252页。
④ 参见汪圣铎《两宋货币史》（修订版），第672—700页。
⑤ （宋）孙梦观：《雪窗先生文集》卷1《丙午轮对第二劄》，《宋集珍本丛刊》，第85册，第380页。

入，印造无若干之出，则凡收百万者为二百万，合而计之，收楮之数多而造楮之数少矣"①。此种做法集大成者，便是贾似道推行的公田法。

　　平心而论，两宋纸币的基本运作方式较为接近，纸币背后均有价值保障，官府也通过各种回收方式来调节纸币币值。但与议论者以北宋交子为基础设计的理想模型不同，不论从价值保障还是从回收称提来看，现钱都与南宋纸币渐行渐远了。朝廷发行纸币的目的既在于弥补金属铸币铸造不足带来的财政损失，便不可能再以大量现钱作为纸币的本钱，并承诺兑现。在纸币流通的过程中，固然存在批评者指出的若干问题，但南宋人已将纸币的价值保障转变为专卖品，并利用多种财政资源调整纸币币值。这既是对现钱不足的妥协和变通，又是发行纸币的一条新路，实用性超过了理想模型。当然，若纸币的流通量远远超过南宋国家财政资源的容纳量时，通货膨胀便是应有之义。只是理想模型无法如议论者设想的那样，承担起挽救南宋纸币流通困局的重任。

四　结语

　　南宋议论者多以北宋交子为基础，建构纸币的理想模型。他们以理想模型为标准来对照南宋纸币制度，批评纸币流通中发行量过大、贬值等问题，由此提出自己的解决方案。理想模型虽以北宋交子为外在形象，实际却只是议论者自己的建构，并不完全符合北宋交子的实际制度与流通状况。在议论者的理想设计下，纸币应有充足的现钱作为本钱，且能被即时兑现，这与天圣交子制度颇有相合之处。但北宋官方一方面逐渐变更制度，不再兑现作为四川本地流通货币的交子；另一方面，流通于陕西、四川之间，以兑换券形式作为财政结算手段的交子也因本钱不足而难以被完全兑现。北宋后期，交子制度与流通状况日渐混乱。这些与议论者建构的理想模型不相符的北宋现象，或被有意忽视，或被抛弃于北宋交子形象之

---

　　①　（宋）方岳：《秋崖先生小稿》卷5《轮对第二劄子·贴黄》，《宋集珍本丛刊》，第84册，第772页。

外，而与南宋制度归为一类。被选择、删削乃至虚构之后的北宋交子，成为理想模型的蓝本。

问题是，论者费心包装的理想模型不能作为南宋纸币制度效法的典范。在现钱不足的情况下，南宋纸币多以茶、盐等专卖品作为价值保障，贵金属、身份性证书也被朝廷用于称提活动，现钱的重要性大大下降。可以说，南宋朝廷在理想模型之外，探索出了一条纸币运行的新路径。

因此，南宋议论者的理想模型最多只能用来批评纸币流通中的弊病，而无法成为评价南宋纸币制度有效性的标准。从运作方式上看，理想模型与南宋制度有一定的相似性，最主要的区别在于以何种物品作为纸币的价值保障。在这个角度上说，南宋朝廷反而意识到不应完全以现钱为基础来发行纸币，专卖品、贵金属、粮食乃至土地等国家财政资源都可以用来保障纸币制度，从而大大拓展了"本钱"的范畴，货币流通领域的容量也大幅增加。理想模型虽有其道理，却不符合南宋的实际情况；南宋纸币流通百年而价值尚存，可谓制度有效性的明证。

解读古人对制度的认识，既要细心分析这些认识与制度本身及实践状况的异同，又须洞悉隐藏于制度之中的运作机制。由此，论者对议论的解读才能超越文本字面，从而回应更深层次的制度议题。

宋代对私酒的禁限

王 姣

(首都师范大学 历史学院)

宋代继承唐五代的榷酒政策,对酒类始终实行禁榷制度,除官酒务、酒库及经由官府认可获得一定酿造权的酒户和个人外,其余机构及个人的酿卖活动皆视为私酒。为保证政府独享酒利,国家制定一系列法律、政策对私酤行为进行限制和惩罚。但是在高额利润的诱惑下,社会各阶层违法私酤的情形屡禁不止,且到南宋时有逐渐扩大的迹象。关于宋代的私酒,学界虽有一定关注但尚缺乏专论①,笔者不揣浅陋,试对宋代官府禁私政策和社会各阶层私酿、私卖情形进行论述,以求教于方家。

一 宋代官府禁私酤措施与缉私活动

宋代政府针对社会上的私酤行为制定了严格的惩罚条例,并通过划分地界、立赏告奸、五保连坐等方式建立起严密的缉私网络。从中央机构到地方都保基层组织,从酒务、酒库的缉私人员到巡检、县尉缉查系统,朝廷的缉私耳目遍布全国。且官府在缉捕私酒过程中常有违法骚扰行为,对

---

① 商业部商业经济研究所编《中国的酒类专卖》,中国商业出版社1982年版,第72—73页。对宋代犯私酒曲的刑罚做过简单介绍。此后较为系统讨论宋代对禁限私酒的是李华瑞《宋代酒的生产和征榷》,河北大学出版社2001年版,第111—122页。从立法和缉查两个方面对宋代官府禁私酒曲进行了论述。本文即是在其基础上对宋政府禁私酤政策和缉私活动做进一步的补充,并对不同群体参与私酤的具体情形做系统梳理。

社会造成了许多不良影响。

(一) 宋代官府禁私酤的刑律和措施

1. 定私酤之刑

关于宋政府对犯私酒、曲量刑的规定,李华瑞先生已经做过系统梳理。① 对此不再赘言。仅就其中的配役之刑及移乡之法再略作陈述。

古代刑法中以笞、杖、徒、流、死五刑为主刑,宋代为革除前代酷刑,制定了折杖法作为代用刑,同时为避免刑轻不足以惩恶的弊端,又在主刑基础上附加从刑,加重对犯人的刑事处罚。从刑包括配隶法、编管法、羁管法、移乡法、令众法、没官为奴婢法、籍没家财法等。②

配隶法指将犯人送至指定场所服劳役并隶属于军籍的刑罚,分刺面配和不刺面配两种。③ 宋初建隆三年(962)制定私酤刑罚,根据所犯私酤数量的多少,配役从一年到三年不等,且通常为刺面配。④ 但是随着配隶法的广泛应用也出现了众多弊端,"其刺配之条比前代绝重,前代加役流既不加杖,又役满即放,或会赦即免。今刺配者先具徒、流、杖之刑,而更黥刺,服役终身,其配远恶州军者,无复地里之限"。可见配隶法在具体执行过程中惩治力度十分严苛。为此张方平主张以实际的居作役代替刺配外地。⑤ 其建议不详朝廷是否有采纳,但《庆元条法事类》中规定禁地内私造酒五石或私造曲一百斤,禁地外私造曲一百五十斤皆"不刺面配本城"⑥,可见南宋针对犯私酤配役之刑的处置确实已经有所改变。

所谓移乡法指将犯人强制与有血缘关系的宗族乡党脱离,迁徙别处州

---

① 参见李华瑞《宋代酒的生产和征榷》,第111—116页。
② 参见戴建国《宋代从刑考述》,载氏著《宋代法制初探》,黑龙江人民出版社2000年版,第152—172页。
③ 参见戴建国《宋代从刑考述》,载氏著《宋代法制初探》,黑龙江人民出版社2000年版,第152—172页。
④ (清)徐松辑:《宋会要辑稿》食货20之1,中华书局1957年影印本,第5133页上栏b。
⑤ (宋)张方平:《乐全先生文集》卷24《请减刺配刑名》,《宋集珍本丛刊》本,线装书局2004年版,第6册,第32页上栏b—下栏b。
⑥ (宋)谢深甫等撰,戴建国点校:《庆元条法事类》卷28《榷禁门一·酒曲》,黑龙江人民出版社2002年版,第395页。

县居住服役。这对乡土观念较重的古人而言亦是一种重罚。① 元祐五年（1090）侍御史孙升上奏："臣检准元祐四年八月二十八日敕，据两浙转运副使叶温叟言，申请有荫之人犯酒，至三犯，特许真决。无荫之人依法断罪外，随所犯轻重，勒令迁徙别州县居住，满一年不再犯，申所属施行。臣访闻两浙西路州县，见今缘此指挥，逢迎叶温叟意，应犯私酒，不分轻重，尽令移乡。……臣伏见朝廷向惩卢秉所立监法移乡之弊，已行废罢，今复从温叟之请，……伏望圣慈特降指挥，所有元祐四年八月二十八日两浙路所犯私酒移乡指挥，更不施行。"② 卢秉，字仲甫，皇祐元年（1049）进士及第，调吉州推官，此后浮沉州县二十年无人知晓，直到熙宁间被王安石赏识得以入制置三司条例司参与新法的制订。③《长编》亦载熙宁三年（1070）中书上刑名未安者五条，其中有"刺配之法，大抵二百余件，愚民罕能知畏。……其闲情理轻者，亦可复古徒流之坐移乡之法，俟其再犯，然后决刺充军"④。两相印证可知大约熙宁三年（1070）移乡之法开始施行，当时可能便已经应用到犯私酤的处罚当中。从孙升所言可知移乡法元祐四年（1089）之前曾废罢，元祐四年（1089）又在两浙路州县禁捕私酤中复行。元符间此法仍见施行，"人户陈诉，为犯私酒，迁徙往别州县，乞依赦许放"⑤。

2. 严地界之分

宋朝的榷酒政策鼓励民众饮酒，但是对酒和酒曲的生产采取多种形式的控制和干预，对酒的销售采取严格划分地界的措施，可以说这种设置产销禁地的做法是宋朝榷酒政策最重要的标识之一。禁地范围的划分经历了一个逐步完善的过程。建隆三年（962）规定："应私犯酒者，东京去城五十里，西京及诸道州府去城二十里，不许将外来酒入界，并入州、府、

---

① 参见戴建国《宋代从刑考述》，载氏著《宋代法制初探》，第152—172页。
② （宋）李焘：《续资治通鉴长编》（以下简称《长编》）卷449，元祐五年十月丁未，中华书局2004年版，第10794页。
③ 《宋史》卷331《卢秉传》，中华书局1977年标点本，第10670页。
④ （宋）李焘：《长编》卷214，熙宁三年八月戊寅，第5212页。
⑤ （宋）李焘：《长编》卷498，元符元年五月癸亥，第11852页。

县、镇城门。……乡村道店有场务处,其外来酒不许入界。"① 端拱二年（989）又进一步规定了县镇官酒禁地的范围为"去县镇城十里外"②。《庆元条法事类》对酒曲诸禁地内的定义是"去东京城二十五里、州二十里、县镇寨十里内"③。表明端拱以后北宋曾缩减了东京城官酒禁地的范围。南宋时除州县官酒务之外,户部、总领所及主掌军队的宣抚使司、制置使司、都统司、安抚大使司、三衙等皆掌握大量酒库,这些酒库分散四处,同样"各分疆界,彼此酒不越境"④。表明除城市、乡村划分固定地界外,同一区域内不同官府机构也通过划分地界的方式实现对酒利的分割与占有。正如李华瑞先生所言,对官酒地界的划分一方面有利于稳定本地酒课收入,另一方面官府通过超经济强制手段对界内酒价进行垄断,从而实现对酒利的独占,且在这一过程中排除了竞争因素的存在。⑤ 因而在宋代酒类专卖中,禁地一直是区分官酒和私酒的主要标准。

3. 告赏法与五保法

宋政府在对民众犯私酤的量刑不断完善的同时也制定了一套较为完备的民间监督体系,包括告赏法与五保连坐法。

告赏法,即立赏告奸,是宋代针对各种犯罪而广泛使用的社会监督手法。⑥ 告赏法同样实行于禁捕私酒的活动中,赏钱主要按照所犯刑量大小"犯者籍家财充赏"⑦。南宋告赏之下籍没犯人家产的做法越发严苛,往往"内有一经告赏,以犯人所居舍屋什物没官,不分轻重"。对此刘一止奏请"欲将造贩私酒及贩外来官酒入禁地之人,如所犯止系笞杖罪,只依旧法

---

① （清）徐松辑：《宋会要辑稿》食货20之2,第5133页。
② （清）徐松辑：《宋会要辑稿》食货20之4,第5134页。
③ （宋）谢深甫等撰,戴建国点校：《庆元条法事类》卷28《榷禁门一·酒曲》,第395页。
④ （宋）孙应时纂修、鲍廉增补,（元）卢镇续修：《重修琴川志》卷1《叙县·酒坊》,《宋元方志丛刊》本,中华书局1990年版,第2册,第1168页上栏a。
⑤ 李华瑞：《宋代酒的生产和征榷》,第116—117页。
⑥ 郭东旭：《立赏告奸：宋代一个广泛的法域》,载姜锡东、李华瑞主编《宋史研究论丛》第9辑,河北大学出版社2008年版,第338—365页。
⑦ 《宋史》卷381《洪拟传》,第11750页。

赏格追赏。若罪至徒流，即行舍屋、什物没官指挥"①。若犯人财产不足充赏则由干系人（邻保、酒户等）均摊备赏。② 这是因为按照宋政府规定这些人皆对禁地内私酤行为有监督告发之责。酒户趁办官酒课额本就不易，自然不希望所在地界内存在与其争夺市场的私酒，故在缉捕私酒上酒户与官府有基本共识，但若"诸酒户知情放酒入禁地贩卖者，减犯人罪三等，罪止杖一百"。且要"计犯人应出赏钱数追罚"。若酒户自身知法犯法酤卖私酒则"计一界买扑价钱追罚二分，并入官，隶转运司，虽遇恩亦理纳"③。

  酒户之外邻里之间也要相互监督。宋初乡村局部地区曾实行松散的五保法以加强对地方的控制，其方法是将乡村之人五家结为一保使其互相监察，维护地方治安。④ 五保法也被应用到缉捕私酒当中，庆历二年（1042）正月七日"审刑院大理寺请自今州县官监酒务处，令五家相保，如有私酤，坐五保。奏可"⑤。王安石在此基础上推行保甲法，随着保甲与役法的合流，到南宋时都保乡役体系已经成为官府对乡村基层社会进行控制的重要组织形式。都保之内邻里之间仍然担负有监督彼此的责任，对保内私酤之事也要互相觉察。北宋时程俱言"近城中排比保伍，盖欲使奸盗无所容，私酤禁榷可以相察"⑥。绍兴二十五年（1155）"大理评事俞长吉面对，论村落酒坊，多因农民婚嫁之礼，纵其私酤，不即掩捕，望许保伍告官，重置典宪"⑦。如若互相隐匿则要受到相应的惩罚，"诸私造酒、曲沽

---

  ① （宋）刘一止著，龚景兴、蔡一平点校：《刘一止集》卷12《论禁缉私酒》，浙江古籍出版社2012年版，第157页。
  ② （清）徐松辑：《宋会要辑稿》刑法6之40，第6713页上栏a。
  ③ （宋）谢深甫等撰，戴建国点校：《庆元条法事类》卷28《榷禁门一·酒曲》，第395、397页。
  ④ （宋）欧阳修撰，李逸安点校：《欧阳修全集》卷118《河北奉使奏草卷下·五保牒》，中华书局2001年版，第1830页。
  ⑤ （清）徐松辑：《宋会要辑稿》食货20之8，第5136页下栏b。
  ⑥ （宋）程俱：《北山小集》卷21《回柯旸刑部简》，《宋集珍本丛刊》本，第33册，第498页下栏b。
  ⑦ （宋）李心传编撰，胡坤点校：《建炎以来系年要录》卷169，绍兴二十五年九月丙辰，中华书局2013年版，第3212页。

卖并舍邻人知而不纠，论如伍保律"①。若对犯私酤之人提供帮助，"其船车畜产之类，知情借赁运致者，没官"②。可见在告赏及五保法之下，宋代缉捕私酒政策之严密。

（二）官府的缉私活动

1. 官酒系统内缉私人员

宋代的仓、场、库、务皆设监当官，"掌茶、盐、酒税场务征输及冶铸之事"③。此外又有专门负责处理各种琐碎事务的吏人，包括专副（专知官与副知的合称）、手分、贴司、斗子、库子、称子之类的"专知官系"④。酒务、酒库官胥的设置亦大致如此，另有负责生产事宜的酒匠、酒工等。如南宋绍兴末、隆兴初舒州在城官酒务及衙西酒店中便有提点官、监酒官、专知、攒司、酒匠、贴库、作夫之类的记载。⑤酒务、酒库中各类人员皆有缉捕私酒的义务。

作为酒库的主要管理者，监酒官对禁地内违法私酤要时常监督觉察。但落实到具体的缉捕行动上时，则多由专知官系中的胥吏负责。如淳熙间台州官酒务酒课趁办不足，官吏在州城之中到处搜捕私酒，以期通过获取罚钱补足课利，当时酒务派去捉获私酒的人员有专知陈明、酒匠林椿、脚子杨荣等。⑥官府在缉捕私酒过程中也会遇见有自卫能力乃至顽固抵抗的豪强富户，故酒务、酒库也经常雇用一批爪牙跟随其中，称作"巡子"。"巡子"大多数是地方官府私自设置，其来源主要是市井中的浮浪游手之徒，因此在缉捕私酒过程中多有骚扰民众、违法生事的情况出现。建炎间衢州盈川县进士吕南翼言"近来场务私置巡子四五十人，常持杖乡村往来

---

① （宋）谢深甫等撰，戴建国点校：《庆元条法事类》卷28《榷禁门一·酒曲》，第396页。
② （宋）谢深甫等撰，戴建国点校：《庆元条法事类》卷28《榷禁门一·酒曲》，第397页。
③ 《宋史》卷167《职官七》"监当官"，第3983页。
④ 祖慧：《宋代胥吏的构成与迁转出职制度研究》，博士学位论文，杭州大学，1995年，第5页。
⑤ 孙继民、魏琳：《南宋舒州公牍佚简》，上海古籍出版社2011年版，第31、35、103页。
⑥ （宋）朱熹：《晦庵先生朱文公文集》卷19《按唐仲友第四状》，朱杰人、严佐之、刘永翔主编：《朱子全书》，上海古籍出版社、安徽教育出版社2002年版，第20册，第855页。

及夜半举火，以捉私酒为名，破毁人家什器，挟势劫掠财物。窃恐夜深民间不知，或相斗敌，因兹成事"①。南宋中后期隆兴府进贤县土坊镇"有酒税官一员，专拦数辈，恶少爪牙数十人，皆蚕食于数十户之市民"②。黄震言"酒库有酒巡，所以戢私沽"③。应当也是指这一群体。

2. 地方治安系统中的缉私人员

宋代国家治安管理体系中的巡检和县尉也直接参与缉捕私酒的活动。巡检、县尉是宋代为加强中央集权、维护地方治安所设的两套治安系统，有时也并称"巡尉"，二者既有区别又有联系，对此学界已有系统研究。④稽查私酤也是巡检、县尉职责所在，"诸县尉，专管捕禁物。诸都监、寨主、巡检、监堰官兼巡捕本地分禁物"⑤。若对界内违禁物品失于督查时又要受相应惩罚："诸巡捕人失觉察本界内停藏，（谓经日者。）货易若透漏外来官酒而被他人告捕获者，犯人杖罪，笞四十；徒罪，杖八十；流罪，杖一百。"⑥当然巡捕人捕获私酒有功也可获得一定奖赏，只是"巡捕官虽捕获有赏，而赏未始常得；透漏有罚，而比折每可以宽。至于岁课或亏，则得罪减于监当之官，是其所以不甚致力于巡捕者也"⑦。可见北宋时巡尉因并非缉捕私酒的主要负责人，在缉私活动中并不主动。南宋巡尉应该比较广泛参与到缉私活动中，这与役法的变化和地方贪污腐化有关，对此后文再做展开。

3. 其他相关人员

宋代中央到地方对酒业负有管理职责的机构如三司或户部、路级监司

---

① （清）徐松辑：《宋会要辑稿》刑法2之103，第6547页上栏a—b。
② （宋）吴潜：《许国公奏议》卷2《奏乞废隆兴府进贤县土坊镇以免抑纳酒税害民之扰》，《宋集珍本丛刊》本，第84册，第81页上栏b。
③ （宋）黄震：《黄氏日抄》卷70《申转运司乞免行酒库受诬告害民状》，张伟、何忠礼主编：《黄震全集》，浙江大学出版社2013年版，第2081页。
④ 详见苗书梅《宋代巡检初探》，《中国史研究》1989年第3期。
⑤ （宋）谢深甫等撰，戴建国点校：《庆元条法事类》卷28《榷禁门一·榷货总法》，第382页。
⑥ （宋）谢深甫等撰，戴建国点校：《庆元条法事类》卷28《榷禁门一·酒曲》，第396页。
⑦ （宋）华镇：《云溪居士集》卷24《上西京运使李龙图书》，文渊阁《四库全书》，第1119册，第558页。

机构、州县等作为统筹地方各类事务的机构及其长官，督查辖区私酒、维护国家榷酒收入的稳定增长自然也是其职责所在。如乾道五年（1169）提举江南路常平茶盐公事翟绂言："饶、信两州诸县多酝私酒，擅于乡村置立拍户，抑勒乡人沽买。钱每月三二百文，骚扰人民，挠夺常平坊场课利。"朝廷随即下诏令监司督查。① 南宋以后提领户部赡军酒库所、总领所、安抚司、制置司等参与到榷酤的管理之中，这些机构长官虽然很少直接参与到缉捕私酒的活动，但辖区内巡检、县尉、酒务、酒库巡捕人员在缉私过程中遇到的种种问题则常常要向他们上报以及寻求帮助。如黄榦监石门酒库时因崇德县豪民钱福违法私酤、擅置拍户，黄榦先"诉之巡尉"又"诉之州郡"请求州县官府缉捕私酒，皆无果后，不得已又向运使、提领申请指挥州县根究惩治钱福。②

要之，宋代针对民间私酤行为直接参与缉捕的有两套系统，一是在官酒务、酒库机构主导下，主要由专知官及酒匠、脚子、巡子等组成的禁私酤系统；一是国家治安管理体系下的巡检、县尉兼任缉捕私酒之事。此外还有对辖区内缉捕私酒负有统领与督查之责的各级官府机构长官。

4. 宋代官府缉捕私酒的影响

尽管宋代官府缉捕私酒在一定程度上防止了酒课的流失，但也对社会造成了许多不良影响。

其一，告赏法下小民或因贪利，或因挟私报复，往往相互攻讦诬陷为私酤。有亲族反目，"应飞为一飞堂弟，而一飞忍于诬告，以本家之仆而执其主，以别家之酒而入其罪，冤恨莫诉，竟至身死"③。有奴婢叛其主，"王佐宣子守平江，……小民告捕进士郑安国酒，……告以酒处者，婢也"④。即便是身居官位之人也免不了遭受诬陷被捕，"酒禁素严，有捕郭

---

① （清）徐松辑：《宋会要辑稿》食货21之8，第5148页。
② （宋）黄榦：《勉斋先生黄文肃公文集》卷27《申崇德县乞追究钱福札子》，《宋集珍本丛刊》本，第68册，第21下栏b—22页上栏a。
③ （宋）吴泳：《鹤林集》卷21《缴虞一飞狱案》，《宋集珍本丛刊》本，第74册，第483页下栏b。
④ （宋）陈造：《江湖长翁文集》卷22《记王尚书事》，《宋集珍本丛刊》本，第60册，第578页上栏b—下栏a。

二十五私酤至庭下，公询之，郭乃一邑令。公察其非涤器之徒，治告捕者而慰遣之"①。

其二，禁捕私酒逐渐变成官府滥征酒课以及地方官搜刮民财、营私肥己的借口。如绍兴间知临安府孙觌"在任赃污不法，……临安府捉获酤卖私酒百姓，其家富厚，觌令珪受钱一千贯，更不解送所司，至帖下本县，直行放免"②。淳熙间唐仲友在台州不仅对犯私酤者缉捕甚严，还旁及原料售卖之人与四邻之家，手段极为残酷。③ 嘉定间黄池镇缉捕私酒时还连带着倾销官酒，给百姓造成不少骚扰，"如姓刘人以私酿败露，徐仁杰特其屋主，元不知情，因而文致，勒令拍酒一千贯；阿扬为家僮所告酝造私酒，事之有无，特未可知。自当中州送狱，却勒令拍酒四百三十贯，并纳赏钱一百贯，犹以为未足"④。可见在当时有不少名为捕酒，实为强盗的做法。

其三，巡检、县尉职责本为捕盗缉私、保境安民，但却在缉捕私酒过程中给基层社会造成极大骚扰。巡尉的主要人员是弓手，弓手是宋代职役的重要内容之一，弓手任职之人为乡村五等户中的三等户，属小康之家。然弓手之役不仅所差年限既长，又常轮替无望，北宋行免役法后虽支付弓手雇钱，但为数微薄又难支撑家计，故而其自身也不免为利所诱"傍官生事，以谋衣食"。针对这种现象，黄震认为："尉司有弓手，所以戢盗贼；酒库有酒巡，所以戢私沽。两不相及也。果有私沽，酒巡自足捕之。私沽非强盗比，正不待弓兵而后可捕也。……故凡实有私沽者皆酒巡自捕，凡申上司差尉司捕者皆非私沽。"⑤ 尽管黄震的说法未免有些以偏概全，但却

---

① （宋）楼钥撰，顾大朋点校：《楼钥集》卷95《文华阁待制杨公行状》，浙江古籍出版社2010年版，第1667页。
② （宋）李光：《庄简集》卷11《论孙觌劄子》，《宋集珍本丛刊》本，第34册，第17页下栏a—b。
③ （宋）朱熹：《晦庵先生朱文公文集》卷18《按唐仲友第三状》，《朱子全书》，第20册，第833页。
④ （宋）真德秀：《西山先生真文忠公文集》卷7《申御史台并户部照会罢黄池镇行铺状》，《宋集珍本丛刊》本，第75册，第742页上栏b。
⑤ （宋）黄震：《黄氏日抄》卷70《申转运司乞免行酒库受诬告害民状》，《黄震全集》，第2081—2082页。

道出了基层社会巡尉缉捕私酒普遍存在构陷冤狱、骚扰民众、滥征罚钱等问题。

二 榷酒政策下私酒屡禁不绝现象的分析

如前所述宋朝采取了严厉的禁酒刑律和稽查私酒措施，可是宋代的私酒现象依然屡禁不绝，下面将对不同阶层和官府酿销私酒的情况作具体分析。

（一）特权阶层酿卖私酒

在宋代特权阶层依照规定可自行酿酒或在规定场所寄造酒曲以供家用，不得投放市场销售，但是其中也有不少人酤卖私酒。宋朝特权阶级主要指宗室、戚里、官僚之家，据王曾瑜先生研究，宋朝的外戚其实等同于官户，故本节将戚里之家酿卖私酒的情形同官僚之家合并论述。①

1. 宗室之家从事私酤

宋初宗室原则上只要不出卖便不受限制，但若造酒酤卖则要受到严惩，景祐三年（1036）诏"禁宗室卖酒，募告者赏之"②。嘉祐间规定皇亲若犯私酒皆临时取旨，许人告捉，两瓶以上赏钱十贯止，熙宁间改为"每卖一瓶杖八十，一斗加一等，罪止杖一百，许人告捕，一斗赏钱十贯，至百贯止"。对宗室犯私酒的处罚不断严格。③ 随着宗室人口的不断增长，出现宗室外居的情况，元丰五年（1082）规定"外任宗室毋得造酒，许于旧宫院尊长及近亲处寄酝"④。许是因此才又规定宗室犯私酒"取旨之法兼及本位尊长"⑤。元祐七年（1092 年）四月诏"宗室、外戚、臣僚之家，

---

① 参见王曾瑜《宋朝阶级结构》，中国人民大学出版社 2009 年增订版，第 204—207 页。
② （宋）李焘：《长编》卷 119，景祐三年十二月辛酉，第 2812 页。
③ （宋）李焘：《长编》卷 453，元祐五年十二月丁巳，第 10875 页。
④ （宋）李焘：《长编》卷 322，元丰五年正月庚子，第 7761 页。
⑤ （宋）李焘：《长编》卷 453，元祐五年十二月丁巳，第 10875 页。

违犯酒禁如累及三次，并勾收槽杖"①。同年八月又诏"宗室犯私酒，尊长应取旨者，止坐本位同祖尊长。尊长自犯，即坐本宫同祖尊长"②。崇宁间两批宗室疏属迁居南京睢阳与西京洛阳，朝廷再次强调宗室不得私造酒曲，"许于公使库纳曲麦价钱寄造，每人月不过一硕，遇节倍之"。且"五岁已下不造，十五以下减半。两京依此"③。南宋以后大致延续北宋中后期的政策，绍兴四年（1134年）诏"应戚里许令造酒之家若在外州军居住，并依臣僚体例，止应细算曲米价值，就公库或官务寄造，以充宾祭之用，每岁不得过三十石"④。

尽管法令禁限颇严，宗室子弟犯私酒者仍屡禁不止。绍兴初临安府"宗室及有荫不肖子弟，多是酤私酒、开柜坊"⑤。有些甚至对地方治安造成严重骚扰，"宗子分寓郡县，骚动民庶，……或酝造酒兴贩私物，有司无以禁止"⑥。李訦主管南外睦宗院，"时有以南外宗鬻酒之弊闻于朝"⑦。《夷坚志》记太平州黄池镇有不逞宗室啸集"屠牛杀狗，酿私酒"⑧。湖州德清县有宝觉寺"宗室子赵大诣寺假屋沽酒"⑨，应当也属于私酒范畴。

2. 品官之家酿卖私酒

宋代规定品官之家不得涉足酒业经营，"旧法：品官之家有官酒者，不限数，若私自酝造沽卖，已有等格罪赏禁约。绍兴六年，续降指挥：州县寄居官及有荫之家造酒沽卖，一等作杖罪科断，赏钱三百贯。仍作本州县界与旧法牴牾，今欲依旧法"⑩。但在酒利驱使之下，官僚从事私酤之事

---

① （宋）李焘：《长编》卷472，元祐七年四月丁卯，第11269页。
② （宋）李焘：《长编》卷476，元祐七年八月丙辰，第11338页。
③ （清）徐松辑：《宋会要辑稿》帝系5之18、19，第120页下栏b—121页上栏a。
④ （清）徐松辑：《宋会要辑稿》食货21之19，第5153页下栏b。
⑤ （清）徐松辑：《宋会要辑稿》刑法2之147，第6569页上栏a。
⑥ （宋）谢深甫等撰，戴建国点校：《庆元条法事类》卷7《职制门四·监司知通按举》，第132页。
⑦ （宋）真德秀：《西山先生真文忠公文集》卷42《通议大夫宝文阁待制李公墓志铭》，《宋集珍本丛刊》本，第76册，第445页上栏a。
⑧ （宋）洪迈撰，何卓点校：《夷坚志》支戊卷4《黄池牛》，中华书局1981年版，第1080页。
⑨ （宋）洪迈撰，何卓点校：《夷坚志》丁志卷4《郭签判女》，第568页。
⑩ （清）徐松辑：《宋会要辑稿》食货20之20—21，5142页下栏b—5143页上栏a。

不可胜数，主要通过以下几种途径：

其一，以寄造名义私酿货卖。宋代官员若自家不酿酒按规定只需要支取米曲本钱，便可在所在地区公使库、官酒务寄造。如文彦博致仕后其家庙祭祀所用酒便是于河南府公使库逐祭寄造酒十石。① 因公库寄造省去了雇请人工的成本，故诸路州军官员多以私钱在公使库及官酒务等处寄造。为此朝廷下诏"诸州以私钱物就公使库若场务酝酒者，论如私酝酒法加一等；已入己，以自盗论，长贰、当职官加二等"②。元符间殿中侍御史邓棐弹劾知河中府贾青"权杭州日，将所得供给寄公库，造酒出卖，以收倍息"③。可见地方官吏以寄造为名营私取利的情况十分常见。

其二，私自贩卖供给酒。宋代每遇年节时序地方官府也常互相馈送公用酒。因此有不少官员私下将所得供给酒贩卖取利，一旦事发则要受到相应的处罚。嘉祐三年（1058），"都官员外郎、通判兖州马预罚铜二十斤，徙小处通判"。原因是"以鬻所得酒于部中"④。熙宁中周师厚任湖北提举常平使，因私下将供给酒数十瓶交给张商英售卖，遭弹劾降官。⑤ 元祐间右司谏苏辙曾弹劾陆师闵违法差衙前卖供给酒。⑥

其三，弄权舞弊，私造私卖。嘉祐四年（1059）侍从官吕溱"委信小吏，至假官曲酿酒，又使人诣旁郡货易私利"⑦。嘉泰元年（1201）"知彭州史容特降一官。……以容守彭州，用亲随冒请军粮交通关节，夹造私酝货卖"⑧。南宋初放宽对军队回易的限制，掀起了军队经营酒业的热潮。⑨ 但是在酒库的经营中军将时常利用酒库违法经营、营私肥己，引起臣僚的不满，"今之主将，无非营私背公，蠹国害民之徒，广回易、擅榷酤，所

---

① （宋）李焘：《长编》卷343，元丰七年二月丙戌，第8247页。
② （清）徐松辑：《宋会要辑稿》食货21之17、18，第5152页下栏b—5153页上栏a。
③ （宋）李焘：《长编》卷504，元符元年十二月壬辰，第12016页。
④ （宋）李焘：《长编》卷187，嘉祐三年三月辛卯，第4507页。
⑤ （宋）魏泰撰，李裕民点校：《东轩笔录》卷11，中华书局1983年版，第123页。
⑥ （宋）李焘：《长编》卷366，元祐元年二月癸未，第8807—8808页。
⑦ 司义祖整理：《宋大诏令集》卷205《吕溱落职分司制》，中华书局1962年版，第767页。
⑧ （清）徐松辑：《宋会要辑稿》职官74之9，第4055页上栏b。
⑨ 详见李华瑞《南宋的酒库与军费》，《人文杂志》2016年第3期。

至州郡,则恣无厌之求,民力为之耗减"①。绍兴末有官员弹劾刘宝"酒库元许置一所,俾助军用,宝乃擅置两大库,又添置脚店百余处,列布阛阓,究其用心,专以渔夺总司及镇江酒库之利"②。可见军将贩私营利活动的普遍。

其四,包庇纵容亲族违法私酤。由于酒业经营利润颇丰,官员不仅自己涉足私酿,还会包庇子女、亲戚、族人违法私酤。淳熙二年(1175),户部侍郎李安国"纵亲戚子弟于诸库买酒,诡兵将官大价出卖"③。庆元间朝奉郎徐枏"纵容亲戚贩鬻私酒,暨场务捕获,动以千计,付之有司公行可也,乃力与庇护,甚至纵令仆厮争夺纷竞,都人聚观,请嘱守臣,必欲释放,遂至彻闻天听"④。"韩侂胄方用事,族有居越者,私酿公行。"⑤

(二)地方城镇乡村民众的私酒活动

普通民众贪于酒利也多有冒险从事私酤的行为,有些甚至严重影响到官榷制的推行。如台州"环城内外私造酒曲者二千余家,三务监官六员,终日所收本息才数十千,不充官吏之费"⑥。所谓"环城内外"包括台州治所所在城市和周围的城镇及乡村,可以说是私酒比较猖獗的区域,几乎将官酒挤出市场。

1. 地方豪强富户参与私酤

地方城镇乡村中的豪强富户是从事私酤的主要群体,且多是武断乡曲、恃强凌弱的地方豪强形象。"密州富民王濣者私酿酒,其家邻父率其

---

① (宋)李心传编撰,胡坤点校:《建炎以来系年要录》卷71,绍兴三年十二月壬辰,第1373页。
② (宋)李心传编撰,胡坤点校:《建炎以来系年要录》卷188,绍兴三十一年正月壬辰,第3644页。
③ (清)徐松辑:《宋会要辑稿》职官72之2,第3989页上栏a。
④ (宋)卫泾:《后乐集》卷11《缴徐枏祠禄状》,文渊阁《四库全书》,第1169册,第615页下栏b。
⑤ 《宋史》卷390《沈作宾传》,第11961页。
⑥ (宋)赵汝愚:《上宰执论台州财赋》,林表民编:《赤城集》卷2,文渊阁《四库全书》,第1356册,第628页上栏a。

子发之,澥给奴以为盗,使尽杀其父子"①。狄遵礼在安吉时有大姓"俞氏私酿酒,椎牛会客"②。嘉泰间黄榦监嘉兴府崇德县户部犒赏石门酒库,有钱福、钱九一、沈十八等拍户皆违法贩卖私酒,其中以钱福私酤行为尤为恶劣。钱福其人本为崇德县某乡村保正,也是石门酒库的拍户。他与酒库合干人蒋润勾结酿造私酒,私占官酒地界、私设脚店,几乎垄断了官酒近三分之一的市场,酒库利润被大量侵占官府却对其无可奈何,任由其逍遥法外多年。③

当然宋代也有众多富民是官府无限度征调酒课、滥用缉捕权力的对象。"吉之人以酒为生,……今拍户十亡六七,间有见在,亦破家竭产,了纳官课。不然,必私自酝造,杂以官酒卖之。有司追捕私酿,又破其家,遂至相蹳俱窜,而望课之不亏,疏矣。"④吉州拍户之所以酝酿私酒发卖,实在是官府催办酒课过度的结果。即便如此拍户也要承受官府的追捕,无论酒课缴与不缴都免不了家庭破坏、四散流离的下场。如果一不小心得罪了地方长官,白白搭上性命也是常有,秦桧之弟秦棣知宣州,"州之何村有富民酿酒,棣遣巡检将吏士捕之。夜半,围其家,民疑其强盗也,即击鼓聚邻里,共执之。走诉诸棣,棣怒,取民及其子孙三人,用麻绳通缠其体,自肩至足,然后各杖之百,及解缚,三人皆死"⑤。南宋末年,地方财政日渐困窘,官府为了补助财计也往往对各种法外敛财的行径视若无睹,贫下小民已无生计,富民阶层成为官府剥削的主要对象,即所

---

① (宋)王珪:《华阳集》卷48《推诚保德崇仁守正忠亮佐运翊戴功臣开府仪同三司守司空致仕上柱国郑国公食邑一万一千六百户赠太尉兼侍中宋元宪公神道碑铭》,文渊阁《四库全书》,第1093册,第359页下栏b。
② (宋)黄庭坚:《山谷全书》正集卷30《朝请大夫致仕狄公墓志铭》,《宋集珍本丛刊》本,第25册,第600页下栏a—b。
③ (宋)黄榦:《勉斋先生黄文肃公文集》卷27《申崇德县乞追究钱福札子》,《宋集珍本丛刊》本,第68册,第21上栏a—22页上栏a;卷30《申提领所乞惩治钱福》,第55页上栏a—下栏b。
④ (宋)胡铨:《胡澹庵先生文集》卷10《与吉守李侍郎书》,转引自曾枣庄、刘琳主编《全宋文》卷4306,上海辞书出版社2006年版,第195册,第155—156页。
⑤ (宋)李心传编撰,胡坤点校:《建炎以来系年要录》卷158,绍兴十八年十二月庚申,第3004页。

谓"捃摭富民之过，以为罔利之媒"①。唐仲友在台州时专门派其耳目四处探查富民私事，意在要挟取利，"本州贩香牙人应世荣，奸猾小人，……仲友专一信委，为心腹牙爪，凡首奸获酒，尽是世荣发之，仲友却令临海县丞将带兵卒数十人追捕。每一如此，阖郡搔扰惊走"②。富民阶层相对于普通百姓是强势的一方，但若与官僚阶层发生冲突时仍然时常受到各种侵害，是弱势的一方。

2. 为经营生计的细民从事私酤

宋代私酤群体中还包括一些依靠酿卖私酒维持生计的普通民众。《夷坚志》记江南东路饶州鄱阳县"东尉弓手之妻寡居，以私酤为生。陈数从之赊饮，妇人奉之不倦"③。寡居妇人以私酤为生公然置店贩卖。庆元间"永年监兵方五死，孀妻独居，营私酿酒，每用中夜雇渔艇运致，传入街市酒店，隔数日始取其直，常使吴六辅行。前三年，方妻挟八岁儿俱出，掠十数千还置舟内"④。则是暗中与街市酒店联合，相当于酒店的供应商。这里的酒店自然是官府许可的合法店铺，官酒、私酒一并货卖，毋庸置疑是私酒获利更多。方氏遗孀所卖私酒一次所获有十几贯，姑以十贯计算，这其中包含有米曲本钱。庆元间庆元府酒价约合每升267文。⑤ 两浙路为南宋京畿地区，物价居全国前列，若由此类比江南东路酒价，并按照一斗米出一斗酒的出酒率⑥来估算的话，十贯钱约合酒三斗七升，耗粮亦为三斗七升。南宋中期江南东路米麦价格大致均价在每石2000—3000文左右⑦，三斗七升合计约740—1110文。造酒除用米外，曲也是主要造酒原料，不同品种酒的酿造用曲量不同，每斗米用陈曲十两，新曲十二两或十

---

① （宋）真德秀：《西山先生真文忠公文集》卷7《申御史台并户部照会罢黄池镇行铺状》，《宋集珍本丛刊》本，第75册，第742页上栏b。

② （宋）朱熹：《晦庵先生朱文公文集》卷18《按唐仲友第三状》，《朱子全书》，第20册，第837页。

③ （宋）洪迈撰，何卓点校：《夷坚志》支庚卷9《陈逍遥》，第1207页。

④ （宋）洪迈撰，何卓点校：《夷坚志》支癸卷9《吴六竞渡》，第1287页。

⑤ （宋）吴潜修，梅应发、刘锡纂：《（开庆）四明续志》卷4《经总制司》，《宋元方志丛刊》本，第6册，第5967页上栏a。

⑥ 关于宋代出酒率参见李华瑞《宋代酒的生产和征榷》，第75—76页。

⑦ 参见汪圣铎《南宋粮价细表》，《中国社会经济史研究》1985年第3期。

三两大致为宋代造酒原料与用曲量的一般情况。① 如此三斗七升米用曲量约三斤。宋太宗至道间东京都曲院"每斗麦收曲六斤四两正数"②，则三斤曲所耗原料成本较为有限，约100—150文。由此计算方氏妇人的造酒本钱大致不超过1300文。在扣除成本之后方氏所获利润依然颇丰，而这还是与酒店分利之后的所得，实际上酿卖酒的利润更多。这也无怪乎社会中各阶层皆甘冒风险涉足私酤之事了。

（三）官府机构公开酿卖私酒

1. 宫廷酒库酿卖私酒

北宋时宫廷内主要的酿造机构为内酒坊和法酒库，二库所造酒主要供祭祀、皇室饮宴与赏赐之用。南渡以后宫廷中又有御前酒库、御前甲库、德寿宫酒库，原则上这些机构所造酒属于非商品酒范畴，不准出售划夺官酒课利。③ 但实际上这些机构也有将酒出卖获利的情况。北宋天圣年间三司曾将"法酒库积压年深煮酒"发卖给在京酒户。④ 南宋高宗设御前甲库酤卖取利引起臣僚反对。⑤ 御前酒库，又称御酒库，属内诸司。⑥ 御前酒库造酒出卖息钱浩大侵吞户部课额，淳熙九年（1182）诏"御酒曲料库支卖新煮酒并行住罢，将在栈煮兰液酒二十万瓶付点检赡军酒库所"⑦。宋高宗退位后移居德寿宫，有德寿宫酒库也曾私下贩卖，"致私酤之谤闻于天下"⑧。基本上到南宋时宫廷中酿造机构皆加入贩卖酒类取利的活动中去，统治者带头贩卖私酒不仅给官府缉私带来不少压

---

① （宋）朱肱：《北山酒经》卷下，文渊阁《四库全书》，第844册，第826页。
② （清）徐松辑：《宋会要辑稿》职官26之33，第2936页上栏a。
③ 参见李华瑞《宋代酒的生产和征榷》，第255—261页。
④ （清）徐松辑：《宋会要辑稿》食货52之1，第5699页下栏b。
⑤ （宋）李心传编撰，胡坤点校：《建炎以来系年要录》卷184，绍兴三十年正月丁酉，第3550—3551页。
⑥ （宋）周淙纂修：《（乾道）临安志》卷1《内诸司》，《宋元方志丛刊》本，第4册，第3218页下栏b。
⑦ （清）徐松辑：《宋会要辑稿》食货52之1，第5699页下栏a。
⑧ （宋）韩元吉：《南涧甲乙稿》卷12《上辛中丞书》，文渊阁《四库全书》，第1165册，第172页下栏b。

力,更从中分夺不少酒利。

2. 地方官府违法酤卖

地方官府从事私酤活动主要集中在南宋。宋代地方财政经历了由较为宽裕逐渐走上窘境的发展道路,南宋时中央政府不断加强对地方财政的征调和攫取,酒课亦是如此。① 为了分夺更多的酒利,地方官府不得不通过私酤方式取利以补充财计。

南宋州县官府多私置酒务、酒库,侵夺官酒课利。建炎、绍兴间"州郡多以应军期为名,更不请降朝廷处分,一面擅置比较酒务、回易库,将漕计钱物不取拨充本"②。这种由地方随宜创置的酒务、酒库其生产和经营权归地方掌握,酒利虽曰赡军,但也不排除地方从中渔利的可能。转运司、发运司、殿前司等机构也多酤卖私酒。向子諲在真州,发运司、转运司以"兵梢列肆私沽"③。绍兴末臣僚上奏言"转运司、临安府及诸贵显之家,坐船兵梢等人,类皆循习私酤"④。乾道六年(1170)两浙路转运判官吕正己又言"行在百司等处,见占本司座船,并不承受差使。往往要闹处舣泊私酝沽卖,酒气熏蒸,日渐损坏"⑤。《梦粱录》也记"北新桥外赵十四相公府侧,有殿前司红坐船于水次,管船军士专造红酝,在船私沽,官司宽大,并无捉捕之忧"⑥。表明当时临安府各级官府机构普遍参与私酒的酿卖却并未受到制止。南宋公使库也时常成为酿卖私酒的场所。绍兴二年(1132)朝廷下诏"诸路帅臣及统兵官司所造公使正赐库酒,并仰遵依成法,止合自供食用并馈遗官属。不得过数酝造,违法出卖,侵耗国用"⑦。尽管朝廷三令五申,但公使库违法私酤时有发生。诸州公使库"广行造

---

① 李华瑞:《宋代酒的生产和征榷》,第363—366页。
② (清)徐松辑:《宋会要辑稿》食货20之15、16,第5140上栏b—下栏a页。
③ (宋)王庭珪:《卢溪先生文集》卷47《故左奉直大夫直秘阁向公行状》,《宋集珍本丛刊》本,第34册,第729页上栏b。
④ (清)徐松辑:《宋会要辑稿》食货20之22,第5143页下栏b。
⑤ (清)徐松辑:《宋会要辑稿》食货50之23,第5668页上栏a。
⑥ (宋)吴自牧:《梦粱录》卷12《河舟》,《全宋笔记》第八编第五册,大象出版社2017年版,第216页。此处"在船私沽"原作"在船和沽",改之。
⑦ (清)徐松辑:《宋会要辑稿》食货21之19,第5153页下栏a—b。

酒，置店酤卖，及巧作名目，别置酒库，或于省务寄造，并不分隶。搀夺省司课利，致诸路酒务例皆败坏，亏失国计"①。更有帅臣"置正赐酒库违法酝造，科卖部曲"②。

除私自造酒取利外，官酒务、酒库间也会出现互相越界侵占市场的行为。南宋除官酒务之外，户部、总领所、军队诸司及地方官府皆创设众多回易酒库、赡军酒库取利，以至于同一个区域往往分布着多个隶属于不同机构的酒务、酒库，彼此之间也明确划分地界，在各自地界内享有专卖特权，越界酤卖则属于私酒的范畴。如理宗宝祐间常熟县境内除官酒务外，另有11处外坊，其中户部酒坊4处，平江府酒坊5处，马军司酒坊2处，"诸酒坊课额盈亏，县皆无与。各分疆界，彼此酒不越境。境内或有私酿，则诉诸县。县为惩治而已"③。官酒一旦越界酤卖也等同于私酒。

三 结语

宋代榷酤体制下，酒的生产和销售皆受到严格控制，一切不被官府允许的酿卖活动皆为非法。为保证官府对酒利的占有，宋政府一方面制定相应的量刑对违法私酤的行为进行惩罚，另一方面严格划定官酒禁地范围，并通过推行告赏法、五保法建立起全方位的社会监督体系以防范私酤行为的出现，其缉捕私酤的措施不可谓不严。尽管如此，社会各阶层参与私酤的行为仍是屡禁不止，不仅宗室、戚里、品官之家等特权阶层纷纷酿卖私酒，普通百姓也多有违法私酤行为，南宋时甚至连官府机构也加入其中。这一方面是因制度设计存在疏漏，给各群体酿造私酒创造了条件。宗室、戚里、品官之家不仅拥有酿酒特权，还可利用身份、职务之便酿卖私酒，即便触犯私酤律法也多可免于刑罚。宋政府甚至明令对特权阶层违法私酤

---

① （清）徐松辑：《宋会要辑稿》食货20之23，第5144页上栏b。
② （明）黄淮、杨士奇编：《历代名臣奏议》卷240《任将》，上海古籍出版社1989年版，第3158页。
③ （宋）孙应时纂修、鲍廉增补，（元）卢镇续修：《琴川志》卷1《叙县·酒坊》，《宋元方志丛刊》本，第2册，第1168页上栏a。

的行为采取优容态度，如元祐四年（1089）下令"有荫之人犯酒，至三犯，特许真决"①。有些官员违法酿卖私酒被捕获后甚至能凭借威势欺压官司，情节十分恶劣。淳熙间周极知秀州"自带私家坐船于本州酤卖私酒，为酒务辖下人所捕。极忿怒其人，诬以行劫，绷拷有至死者"②。而在中央监察及管理不便的地方社会中，官吏与豪民相互勾结也助长了地方上违法私酤的气焰，此种情况在南宋时尤为严峻。另一方面，宋代实行酒类专卖，官府积极鼓励酒的消费，酒业经济发展繁荣。前述方氏妇人与酒家合作酿卖私酒尚可分得超过本钱数倍的利润，可以想见正常情况下宋代酿酒获利之高。在巨额酒利的刺激下，也无怪乎宋代社会酿卖私酒的活动一直屡禁不止了。

---

① （宋）李焘：《长编》卷449，元祐五年十月丁未，第10794页。
② （清）徐松辑：《宋会要辑稿》职官72之25，第4000页下栏b。

富国、裕民、废约自治[*]
——试论宋孝宗时期的三条恢复之路

李 超
[湖南省社会科学院（湖南省人民政府发展研究中心）
历史文化研究所]

宋孝宗是南宋最有志于恢复中原的君主，但终其一生并未能真正意义上将恢复付诸行动。论者多已指出高宗的反对、妥协苟安势力的阻挠、国力的不足、金朝无机可乘等外在因素的影响。[①] 在反对恢复者中，尤为引人注目的是一批理学士大夫，他们曾积极批判秦桧，主张恢复，此时却公然站在了孝宗的对立面。张维玲认为这源于两种不同恢复主张的冲突：一属"急进派"，一属"稳健派"。[②] 只是无论张维玲还是其他论者，都未能明确揭示孝宗或者理学士大夫所坚持的恢复路线究有着怎样的具体内涵。此外，在理学群体中，陈亮、叶适通常被视作"另类"，属较为激进的恢复论者，但他们的主张似乎亦未能得到"急进派"之认可。他们与孝宗，

---

[*] 基金项目：国家社科基金青年项目"南宋中期的权臣政治与道学研究（1194—1207）"（19CZS021）阶段性成果。

[①] 柳立言：《南宋政治初探——高宗阴影下的孝宗》，《"中央"研究院历史语言研究所集刊》1986年第3期；王德忠：《东北师大学报（哲学社会科学版）》1991年第1期；方如金：《试评宋孝宗的统治》，《浙江师大学报（社会科学版）》2000年第6期；陈晓莹：《宋孝宗治国政策与成效之评析》，《甘肃社会科学》2001年第3期；何忠礼、徐吉军：《南宋史稿》，杭州大学出版社1999年版，第217页；朱丹琼、范立舟：《南宋中期政治特性之形成与治国理念之嬗递——以宋孝宗、韩侂胄为例》，《中国矿业大学学报（社会科学版）》2005年第2期。

[②] 张维玲：《从南宋中期反近习政争看道学型士大夫对"恢复"态度的转变（1163—1207）》，硕士学位论文，台湾大学，2009年，第60页。

以及其他理学士大夫又有着怎样的区别？本文试就孝宗朝这些不同的恢复路线进行考察，以探明其内涵及相互间的关联与冲突，深化对南宋和战论争的认识。

一　富国：孝宗的恢复路线

孝宗作为有志于恢复的帝王，其秉持的恢复路线无疑在当时最具影响力，那么孝宗的恢复路线是怎样的呢？即位之初，孝宗有意趁完颜亮南侵失败之际挥军北上收复中原，却遭遇符离之败，在主和势力推动下与金朝订立"隆兴和议"。但孝宗的恢复志向并未就此磨灭，论者已指出孝宗为发动恢复，在政治、经济、军事、外交上所进行的一系列努力，[①] 但多泛泛而谈，未揭明其奉行的路线方针如何。只有弄清楚孝宗心目中有着怎样一条既定的恢复路线，才能明白其恢复工作的重心及先后步骤等内容，进而才能观察其长短利弊。

孝宗确定的恢复路线，简而言之，就是富国强兵。乾道二年的殿试策题言道："子大夫通达古今，明于当世之务，凡可以移风易俗，富国强兵者，悉陈无隐，朕将亲览焉。"[②] 孝宗要求士子就如何实现"中兴"提出对策，同时又明确将对策内容具体落实在"富国强兵"范围内。朱熹亦言道："时上已深悟前日和议之失，思欲亟致富强，以为恢复之渐。"[③] 内政上最为重要的事务莫过于军事、财政与民政。[④] 在富国强兵路线下，军事与财政成为恢复根基，被置于优先于民政的位置上。孝宗在不同场合多次表达出军事、财政优先于改善民生的思想。乾道八年，著作佐郎丁时发奏称："近来多竭民力以事不急，陛下当恤民以固本。"孝宗回答："朕非特

---

① 陈晓莹：《宋孝宗治国政策与成效之评析》，《甘肃社会科学》2001 年第 3 期。
② （宋）洪适：《盘洲集》卷 64《乾道二年殿试策题》，文渊阁《四库全书》，第 1158 册，第 673 页。
③ （宋）朱熹撰，郭齐、尹波点校：《朱熹集》卷 97《敷文阁直学士陈公行状》，四川教育出版社 1996 年版，第 5002 页。
④ 如理宗时期的官员李鸣复称："御外之策莫过于和、战、守，理内之道无出于兵、民、财。"[（明）黄淮、杨士奇等：《历代名臣奏议》卷 150，学生书局 1985 年版，第 1982 页]

要建功业，如汉文景蠲天下租赋事，亦将次第施行。"① 诚如关长龙所言，孝宗"其语隐有先统一区宇再行惠政意"②。淳熙三年，孝宗对宰臣言道："若异时兵革偃息，数十年来额外横赋尽蠲除之，民间喜可知也。"龚茂良回应道："陛下念念不忘，若一旦恢复旧疆，则轻徭薄赋且有日矣。"③ 在孝宗看来，为尽快实现恢复大业，暂时的劳民也在所不惜。

在富国与强兵之间，或者说在"财"与"兵"两者中，又以"财"扮演着更为基础的角色，南宋学者王柏指出："富国强兵，必以理财为本。"④ 孝宗恢复路线的重心即理财，其本人对理财就颇为用心，"孝宗初立，励精庶政，至于财用大计，尤所经心，或时呼版曹吏入禁中驱磨财赋，诸库皆有簿要，多自按视"⑤。淳熙四年，孝宗与王淮、赵雄等宰执议论政事时，君臣之间就士风问题有过一番对话。孝宗一方面对其时士大夫的"好高论"而"不务实"提出批评，声称："近世士大夫多耻言农事，农事乃国之根本。士大夫好为高论而不务实，却耻言之。"又称："今士大夫微有西晋风，作王衍阿堵等语，岂知《周礼》言理财，《易》言理财，周公、孔子未尝不以理财为务。"可见所谓的士大夫"不务实"主要就是指他们对理财事务的冷漠。另一方面，孝宗又对士大夫"讳言恢复"的风气表达了不满，指出："士大夫讳言恢复，不知其家有田百亩，内五十亩为人所强占，亦投牒理索否？士大夫于家事则人人甚理会得，至于国事则讳言之。"⑥ 孝宗同时批判士大夫的这两个缺陷，明显透露出他心目中理财与恢复的密切关联。导致孝宗不满的根源，还是在于理财乃其心目中恢复之基础。

重视理财促使孝宗偏好那些擅长理财的实务性官员，朱熹称："属者

---

① （宋）佚名撰，汪圣铎点校：《宋史全文》卷25下，乾道八年八月甲子，中华书局2016年版，第2130页。
② 关长龙：《两宋道学命运的历史考察》，学林出版社2001年版，第325页。
③ （宋）佚名撰，汪圣铎点校：《宋史全文》卷26上，淳熙三年秋，第2178页。
④ （宋）王柏：《鲁斋集》卷5《送曹西淑序》，文渊阁《四库全书》，第1186册，第69页。
⑤ （宋）李心传撰，徐规点校：《建炎以来朝野杂记》乙集卷3《孝宗论士大夫微有西晋风》，中华书局2000年版，第542页。
⑥ （宋）李心传撰，徐规点校：《建炎以来朝野杂记》乙集卷3《孝宗论士大夫微有西晋风》，第543页。

天子慨然发愤，以恢复土疆、报雪仇耻为己任，思得天下卓然可用之实材而器使之……盖自庙堂侍从之英，下至韦布蒭荛之贱，奋然并起，求以治军旅、商财利之术自献者，一时争出头角。"① 清楚揭示了孝宗图恢复、重理财以及擢用理财型官员间的关系。孝宗任用的宰执中就有不少以理财见长者。如乾道四年拜相的蒋芾，因提出减汰军队以节省开支的建议获得孝宗赏识，"由此骤相"。② 乾道九年拜相的曾怀，"在版曹凡五年，未尝以钱谷语人，凡钱谷之数，州郡所积，与夫出纳之多寡，纤悉必记。上以萧何、刘晏目之"③。朱熹即明言"执政曾怀以财利进"④。执政中亦不乏因理财而获擢用者，"沈复之为秀州，盖尝以献羡余而进，自此而得枢密矣。钱良臣之为总领，盖尝以巧聚敛而进，自此而至参政矣"⑤。两人皆因积极配合朝廷的富国目标相继进入中枢。

为将理财获得的财富用于恢复，孝宗建立了专门的封桩库，李心传称："左藏封桩库者，孝宗所创也，其法，非奉亲、非军需不支。"⑥ 朱熹则更为明确地指出："封桩、内藏，孝宗时锐意恢复，故爱惜此钱，不肯妄用。"⑦ 为尽快充实封桩库，朝廷有意识地将那些数量较大、来源稳定的赋税项目划归其中，将其他名色相对较差的赋税项目划归户部充作朝廷日常开支。朱熹称："凡天下之好名色钱容易取者、多者，皆归于内藏库、封桩库，惟留得名色极不好、极难取者，乃归户部。"⑧ 孝宗终究未能下定决心发动恢复，一个重要原因亦是财政匮乏，"孝宗幼年，规恢之志甚锐……厥后蓄积稍羡，又尝有意用兵，祭酒芮国器奏曰：'陛下只是被数

---

① （宋）朱熹撰，郭齐、尹波点校：《朱熹集》卷75《送张仲隆序》，第3935页。
② （宋）李心传撰，徐规点校：《建炎以来朝野杂记》甲集卷17《国用司》，第387—388页。
③ （宋）孙应时纂修，（宋）鲍廉增补，（元）卢镇续修：《(宝祐)重修琴川志》卷8，《宋元方志丛刊》本，中华书局1990年版，第2册，第1229页。
④ （宋）朱熹撰，郭齐、尹波点校：《朱熹集》卷89《中奉大夫直焕章阁王公神道碑铭》，第4576页。
⑤ （宋）杨万里：《诚斋集》卷62《旱暵应诏上疏（淳熙丁未七月十三日上）》，文渊阁《四库全书》，第1160册，第582页。
⑥ （宋）李心传撰，徐规点校：《建炎以来朝野杂记》甲集卷17《左藏封桩库》，第383页。
⑦ （宋）黎靖德编，王星贤点校：《朱子语类》卷111，中华书局1986年版，第2720页。
⑧ （宋）黎靖德编，王星贤点校：《朱子语类》卷111，第2719—2720页。

文腥钱使作,何不试打算了得几番犒赏?'上曰:'朕未知计也,待打算报卿。'后打算只了得十三番犒赏,于是用兵之意又寝"①。没有足够财富犒赏军队,成为孝宗没有下定决心发动恢复的重要因素。

可以看到,孝宗执行的恢复路线乃是一条富国强兵之路,是通过理财来让朝廷掌握雄厚财力,在此基础上建立起一支精锐军队,从而发动恢复。这一路线的优势在于可以立竿见影,在较短时间内积累起巨大财富,尽快将恢复付诸实施。这与孝宗君臣急于恢复的心态是一致的,蔡戡上疏称:"以今日事势言之,欲速则未有必胜之道。"②薛季宣致书虞允文:"大抵喜欲速之功者,昧于宏远之规模;临重事而轻为之,鲜不中道而废。"③委婉地批评虞允文在恢复上有"欲速"之心。但该路线也有着非常突出的弊端,即理财与聚敛不过一步之遥,"古之圣人虽以理财为急,尤以聚财为戒。无政事则财用不足,以理财为急也,与其有聚敛之臣,宁有盗臣,以聚财为戒也。二说相距,不啻天渊之远,而于疑似之间,相去不能以寸,君子所甚畏也"④。在不少士大夫看来,朝廷的理财政策及大量理财官员的任用导致了地方吏治恶化。汪应辰感叹:"民力困竭矣,而建言者每为掊克之请;州县匮乏矣,而当官者竞为羡余之献。"⑤与此相应的就是各级官员对民政事务漠不关心。朱熹就言道:"版曹经费阙乏日甚,督趣日峻……于是中外承风,竞为苛急,监司明谕州郡,郡守明谕属邑,不必留心民事,惟务催督财赋,此民力之所以重困之本。"⑥清楚指出了地方官员漠视民政,专注聚敛的根源在于朝廷对财赋的积极搜求。

孝宗一朝通常被认为是南宋最为繁盛的时期,享有"淳熙之治"的美

---

① (宋)罗大经撰,王瑞来点校:《鹤林玉露》丙编卷4《中兴讲和》,中华书局1983年版,第302页。
② (宋)蔡戡:《定斋集》卷2《论和战疏》,文渊阁《四库全书》,第1157册,第585页。
③ (宋)薛季宣:《浪语集》卷17《与虞丞相札子》,文渊阁《四库全书》,第1159册,第286页。
④ (宋)佚名撰,孔学辑校:《皇宋中兴两朝圣政辑校》卷49,中华书局2019年版,第1108—1109页。
⑤ (宋)汪应辰:《文定集》卷15《与陈枢密书二》,文渊阁《四库全书》,第1138册,第728页。
⑥ (宋)朱熹撰,郭齐、尹波点校:《朱熹集》卷11《戊申封事》,第477—478页。

誉。然而，在相当一部分士大夫眼中，孝宗为恢复推行的富国强兵之路，某种程度上蜕变成了聚敛厉民之路。他们认为，富国强兵不仅不是如孝宗宣称的在传统儒家思想范畴内，反而是典型的战国功利之路。蔡戡就直言不讳道："至于富国强兵之术，此战国之君切切以咨其臣，战国之臣哓哓而告其君者也，臣未之学焉。"① 朱熹亦将孝宗的富国强兵路线斥为"管、商功利之说"②。这也成为他们抵制孝宗恢复路线的重要原因。

二 裕民：理学士大夫的恢复路线

与孝宗富国强兵的恢复路线相对应，出现了另外一条恢复路线，其支持者包括了相当一部分理学中人，当然还有其他一些士大夫，但前者占据了主要地位。他们站在这一立场上，对孝宗的恢复行动予以了积极抵制，"当时端人正士，如张栻、黄中、刘珙、朱熹、吕祖谦最为持大义者也"，皆对孝宗的恢复持反对立场。③ 原则上说，朱熹等人并不反对恢复，所反对的只是孝宗秉持的特定恢复路线。在他们看来，鉴于国力，当时并不是发动恢复的恰当时机。正确的恢复之路大致当如黄中所言"内修政理，外观时变"④，也就是先立根本，再图进取。根本为何？张栻认为"必先固我境内百姓之心"，即从赢得境内之民心开始。如何才能赢得民心？"求所以得吾境内百姓之心者无他，不尽其力，不伤其财而已。"⑤ 首要就是轻徭薄赋，减轻民众负担，改善民生，通过这样的方式来积累财富，凝聚国力，而后伺机恢复。这一路线可以简单地称作裕民路线。

表面上看，裕民路线与孝宗奉行的富国强兵路线都强调先充实国力再图恢复。但孝宗主张理财以富国，将财政与军事视作恢复的当务之急，至

---

① （宋）蔡戡：《定斋集》卷11《廷对策》，文渊阁《四库全书》，第1157册，第680—681页。
② （宋）朱熹撰，郭齐、尹波点校：《朱熹集》卷11《戊申封事》，第485页。
③ （宋）佚名撰，孔学辑校：《皇宋中兴两朝圣政辑校》卷54，第1230—1231页。
④ （宋）佚名撰，孔学辑校：《皇宋中兴两朝圣政辑校》卷54，第1230—1231页。
⑤ （宋）佚名撰，汪圣铎点校：《宋史全文》卷25上，乾道五年十二月，第2078页。

于施行仁政，改善民生，则待恢复完成后再行考虑，也就是先恢复后富民，重点在富国。裕民路线则强调通过施行仁政，减轻民众负担，以赢得民心，故是先富民后恢复，重点在裕民。这一区别，在蔡戡给虞允文的信中表现得十分清楚。蔡戡在对金政策上倾向于维系和议，认为"外坚和好，以休士卒，内修政事，以待机会，可谓得上策矣"①。在给虞允文的信中，他言道：

> 世之言治者，不过曰富国也，强兵也。言之则美而可听，听之则乐而忘倦。为是说者，追时好，取世资而已。求以富国，国未必富，而民且贫。求以强兵，兵未必强，而国愈弱。利不一二，害将十百，不知究其本而从事于其末，去治逾远矣。有人焉，以仁义之说而告其君，非唯君之不信，众必相聚而笑之曰：是书生之常谈也，是迂儒之高论也。幸其君之不信，而得以申己之说。②

士大夫群体中存在着两种不同主张：一者强调富国强兵，一者强调仁义为治。蔡戡站在后者的立场上对富国强兵持否定态度，认为这些人不过是"追时好，取世资"而已。所谓"追时好"，无非就是迎合孝宗的恢复志向，这也表明富国强兵路线正是孝宗本人的主张。

蔡戡接着指出那些反对以"仁义之说"图恢复者的理由是：

> 今日之势，似非昔比。疆土未复也，陵寝未修也，九重之上，禹菲舜癯，皇皇焉思中兴之治，旦暮而冀之。今欲责成效于数十年之后，是犹指来岁之粟以疗饥，亦已晚矣。③

---

① （宋）蔡戡：《定斋集》卷1《乞备边札子》，文渊阁《四库全书》，第1157册，第567册。
② （宋）蔡戡：《定斋集》卷8《上虞枢密书》，文渊阁《四库全书》，第1157册，第645—646页。
③ （宋）蔡戡：《定斋集》卷8《上虞枢密书》，文渊阁《四库全书》，第1157册，第646页。

明白揭示出孝宗坚持富国强兵的根本原因，就是对恢复"旦暮而冀之"，希望在尽量短的时间内完成"中兴"大业，而"仁义之说"即便有效亦在"数十年之后"，对渴盼"中兴"的孝宗来说无疑是过于迂远了。然而，富国强兵看似美好，实是欲速则不达，其最大弊端在于"此说一行，未见其效，而民已告毙矣"①，会对百姓造成严重损害，故蔡戡坚持恢复当从减轻民众负担开始。

孝宗朝名臣汪应辰，亦对孝宗富国强兵的恢复路线进行了批判，其着眼点同样在于强调养民之重要。汪应辰"少受知于喻樗，既擢第，知张九成贤，问之于樗，往从之游，所学益进"②，属理学中人。乾道四年，他在转对中向孝宗阐述了在和战上的立场："欲和者则以无事为安，讳兵而不言，偃武而不修；欲战者则不相时，不量力，而姑徼幸于一胜。此二者皆非也。二者皆非，则将何适而可？亦曰反其本而已。反其本者，自治之谓也。""和"当是指秦桧以来的主和路线，"战"则当是指孝宗坚持的"急进"路线。他认为两者皆误，正确的做法应是"自治"。汪应辰虽将和、战并称，但重点在后者，故强调"愿陛下无欲速，无见小利，而专以自治为本"。对于宋金和议，汪应辰认为在"自治"未取得成效前可暂时予以维系，"国与夷狄为邻，则聘问之礼有所不可已也"③。

汪应辰"自治"主张的核心就在于养民，这突出体现在乾道五年所上之《论爱民六事疏》中。奏疏开篇即指出自古以来的大有为之君，"皆以畏天爱民为本"。孝宗作为有志于恢复英君圣主，自然亦概莫能外。而后奏疏对战国之君不行仁政，专尚霸道的行为予以批判，分别以齐宣王和汉高祖、汉光武帝为例，从正反两方面论证了以养民为核心的仁政，看似迂阔，却是一统天下之正道。紧接着奏疏就联系孝宗朝现实提出了六条具体意见：第一条要求慎重选择监司、郡守等地方官员。第二条批评当时"献言进计之人，类多舍循常而好纷更"，"听其言则美，施于事则悖，民受其

---

① （宋）蔡戡：《定斋集》卷8《上虞枢密书》，文渊阁《四库全书》，第1157册，第646页。
② 《宋史》卷387《汪应辰传》，中华书局1977年标点本，第11876页。
③ （明）黄淮、杨士奇等：《历代名臣奏议》卷349，第4548页。

弊，当在于此"。第三条针对州县科敛之弊，"榷货之利，今数倍于前代，州县或科敛以取办，虽未能蠲减，不宜有所增加，以重困民力"。第四条针对地方官员进献羡余以谋进取之弊，"州县费用，比承平时不翅十倍，岂复更有羡余？贪猾之吏，往往刻剥进献"。第五条，针对地方和籴、派役等弊政。第六条则是针对训练民兵之弊，"民竭其财力以养兵矣，而又欲以民为兵，恐其不足以御盗而适以为盗也"①。表面上看，六条举措似乎都只是就地方弊政泛泛而谈，无甚特别，但联系到乾道五年前后正是孝宗恢复热情最为高涨的时期，就可看出进献羡余、科敛、和籴、训练民兵等事，无不服务于孝宗富国强兵路线，汪应辰显然意在纠正其种种弊端。他对养民的刻意强调，无异于从根本上否定了孝宗路线，因此引起了很大反响，"论爱民六事，庙堂议不合，不悦者众"②。这就决定了汪应辰很难长久立身朝中，《宋史》本传记载："应辰在朝多革弊事，中贵人皆侧目。德寿宫方甃石池，以水银浮金凫鱼于上，上过之，高宗指示曰：'水银正乏，此买之汪尚书家。'上怒曰：'汪应辰力言朕置房廊与民争利，乃自贩水银邪？'应辰知之，力求去。"③ 高宗所指是否属实已不可知，但从孝宗的愤怒可以看出，他对汪应辰有关其"置房廊与民争利"的指责是颇为介意的，孝宗的不满也成为汪应辰被迫离朝的最主要原因。

淳熙七年，朱熹在知南康军任上应诏上疏，阐述了恢复与改善民生的关系，对孝宗的富国强兵路线进行了批判。他开宗明义地指出："天下国家之大务莫大于恤民，而恤民之实在省赋，省赋之实在治军。"改善民生主要就是减轻民众负担，轻徭薄赋，与民休息，而鉴于当时朝廷财政的大部分耗费于军队，治军应成为改善民生的重点。朱熹对孝宗为实现富国强兵过分汲取州县财赋的做法提出了批评，认为任事之臣"惟务迫趣州县，使之急征横赋，戕伐邦本。而其所以欺陛下者，则曰如是而国可富，如是而兵可强。陛下亦闻其说之可喜，而未究其实，往往误加奖宠，界以事

---

① （宋）汪应辰：《文定集》卷5《论爱民六事疏（乾道五年）》，文渊阁《四库全书》，第1138册，第624—625页。
② 《宋史》卷387《汪应辰传》，第11881页。
③ 《宋史》卷387《汪应辰传》，第11881页。

权。是以比年以来，此辈类皆高官厚禄，志满气得，而生民日益困苦，无复聊赖。草茅有识之士相与私议窃叹，以为莫大之祸、必至之忧近在朝夕，顾独陛下未之知耳"。为避免出现"莫大之祸"就必须改弦更张，"为今之计，欲讨军实以纾民力，则必尽反前之所谓，然后乃可冀也"。朱熹提出了三条具体措施：一、"选将吏、核兵籍可以节军赀"；二、"开广屯田可以实军储"；三、"练习民兵可以益边备"。只是这些举措见诸成效可能需要十数年时间，在此间隔期如何改善民生呢？朱熹指出："其功效未能遽见之间，而欲亟图所以纾州县民间目前之急者，则愿深诏主计将输之臣，且于见今桩积金谷绵绢数内，每岁量拨三二十万，视州郡之贫乏者，特与免起上供官物三五分而代其输。"力行十数年，"州县事力既益宽舒，然后可以禁其苛敛，责以宽恤，岁课而时稽之，不惟去其加耗预借非法科敷之弊，又视其土之肥瘠、税之轻重而均减之，庶几穷困之民得保生业，无复流移漂荡之意。所在旷土，亦当渐次有人开垦布种，而公上之赋亦当自然登足，次第增羡，不俟程督迫促而国真可富，兵真可强矣"①。可以看到，朱熹之说与孝宗的富国强兵之路差不多是截然异趣的，后者强调通过理财以尽快聚集起财富，为此不惜暂时劳民。前者则坚持富国强兵当从改善民生始，为此不惜让朝廷拿出财赋来为民众代缴赋税。双方可谓同归而殊途。

以裕民为重心的恢复路线，较之孝宗的富国强兵路线似乎更为稳妥，至少不用冒着立即与金朝交兵的风险。但其缺陷也是明显的：一方面，这一路线耗时更长，至少须要十年甚至更久的时间。如刘珙对孝宗言道："复仇雪耻，诚今日之先务。然非内修政事，有十年之功，臣恐未易可动也。"② 朱熹亦言道："恢复之计，须是自家喫得些辛苦，少做十年或二十年，多做三十年。岂有安坐无事，而大功自致之理哉！"③ 另一方面，这一路线强调在维系和议的前提下积极自治。设想固然美好，却可能会成为许

---

① （宋）朱熹撰，郭齐、尹波点校：《朱熹集》卷11《庚子应诏封事》，第450—458页。
② （宋）朱熹撰，郭齐、尹波点校：《朱熹集》卷97《刘公行状》，第4956—4957页。
③ （宋）黎靖德编，王星贤点校：《朱子语类》卷133，第3200页。

多贪图苟安者安于现状、不思进取的堂皇借口。正如胡铨所言:"议者乃曰:'外虽和而内不忘战。'此向来权臣误国之言也。一溺于和,不能自振,尚能战乎?"① 朱熹对此也有着清醒认识,他抱怨:"国家只管与讲和,聘使往来,贺正贺节,称叔称侄,只是见邻国,不知是仇了!"② 不少理学中人在给孝宗的进言中不厌其烦地强调"正心",大概就是想通过君主的发奋图强来振作士气,打破因循苟且之局。只是谈何容易。

三 废约自治:陈亮、叶适的恢复路线

裕民路线的支持者中,理学中人占据了相当的分量,但并非所有理学中人的思想皆完全相同。理学群体中围绕恢复也存在着不同观点,陈亮、叶适就属于其中的"另类",他们皆被视为力主恢复的激进派成员。既往对于陈亮和叶适的恢复观都已有学者进行过较为细致深入地论述,③ 但多孤立而言,并未将之置于孝宗时期恢复论争的特定政治背景下,与上文揭示的富国强兵路线和裕民路线加以比较观察,因此也就难以准确把握住他们恢复思想的特色。其实,无论陈亮还是叶适,其恢复思想都是在与上述两种主流恢复路线对话中形成的。如陈亮就在上疏中对这两条路线予以了批评。在《上孝宗皇帝第二书》,他言道:

> 论恢复则曰修德待时,论富强则曰节用爱人,论治则曰正心,论事则曰守法。君以从谏务学为美,臣以识心见性为贤。论安言计,动引圣人,举一世谓之正论,而经生学士合为一辞,以摩切陛下者也。……

---

① 《宋史》卷374《胡铨传》,第11585页。
② (宋)黎靖德编,王星贤点校:《朱子语类》卷136,第3237页。
③ 陈润叶:《陈亮规复中原大计评议》,《湘潭师范学院学报》1990年第4期;[美]田浩撰,姜长苏译:《功利主义儒家——陈亮对朱熹的挑战》第六章《从收复华北及学派分化看政治与朱陈之辩》,江苏人民出版社2012年版,第143—152页。张义德:《叶适评传》,南京大学出版社1994年版,第190—248页。

论恢复则曰精间谍，结豪望；论富强则曰广招募，括隐漏；论治则曰立志，论事则曰从权。君以驾驭笼络为明，臣以奋励驰驱为最。察事见情，自许豪杰，举一世谓之奇论，而才臣智士合为一辞以撼动陛下者也。①

强调修德待时，节用爱人，显然就是以裕民为重心的恢复路线。强调广招募，扩隐漏，显然就是富国强兵的恢复路线。叶适也在上孝宗的札子中言道："至若为奇谋秘画者，则止于乘机待时；忠义决策者，则止于亲征迁都；沉深虑远者，则止于固本自治；高谈者远述性命，而以功业为可略；精论者妄推天意，而以夷夏为无辨。"②"亲政迁都"对应的就是孝宗"急进"的恢复路线，"固本自治"对应的则是裕民路线。陈亮、叶适对这两条路线的批判，无疑是为提出新的主张做好了铺垫。

正是在明悉富国强兵路线和裕民路线各自弊端的基础上，陈亮和叶适提出了第三条道路。尽管两人的恢复主张不尽相同，但在整体思路上有着诸多类似。用陈亮的话来说，裕民路线支持者的弊端在于"持天下之正论，而不足以明天下之大义"。富国强兵路线奉行者的弊端则在于"为天下之奇论，而无取于办天下之大计"。因此，恢复的正确路线至少应该包括两部分——"明大义"与"定大计"。

先来看"明大义"的内容。陈亮和叶适的恢复观中，最为突出的特点就是强调"明大义"，这似是此前学者未予充分注意的。所谓"明大义"，就是按照春秋大义的要求公开宣示对金朝复仇。如此就势必须停纳岁币，断绝和议。无论是富国强兵路线还是裕民路线，都倾向于将和议作为权宜之计暂时予以维系，陈亮与叶适对此不以为然。在他们看来，毁约乃是展开恢复的第一步。叶适称："夫惟以复仇为正义，而明和亲之决不可为，

---

① （宋）陈亮撰，邓广铭点校：《陈亮集》（增订本）卷1《上孝宗皇帝第二书》，中华书局1987年版，第10—11页。
② （宋）叶适撰，刘公纯、王孝鱼、李哲夫点校：《水心别集》卷15《上殿札子》，载《叶适集》，中华书局1961年版，第832页。

自此以往，庶有可得而论者。"① 这既是《春秋》复仇大义的要求，更可借此打破长期主和带来的因循苟安。陈亮认为维系和议至少有三个弊端：一，这会成为贪图苟安者不思进取的堂皇借口，"通和者所以成上下之苟安，而为妄庸两售之地，宜其为人情之所甚便也"②。二，只有在实际展开的恢复行动中才能辨别人才是否实用，清楚财赋是否能满足需要，"人才以用而见其能否，安坐而能者不足恃也；兵食以用而见其盈虚，安坐而盈者不足恃也"③。三，若不能公开宣扬复仇大义，恢复的准备工作将名不正而言不顺，恢复也就难以顺利展开，"既和而聚财，人反以为厉民；既和而练兵，人反以为动众；举足造事，皆足以致人之疑。议者惟其不明大义以示之，而后大计不可得而立也"④。废除和议，"使朝野常如虏兵之在境，乃国家之福，而英雄所用以争天下之机也"⑤。

但贸然废除和约很可能会招致金朝兴师问罪。陈亮、叶适认为，这样的担心实无必要。叶适称："以臣计之，一战之可畏，犹未足畏也；然虽绝使罢赂，而臣以为犹未至于遽战者。盖求战在敌，使之不得战在我。"⑥ 陈亮则论述地更为详细：一者，金朝已今非昔比，呈现出衰弱之势，无力大举南侵，"今虏酋庸懦，政令日弛，舍戎狄鞍马之长，而从事中州浮靡之习，君臣之间，日趋怠惰"⑦。二者，金朝在政治体制等方面效仿宋朝，已失去了初起之时的迅捷彪悍，"昔者虏人草居野处，往来无常，能使人不知所备，而兵无日不可出也。今也城郭宫室，政教号令，一切不异于中国；点兵聚粮，文移往返，动涉岁月；一方有警，三边骚动。此岂能岁出师以扰我乎？"⑧ 三者，即便金军南侵，南宋坐拥地理形胜之便，亦有能力

---

① （宋）叶适撰，刘公纯、王孝鱼、李哲夫点校：《水心别集》卷4《外论二》，载《叶适集》，第688页。
② （宋）陈亮撰，邓广铭点校：《陈亮集》（增订本）卷1《上孝宗皇帝第一书》，第3页。
③ （宋）陈亮撰，邓广铭点校：《陈亮集》（增订本）卷1《上孝宗皇帝第一书》，第3页。
④ （宋）陈亮撰，邓广铭点校：《陈亮集》（增订本）卷1《上孝宗皇帝第二书》，第11—12页。
⑤ （宋）陈亮撰，邓广铭点校：《陈亮集》（增订本）卷1《上孝宗皇帝第一书》，第4页。
⑥ （宋）叶适撰，刘公纯、王孝鱼、李哲夫点校：《水心别集》卷4《外论二》，载《叶适集》，第687—688页。
⑦ （宋）陈亮撰，邓广铭点校：《陈亮集》（增订本）卷2《中兴论》，第22页。
⑧ （宋）陈亮撰，邓广铭点校：《陈亮集》（增订本）卷1《上孝宗皇帝第一书》，第4页。

抵御，"吴会者，……其地南有浙江，西有崇山峻岭，东北则有重湖沮洳，而松江、震泽横亘其前。虽有戎马百万，何所用之！……独海道可以径达吴会，而海道之险，吴儿习舟楫者之所畏，敌人能以轻师而径至乎！破人家国而止可用其轻师乎！"① 有此三者，决可保证与金朝断约只会享其利，而不至蒙其害。

再来看"定大计"的内容。所谓"定大计"，主要是就恢复所要采取的具体措施而言。这方面此前学者论述已多，故只就其中与富国强兵路线和裕民路线相关处进行考察。对于陈亮和叶适来说，要求废约并不意味着立即对金用兵。陈亮称："夫伐国，大事也。昔人以为譬拔小儿之齿，必以渐摇撼之，一拔得齿，必且损儿。今欲竭东南之力，成大举之势，臣恐进取未必得志，得地未必能守。邂逅不如意，则吾之根本撼矣。此岂谋国万全之道？"② 叶适也称："为国之道，必有次第；天下大事，不容苟简；岂可不出于用兵则出于通和哉？……且夫复仇者，本非用兵之谓也。"③ 在他们看来，废约之后当有一个致力于内政治理的过程。

在内政治理上，陈亮、叶适亦将裕民作为恢复重心，而更多地将批判矛头指向孝宗的富国强兵路线。他们将孝宗路线置于宋初以来形成的政治脉络下。陈亮认为出现"夷狄之所以卒胜中国"的形势并非偶然，根本就在于立国以来奉行的高度中央集权的政治体制。他指出，自太祖惩五代之弊而强化中央集权以来，"兵皆天子之兵，财皆天子之财，官皆天子之官，民皆天子之民，纲纪总摄，法令明备，郡县不得以一事自专也"④。神宗有意洗刷"夷狄平视中国之耻"，然变法却是"误入歧途"，走上了一条富国强兵之路，"王安石以正法度之说，首合圣意。而其实则欲籍天下之兵尽归于朝廷，别行教阅以为强也；括郡县之利尽入于朝廷，别行封桩以为富

---

① （宋）陈亮撰，邓广铭点校：《陈亮集》（增订本）卷1《戊申再上孝宗皇帝书》，第16页。
② （宋）陈亮撰，邓广铭点校：《陈亮集》（增订本）卷2《中兴论》，第25页。
③ （宋）叶适撰，刘公纯、王孝鱼、李哲夫点校：《水心别集》卷9《廷对》，载《叶适集》，第754—755页。
④ （宋）陈亮撰，邓广铭点校：《陈亮集》（增订本）卷1《上孝宗皇帝第一书》，第5页。

也"①。结果"徒使神宗皇帝见兵财之数既多,锐然南征北伐,卒乖圣意,而天下之势实未尝振也。彼盖不知朝廷立国之势,正患文为之太密,事权之太分,郡县太轻于下而委项不足恃,兵财太关于上而重迟不易举"②。王安石未能真正认清国家积弱的根本原因,故变法不仅未能改变祖宗制度的弊端,反而将这种弊端推向了极致。南宋建立后,"大抵遵祖宗之旧,虽微有因革增损,不足为轻重有无"③,局面未能有所改观。如今孝宗为恢复竟然又走上了王安石的老路,"陛下愤王业之屈于一隅,励志复仇,而不免籍天下之兵以为强,括郡县之利以为富;加惠百姓,而富人无五年之积;不重征税,而大商无巨万之藏;国势日以困竭。臣恐尺籍之兵,府库之财,不足以支一旦之用也"④。若继续循此而求恢复,"虽一旦得精兵数十万,得财数万万计,而恢复之期愈远,就使虏人尽举河南之地以还我,亦恐不能守耳"⑤,最终恐怕亦将如神宗那般壮志难酬。

叶适也做出了类似分析:"天下之弱势,历数古人之为国,无甚于本朝者","王安石相神宗,欲一反之","安石不知其为患在于纪纲内外之间,分画委任之异,而以为在于兵之不强,财之不多也"⑥。这里的"纪纲",就是陈亮指出的高度中央集权的政治体制。⑦叶适对王安石富国强兵的指责,矛头所指亦是孝宗的恢复路线,故他也对孝宗将改善民生置于恢复之后的做法颇不以为然,"夫能捐横赋而后可以复版图,俟版图之复而后捐之者,无是道也;能裕民力而后可以议进取,待进取之定而后裕之者,无是道也"⑧。民众乃国家根本,根本未固,进取也好,恢复也罢,都

---

① (宋)陈亮撰,邓广铭点校:《陈亮集》(增订本)卷1《上孝宗皇帝第一书》,第6页。
② (宋)陈亮撰,邓广铭点校:《陈亮集》(增订本)卷1《上孝宗皇帝第一书》,第6页。
③ (宋)陈亮撰,邓广铭点校:《陈亮集》(增订本)卷1《上孝宗皇帝第一书》,第6页。
④ (宋)陈亮撰,邓广铭点校:《陈亮集》(增订本)卷1《上孝宗皇帝第一书》,第6页。
⑤ (宋)陈亮撰,邓广铭点校:《陈亮集》(增订本)卷1《上孝宗皇帝第三书》,第13—14页。
⑥ (宋)叶适撰,刘公纯、王孝鱼、李哲夫点校:《水心别集》卷14《纪纲三》,载《叶适集》,第814—815页。
⑦ (宋)叶适撰,刘公纯、王孝鱼、李哲夫点校:《水心别集》卷14《纪纲二》,载《叶适集》,第813—814页。
⑧ (宋)叶适撰,刘公纯、王孝鱼、李哲夫点校:《水心别集》卷9《廷对》,载《叶适集》,第753页。

只能是空中楼阁。

在陈亮、叶适看来，孝宗路线与王安石变法可谓一脉相承，都是将祖宗法度的弊端推向极致，表面上看朝廷似乎掌握了可观的财富和强大的军队，但不过是无源之水，无本之木，根本不足以支撑持续的恢复行动。孝宗越是汲汲于军政和理财，距离恢复的目标就越远。为克服富国强兵路线的弊端，就须对祖宗以来形成的高度中央集权的政治体制进行改变，赋予地方更多自主性。叶适言道："陛下徒因今之法而少宽之，此不足以裕民；果裕民也，更为之法可也。"① 真正的裕民须要从政治体制改革入手，具体来说就是要做到"上宽朝廷，下宽州县"，"朝廷宽，则凡所以取州县者皆不用，而食租税之正矣；州县宽，则凡所以取民者皆不用，而敛租税之正矣。且又非特此也。朝廷宽，则群臣有暇而人才多矣，不若今之乏矣；州县宽，则庶民有暇而良善多矣，不若今之薄也。上多人才，下多良民，兵省而精，费寡而富，五年之内，二年之外，合其气势，用其锋锐，义声昭布，奇策并出，不用以灭虏而何所用哉！"②

陈亮和叶适的观点，实际是在综合了富国强兵路线与裕民路线基础上所提出的第三条路线，有意识地克服两条路线的弊端。不过，这一新路线在两个方面大概都是孝宗难以接受的：第一，陈亮、叶适要求将废除和约作为恢复的起点。尽管两人皆论证了其合理性，认为不必担心废约会导致金朝南侵，但多是一厢情愿的推测，并不能提供切实可靠的证据。第二，在陈亮、叶适的恢复规划中，都要求将裕民作为恢复重心。为此则要进行全面的政治体制改革，改变宋初以来形成的高度中央集权的体制。在尤为强调"祖宗家法"的宋代，其中困难可想而知。更何况孝宗有惩于秦桧专权的教训，本就有着强化皇权的心理需求。陈亮、叶适的主张恐怕是较之孝宗更为激进的恢复路线，《宋史》称陈亮上疏后，"在廷交怒，以为狂

---

① （宋）叶适撰，刘公纯、王孝鱼、李哲夫点校：《水心别集》卷9《廷对》，载《叶适集》，第753页。

② （宋）叶适撰，刘公纯、王孝鱼、李哲夫点校：《水心别集》卷15《终论二》，载《叶适集》，第820—821页。

怪"①。陈亮也自称在向宰执提出主张后"二三大臣已相顾骇然"②，当就与此有关。这就决定了两人所持路线在孝宗时期难以产生广泛影响。

结　　论

和战论争是贯穿南宋一朝的重要政治主题，既往研究多将重点放在确定个人或者群体孰为主战、孰为主和上，对于他们主和、主战背后的思想内涵的关注相对来说较为欠缺。实际上，相较于前者，对于后者的考察可能更为重要。就本文而言，其价值至少体现在三个方面：

第一，过去多认为孝宗与理学群体在恢复问题上的冲突集中于和、战立场的对立。这固然不能说错，但通过对各自恢复路线内涵的考察，可以看到，双方矛盾的焦点更多表现在对恢复的规划不同。孝宗坚持富国强兵路线，认为恢复当从军事与财政入手，尤以财政为重，希望通过理财等技术手段尽快让朝廷掌握雄厚的财富，为恢复奠定基础。以朱熹、张栻为代表的相当部分理学中人则强调将裕民作为恢复重心，希望在暂时维系和议的前提下，积极于内政治理，通过改善民生，增强国力，实现恢复。前者强调先恢复后富民，后者则强调先富民后恢复。这种规划上的不同，就决定了双方在一系列政策举措上都将处于对立状态，且难以调和。这一认识较之单纯的和、战视角，似乎更能把握孝宗与理学群体矛盾的核心所在。

第二，过去对孝宗不能实现恢复宏愿的研究，多注重高宗、主和苟安势力等外部因素的制约。这固然有其道理，但通过对孝宗恢复路线的考察，可以发现，这一路线本身存在的缺陷可能也构成了重要的阻碍因素。富国强兵路线下对于理财的重视，确实能够在短时间内积累起雄厚财富。但理财与聚敛不过一步之遥，过分攫取地方财赋，导致州县财政匮乏，进而加重了百姓负担，使得地方空虚无力，民怨四起。在此基础上的对金用兵，或将面临着难以预料的风险。也就是说，对孝宗恢复问题的认识，除

---

① 《宋史》卷436《陈亮传》，第12942页。
② （宋）陈亮撰，邓广铭点校：《陈亮集》（增订本）卷1《上孝宗皇帝第三书》，第14页。

了考虑各种外部因素外，孝宗自身的因素也是值得注意的重要方面。

第三，在对和战问题的考察上，不同的恢复思想实际上是在不断地交流、对话甚至是冲突中形成的，彼此之间可以说存在着一种相互形塑的关系。这就决定了不同时期的和战论争呈现出不同的时代特色。孝宗朝三条恢复路线的关系就是如此，裕民路线的支持者在政治上对裕民的重视，固然是儒家传统上民为邦本思想的体现，但孝宗富国强兵路线下过分注重理财带来的弊端，无疑刺激了他们对裕民的刻意强调。而富国强兵路线与裕民路线各自的弊端，又在相当程度上促成了陈亮、叶适强调"明大义"以"定大计"的第三条恢复路线的提出。因此，孤立考察某个个人或群体的恢复思想，而不将之置于不同思想、不同路线的对话、交锋这样一种更为宏观的背景下，是难以把握其确切内涵的。

县官的权力实践：宋代县级基本行政职能述论

赵 龙

(上海师范大学 图书馆)

具有行政意义的县自设立以来，其长官的职能大体保持不变。秦汉时期的县令，"皆掌治民、显善劝义、禁奸罚恶、理讼平赋、恤民时务、秋冬集课，上计于所属郡国"①。唐代县令，"皆掌导扬风化，抚字黎氓，敦四人之业，崇五土之利，养鳏寡，恤孤穷，审察冤屈，躬亲狱讼，务知百姓之疾苦"②。宋代知县（县令）的庶务更为繁杂。在众多应该办理的事务中，孰先孰后，孰急孰缓，是知县（县令）施政的关键所在。只有了解知县（县令）施政的侧重点，才能理解知县（县令）的施政行为及其目的。宋代县级行政活动几乎囊括普通百姓社会生活的各个领域和各个层面。学界就宋代县政制度的研究已取得较多成果③，但对县级官府的基本职责分

---

① （晋）司马彪撰，（梁）刘昭注：《后汉书志》第28《百官五》，中华书局1965年标点本，第3622页。

② （唐）李林甫等撰，陈仲夫点校：《唐六典》卷30《三府都护州县官吏·京县畿县天下诸县官吏》，中华书局1992年点校本，第753页。

③ 前贤时擘论涉县官制度著作较多。如朱瑞熙《中国政治制度通史·宋代》，设专章论述县的设置，县官的编制及人选、职责等，并探讨了中央集权与地方分权。邓小南《宋代文官选任制度诸层面》、苗书梅《宋代官员选任和管理制度》论及县官的铨选、考课及迁转制度。专门以县官为对象的研究成果，首推齐觉生《北宋县令制度之研究》《南宋县令制度之研究》。齐文阐述了两宋县令的名称、选任、职责、俸禄与奖惩等制度设计，但迁转实态、地域差异、施政环境等诸多问题未能深入。随着学界研究视角的不断下移，涉及县官的研究成果渐多。彭慧雯《北宋幕职州县官之研究》，以幕职州县官为研究对象，考察国家权力与基层社会的互动，王胜 （转下页）

工和各自的行政领域，仍有讨论空间。本文拟以行政作用领域为视角，从政治、经济、文化和社会等层面，对宋代县的基本行政职能做一综合论述，希冀有裨于学界之研究。

一 以平决狱讼和管理治安为代表的政治职能

任何一个政治集团的统治政策，都必须依赖行政运作来实施和维持；任何一个国家机关的最基本职能，首先就是政治方面的内容。这最能反映一定时期政府的治理方式及其作用的发挥。宋代县级官府政治职能的内容极其广泛，概括起来，主要有平决狱讼、管理治安、兼理一县兵政等几个方面。

（一）平决狱讼

按照现代政治学观点，司法与行政是分离的，平决狱讼应属于司法，一般而言，行政职能中无司法的内容。但在宋代，行政与司法是合一的，知县（县令）既是本县的最高行政长官，也是司法长官，案件的受理、审理、判决等责任集于一身。刑名与钱谷，并称为县级官府两项最重要的事务，而对知县（县令）来说，司法事务更是占据了其大量的、有时甚至是主要的时间和精力。在县级官府中，知县（县令）全面负责司法事务，并亲自担任法官；也可以将案件转予佐贰官办理，但仍要负总责。太祖乾德二年（964）正月十二八日，诏曰："设官分职，委任责成，俾郡县以决刑，见朝廷之致理。若从越诉，是紊旧章。自今应有论诉人等，所在晓

（接上页）则关注州县官职务犯罪问题（《宋代州县官职务犯罪研究》），均令人耳目一新，但二文讨论对象主要集中在州，对县官的讨论比较薄弱。邢琳《宋代知县、县令制度研究》、李换平《宋代知县、县令选任和迁转研究》，对知县（县令）的设置、品级、职权、选任与迁转等问题作了探讨。祁琛云《北宋开封府赤畿知县任职资格研究——以知县的出身、寄禄官及迁入前任职为主》，就知县的出身、寄禄官及迁入前任职等展开实证研究，厘清了一些规制与运作之间的差异问题。日本学界亦对宋代知县（县令）有所关注，如今泉牧子《关于宋代福建县令的研究》，分析了福建知县与地方社会的关系；《关于〈名公书判清明集〉中的县令的判语，从《清明集》等文献中发现了其多样性的特点；而《关于宋代县令赴任地的地域差异》则是对县官上任地点的史料进行了梳理及探讨。

谕，不得蓦越陈状。违者先科越诉之罪，却送本属州县，依理区分。如已经州县论理，不为施行，及情涉阿曲，当职官吏并当深罪。仍令于要路粉壁揭诏书示人。"① 咸平六年（1003）十一月十七日，真宗诏曰：

> 国家选择群材，明慎庶狱。列州县之职，属在审详……应论诉公事，不得蓦越，须先经本县勘问，该徒罪以上送本州，杖罪以下在县断遣，如不当，即经州论理。本州勘鞫，若县断不当，返送杖罪，并勘官吏情罪，依条施行……流罪以下，先次决放，死罪及命官具按闻奏……若论县许经州，论州经转运使，或论长吏及转运使、在京臣僚，并言机密事，并许诣鼓司、登闻院进状。若夹带合经州、县、转运论诉事件，不得收接。若所进状内称已经官司断遣不平者，即别取事状与所进状一处进内。其代写状人不得增加词理，仍于状后著名，违者勘罪。州县录此诏当厅悬挂，常切遵禀。②

从以上诏令可知，在刑事案件审理过程中，县级官府处理的案件，如果是杖罪以下，在县可以审判终结；若是徒罪以上，则必须将案件上呈至所属州。虽然杖罪以上，县不能自行决断，但受状、取证、羁押等案件审理的重要环节都在初审完成，杖罪以上的重罪也由初审县官拟定判决意见，供上级参考。因此，县的初审对辖区内的所有轻重案件都具有重要意义。无罪案件的上诉是以发生地所属县为起点，县级官府结绝不当之后，人户才能再诉于州，州结绝又不当，而后上诉于监司。

鉴于县级官府狱讼的重要性，北宋仁宗时期，要求知县（县令）必须留在县衙内管理簿书、催督赋税、审理婚田词讼，上级不得任意差出办事③。后来知县（县令）虽然可以被差出，但仍应与"婚田词讼"与"鞫

---

① （清）徐松辑，刘琳等校点：《宋会要辑稿·刑法》3 之 10，上海古籍出版社 2014 年点校本（以下版本同），第 8397 页。
② 《宋会要辑稿·刑法》3 之 11 至 12，第 8398 页。
③ （宋）李焘撰，上海师大古籍所、华东师大古籍所点校：《续资治通鉴长编》卷 102，天圣二年正月，中华书局 2004 年点校本（以下版本同），第 2349 页。

狱"的业务有关，否则不予外出。这些"婚田词讼"或"鞫狱"往往会牵扯知县（县令）较多精力。如嘉定十三年（1220）卒于福建福州宁德令任内的王必成，其墓志铭记载了他在宁德小邑的政绩："前后积弊，民冤莫告。公至，竞来求直，讼牒日不下二百余，公剖决如流，庭无滞讼。台府积案牍九十余事，皆数年不决者，闻公精敏，悉以送公裁处详审，旬月尽决，讼者咸服。"①

小县的讼牒都日不下二百余件，至于壮县剧邑，则有数百纸之多。如浙东温州的平阳县"土广人稠，词诉极多，每引放，不下六七百纸"，知县舒璘曾说："只阅视太多，两目若眩瞀耳。"② 为减轻知县（县令）的负担，南宋朱熹建议"每听词状，集属官都来列位于厅上看，有多少均分之，各自判去"，而"此非独为长官者省事，而属官亦各欲自效。兼是如簿、尉等初官，使之决狱听讼得熟，是亦教诲之也"③。也就是说每有狱讼时，长官及佐贰官均应参与其中。南宋孝宗时，仍有进行这方面改革的措施，但效果并不理想，直至南宋末年，知县（县令）仍然要为平决狱讼花去大量的时间和精力。

（二）管理治安

县级行政的社会治安管理是指县级政府保护辖区内民众生命财产安全，维护统治秩序的一种职能。在宋代，这主要表现在"屏除盗贼，里民安居"方面④。在宋代县级行政机构中，负责社会治安的官员是县尉。时人楼钥认为："警捕，尉曹职也。"⑤

---

① （宋）陈宓：《龙图寺丞复斋陈先生文集》卷21《知县王公墓志铭》，《续修四库全书》第1319册，上海古籍出版社2002年影印本，第524页。
② （宋）舒璘：《舒文靖集》卷上《答乔世用》，文渊阁《四库全书》，第1157册，第527页。
③ （宋）朱熹：《朱子语类》卷106，朱杰人、严佐之、刘永翔主编：《朱子全书》第17册，上海古籍出版社、安徽教育出版社2002年点校本，第3472页。
④ （清）徐松辑，刘琳等校点：《宋会要辑稿·职官》59之9，第4642页。
⑤ （宋）楼钥著，顾大朋点校：《楼钥集》卷35《修职郎权建宁府政和县尉胡杞擒获许伯祥等循两资》，浙江古籍出版社2010年点校本，第641页。

宋王朝建立后，社会矛盾比较尖锐，造成"盗贼"频发①。刘航知虞城县，境多盗贼，航为政宽猛，而县大治②。赵尚宽知平阳县，邻邑有大囚十数，破械夜逸，杀居民，将犯境，尚宽趋尉出捕，又遣徼巡兵蹑其后，悉获之③。为有效打击"盗贼"活动，宋政府除复置县尉外，还专门颁布《捕贼条》④。县尉在履行社会治安管理职能方面，发挥了重要作用。且看淳祐年间，洪天骥出任邵武军建宁县尉时的政绩：

  初筮邵武军建宁县尉，发摘奸伏，当官无所回挠。时有劫寇王若曾，啸聚千余人，骚动两路，诸所委捕多畏沮。公奋不顾身，提兵捣其巢，一举空之。伪造成风，为楮币蠹，公密设方略，动中肯綮，李若聂凡三大党与，无不各就缚，薙狝之⑤。

洪天骥在建宁县尉任上的出色政绩，以其"善状闻于朝"，得到了其上级官员胡颖、方岳的肯定。在打击"盗贼"的过程中，县尉往往需要与巡检及其他捕盗力量的通力合作。如齐、郓、博等州，寇盗群起，令巡检、县尉会合捕除之⑥。

（三）兼理一县兵政

宋制规定，有驻兵的县，其长官兼兵马都监或监押，如《琴川志》载："宋朝县各置令，县大有兵马者，升朝官为都监，余为监押。庆历以后始用文臣，以知县兼兵事。"如胡宴以太常博士知县事，兼兵马监押。桑澥守尚

---

① 据何竹淇编《两宋农民战争史料汇编》（中华书局1976年版）统计，仅北宋朝"盗贼"活动就发生多达208次。
② 《宋史》卷345《刘航传》，中华书局1977年标点本（以下版本同），第10951页。
③ 《宋史》卷426《赵尚宽传》，第12701—12702页。
④ 《宋会要辑稿·兵》11之2，第8818页。
⑤ （宋）文天祥：《文山集》卷16《知潮州寺丞东岩先生洪公行状》，文渊阁《四库全书》，第1184册，第640页。
⑥ 《宋会要辑稿·兵》11之24，第8829页。

书都官员外郎知县事,兼兵马都监,管勾塘岸公事①。可见,县境内乡兵的屯戍、边防、训练之令等有限军政之事也是知县(县令)的一项职责。

在民族矛盾尖锐的背景下,两宋地方县官组织领导地方武装抗击外族入侵,以尽保乡卫国之责。如建炎三年十一月,金人犯建康府,溧水县尉潘振死之②。同年十二月,金兀术陷临安府,钱塘知县朱跸死之③。同年,金人陷泗州,城守逋。招信县尉孙晖将射士及民兵御之,城破,战死于敕书楼④。

二 以敛财赋和劝农桑为代表的经济职能

宋代县级官府除履行上述平决狱讼、治安管理等政治职能之外,还需履行比较重要且核心的经济职能,主要表现为敛财赋和劝农桑。

(一)实户口与敛财赋

实户口,本非纯粹之经济职能,但因其为县级官府履行其他各项经济职能的重要前提,故而首述于此。

一如前代,赵宋高度重视实户口、敛财赋、兴水利、课农桑。北宋开国之初,值丧乱之后,人口稀少,社会凋敝,民力困顿,故而辟田土、增户口,为当务之急,并以此为考核县官政绩的主要依据。建隆三年(962)令文曰:

> 州县官抚育有方,户口增益者,各准见户每十分加一分,刺史、县令各进考一等。其州户不满五千,县户不满五百,各准五千、五百户法以为分。若抚养乖方,户口减耗,各准增户法亦减一分,降考一等。主司因循例不进考,唯按视阙失,不以轻重,便书下考。

---

① (宋)孙应时纂修,鲍廉增补,(元)卢镇续修:《琴川志》卷3《叙官·县令》,《宋元方志丛刊》第2册,中华书局1990年影印本,第1181、1182页。
② 《宋史》卷25《高宗纪》,第470页。
③ 《宋史》卷25《高宗纪》,第471页。
④ 《宋史》卷453《孙晖传》,第13322页。

同年十一月，有司奏言："自今请以减损户口一分，科纳系欠一分已上，并降考一等。如以公事旷遗，有制殿罚者，亦降一等。"①熙宁二年五月，神宗下诏颁布《考校知县县令课法》，以课实绩。如知县（县令）在任内，能做到"赋税及时了办，不烦追扰及差役均平"，"劝课力田，使野无旷土"，"虽有流移之人，而多方招诱却令复业"，"一任之中，主客户比旧籍稍有增衍"，"兴修水利，疏导积水以利民田，能劝诱人户种植桑枣"，则依据"上项事实即参详分为上、中、下三等"，"上、中、下三等内有绩状尤异出于上等之外，则更定为优等"②。

北宋末南宋初年，宋境内战火不断，人户四散流徙，民力凋敝。在此背景之下，高宗重申北宋初年之制。绍兴十八年，因淮南"不耕之田尚多有之，良由州县旷弛，不能招徕安集，致流移之民来尽复业"，令吏部申严行下，以建隆初户口增耗为守令岁课之法③。文献记载的诸多县官于此多有显著政绩。如北宋太宗时，戚纶出任淅川主簿，"按版籍，得逋户、脱口、漏租者甚众"，因治绩突出，徙知太和县④。南宋高宗时，安丰军六安县，"穷边凋瘵"，"猾民冒佃荒田，辄数千亩"，王镇出知六安县，"躬按户籍，丁给百亩，于是流逋四归，愿耕者众"⑤。

敛财赋是县官参加考课的重要内容。太宗太平兴国八年，国子监丞、知开封府司录参军事赵孚上言：

> 去岁丰稔，而科纳弛慢，尚有逋租，苟非赏罚，何以惩劝。请自今诸县令、佐凡历三年，收赋税并得依限齐足者，超资任以大县；历二年，违限不足者，降资授以小县。⑥

---

① 《续资治通鉴长编》卷3，太祖建隆三年十一月，第74—75页。
② 《宋会要辑稿·职官》59之9，第4642页。
③ 《宋会要辑稿·职官》59之20，第4653页。
④ 《续资治通鉴长编》卷41，太宗至道三年二月，第861页。
⑤ （宋）周必大：《文忠集》卷77《朝议大夫赐紫金鱼袋王君镇墓碣》，文渊阁《四库全书》，第1147册，第809页。
⑥ 《续资治通鉴长编》卷24，太宗太平兴国八年三月，第542页。

太宗诏从之。神宗时，即要求知县（县令）在任内，做到"赋税及时了办，不烦追扰；及差役均平，并无论诉之人，及虽有论诉而人无不当之理"①。能否顺利完成财赋催征事务，关乎县官的政治前途；因此，县官在任内格外重视催征事宜。北宋真宗时，寇准曾出任归州巴东、大名府成安知县。在任内，"每期会赋役，未尝辄出符移，唯具乡里姓名揭县门"，以致"百姓莫敢后期"②。南宋宁宗时，崇仁知县范应铃，"明约束，信期会，正纪纲，晓谕吏民，使知所趋避。然后罢乡吏之供需，校版籍之欺蔽，不数月省簿成，即以其簿及苗税则例上之总领所，自此赋役均矣"③。

（二）劝农桑

敛财赋必先推征比，而征比的关键是田土增和户口实，究其根本，最紧要之事当是劝农桑。统治者意识到，如果不给农民提供一个安定的环境，不调动农民的积极性，其租税来源就得不到保障。两宋各代皇帝都注意在适当减轻农民负担的同时，加强官员劝农的力度，提高农民的积极性和劳动生产率。

县官事务繁多，上关国家政令之推行，下关本县百姓之安生，是社稷民生之所寄。他们的所作所为，直接关系到国家治乱和百姓的生息。县官贤能，则域内民安；反之县官昏聩，则民不安生。宋代最盛时，天下有县1234个，即便偏安江左之南宋亦有千余县。无法尽以贤者治理县。"贤者视君为天，不敢欺也；视民为子，不忍伤也。奉法修职，出于心所不容己，非有所为也。其次则有所慕而勉于为善，有所畏而不敢为不善。其下则不知职业为何事，法度为何物，恣其欲而已，是民贼也。"④尽管这是明代人就明代县政作出的一番评论，但在一定程度上亦适用于描述宋代不同类型县官施政的情

---

① 《宋会要辑稿·职官》59之9，第4641—4642页。
② 《宋史》卷281《寇准传》，第9527页。
③ 《宋史》卷410《范应铃传》，第12345页。
④ （明）高攀龙：《高子遗书》卷7《申严宪约责成州县疏》，文渊阁《四库全书》，第1292册，第453页。

形。不同类型的县官，其施政的手段也会各不一样。如何使众多县官按照朝廷法令办事，使他们既能遵循统一的政令，又能因地制宜地完成国家下达的任务，这是统治者所关心的重要问题之一。

县长官职繁任重，辖县内的事无不在其职责之内。"掌总治民政，劝课农桑，平决讼狱，有德泽禁令，则宣布于治境。凡户口、赋役、钱谷、赈给之事皆掌之，以时造户版及催理二税。有水旱则受灾伤之诉，以分数蠲免；民以水旱流亡，则抚存安集之，无使失业。有孝悌及行义闻于乡闾者，具事实申于州，激劝以励风俗。若京朝、幕官则为知县事，有戍兵则兼兵马都监或监押。"① 宋廷除对县官施政作出一般性的要求，还专门制定《监司七事考》："一曰举官当否，二曰劝课农桑、增垦田畴，三曰户口增损，四曰兴利除害，五曰事失案察，六曰较正刑狱，七曰盗贼多寡。"② 重点加强对县官的考核与监督，也是地方官的要责和施政的重点所在。入宋后，随着社会的发展和政治环境的变化，县官施政不得不适应变化的情况，进而出现许多新的施政措施和要求。从存世的宋代官箴书来看，县官重点办理的事务依然局限于劝课农桑、增垦田畴、户口增损、兴利除害、事失案察、平决讼狱、盗贼多寡等范围。正如吕惠卿所言："天下之民事皆领于县，则奉朝廷之法令，而使辞讼简，刑狱平，会计当，赋役均，给纳时，水旱有备，盗贼不作，衣食滋殖，风俗敦厚必自县始。"③

终宋一代，统治者一直强调知县（县令）劝课农桑、兴修水利的重要性。在宋太祖赵匡胤看来："农为政本，食乃民天。比务穑以劝分，庶家给而人足。"④ "修利堤防，国家之岁事，劝课种艺，郡县之政经。"⑤ 淳化四年（993），太宗诏令岭南知县（县令）劝民种植黍、粟、大麦、荞麦，以备水旱⑥。庆历四年（1044），仁宗诏："自今在官，有能兴水利、课农

---

① 《宋会要辑稿·职官》48 之 29，第 4326 页。
② 《宋史》卷 163《职官》，第 3839 页。
③ （宋）吕惠卿：《县法序》，吕祖谦编：《宋文鉴》卷 90，中华书局 1992 年版，第 1278 页。
④ 司仪祖整理：《宋大诏令集》卷 182《劝农诏》，中华书局 1962 年排印本（以下版本同），第 658 页。
⑤ 《宋大诏令集》卷 182《沿河州县课民种榆柳及所宜之木诏》，第 658 页。
⑥ 《宋会要辑稿·食货》63 之 162，第 7697 页。

桑、辟田畴、增户口，凡有利于有农者，当议量功绩大小，比附优劣，与改转或升陟差遣，或循资、家便，等第酬奖。"① 元祐四年（1089），吏部言县令罢任，以"农桑垦殖，野无旷土，水利兴修，民赖其用为劝课之最"②。政和二年（1112），徽宗颁布县官劝课农桑具体的十二条标准为：一曰敦本业，二曰兴地利，三曰戒游手，四曰谨时候，五曰戒苟简，六曰厚蓄积，七曰备水旱，八曰戒宰牛，九曰置农器，十曰广栽植，十一月恤佃户，十二曰无妄讼③。南宋绍兴十五年（1145），高宗诏令知县（县令）"每岁之春，常修举劝农职事。如或奉承弗虔，因而骚扰，仰监司按劾，以示惩诫焉"④。隆兴二年（1164），孝宗诏："淮南、川陕、京西边郡守令，能安辑流亡、劝课农桑首就绪者，本道监司以闻。"⑤

既然历代统治者重视劝课农桑、兴修水利，那么县官施政的首要任务即在于此，凡是循良的县官，多会在这方面下功夫。如崔立知安丰县，大水坏期斯塘，崔立"躬督缮治，踰月而成"⑥。嘉祐年间，韩正彦知昆山县，"创石堤，疏斗门，作塘七十里，以达于郡，得膏腴田数百顷；又请以州之赋十三万从便输于县鸠作塘，余材为县仓，民大悦"⑦。王安石知鄞县，"起堤堰，决陂塘，为水陆之利；贷谷与民，出息以偿，俾新陈相易，邑人便之"⑧。沈起知海门县，"筑堤百里，引江水灌溉其中，田益辟，民相率以归，至立祠以报"⑨。不过，北宋末至南宋初，以及南宋末年，因为朝政的昏暗及社会的动荡不定，所谓课农桑、兴水利之令文对某些县官而言，并无实质意义。

---

① 《宋会要辑稿·食货》63 之 179 至 180，第 7707 页。
② 《宋会要辑稿·职官》59 之 11，第 4644 页。
③ 《宋会要辑稿·职官》48 之 31，第 4329 页。
④ 《宋会要辑稿·食货》1 之 38，第 5969 页。
⑤ 《宋史》卷 160《选举六·考课》，第 3764 页。
⑥ 《宋史》卷 426《循吏·崔立传》，第 12697 页。
⑦ （宋）项公泽修，凌万顷、边实纂：《淳祐玉峰志》卷中《名宦》，《宋元方志丛刊》第 1 册，中华书局 1990 年影印本（以下版本同），第 1072 页。
⑧ 《宋史》卷 327《王安石传》，第 10541 页。
⑨ 《宋史》卷 334《沈起传》，第 10727 页。

三 以兴学和教化民庶为代表的文化职能

宋代县级官府的文化职能，主要是指县级官府在学校教育、文化娱乐、风俗信仰等方面体现出来的规制力量和教化、引导作用。宋代县级政府文化职能的重要体现，就是充分利用儒学复兴的影响，加强文化教育和教化，引导和改造旧的、野蛮的风俗习惯，使之向符合官方认可的方向发展。

（一）兴学

重视县学，修缮学舍，是宋代县级官府兴教化的重要内容。宋代以文治国，其统治者十分重视学校教育，"自仁宗命郡县建学，而熙宁以来，其法浸备，学校之设遍天下，而海内文治彬彬矣"[1]。据有关统计，两宋时期，全国共建县学约530所，且南方明显多于北方[2]。传世文献关于知县（县令）在任内兴建、修缮学舍的政绩的记载，比比皆是。如明州奉化县：景祐（1034—1038）中，知县于房"废石夫人庙，以增学宫"。建炎年间，学宫毁于兵火，绍兴九年（1139），知县荣彝重建。再如明州慈溪县，雍熙元年（984），知县李昭文重建慈溪县学。建炎四年，因金兵南下而毁，绍兴十二年（1142），知县毕瑛"草创殿宇斋居"。又如明州定海县：雍熙二年（985），县主簿李齐始建县学。至道元年（995），知县冯琔增修。建炎年间，毁于兵火。绍兴八年（1138），知县章汝翼改建。熙宁八年（1075），昌国知县张懿文"初建学于县东一百步"；崇宁（1102—1106）中废，政和六年（1116），知县张如晦重建。绍兴五年（1135），知县韩晦"置田养士"，嘉定（1208—1224）年间，知县郑伯谦、闻韶、赵大忠等"相继增益之，学校始具体矣"。象山县：县学始建于唐会昌六年（846）。宋嘉祐（1056—1063）年间，县令顾方修缮。治平（1064—1067）中，县

---

[1] 《宋史》卷155《选举一》，第3604页。
[2] 参阅郭九灵《宋代县学》，硕士学位论文，河南大学，2000年，第12—13页。

令林旦重修。建炎（1127—1130）年间毁于兵火，隆兴元年（1163），县令胡琦重建。①

（二）教化民庶

所谓教化，乃指以政教风化或感化，甚或是外族之华化。兴教化是县官的重要政务，惩恶扬善、激劝风俗、兴办学校，是兴教化的主要内容。知县（县令）既为朝廷命官，惩恶扬善，保境安民，维护国家统治安全就是其重要职责。朝廷对此有严格的规定，诸多记载亦表明贤能的县官在这方面有突出政绩。如开封府祥符县多权贵之家，乡书手张宗勾结权贵，久为奸利。苏涣出知该县后，不畏威胁，严惩张宗，"杖矫命者，逐之，一府皆震"②。张方平知昆山县，时吴越归宋不久，豪民多有占田，狱讼亦多。张方平"悉收其羡田以赋平民，讼亦息"③。胡顺之知休宁时，县内有豪民汪姓者，豪横无礼，"县不能制，岁租赋常不入，适以讼逮捕，不肯出"。胡顺之言："令不行何以为政？"遂"命积薪环而焚之，豪大骇，少长趋出，叩头伏辜，推其长械送州，致之法"④。蒋堂出知临川县，县中有富人李甲，多为不法，前任县令莫能制，蒋堂"戒谕不悛，白州以兵索其家，得僭乘舆物，置于死"⑤。

作为连接中央和地方的桥梁，知县（县令）负有"有德泽禁令，则宣布于治境"的职责⑥。宋朝廷不时颁布诏谕，戒令天下知县（县令）对其辖境内的百姓进行劝勉。如大中祥符二年，真宗赐诸外官《文臣七条》，其中要求知县（县令）"以德化人，不必专尚威猛"，劝谕民庶，"勤于孝

---

① （宋）胡榘修，方万里、罗浚纂：《宝庆四明志》卷14、卷16、卷19、卷20、卷21《学校》，《宋元方志丛刊》第5册，中华书局1990年影印本，第5178、5204、5229、5246、5262页。
② （宋）苏辙著，曾枣庄、马德富校点：《栾城集》卷25《伯父墓表》，上海古籍出版社1987年点校本，第520页。
③ 《淳祐玉峰志》卷中《名宦》，《宋元方志丛刊》第1册，第1072页。
④ 《宋史》卷303《胡顺之传》，第10045页。
⑤ 《宋史》卷298《蒋堂传》，第9912页。
⑥ 《宋会要辑稿·职官》48之29，第4326页。

弟之行，农桑之务"①。知县（县令）到任后往往会颁布一些劝民榜文，张贴于镇市、乡村店舍等处，其内容多为教化民众之类②。在实际县政中，不乏以德化民的能令。秭归"县僻民野，举不知法禁"。李希圣出任该县县令后，尽心治理县政，视县为家，教化百姓，"谆谆戒谕，虽极冗微，悉使晓信"③。再如建阳县，北宋政和至南宋绍兴年间，因"邑大难治"，有五十余人出任知县（县令），仅有七人得以"终更"。萧之敏出知该县后，"以礼义化其俗，民翕然顺从"④。

在县，除知县（县令）参与祭祀外，县丞亦参加。《宋史·礼五》载："州县则春秋二祭，刺史、县令初献，上佐、县丞亚献，州博士、县簿尉终献。如有故，以次官摄。若长吏职官或少，即许通摄，或别差官代之。"⑤ 在长官阙处，县丞可代行知县（县令）"初献"之职。另外，县丞还行使州县学释奠之礼。景德四年，真宗诏："州县释奠，刺史、县令初献，上佐、县丞亚献，州博士、县主簿终献；有故，以次官摄之。"⑥

四 以尊贤孝和慎赈恤为代表的社会职能

县级政府作为基层治民的一级地方行政机构，它一方面要执行中央一级州府的命令，发挥统治功能；另一方面，它是直接面对民众的一级权力机构，必须承担起一定的社会责任，发挥一定的社会功能。

（一）奖贤孝

尊贤奖孝是宋代县级政府履行社会职能的一个重要方面，知县（县

---

① 《宋大诏令集》卷191《幕职州县官诫词·文臣七条》，第701页。
② （宋）李元弼：《作邑自箴》卷6《劝谕民庶榜》，《四部丛刊续编》（以下版本同）第48册，上海书店1984年影印本，第29—34页。
③ （宋）吕陶：《净德集》卷25《秭归县令李君墓志铭》，文渊阁《四库全书》，第1098册，第202页。
④ 《文忠集》卷33《秘阁修撰湖南转运使萧公之敏墓志铭》，第365页。
⑤ 《宋史》卷102《礼五·社稷》，第2483页。
⑥ 《宋史》卷105《礼八·文宣王庙》，第2553页。

令）遇"有孝悌及行义闻于乡闾者，具事实申于州，激劝以励风俗"①。两宋统治者也经常发布诏谕，对此进行强调。开宝八年，太祖诏"诸州察民有孝弟力田、奇才异行或文武材干、年二十至五十可任使者，具送阙下，如无人塞诏，亦以实闻"②。天禧二年五月，真宗诏"长吏恤孝弟力田者"③。南宋咸淳七年十一月，度宗诏"民有以孝弟闻于乡者，守、令其具名上闻，将旌异劳赐焉"④。曾经任职知县的李元弼，在劝谕民庶时，首当其冲的就是对民众进行尊贤奖孝的思想教育。其曰：

耆宿常切教诲卑幼，及诱谕邻里眷属等，孝顺父母，友爱兄弟，和睦亲知，切勿耽酒赌钱，非理作事。

父母教训子孙，当拣择业次，稍有性格者，自幼便令亲近好人，读书应举，忽尔及第，光荣一乡，信知诗书之贵也。不能读书，便学为农。农者，质朴悠久，治身之本也。

少长相逢虽非亲识，各存礼貌，如有后生未甚历事，或得耆宿苦口相劝，乃是至诚相爱，切须听受，仍加逊谢，不得辄生嫌恨。⑤

衢州西安人赵抃，其母亲卒，赵抃"庐母墓三年，县榜其里曰'孝弟'"⑥。程颢为晋城县令时，"民以事至县者，必告以孝弟忠信，入所以事其父兄，出所以事其长上"⑦。荆南人乐京为布衣时，"乡里称其行义，事母至孝。妻张氏家绝，挟女弟自随，京未尝见其面。妻死，京寝食于外，为嫁之。嘉祐初，诏访遗逸，以荐闻，得校书郎，为湖阳、赤水二县令"⑧。

---

① 《宋会要辑稿·职官》48 之 29，第 4326 页。
② 《宋史》卷 156《选举志二》，第 3646 页。
③ 《宋史》卷 8《真宗纪三》，第 165 页。
④ 《宋史》卷 46《度宗纪》，第 908 页。
⑤ 《作邑自箴》卷 6《劝谕民庶榜》，第 29—30 页。
⑥ 《宋史》卷 316《赵抃传》，第 10321—10326 页。
⑦ 《宋史》卷 427《道学一·程颢传》，第 12714 页。
⑧ 《宋史》卷 331《张问传附乐京传》，第 10664—10665 页。

县级官府积极履行尊贤奖孝的社会职能，就统治者而言，起到了强化政治统治的作用；就民庶而言，在全社会营造了一种贤孝氛围，有利于稳定社会秩序。

（二）慎赈恤

救荒赈济也是宋代知县（县令）施政的重要职责之一。它包括储备救荒物资以减灾赈灾和济贫，推行养济院等以安孤老，预防社会不安定因素的出现。两宋是灾害频发期，"灾害频度之密，盖与唐代相若，而其强度与广度则更有过之"①。因此，宋代对于救荒有一套比较完整的程序。"所在州县间遇歉岁，至八月则收状，至九月则检放，至十月则抄札"②。换而言之，收状——检放——抄札是宋代救荒的主要程序。收状，亦称披诉，即百姓向当地官府申告灾情，以保证官府及时了解灾况，组织救荒③。检放，即州县官勘实灾况轻重，并据此确定蠲租减税数额等事宜④。抄札，

---

① 邓云特著：《中国救荒史》，上海书店出版社1984年版，第22页。
② 《宋会要辑稿·食货》58之24，第7370页。
③ 宋代对百姓披诉灾情的时间有严格规定。开宝三年，太祖诏百姓申告水旱灾情，"夏不得过四月，秋不得过七月"。（《续资治通鉴长编》卷11，太祖开宝三年七月壬寅，第247页）太宗朝所实行的"夏以四月三十，秋以八月三十日为限"的披诉时限，是为定制，至南宋时无太大变化。如《淳熙令》规定："诸官私田灾伤，夏田以四月、秋田以七月、水田以八月，听经县陈诉，至月终止。若应诉月并次两月遇闰者，各展半月。诉在限外，不得受理（非时灾伤者，不拘月分，自被灾伤后，限一月止）。其所诉状，县录式晓示。人具二本，不得连名。如未检覆而改种者，并量留根查，以备检视（不愿作灾伤者，听）。"[（宋）董煟：《救荒活民书》卷上《淳熙令》，李文海、夏明方主编：《中国荒政全书》第一辑，北京古籍出版社2003年版（以下版本同），第50页] 在实际救荒过程中，尽管有着期限的规定，但亦有所变通。如政和三年（1113）正月，尚书省建言，开德府清丰县去年六月七日因旱而受灾的百姓，"其间有不知条限，至被诉不及，可令所司勘会诣实，特与依检放灾伤人户减免均糴指挥施行"。（《宋会要辑稿·食货》59之9，第7382页）
④ 宋代对地方官检放的程序有严格规定。《淳熙令》载："诸受诉灾伤状，限当日量灾伤多少。以元状差通判或幕职官（本州阙官，即申转运司差），州给籍用印，限一日起发。仍同令佐同诣田所，躬亲先检见存苗亩，次检灾伤田段。具所诣田所，检村及姓名、应放分数注籍，每五日一申州。其籍候检毕，缴申州，州以状对籍点检。自住受诉状，复通限四十日，具应放税租色额外分数榜示。元不曾布种者，不在放限，仍报县申州，州自受状。及检放毕，申所属监司检察。即检放有不当，监司选差邻州官复检（日限亲检次第，并依州委官法）。失检察者，提点刑狱司觉察究治。以上被差官，不得辞避。"（《救荒活民书》卷上《淳熙令》，第50页）从令文的规定看，州县官员在检放过程中，从接受百姓披诉至公布结果，期限一般为四十天。

是指灾情出现后，县官及乡村耆老、乡书手等登记受灾民户的情况，以便进救灾赈济，是为最后一道救荒程序①。

在上述救荒赈济过程中，知县（县令）肩负重要职责。司马光指出，安民之要道在于"州、县多方存恤"，"然所以能使流民不移者，全在本县令、佐得人"，并建言："令提点刑狱司常切体量逐县令、佐，有能用心存恤阙食人户，虽系灾伤，并不流移者，保明闻奏，优与酬奖。其全不用心赈贷，致户口多有流移者，取勘闻奏。乞行停替。"②

在实际县政中，县官多能积极执行上级关于赈灾的条令。如张揆知莱州掖县，有民诉旱于州，遭拒，张揆"自为奏闻，诏除登、莱税"③。又如章元任出知和州历阳县，适江淮大水，致"民无所得食"，次岁大旱，"民益饥，流冗相继，殍而死者枕藉于涂"。章元任"丐籴于官，劝大姓尽出其所藏粟，视官直以粜。躬以粥糜食其老弱，芟草舍于邑之四隅，以就民便居焉"，民悉赖以活④。但亦有县官无视朝廷法令，于救荒赈灾漠视之，终遭惩罚。如嘉祐中，河北蝗涝。"时霸州文水县不依编敕告示灾伤，百姓状诉及本州不以时差官检视、转运以为言。"最终，主簿赵师锡罚铜九斤，知县雷守臣冲替。⑤

结　语

在传统社会的行政管理机制嬗变过程中，县级官府具有机构设置小、官员编制少、行政成本低及履职比较到位等特点。在宋代，县官群体数量众多。他们尽管处于行政权力的末端，却是赵宋政权不可或缺的重要组成

---

①　宋代对于抄札过程亦有时间限制，一般规定应在十月前完成。嘉泰元年（1201）规定，若州县有灾情，"一面分头多委检放抄札官，限十月内须管一切了毕，不得迁延，及不得漏滥，务要全活民命，免致流殍"。（《宋会要辑稿·食货》58之24，第7370页）

②　《续资治通鉴长编》卷374，哲宗元祐元年四月，第9065—9066页。

③　《宋史》卷333《张揆传》，第10699页。

④　（宋）周紫芝：《太仓稊米集》卷70《朝议大夫章公墓铭》，文渊阁《四库全书》，第1141册，第500页。

⑤　《救荒活民书》卷上，第43页。

部分，发挥着重要作用，也对两宋政权的稳定起着重要影响。他们通过劝课农桑、劝诫兴学等，发展县域经济与文化；通过息讼调整，缓解县域社会矛盾，稳定社会秩序。即便在战争环境下，也致力于德治与法治的有机统一，保证县级行政的有序化，致力于安定庶民的生活，顺应封闭式的小农经济形态和内卷化的宗族自治制度，形成彼此呼应的局面。作为县域日常行政的主导者，县官通过履行政治、经济、文化及社会职能，在实践自身的权力同时，也能折射出所辖县域社会的真实状况。在履行基本行政职能的过程中，县官群体虽然存在囿于自身素养、诏令制度及所处时代因素，导致无法妥善处理一些跨区域管辖的事务，但维护地方利益是县官施政趋向的一个重要影响因素。而为地方利益谋求运作空间，从实质上来说，是为自身谋求广阔的权力运作空间，以达成权力的维持及再生产，成为宋代县域政治中最日常的一种模式。

黄庭坚与王献可家族
——北宋贬谪士人与地方士人互动的个案研究

李小勇

（江西师范大学 美术学院）

一 引言

在黄庭坚贬谪期间，王献可是他非常重要的交往对象，从绍圣二年（1095）正式通信往来，直至元符二年（1099）秋，他们的交往长达四年。黄庭坚与王献可子侄的往来则还可以延续到建中靖国元年（1101）左右。黄庭坚与王献可家族的交往时间占据了他整个贬谪生活时长的三分之二，他们的交往不仅时间长，而且内容和形式也十分丰富，这或许可为深入研究黄庭坚提供重要基点。

因此，本文尝试以黄庭坚与王献可及其子侄交往的信件为中心，对这些信件进行细心梳理，从而对黄庭坚和王献可家族之间交往活动的细节进行最大限度的还原。我们希望以黄庭坚和王献可家族的交往为研究个案，来探析黄庭坚贬谪时期的生活和思想状况，以及他与地方士人建立交往关系的方式，他与地方士人进行互动的方式，这对于我们认识和理解黄庭坚具有极大意义，甚至对 11 世纪晚期的贬谪官员与地方士人关系研究也可以提供有力的参照。

二 王献可家族成员

王献可，字补之。山西泽州（今山西晋城）人，登进士第。生年不详，卒于宋哲宗元符二年（1099）秋。元祐七年（1092）因功进官，知麟州（今陕西神木）、西作坊使。后因擅自统领兵将，攻击西夏来犯之贼，被追回官衔，勒令停职，不久后被贬为英州刺史，知泸州。元符元年（1098），迁左骐骥使，权发遣梓夔路，钤辖管勾泸南沿边安抚使公事。元符二年（1099）五月，因为元祐中期上书议论朝政，而被认为附会奸党，处以"降一官"的惩罚。① 崇宁元年（1102），入《元祐党籍碑》，是入籍官员中为数不多的武官之一。

登进士科的王献可亦能诗文，在其知泸州时，曾经过"白厓庙"而有题诗曰："泸州刺史非迁谪，合是龙归旧洞来。"② 另对清湘大孝子朱道诚之死，王献可亦尝作诗吊之，有"夜月明孤冢，秋风悲白杨"③ 之句。王献可亦能书法，在《金石汇目分编·宋灵派侯庙重修木帐记》下有如是记载："王彧撰，魏实正书，王补之篆额。元丰八年六月？河将军庙火池壁东。"④ 大致推测王献可应该是擅长古体篆书，书法修养也或非一般。

虽然王献可登进士，是能诗书的地道文人，但他却长期担任武官，并且是一位"以词学进，而以武干闻肆"的武将。⑤ 王献可"以武干闻肆"，其实是渊源有自，在苏辙《栾城集·西掖告词》中对王献可就有"才称武吏之选，家本名将之裔"⑥ 之评，原来其父王世行亦是镇边有声的武官。

王世行，字祖道。故魏城人，家开封。黄庭坚说他"文武自将，得知已晚，用不尽之才，而有威惠著于清湘者也"⑦，当是一位晚见于朝而又有官声的吏干之才。王世行最后官至文思副使、太原郡开国侯，死后又以子

---

① （清）陆心源：《元祐党人传》卷9，清光绪刻本，第1b页。
② （明）曹学佺：《蜀中广记》卷79，文渊阁四库全书本，第9a页。
③ （明）林富修，（明）黄佐纂：《嘉靖广西通志》卷45，明嘉靖十年刻本，第1a。
④ （清）吴式芬：《金石汇目分编》，稿本、揭碑（附），卷11，第46a页。
⑤ （宋）苏轼撰，李之亮笺注：《苏轼文集编年笺注（诗词附）：第4册》，巴蜀书社2011年版，第815页。
⑥ （宋）苏辙撰，曾枣庄、马德富校点：《栾城集：上》，上海古籍出版社2009年版，第593页。
⑦ （宋）黄庭坚撰，郑永晓整理：《黄庭坚全集辑校编年》，江西人民出版社2008年版，第1024页。

赠左中散大夫，对于王世行的政绩，黄庭坚以汉时循吏称之。①

王献可有三子。从长子和次子的命名，可以看出他对其子的期待和自己的人生理想追求，《蜀中广记》有记王献可："常慕南霁云之忠，名其子曰霁，曰云。云，字子飞。"② 后来，王献可还得一子，名雯，字子予。

长子王霁，亦如先辈能文能武，且富有正义，《宋史》有记："崇宁时，为谋议司详议官，上书告蔡京罪，黥隶海岛。钦宗复其官，从种师中战死。"③ 王霁在朝不畏权势，在战不畏强敌，诚不负王献可于"忠"之期。

次子王云，字子飞。其事主要见于《宋史·王云传》及《蜀中广记》。他举解进士乙科，其父王献可因元祐党谪死后，任简州（今四川简阳）州尉，自言"吾乃守父也"。崇观间从使高丽国，撰《鸡林志》以进，而擢升秘书省校书郎。后又出知简州，迁陕西转运副使。宣和中，他从童贯宣抚幕入为兵部员外郎，起居中书舍人。此后王云的官宦生涯主要是在处理与当时边疆民族所建立政权的关系上，他在政治上的起伏也与处理这些关系紧密相连。后来宋高宗为其在简州建祠，并追赠观文殿学士，对其功绩进行肯定。

季子王雯，字子予。学问亦佳，在黄庭坚与王献可的书信中常常提及的"季子讲学，有日新之功"，说的就是王雯。遗憾的是，当前还没有发现更多的文献让我们了解这位当年颇为不凡的年青人。

三　黄庭坚与王献可的交往

（一）二者交往的可能性

元祐七年（1092），王献可在知麟州（今陕西神木）、西作坊使任上，因擅自统领兵将攻击西夏来犯之贼，而被追回官衔，勒令停职。不久后，他就被贬谪为英州刺史，知泸州（今四川泸州）。④

---

① （宋）黄庭坚：《黄庭坚全集辑校编年》，第1024页。
② （明）曹学佺：《蜀中广记》卷79，第9b页。
③ （元）脱脱等：《宋史》卷357《王云传》，第1230页。
④ （清）陆心源：《元祐党人传》卷9，第1b页。

绍圣元年（1094）十二月二十七日，黄庭坚因参与修纂的《神宗实录》被诬，责授涪州（今重庆市涪陵区）别驾，黔州（今四川省彭水县）安置。① 在其兄黄大临的陪同下从陈留（今河南开封东南四十里）出发，黄庭坚于绍圣二年（1095）四月二十三日到黔州。② 王献可所治泸州与黔州距离很近，遂与贬谪在黔州的黄庭坚在时间和空间上有了正式交往的可能。

在《答王补之书》中黄庭坚回忆了对王献可最早的风闻，他说于英宗治平年间，还在赴举业时就从李师载兄弟处熟知王献可的才德令名，可是由于自己"见闻寡浅，日夜刻意读书，未尝接人事，故不得望颜色"；然而后来又因为"从仕东西忧患潦倒"无缘得见，但庆幸的是"每见师载，犹能道补之出处"③。李师载有关的资料尚少，与王献可的具体关系已很难查清，但"能道补之出处"而知其志向，可见二人关系似乎不浅。又黄庭坚与王献可书信中有"师载困于箪瓢，承恻然念之，仰见不忘平生之义，古人所谓'觥饮不及壶飨'，要及其倒悬耳"④句，亦可见王献可对李师载时有关照。至于李师载与黄庭坚的关系，从黄庭坚在神宗元丰元年（1078）《赋未见君子忧心靡乐八韵寄李师载》中有"同升吏部曹，往在纪丁未。别离感寒暑，岁星行十二"来看，他们应该是同年进士，所以"从李师载兄弟游"亦在此时；另从"斧挥郢人鼻，琴即钟期耳""何当携手期，濠上得鱼乐"句来看，他们亦是相知的好友。⑤《答王补之书》信中还言及"与李师载兄弟游"，此处的李师载之兄弟很有可能是年龄较长的李师中。⑥ 另李师中（字诚之），曾与王献可父亲王世行同在广西为官。可见李师载兄弟俩是黄庭坚与王献可共同的师友，二人能够在蜀中建立起非凡的友谊想必李师载兄弟也承担着道德上的某种担保。

---

① 郑永晓：《黄庭坚年谱新编》，社会科学文献出版社1997年版，第263页。
② （宋）黄庭坚：《黄庭坚全集辑校编年》，第750页。
③ （宋）黄庭坚：《黄庭坚全集辑校编年》，第782页。
④ （宋）黄庭坚：《黄庭坚全集辑校编年》，第791页。
⑤ （宋）黄庭坚：《黄庭坚全集辑校编年》，第144页。
⑥ 参见李跃林《黄庭坚与王献可一家的交游》，《荣宝斋》2017年第10期。

其实王献可与黄庭坚还有着不远不近的亲戚关系。因为黄庭坚之表姐即为王献可兄长之妻，即王献可之嫂，所以王献可之侄王霖（字子均）就是黄庭坚之表甥。① 王献可与黄庭坚有这样的瓜葛，或是二人可能交往的原因之一，但也不必然。《宋史》有记"以亲嫌，遂移戎州"②，黄庭坚不得不从黔州迁戎州，而迁谪的主要原因正是其表兄张向启奏朝廷要移迁山谷至别处以避嫌。可见亲情并不必然导致友情。

据现存资料，黄庭坚至黔以前，与王献可一直未有结交。至于王献可何时得闻黄庭坚，由于材料的缺乏，我们无法得知，但黄庭坚在当时的文坛地位，绝对是一个不可忽视的存在。赵子崧（字伯山）《中外旧事》中记载："先生少有诗名，未入馆时，在叶县、太和、德州德平，诗已卓绝。"③ 更重要的是，黄庭坚又在其舅李常与岳父孙觉的推介下，得与当时文坛盟主苏轼结交。苏轼对黄庭坚之文及人品都给予极高的评价，他说"此人如精金美玉，不即人而人即之，将逃名而不可得"，又说其"超逸绝尘，独立万物之表"④。尤其是《举黄庭坚自代状》中言：

蒙恩除臣翰林学士。伏见某官黄某，孝友之行，追配古人；瑰丽之文，妙绝当世。举以自代，实允公议。⑤

在苏轼的积极推扬下，黄庭坚声名更著。元祐期间，以苏轼为中心的文坛，黄庭坚位列"苏门六学士"之首，他们诗文唱和、谈学论艺，成就了北宋乃至中国文化史上最为亮丽的风景之一。

在这种情况下，可以推测，王献可对黄庭坚的文名应有耳闻，甚至仰慕已久。其父《全州盘石庙碑》碑文，久不得所托，直到二十余年后黄庭

---

① 参见李跃林《黄庭坚与王献可一家的交游》，《荣宝斋》2017 年第 10 期。
② （元）脱脱：《宋史》卷 444《文苑六·黄庭坚传》，中华书局 1977 年版，第 13110 页。
③ （宋）黄庭坚撰，刘琳、李勇先、王蓉贵点校：《黄庭坚全集：第 2 册》，四川大学出版社 2001 年版，第 996 页。
④ （宋）苏轼：《苏轼文集编年笺注（诗词附）：第 6 册》，第 739 页。
⑤ （宋）苏轼：《苏轼文集编年笺注（诗词附）：第 3 册》，第 597 页。

坚到来，王献可"乃遣吏走黔中"，最终求得佳构。① 这一方面说明王献可对撰文者文才和人品的高要求；另一方面也很好地证明了王献可对黄庭坚的高度认可。

不得不提的是，北宋实行"右文"政策，文官在地位上有了较大的变化。关于文臣优越于武将的体现，可从文官对武将的蔑称这一细节观其波澜：仁宗时宰相王曾称与其地位相等但出身武将的枢密使张耆，为"一赤脚健儿"。又如名将狄青进京赴任枢密副使，被时人贬呼为"赤枢"。翰林学士欧阳修对武将也有所轻视，如其对枢密使、老将王德用"老衙官何所知"的讥讽。② 在"崇文"的时风下，以"以词学进，武干闻肆"的王献可主动与贬谪在此的黄庭坚结交，当然不是因为作为文官的黄庭坚此时对其还有政治上的优势，但是黄庭坚雄厚的文化资本对于王献可来说肯定有着不小的吸引力。

另外，在政治上王献可与黄庭坚在党争中很有可能是同属一个阵营，至少他们在新党看来，都为旧党。虽然黄庭坚自己并不愿将自己置身于新旧党争之中，并且力主消弥党争，提倡"人材包新旧，王度济宽猛"③ 的思想；但由于与苏轼等人的特殊关系，他自己早就已经被卷入而难以自拔。从王献可元祐期间不断新进及其后来罢官亦因元祐中上书议论朝政，以及最后入元祐党籍的结局来看，其政治倾向与元祐党人应该是有着许多共通之处。因此，我们认为王献可与黄庭坚在政治上可能有着较多的认同，这也是他们能够进行交往的一个重要基础。从《答王补之书》中黄庭坚对王献可"文武不疚，治边有声"④ 的评价来看，黄庭坚对其政治才能及其官声亦是相当认可。

综上种种，有老朋友李师载兄弟的关系，又有亲戚的瓜葛，二人在政见上又可能有着极大的认同，在人品上也互相认可，所有的这些都是二人进行交往及其成就非凡友谊的情感基础。当然王献可对黄庭坚文名天下的

---

① （宋）黄庭坚：《黄庭坚全集辑校编年》，第 1024 页。
② 陈峰：《从"文不换武"现象看北宋社会的崇文抑武风气》，《中国史研究》2001 年第 2 期。
③ （宋）黄庭坚：《黄庭坚全集辑校编年》，第 397 页。
④ （宋）黄庭坚：《黄庭坚全集辑校编年》，第 782 页。

青睐无疑是这众多原因中最为重要的因素。

（二）王献可的扶助

就有限的材料来推测，王献可与黄庭坚的通书时间应该不会晚于绍圣二年（1095）夏天或更早①。在《答王补之书》中，黄庭坚说来到黔州，作为晚辈的他理应主动通书修好，但他一直没有主动通书。黄庭坚解释说自己有罪在身，已"不复齿于士大夫"之列，所以"虽闻阁下近在泸南，而不敢通书"②。确实如此，黄庭坚此时已是"不得签署公事，无职事"③的贬降官，但更深层的原因还在于他担心自己的贬谪身份连累友人，在其与一位名叫李端中的书信中他这样说：

> 尊公修撰，不敢通书，恐罪人之垢玷污大旆之光辉。前日蒙赐酒肴，以尊者之赐，熟计念之，不敢辞，亦恐或累盛德，此后愿勿继也。悚惕悚惕！④

一方面自己"放逐之迹，人所贱鄙"，另一方面对于亲旧"亦恐或累盛德"，所以其在黔州的很长一段时间，黄庭坚都是"谢病杜门"，少与外界来往。至于黄庭坚在黔州的生计，黄庭坚在与秦世章书信中这样描述，他说：

> 某黔中尚未有生计，方从向圣与乞得开元寺上园地，高下两段，既募两户蔬圃矣。年岁间亦须置二三百房钱，贵悠久不陷没耳。每烦开谕千万，极荷恩勤，然平生未尝作市井商贩事，又未至寒饥，遂且过岁月尔。富人设见助，亦不欲受之，古人所谓"予惟不食嗟来之

---

① 参见李跃林《黄庭坚与王献可一家的交游》，《荣宝斋》2017年第10期。
② （宋）黄庭坚：《黄庭坚全集辑校编年》，第782页。
③ 龚延明：《宋代官制辞典（增补本）》，中华书局2018年版，第593页。
④ （宋）黄庭坚：《黄庭坚全集辑校编年》，第809页。

食,以至于斯",伏想深见察也。①

在黔州的具体生活情景,黄庭坚绍圣四年(1097)所作的《谪居黔南十首》有所展示。这组诗中,黄庭坚一改平时诗文的拗峭、晦涩,更多的是平易的独白,但在这简约的语句中却将其物质上的匮乏、精神上的孤独、身体上的疾病以及对来日未知的彷徨表现得面面俱到,着实惹人哀怜。就是在这样的一个特殊时期,王献可出现在黄庭坚的生命中,二人结下了一生的友谊。

从黄庭坚与王献可的通信中,我们可以看到,王献可经常派下属趁公务之机前来探望并附信存问。查黄庭坚书信,王献可所遣之人,有的有记其名如江安尉李偁,有的则以官职称,如巡教使臣、盛推官等。王献可甚至让其季子王雩前来探望。

在书信往来及其派人探望之外,王献可有时则直接给予黄庭坚经济上的帮助。在《答泸州安抚王补之》第二札中,黄庭坚这样说道:

> 谪官寒冷,人皆掉臂而不顾,乃蒙遣使赐书存问,勤勤恺恺,恩意千万,感激无以为喻。俸余为赐甚惠厚,颇助衣食之源。②

在"人皆掉臂而不顾"的时候,对王献可依然"遣使赐书存问",并赠予其一笔不小的钱财,黄庭坚对此等恩意无比感激。因为此时黄庭坚经济情况确实十分糟糕,在信中黄庭坚对"一失官财,以口腹累人,愧不可言"的窘态作了十分详细地描述,他说:

> 某兄弟同庖盖四十口,得罪以来,势不可扶携,皆寓太平州之芜湖县,粗营柴米之资,令可卒岁乃来。伯氏授越州司理,小侄朴授杭州盐官尉,皆腊月阙,可分骨肉相养也。某比茸江滨一舍,粗可御寒

---

① (宋)黄庭坚:《黄庭坚全集辑校编年》,第821页。
② (宋)黄庭坚:《黄庭坚全集辑校编年》,第790页。

暑，已分长为黔州民矣。①

由此可见，王献可送来的钱财对此时的黄庭坚可谓雪中送炭。黄庭坚责授涪州别驾，可以说其已经基本失去了朝廷俸禄，其赴黔的行李之资亦是有赖亲旧扶持②，当时其亦师亦友的苏轼听闻他令人担忧的经济情况，也有书信存问③。

除了金钱上的直接帮助之外，王献可也时常馈赠生活之资如干余甘、荔子、弓弝等。④元符元年（1098），黄庭坚因避表兄张向之嫌移戎州，王献可还给在戎州的他寄来酒、醋、蜀纸等。黄庭坚非常欣喜，对所送之物一一称赞，并对"每以口腹所须累长者"而愧疚不已。后来王献可又有"五米、六酒、四醢"相赠。⑤

负罪在身的黄庭坚，在贬谪之地，一家老小生活并不容易，别的问题亦有不少，所以其他琐事亦时时向王献可求助。如其租船前往戎州之时，须租住僧舍沐浴及熬治汤药，就曾向王献可提出请求。⑥

不但黄庭坚本人受到王献可时时的照顾，他的家人也受到款待和礼遇。黄庭坚之弟黄知命在前往涪陵看望其堂兄弟涪陵尉黄嗣直（字叔向）时，曾过泸州，就得到王献可的热情招待。黄知命还家之后，王献可亦有书信存问。其事在黄庭坚与王献可的书信中屡有提及，如"舍弟经过，又烦濡沫""家弟蒙赐手笔甚勤重，钦仰盛德"，言语中充满谢意。王献可对黄庭坚之子黄相也关心有加，甚至邀请黄相前往参侍。在黄庭坚与王献可的书信中，还可见"伯氏及诸弟各已赴任，蒙恤问"之语，可见王献可对黄庭坚兄弟的仕宦也时有关心。在黄庭坚与其甥王霖书信中，我们还发现他们有一位惨遭人祸、处境十分困难的亲戚盛天锡也曾受到过王献可的扶

---

① （宋）黄庭坚：《黄庭坚全集辑校编年》，第790页。
② （宋）黄庭坚：《黄庭坚全集辑校编年》，第803页。
③ （宋）苏轼：《苏轼文集编年笺注（诗词附）：第6册》，第746页。
④ （宋）黄庭坚：《黄庭坚全集辑校编年》，第790页。
⑤ （宋）黄庭坚：《黄庭坚全集辑校编年》，第945页。
⑥ （宋）黄庭坚：《黄庭坚全集辑校编年》，第792页。

助。① 甚至有时黄庭坚还会请求王献可帮助自己的朋友，如：请求王献可为王庭秀才提供行旅之助。②

我们认为王献可对黄庭坚的帮助，物质上馈赠甚至直接金钱赠与都还在其次，最重要的是王献可利用自己的政治地位对黄庭坚进行庇护。王献可蜀中地区最高长官的身份，会带动其他地方官员对黄庭坚的庇护，至少会打消很多对黄庭坚这位贬谪官员持摇摆心态的地方士人的顾忌，带动和改变黔戎及其周边地区地方士人对黄庭坚的态度。当然我们亦无法下结论说其他地方士人主动与在黔戎时期的黄庭坚来往完全是受王献可的影响，否则将简化黄庭坚与地方士人的复杂关系。如黄庭坚在《与大主簿三十三书》言："太守曹供备谱，济阳之侄；通判张觥，张景俭孙，公休之妻弟；皆贤雅，相顾如骨肉。"③ 据其语气来看，显然他们是彼此有某种瓜葛而熟知。又如与交往甚从又对其扶助有力的宋子茂，则是其二十年前在北都就已是相识的老友。④ 戎州时期与之交往的如黄斌老兄弟及黄友善兄弟则是黄庭坚的族亲。很多地方士人也和王献可一样与黄庭坚有着这样或者那样的瓜葛牵连，或者也对这位文坛巨星倾慕有加而乐与结交。

王献可与黄庭坚结交以后，不少蜀中士人也开始与黄庭坚建立联系，在政治上对他进行庇护，给予他更多的人生自由，在物质上对他进行帮助，在精神上经常给予鼓励和劝慰。如黔州判官逢文兴，与黄庭坚书信往来非常频繁，给黄庭坚寄送生活物资，甚至还给黄庭坚送来"荆公诗编"。⑤ 黄庭坚在与王献可的信中说："前守曹供备已解官去，新守高羽左藏，旦之弟也。老练廉勤，往亦久在场屋，不易得也。虽闲居，与郡中不相关，亦托庇焉。"⑥ 黄庭坚之所以说有所"托庇"，很重要的原因是高羽（字彦修）之接任曹谱（字伯达），是缘于黄庭坚的举荐。在另外一封与王

---

① （宋）黄庭坚：《黄庭坚全集辑校编年》，第786页。
② （宋）黄庭坚：《黄庭坚全集辑校编年》，第795页。
③ （宋）黄庭坚：《黄庭坚全集辑校编年》，第806页。
④ （宋）黄庭坚：《黄庭坚全集辑校编年》，第759页。
⑤ （宋）黄庭坚：《黄庭坚全集辑校编年》，第812页。
⑥ （宋）黄庭坚：《黄庭坚全集辑校编年》，第784页。

献可的信中，黄庭坚表达了王献可对高羽提拔的感谢，并将这份人情记在自己身上：

> 黔中守高彦修，清慎不扰，少时尝应数举，自保州都监得此差遣，亦蒙湔拂，并见别纸。亦归之不肖，殊荷眷与之意。①

有意思的是，初到黔州对其相待如骨肉的黔州太守曹谱的擢升居然也是由黄庭坚向王献可的推荐，同样黄庭坚也将王献可"采听推荐"的人情算在自己身上，他说：

> 黔守曹伯达，虽戚里子弟，文雅有余，远蒙采听推荐，不肖实与受赐，传君春首必蒙湔拂。②

通过黄庭坚与王献可的书信，我们发现黄庭坚积极向王献可推介了很多黔、戎两地的官吏。王献可也利用自己职权的关系对黄庭坚所荐之人进行政治上的安排。其中的很多官吏都是对黄庭坚有过帮助的地方官员和年轻学子，黄庭坚似乎是用这种方式给予回报。如在黔州时期对自己照顾有加的都监刘荐，黄庭坚曾三次在与王献可的书信中提及。第一次推介是概要的介绍刘荐其人，并对其人品和才干进行肯定。他说："黔州监押刘荐，本儒家子，廉节而晓事，闻左右亦知其为人也。"③后来则是直接道明刘荐于自己在黔州的调护之恩：

> 都监刘君于此相从，在公家相调护，始终不倦。承冰鉴照远，获预荐章，不肖实亦受赐，庭坚再拜。④

---

① （宋）黄庭坚：《黄庭坚全集辑校编年》，第792页。
② （宋）黄庭坚：《黄庭坚全集辑校编年》，第790页。
③ （宋）黄庭坚：《黄庭坚全集辑校编年》，第790页。
④ （宋）黄庭坚：《黄庭坚全集辑校编年》，第791页。

如果王献可对刘荐真的有所擢用，黄庭坚同样也会将这份人情记在自己头上。

上文所提到的黔州判官逢兴文也得到了黄庭坚的举荐：

> 逢兴文闻于左右，非特一日之雅，渠已老于世事，其为吏，长于督察吏史奸伏之情，若在幕府，实称耳。某再拜上。①

有时候黄庭坚可能不方便与王献可通书，如其以"避亲嫌"而迁戎州时，就在一信中说出不便再与通书的原因，他说：

> 别来虽累月，自以罪戾不复可溷被，所过人视之，唯恐为渠作祟，故虽平居亲爱能忘其不肖者，亦不敢以书通。如长者之庭，则未尝一向往也。②

由于害怕他人从中作祟，连本来要去"长者之庭"探望的计划也不可能实现。在这种情形下，黄庭坚则通过王子飞间接而委婉地向王献可推介友人。③ 有时候可能碍于情面而不愿意为推荐一个人而数作书，黄庭坚则通过在王献可属下任职的老友宋子茂向王献可推介。④

上举诸人之外，黄庭坚向王献可推荐的其他地方士人如江安尉李偁、刘公敏、郑宣、李惴、陈杰（及其子）等，也大都得到了任用。但不可忽视的是：看上去黄庭坚通过举荐似乎偿还了地方士人对他关照的人情，但在某种程度上却加重了王献可对他的人情。

（三）黄庭坚的回报方式

黄庭坚对于王献可于患难中的盛情相助（包括对所举荐人才的重用）

---

① （宋）黄庭坚：《黄庭坚全集辑校编年》，第950页。
② （宋）黄庭坚：《黄庭坚全集辑校编年》，第785页。
③ （宋）黄庭坚：《黄庭坚全集辑校编年》，第955页。
④ （宋）黄庭坚：《黄庭坚全集辑校编年》，第1008页。

是如何回报的呢？上文我们已经交代王献可主动结交的一个重要原因，就是对黄庭坚雄厚文化资本的仰慕，王献可请求黄庭坚为其父作《全州盘石庙碑》即是典型例子。但在更深入地讨论利用文化资本来回报之前，我们不妨先看看其他方式。

黄庭坚经济情况不甚理想，但也经常给王献可寄送些农家特产，如施黔所产的研膏茶，以表人情往来。在二人书信中，黄庭坚所送研膏茶的次数还不少，而给对方寄送最多的则其家乡所产的双井茶。黄庭坚爱茶，也十分愿意在士大夫中推介双井。在元祐期间，他就经常将双井与同僚分享，双井茶成为他联络亲友的一个重要媒介。在此时亦然，他甚至还在书信中十分热情地向王献可介绍碾试之法。

有宋一代，士人雅好书法，王献可亦如此，更何况其本身亦能诗书。元祐以后黄庭坚书名日隆，王献可对黄庭坚书法之倾心，由前举《全州盘石庙碑》已可见一斑。在他们后来的交往中，王献可亦时常索书，在元符元年（1098）六月黄庭坚刚到戎州时，在《答泸帅王补之》中就有这样的记录：

> 拙字不足观，辱过情之誉，增愧。令侄纸卷辄写去，一笑耳。①

王献可此次所要书作，是代侄子所求，内容不得而知，或许并未提出要求。从另一次求字书信中，也许可以看出，索字者身份不同，对具体内容可能也有所不同：

> 皇恐。秋暑方作，旱灾焚谈，甚可畏，不审比来寝膳何似？《兰亭诗》偶写得，但挥汗临纸研，殊不能工耳。②

这是王献可自己求的，明确点明了《兰亭诗》。这次索字，除王献可

---

① （宋）黄庭坚：《黄庭坚全集辑校编年》，第945页。
② （宋）黄庭坚：《黄庭坚全集辑校编年》，第786页。

外，还有他的两个儿子王云和王雩，在《答王子飞》中他说：

> 所寄纸轴及尊翁所要《兰亭》诗，子予纸轴，皆写毕，不欲付此獠卒。①

给两位后生的，都仅提到了"纸轴"，而未及内容。父子两辈的这种区别，或与礼仪有关，需要进一步探讨。因此信中有"庭坚窃闻尊公团练忽被旨罢泸州，计须待监司交割，乃得解印"之言，可推测此次索书当在元符二年（1099）秋。

元符二年（1099）五月十八日，王献可因元丰末及元祐中上书议论朝政之事，被认为附会奸党，处以"降一官"的惩罚。对于谪官之事早已看淡的黄庭坚，除了表示遗憾和劝慰之外，更多的则是从朋友的角度真心地提出一些切实的建议：

> 承欲渐解舟至王市，治行，盛暑，良不易。闻抚句厅亦可少驻使节，若俟治舟略有伦序，放船就江津以待江水，似佳。闻老兄橐中亦不丰，然随缘以为日用，岂有阙耶？子侄皆贤，想处之裕如也。闻命之初，贤愚无不动心，以为老兄何以处之，独不肖以为不然。夫物之成坏相寻，如岁之寒暑。有人喜寒而恶暑，世必以为狂疾；人至于乐成而忧坏，则谓之有智，可不可乎？老兄鉴此必有余，不能忘情，故及之耳。②

在信中，黄庭坚对王献可治行作出建议之外，又劝其在生活开销上"随缘日用"，最后对其罢官加以劝慰，但也充分相信王献可对此一定是有自己的见地，与"无不动心"的旁人不同。对于其罢官之后的治行东归，黄庭坚在与其子王云的信中亦嘱咐有加，他说："唯行李须出于万全耳。

---

① （宋）黄庭坚：《黄庭坚全集辑校编年》，第956页。
② （宋）黄庭坚：《黄庭坚全集辑校编年》，第787页。

瞿唐灩滪，非可玩之水也。"① 类似的嘱咐亦出现在与王霖书的信中："盛暑既不可登陆，水行又防江涨，计须少从容为万全之计，及行尚可三四奉书也。"② 黄庭坚相信王献可的这次罢官只是暂时的，不久之后就会重新起用。他在写给表姐（王霖代呈）的信中说道：

> 府公非次罢归，贤不肖谁不嗟惜，然此岂人事哉！此公老于世故，存心忠厚，有器度，必非久困者。今西方须人材，未必不因此出漩涡耳，但恨不得一往见。③

虽然王献可罢官之后，就开始抱病，但黄庭坚对其重新起用依然有信心。同年（1099）中秋前后，王献可生日，黄庭坚填《洞仙歌》④，用冯唐的典故对其进行鼓励和宽慰。然而，令人遗憾的是，王献可不久便溘然离世。⑤

王献可的逝世，不仅让其家人，也让平时受关照的友人失去"嘉木之荫"。如黄庭坚想为前文已经提及的陈杰（任监押）另谋差事就不方便了，他说"向尝干王补之为公措置一差遣，不意此公遂如此"，所以只能"俟新帅到，试更图之"⑥。

王献可的离世，让二人这一段持续四年多的交往画上了句号。黄庭坚为这位"有白头新，有倾盖旧"的老兄作了《祭王补之安抚文》，对这位"自我投荒，恤予饥寒"的老兄的离世表达了无限的沉痛和惋惜，也对这位文武双全的边疆大吏作了最后的赞扬。

四 黄庭坚与王献可子侄的交往

从黄庭坚与王献可有书信往来开始，王云兄弟就进入了他的视野。在

---

① （宋）黄庭坚：《黄庭坚全集辑校编年》，第 953 页。
② （宋）黄庭坚：《黄庭坚全集辑校编年》，第 991 页。
③ （宋）黄庭坚：《黄庭坚全集辑校编年》，第 991 页。
④ 参见李跃林《黄庭坚与王献可一家的交游》，《荣宝斋》2017 年第 10 期。
⑤ 参见李跃林《黄庭坚与王献可一家的交游》，《荣宝斋》2017 年第 10 期。
⑥ （宋）黄庭坚：《黄庭坚全集辑校编年》，第 991 页。

与王献可的书信中有大量对他们学问的询问，黄庭坚对王云赞誉尤多。王献可似也乐见子侄们与黄庭坚建立密切联系，不仅书信往来，甚至创造机会让他们登门拜访。

在黄庭坚全集中一共收录了三十多封与王氏子侄的书信（题跋、诗、铭除外），里面记录了大量他们交往的细节。他们也如王献可一样，时常给黄庭坚寄些物品。在给王雱的一封书信中，黄庭坚就对其送来的醋表示感谢。① 在《与鸿范七舅简》的信中，黄庭坚说："色笺有杂色而无红笺，王子飞云有之。候子飞送到，即同遣上。"② 可见王氏兄弟平时亦有文房用具相赠。

在王献可与黄庭坚交往期间，王氏兄弟与黄庭坚交往的最主要形式是他们侍从黄庭坚讲学读书。在《答宋子茂殿直》中，黄庭坚说"子飞昆仲相从勉读书，殊胜闲谈弄酒盏也"③。在《与王子飞七首》中黄庭坚亦有"侍旁未有王事，想昆仲相从讲学，日有光辉之益"④ 的回忆。在《答王云子飞》中，还表达了"子均、子与（予）相从讲学，有日新之功"⑤ 的喜悦。关于讲学读书的内容，黄庭坚在与宋子茂的书信中有过简要的说明：

> 子飞、子予、子均想数相见否？每相聚，辄读数叶《前汉书》，甚佳。人胸中久不用古今浇灌之，则俗尘生其间，照镜同觉面目可憎，对人亦语言无味。⑥

兄弟三人也时常将自己所作诗文相寄，黄庭坚则以"药石之言"相告。如王雱奉父命前来探望黄庭坚，黄庭坚在《答王秀才书》就对其提出委婉的建议，他说"足下气宇甚裕，窃揣量之，但从师取友之功少，读书

---

① （宋）黄庭坚：《黄庭坚全集辑校编年》，第989页。
② （宋）黄庭坚：《黄庭坚全集辑校编年》，第457页。
③ （宋）黄庭坚：《黄庭坚全集辑校编年》，第1027页。
④ （宋）黄庭坚：《黄庭坚全集辑校编年》，第952页。
⑤ （宋）黄庭坚：《黄庭坚全集辑校编年》，第955页。
⑥ （宋）黄庭坚：《黄庭坚全集辑校编年》，第957页。

未及根本",并进一步说"深根固蒂,然后枝叶茂,导源去塞,然后川流长",解释读书须及根本的要义。① 又如王雱寄来诗文,黄庭坚说:

> 熟观所惠书,词意深厚。盖足下天资高明,又居贤父兄珠玉之渊,宜其清润光辉,不资于人而自熼(引按:"熼"同"燧")矣。②

在赞誉其"词意深厚"外,说其"居贤父兄珠玉之渊",有着得天独厚的优势,所作诗文当"清润光辉",但又劝其最好不假借于人而能自致佳境。在王献可罢官之后,黄庭坚亦鼓励王雱"惟有颠沛不忘问学耳"③。

对于王云,在黄庭坚与王献可书信中有这样的记录:

> 见省榜,得第二郎君姓名,奉助欢喜。此犹未见赐第之书,度必取巍科也。④

"第二郎"指的就是王云,因为在这信中有"小子相今年十四",可以推断王云在绍圣四年(1097)就已经进士及第,并且取得很好的名次。毕竟王云已是成年之人,并取得功名,所以黄庭坚与王云学问的讨论内容则更为宽泛和抽象,如关于作笺礼仪问题、孝道问题等。黄庭坚对于王云学问上的导引,总是能够以事入,以理出,在得闻其身体不适时,黄庭坚关心存问之后,则劝其早服"仲尼之戒",并进一步引出学道要以身为本。⑤ 在王献可罢官后,黄庭坚也致书王云,鼓励他学道要"深探其本"。⑥ 另外黄庭坚还就书法学习问题向王云提出过建议。⑦ 王云已经开始入仕,面对仕路之进退、吏事不如意的问题,黄庭坚也会及时

---

① (宋)黄庭坚:《黄庭坚全集辑校编年》,第979页。
② (宋)黄庭坚:《黄庭坚全集辑校编年》,第951页。
③ (宋)黄庭坚:《黄庭坚全集辑校编年》,第951页。
④ (宋)黄庭坚:《黄庭坚全集辑校编年》,第791页。
⑤ (宋)黄庭坚:《黄庭坚全集辑校编年》,第953页。
⑥ (宋)黄庭坚:《黄庭坚全集辑校编年》,第954页。
⑦ (宋)黄庭坚:《黄庭坚全集辑校编年》,第952页。

开导。①

王氏兄弟在从黄庭坚讲学读书之时，亦趁此机会向其寄纸索书。在他们的书信往来中，保留了黄庭坚赠与王氏兄弟大量书作的记录。元符二年（1099）书《符读书城南》《兰亭诗》与王雩。元符二年（1099）书《独行》与王云。元符二年（1099）书《檀弓》《金刚经》与王霖。其实在信中还有很多不计名的书作相赠记录，如："它日更作两幅小楷字"（王雩），"且寄乱写数纸，数日来臂痛，似欲不能堪，不能复作楷"（与王云），"往书轴出于草草，不足观传后，他日有佳纸，当为作小行书数幅也"（与王霖）。②

在与王氏兄弟交往过程中，黄庭坚还利用自己的医药知识，为他们提供身体保健的建议，如他曾为王霖提供具体的保健药方并细心地教其制作之法。③

在王献可去世之后，"门下士失嘉木之荫"，黄庭坚似乎承担起了家长的义务，积极为王氏子侄的治生出谋划策。在王云、王雩居丧期间，黄庭坚寄书存问，表达对他们的关心，考虑到王云兄弟二人"肺肝摧绝，荼毒痛楚，何可堪任"④，黄庭坚又作书二札与王霖，嘱护其照顾好王云兄弟⑤。

王献可罢官之后，则"偲民舍"而居，想其经济情况亦不大乐观。⑥现在王献可去世，则直接导致其子侄出现家居何处及如何治生的问题，对此黄庭坚为他们提供了自己的意见，在一封黄庭坚与表姐的书信中，他说：

> 襄邓谋居，既舍舟出陆，糜费已多，又素无根基，恐未便得成就。以老夫计之，不若且止荆南，偕弟宅暂居，稍置田园。物贱，又有通水之便，入都尽坦途，转江又易为力，更从长相度。⑦

---

① （宋）黄庭坚：《黄庭坚全集辑校编年》，第989页。
② 参见李跃林《黄庭坚与王献可一家的交游》，《荣宝斋》2017年第10期。
③ （宋）黄庭坚：《黄庭坚全集辑校编年》，第991页。
④ （宋）黄庭坚：《黄庭坚全集辑校编年》，第955页。
⑤ （宋）黄庭坚：《黄庭坚全集辑校编年》，第992页。
⑥ （宋）黄庭坚：《黄庭坚全集辑校编年》，第956页。
⑦ （宋）黄庭坚：《黄庭坚全集辑校编年》，第992页。

黄庭坚理性地分析了谋居襄邓与荆南的优劣利弊，劝王霖母子先与王云兄弟暂居荆南，再作其他打算。在与王云的书信中，亦表达了"且止荆南""化居时物"的建议。① 在与王霖的书信中，黄庭坚也力劝其在生活开销上要"随缘省约"，并且在"力于荆南之田"的基础上居货为贾，从事一些小规模的商业活动。②

时在戎州的黄庭坚与陈师道重新有了书信来往。元符三年（1100），陈师道复除棣州教授，赴任途中，改除秘书省正字。可能觉得二位日后有见面之缘，黄庭坚在《答王子飞书》中，向王云积极推荐了这位作诗作文都"时辈未见其比"的弟子陈师道，劝王云"公有意于学者，不可不往扫斯人之门"，并请王云"若见，为问讯"③。黄庭坚除了介绍当世诗文名人外，也为王氏子侄们在当地营造诗书学问交流圈，宋子茂、鲜自源就是其中成员。

建中靖国元年（1101）黄庭坚蒙恩东归，于当年四月，到达江陵（湖北江陵市，又称荆州），寄家沙市（今湖北沙市市）。此时王氏兄弟亦在荆南，王雱时时送凌风菊、橄榄来，黄庭坚有诗为记④，对此，黄庭坚亦有椰子小冠回赠。⑤

建中靖国元年（1101）五月，王雱还将其外祖父刘仲更墨迹带来请求黄庭坚作跋。在题跋中，黄庭坚高度赞扬了其外祖父的学问，并以"太史氏黄某书"落款，意在使所作跋语更显郑重、客观，以防观者生谬赞之嫌。⑥ 同年五月，王霖亦来黄庭坚处，在《题东坡字后》有他们妙赏苏轼书法于沙市舟中的记录，同观者还有刘观国、黄叔向、黄相。⑦

建中靖国元年（1101）十月，王云兄弟三人前来探望，黄庭坚与他们开了个小玩笑：

---

① （宋）黄庭坚：《黄庭坚全集辑校编年》，第956页。
② （宋）黄庭坚：《黄庭坚全集辑校编年》，第992页。
③ （宋）黄庭坚：《黄庭坚全集辑校编年》，第1109页。
④ （宋）黄庭坚：《黄庭坚全集辑校编年》，第1064页。
⑤ （宋）黄庭坚：《黄庭坚全集辑校编年》，第1064页。
⑥ （宋）黄庭坚：《黄庭坚全集辑校编年》，第1093页。
⑦ （宋）黄庭坚：《黄庭坚全集辑校编年》，第1093页。

> 建中靖国元年十月戊子，荆州之沙市舟中，久雨初霁，开北轩以受凉，王子飞兄弟来过。适有田氏嘉酝，问子飞、子均，皆不能酒，而子予自赞曰能。因濯余古铜瓢，满酌饮之，曰："饮此，则为子书匹纸。"子予请尽之。既而一举，覆瓢示余，因为落笔不倦。是日子予虽醉，而狂语皆无流俗之谈，亦可以观其不凡也。①

一个长辈与三个晚辈，谒然如一家的情景，跃然纸上。王雱有自告奋勇的性情之举，足见他们之间的亲密关系，黄庭坚记其"虽醉，而狂语皆无流俗之谈"，亦可见赞赏之意。戎州时期，黄庭坚曾说："一二子从予学经术，文词颇有得意者，而德性往往不美，遇事而发，辄有市井屠沽气。戏书其闼曰：'大雨如悬河，禾深没橐驼。唯有庭前捣帛石，一点入不得。'"② 更可见王雱"虽醉，而狂语皆无流俗之谈"之难得，不难想见，其所以如此，应有黄庭坚的教导之功。

他们长期从黄庭坚学习，所得一般书作上文已作分析，然而实际范围应该更大，原因在于他们所得黄庭坚诗文亦多，可以推测，其中肯定有不少是黄氏手书。在黄庭坚的书信中，还有王云索文的记录。近水楼台先得月，王云在得到黄庭坚大量诗文后，还为其编撰了文集。

在荆南时期王氏兄弟与黄庭坚来往密切，黄庭坚对他们学问及作人的关心亦如往常，时有谆嘱。在《与王子予书》中，以兵法作喻，教之以读书之法。③ 后又作研铭相赠以表其期。④ 对于王霖，黄庭坚在学业作人方面的关照更是不少，《惠王子均研说》记录了黄庭坚赠其研砚的情境。⑤ 王霖是王氏兄弟年龄尚小的一位，在其成年之时黄庭坚又为其作《深衣带铭》

---

① （宋）黄庭坚：《黄庭坚全集辑校编年》，第1099页。
② （宋）黄庭坚：《黄庭坚全集辑校编年》，第893页。
③ （宋）黄庭坚：《黄庭坚全集辑校编年》，第1113页。
④ （宋）黄庭坚：《黄庭坚全集辑校编年》，第1377页。
⑤ （宋）黄庭坚：《黄庭坚全集辑校编年》，第1631页。

以示劝勉。① 更难能可贵的是，在为其书金添板时，黄庭坚将其常常对年轻学子道之的"俗论"大书付与王霖，这应该是黄庭坚关于"士大夫唯不可俗"之论的最详细版本，全文近二百字，清楚道明了"避俗的方法"及其"俗与不俗之状"的区别。②

五 结语

从黄庭坚与王献可的交往来看，黄庭坚对王献可除了以简单的物质回赠和日常书信存问尤其是罢官之后的劝慰之外，他更多的是积极利用自己的文化资本对王献可进行回报，如为其父亲王世行撰写并书《全州盘石庙碑》、赠送其书法、为其生日填词等。尤其值得注意的是，黄庭坚对于王献可的回报，很大程度上也转移到了他的子侄上。从黄庭坚与王献可子侄交往来看，他除了以长者身份对其关爱之外，也在王献可去世之后，积极为他们的治生择居出谋划策。当然最为主要的仍是利用自己的文化资本进行文化输出，如以诗文相赠、书画题跋、艺文和学问的教导、人品修养上的砥砺、推介给名士、提供医药处方等。他们彼此以情感为基础，形成了一个互动、互惠的空间。在这个空间里，书法只是黄庭坚能够利用的众多文化资本形式之一，而且并不占主导地位，甚至可以说"书法家"是他当时在社会交往中比较次要的身份。

从黄庭坚与王献可家族的交往来看，还有一个问题值得进一步思考：贬谪官员对地方政治的影响。黄庭坚作为贬谪官员，但依然可以通过向地方高级官员进行人才推介，间接地参与地方政治生活。那么，北宋党争背景下，有大量像他这样持有雄厚文化资本的士人被贬谪到地方，那么这一批士人对地方政治影响的程度到底有多大？其影响又主要体现在哪些维度呢？

---

① （宋）黄庭坚：《黄庭坚全集辑校编年》，第 1373 页。
② （宋）黄庭坚：《黄庭坚全集辑校编年》，第 1673 页。

身后之名与家族名望：评南宋时期的楼璹及其《耕织图》

黄嘉福

(陕西师范大学　西北历史环境与经济社会发展研究院)

以耕获与蚕织时序为主线，系统化的《耕织图》始于南宋，延续至清代，是皇帝、后宫、宗室、朝野官员感念农民艰辛的图像载体。史载南宋《耕织图》最早为高宗绍兴年间的於潜县令楼璹所绘，后被宁宗时期的朝中大臣楼钥和翰林画院官员刘松年、梁楷等摹绘，再被理宗时期的绍兴知府汪纲版刻印刷。渡部武[①]、王潮生[②]、王加华[③]等学者从画目画面、版本

---

① 渡部武：《〈耕织图〉流传考》，曹幸穗译，《农业考古》1989年第1期；《中国农书〈耕织图〉的起源与流传》，《中华文史论丛》1991年总第48辑；《〈耕织图〉对日本文化的影响》，陈炳义译，《中国科技史料》1993年第2期；《形象的传统农业生产画卷——〈中国古代耕织图〉述评》，王永厚译，《农业考古》1997年第1期。

② 王潮生：《明清时期的几种〈耕织图〉》，《农业考古》1989年第1期；《清代〈耕织图〉探考》，《清史研究》1998年第1期；《古代宫廷〈耕织图〉》，《紫禁城》2000年第4期；《几种鲜见的〈耕织图〉》，《古今农业》2003年第1期。另有王潮生主编《中国古代耕织图》，中国农业出版社1995年版，第33—35页。

③ 王加华：《技术传播的"幻象"：中国古代〈耕织图〉功能再探析》，《中国社会经济史研究》2016年第2期；《显与隐：中国古代耕织图的时空表达》，《民族艺术》2016年第4期；《观念、时势与个人心性：南宋楼璹〈耕织图〉的"诞生"》，《中原文化研究》2018年第1期；《教化与象征：中国古代耕织图意义探释》，《文史哲》2018年第3期；《谁是正统：中国古代耕织图政治象征意义探析》，《民俗研究》2018年第1期；《处处是江南：中国古代耕织图中的地域意识与观念》，《中国历史地理论丛》2019年第3辑。

源流、政治象征等角度对《耕织图》作了周详而深入的剖析。① 既有研究成果对楼璹及其《耕织图》于南宋时期的地位均有相当高的评价②，所依据的历史文献主要出自楼钥（楼璹侄）、楼洪（楼璹孙）、楼杓（楼璹从曾孙）等明州楼氏家族成员之手。但是楼钥等人对楼璹及其《耕织图》多溢美之词，且对楼璹生前遭受的政治挫折作了技术上的淡化处理，从而形塑了楼璹良好的身后之名。这种身后之名虽然与历史事实存在一定出入，但是对提升南宋明州楼氏家族名望有着极大的贡献。楼璹的身后之名与楼氏家族的名望的紧密关系，可为研究者相对客观地认识与理解楼璹及其《耕织图》于南宋时期的地位提供关键线索。

一 对楼璹绘制与进献《耕织图》的时间的技术性处理

最早详细记述於潜县令楼璹绘制与进献《耕织图》的文献为楼钥《跋扬州伯父〈耕织图〉》（以下简称《图跋》）。楼钥生于绍兴七年（1137）。③ 嘉定年间（1208—1224），楼钥先后被授予吏部尚书、同知枢密院事、参知政事等朝中要职。④ 凭借重权在握且能够接近东宫的便利，楼

---

① 除上述学者的研究成果，还可参考蒋文光《谈楼璹〈耕织图〉清代刻石》，《文物》1979年第3期；蒋文光《从〈耕织图刻石〉看宋代的农业和蚕桑》，《农业考古》1983年第1期；臧军《楼璹〈耕织图〉与耕织技术发展》，《中国农史》1992年第4期；周昕《中国〈耕织图〉的历史和现状》，《古今农业》1994年第3期；李致忠《影印清刻墨印彩绘本〈耕织图诗〉跋》，《文献》2000年第1期；肖克之《〈耕织图〉版本说》，《中国农史》2001年第4期；朱洪启《耕织图与我国传统社会中农业技术及农业文化传播》，《科普研究》2010年第3期；史宏云《楼璹〈耕织图〉及摹本农耕科技研究》，《科学技术哲学研究》2012年第3期；张铭、李娟娟《历代〈耕织图〉中农业生产技术时空错位研究》，《农业考古》2015年第4期；刘蔚《楼璹〈耕织图诗〉的艺术渊源及其创变》，《浙江社会科学》2017年第10期；冯鸣阳《南宋〈耕织图〉的流变、传播及政治使用脉络》，《艺术设计研究》2018年第4期；冯鸣阳《被让渡的时间：南宋〈蚕织图〉中的时间表达》，《美术与设计》2020年第6期；王加华、郑裕宝《海外藏耕织图的绘制、收藏与价值分析——以元代程棨、明代宋宗鲁与清康熙三版本为核心的探讨》，《艺术与民俗》2020年第3期。

② 参见臧军《楼璹〈耕织图〉与耕织技术发展》，《中国农史》1992年第4期。

③ （宋）楼钥撰，顾大朋点校：《楼钥集》卷3《送浦丞剡川》，浙江古籍出版社2010年版，第83页。

④ （宋）袁燮撰：《絜斋集》卷11《行状·资政殿大学士赠少师楼公行状》，浙江大学出版社2020年版，第175—178页。

钥摹绘家藏的《耕织图》副本（正本已被楼璹进献给高宗），附上《图跋》，进献给皇太子。① 在《图跋》中，楼钥简要回顾了楼璹绘制与进献《耕织图》的大致过程：

> （高宗）下务农之诏，躬耕耤之勤。伯父时为临安於潜令，笃意民事。慨念农夫蚕妇之作苦，究访始末，为《耕》《织》二图。……未几，朝廷遣使循行郡邑，以课最闻。寻又有近臣之荐，赐对之日，遂以进呈。即蒙玉音嘉奖，宣示后官，书姓名屏间。②

明人宋濂在秘府典藏的《织图》中也作了内容类似的题跋：

> 宋高宗既即位江南，乃下劝农之诏。郡国翕然，思有以灵承上意。四明楼璹，字寿玉，时为杭之於潜令，乃绘作《耕织图》。……未几，璹（获）召见，遂以图上进。③

宋氏上述题跋中的"下劝农之诏"应源自《图跋》，即"下务农之诏"。然而，"郡国翕然，思有以灵承上意"一句难以查考，应是宋氏的臆想。上述引文均可说明於潜县令楼璹绘制与进献《耕织图》的政治背景是高宗行耕耤礼，且颁行劝农诏令。然而，高宗时期唯一的耕耤礼举行于绍兴十六年（1146）④，时间在楼璹绘制与进献《耕织图》之后。分析如下：

绍兴十四年（1144）十一月戊午，司封郎中李涧关于恢复耕耤礼的提议得到了高宗准许。⑤ 十五年（1145）正月，礼部、太常寺官员认为可以

---

① （宋）楼钥撰，顾大朋点校：《楼钥集》卷17《进东宫〈耕织图〉札子》，第362—363页。
② （宋）楼钥撰，顾大朋点校：《楼钥集》卷74《跋扬州伯父〈耕织图〉》，第1334页。
③ （明）宋濂撰：《宋学士文集》卷16《銮坡集卷第六·题〈织图〉卷后》，高等教育出版社2016年版，《四部丛刊》本，第329册，第582页。
④ （宋）李心传撰，辛更儒点校：《建炎以来系年要录》（以下简称《要录》）卷155，绍兴十六年正月壬辰，上海古籍出版社2020年版，第2648—2649页。
⑤ （宋）李心传撰，辛更儒点校：《要录》卷152，绍兴十四年十一月戊午，第2601页。

借鉴相对完善的《政和五礼新仪》来举行耕耤礼。① 因此，在群臣的积极筹备下，十六年正月壬辰，高宗最终躬耕南郊耤田。② 次月，颁行劝农诏令（特指行耕耤礼前后的劝农诏令）。③

楼璹任於潜县令的时间不晚于绍兴三年（1133）六月。④ 奉命"循行郡邑"且认定楼璹考课最优的官员是宣谕使胡蒙。⑤ 胡氏于绍兴二年（1132）十二月至三年六月间出使浙西⑥，最后回京师述职。之后不久，高宗召见并擢升楼璹等人。因此，於潜县令楼璹不可能是在高宗行耕耤礼、颁行劝农诏令之后绘制与进献《耕织图》。⑦ 为何《图跋》将不在同一时段内的两个事件（一是楼璹绘制与进献《耕织图》，一是高宗行耕耤礼且颁行劝农诏令）联系起来？

楼钥与楼璹为自然血亲关系，且二者的生命轨迹存在一定的交集。因此，《图跋》将楼璹绘制并进献《耕织图》与高宗行耕耤礼、颁行劝农诏令的时间前后倒置，不太可能是年逾七旬的楼钥记忆上的"失误"，很可能是楼钥有意为之（或称技术性处理）的结果。

二 劝农：提升《耕织图》在南宋时期的地位的关键词

《图跋》将楼璹的《耕织图》与高宗的耕耤礼通过时间线索"联系"

---

① （清）徐松辑，刘琳等点校：《宋会要辑稿》礼 6《亲飨先农耕耤》，上海古籍出版社 2014 年版，第 579 页。
② （宋）李心传撰，辛更儒点校：《要录》卷 155，绍兴十六年正月壬辰，第 2648—2649 页。
③ （宋）李心传撰，辛更儒点校：《要录》卷 155，绍兴十六年二月癸卯，第 2650 页。
④ （宋）李心传撰，辛更儒点校：《要录》卷 66，绍兴三年六月戊子，第 1144 页。
⑤ （清）徐松辑，刘琳等点校：《宋会要辑稿》选举 29 举官 3，第 5818 页。
⑥ （宋）李心传撰，辛更儒点校：《要录》卷 66，绍兴三年六月戊子，第 1143 页。
⑦ 李致忠等学者均认为於潜县令楼璹绘制与进献《耕织图》的时间是在高宗行耕耤礼、颁行劝农诏令之后，参见李致忠《影印清刻墨印彩绘本〈耕织图诗〉跋》，《文献》2000 年第 1 期；王加华《显与隐：中国古代耕织图的时空表达》，《民族艺术》2016 年第 4 期；刘蔚《楼璹〈耕织图诗〉的艺术渊源及其创变》，《浙江社会科学》2017 年第 10 期；王加华《观念、时势与个人心性：南宋楼璹〈耕织图〉的"诞生"》，《中原文化研究》2018 年第 1 期；王加华《教化与象征：中国古代耕织图意义探释》，《文史哲》2018 年第 3 期；王加华《谁是正统：中国古代耕织图政治象征意义探析》，《民俗研究》2018 年第 1 期；陈翔、刘兵《媒介、艺术与科学传播——耕织图案例研究》，《科普研究》2019 年第 1 期。

起来，自上而下地赋予了《耕织图》以劝农的价值与意义。劝农制度是传统帝制国家的一项礼仪制度。作为劝农制度中最为重要的组成部分，耕耤礼形成于商周①，变化发展至明清②，礼仪程序与文本均相当完善。地方官员的劝农礼则是耕耤礼下移并延伸至行政区划的体现。楼璹《耕织图》中21幅"耕获图"各配诗1首，第2首诗标题为"耕"，全诗内容如下：

> 东皋一犁雨，布谷初催耕。绿野暗春晓，乌犍苦肩赪。我衔劝农字，杖策东郊行。永怀历山下，法事关圣情。③

"劝农字"即劝农文，是地方官员劝农时发布的文献。④ 以治所所在城市为参照的"东郊"与北宋元丰二年（1079）以前设置耤田、行耕耤礼的方位相符。⑤ 王加华认为，楼璹《耕织图》中"手持拐杖和撑伞的老者，从其体态及所戴冠帽与所穿长衫来看"，是"楼璹所说的'我衔劝农字，杖策东郊行'的劝农者"⑥。杜新豪则认为，"该诗的主角是一名手持劝农文书、策马而来视察农事的官员"⑦。王、杜二人的观点相近且合理。不过，笔者更倾向于将图中人物视为楼璹，且将该诗视为楼璹向高宗证明自身勤恳劝农的手段。诗文所见楼璹认可并且遵从地方官员出郊劝农的行为方式与礼仪过程。对楼璹与高宗而言，《耕织图》能够表达自身"劝农"

---

① 参见刘凯《从"南耕"到"东耕"："宗周旧制"与"汉家故事"窥管——以周唐间天子/皇帝耤田方位变化为视角》，《中国史研究》2014年第3期；宁镇疆《周代"籍礼"补议——兼说商代无"籍田"及"籍礼"》，《中国史研究》2016年第1期；刘光胜、王德成《从"殷质"到"周文"：商周籍田礼再考察》，《江西社会科学》2018年第2期。
② 参见陈二峰《清代耕耤礼的文化内涵及影响》，《农业考古》2011年第4期；彭兆荣《君仪田方——古代天子藉田礼之人类学研究》，《学术界》2019年第9期。
③ （宋）楼璹：《〈耕织图〉诗》，转引自王潮生主编《中国古代耕织图》，第187页。
④ 徐燕琳：《劝农文学：一种值得注意的文学体类》，《学术研究》2011年第6期。
⑤ （宋）钱若水撰，范学辉校注：《宋太宗皇帝实录》卷42，雍熙四年九月辛巳，中华书局2012年版，第504页。
⑥ 王加华：《技术传播的"幻象"：中国古代〈耕织图〉功能再探析》，《中国社会经济史研究》2016年第2期。
⑦ 杜新豪：《"农务女红图"中的左图右史——兼论其对中国传统耕织图体系的影响》，《农业考古》2020年第6期。

的本意。这是否是《图跋》上述内容的题中之意？确实如此。

然而，想通过"劝农"将楼璹与高宗其人其事联系起来，未必需要对《耕织图》绘制与进献的时间、耕耤礼举行以及劝农诏令颁行的时间作前后倒置且与历史事实不符的技术性处理。抑或说，这种技术性处理可能并无必要。两宋时期，上至转运使、提点刑狱，下至知县、县令，均兼衔劝农。① 其中，知县、县令带"劝农公事"衔约肇始于哲宗绍圣（1094—1097）、元符（1098—1100）年间。哲宗朝以后，至南宋末期，知县、县令普遍带"劝农公事"衔。② 绍兴初年，於潜县令楼璹出郊劝农表明自身已履行兼衔劝农的职责。且考课最优的结果也为高宗所认可。因此，《图跋》将两个事件的时间前后倒置，看似精心的技术性处理，有助于提升《耕织图》在高宗朝甚至南宋王朝的地位，实际上很可能会起到画蛇添足的作用。

三 楼璹《耕织图》的传播与影响：另一种技术性处理

南宋时期，楼璹《耕织图》的传播与影响范围有限。楼璹《耕织图》正本、刘松年摹本、梁楷摹本、吴皇后本、楼钥摹本等均被"架藏宫中"③，偶尔为皇帝、皇后或皇太子所阅览。此外，汪纲刻印的《耕织图》版画数量多寡尚不得知。促使汪纲刻印该版画的主要现实因素在于"夫世之饱食暖衣者，而懵然不知其所自者多矣，孰知此图之为急务哉"④。这与《图跋》中"士大夫饱食暖衣，犹有不知耕织者，而况万乘主乎"⑤ 几乎如出一辙。因此可以认为，汪纲希冀朝野官员可借《耕织图》版画了解衣食生产过程，进而怜悯并体恤农民。

---

① 耿元骊：《宋代劝农职衔研究》，《中国社会经济史研究》2007 年第 1 期。
② 范学辉：《宋代县令兼衔考》，《中国史研究》2018 年第 3 期。
③ 渡部武：《〈耕织图〉流传考》，曹幸穗译，《农业考古》1989 年第 1 期。
④ 转引自王潮生《几种鲜见的〈耕织图〉》，《古今农业》2003 年第 1 期。
⑤ （宋）楼钥撰，顾大朋点校：《楼钥集》卷 74《跋扬州伯父〈耕织图〉》，第 1334 页。

身后之名与家族名望：评南宋时期的楼璹及其《耕织图》

嘉定年间①，楼洪与楼深邀请楼钥书写《耕织图》诗于石碑，以便篆刻，流传久远。②《耕织图》诗刻石上有楼洪的题跋。③ 题跋中的"图绘以尽其状，诗歌以尽其情，一时朝野传诵几遍"④ 多为渡部武、王潮生等学者所引用。渡部武分析：之所以楼洪认为楼璹进献《耕织图》后"一时朝野传诵几遍"，"恐怕不仅仅出于对乃祖的偏爱，还因为世间确实有很高评价的缘故"⑤。何忠礼则称高宗将《耕织图》"分赐地方州县官，要求他们对农业生产引起重视"⑥。因为何氏未交代历史文献依据，所以其观点暂不可信。但是，对待同一件事——楼璹进献《耕织图》给高宗，楼钥与楼洪所记述的事件影响差异颇大。如果楼洪的记述更符合历史事实，那么楼钥的记述（即前引"玉音嘉奖，宣示后宫，书姓名屏间"）就含蓄得甚至有些离谱了。但是楼枃⑦、陆心源⑧等多信从楼钥的记述，说明楼钥的记述更合情理。因此，楼洪所作题跋对研究者分析楼璹《耕织图》的传播与影响范围颇有迷惑性，也是一种试图提升楼璹《耕织图》在高宗朝乃至南宋王朝的地位的技术性处理。

元中后期，虞集认为："前代郡县所治大门东西壁皆画《耕织图》，使民得而观之，而今罕为之者。"⑨ 但迄今所见的历史文献未能够反映出南宋时期天下郡县治所东西两壁绘画《耕织图》的现象。明人魏骥认为，自楼

---

① （清）永瑢撰：《四库全书总目》卷102《子部一二·农家类存目·耕织图诗》，中华书局1965年版，第854页。
② （宋）楼钥撰，顾大朋点校：《楼钥集》卷74《跋扬州伯父〈耕织图〉》，第1334页。
③ （清）于敏中撰：《天禄琳琅书目》卷2《农蚕书》，上海古籍出版社2007年版，第50页。
④ （宋）楼洪辑：《〈耕织图〉诗》，中华书局1999年版，《知不足斋丛书》本，第9集，第3册，第727页。
⑤ 渡部武：《中国农书〈耕织图〉的起源与流传》，《中华文史论丛》1991年总第48辑。
⑥ 何忠礼：《两宋籍礼初探》，《河南社会科学》2014年第12期。
⑦ 转引自王潮生《几种鲜见的〈耕织图〉》，《古今农业》2003年第1期。
⑧ （清）陆心源撰，吴伯雄点校：《宋史翼》卷20《列传二〇·循吏三·楼璹》，浙江古籍出版社2015年版，第450—451页。
⑨ （元）虞集：《道园学古录》卷30《题楼攻媿〈织图〉诗序》，《四部丛刊》本，第315册，第344页。

璹进献《耕织图》后,"其临本尚有流落人间者"①。此"临本"可能是指楼璹的《耕织图》副本。但是该副本的具体流传情况暂不明确。总的来看,魏骥所叙述的可能不是南宋时期,而是明代《耕织图》"临本"的流传情况。清人钱陈群称宋高宗对楼璹《耕织图》褒奖有加,"下手敕流传"②。实际上,《图跋》所见《耕织图》流传的范围主要是后宫。③ 宋长白称"刘待诏松年作《耕织图》。宋孝宗颁行郡县"④。然而,嘉定年间刘松年进献《耕织图》的对象不是孝宗,而是宁宗。且历史文献中未见孝宗将《耕织图》"颁行郡县"的描述。综上,不宜以"选精"或"集粹"的史料利用方式⑤,依据上述虞集等人的观点,对南宋时期《耕织图》的传播及其意义作绝对判断。

综上所述,南宋时期,楼璹《耕织图》流传于皇帝、后宫、宗室与朝野官员间,未深入基层社会。倘若《耕织图》从高宗在位时期开始广泛传播,则宁宗嘉定年间的楼钥、楼洪、楼深和理宗嘉熙年间(1237—1240)的楼杓⑥等楼氏家族成员着实没有"虑其久而湮没"⑦,从而为《耕织图》作跋文、着手刊刻《耕织图》诗、进献《耕织图》摹本的必要。

四 扬长避短:对楼璹仕宦与致仕后的经历的书写技巧

《图跋》对楼璹自於潜县令之后的仕宦经历的记述极为简略:

---

① (明)魏骥:《南斋先生魏文靖公摘稿》卷2《书〈豳风图〉后》,书目文献出版社1998年版,《北京图书馆古籍珍本丛刊》本,第103册,第800页。
② (清)钱陈群撰:《香树斋诗续集》卷29《题李南有上舍夫妇荷锄求桑册子》,上海古籍出版社2010年版,《清代诗文集汇编》本,第261册,第547页。
③ (宋)楼钥撰,顾大朋点校:《楼钥集》卷74《跋扬州伯父〈耕织图〉》,第1334页。
④ (清)宋长白撰:《柳亭诗话》卷22《耕织图》,上海古籍出版社2002年版,《续修四库全书》本,第1700册,第331页。
⑤ 李伯重:《"选精"、"集粹"与"宋代江南农业革命"——对传统经济史研究方法的检讨》,《中国社会科学》2000年第1期。
⑥ 转引自王潮生《几种鲜见的〈耕织图〉》,《古今农业》2003年第1期。
⑦ (宋)楼钥撰,顾大朋点校:《楼钥集》卷74《跋扬州伯父〈耕织图〉》,第1334页。

身后之名与家族名望：评南宋时期的楼璹及其《耕织图》

初除行在审计司，后历广闽舶使，漕湖北、湖南、淮东，摄长沙，帅惟扬，麾节十有余载，所至多著声绩，实基于此。晚而退闲，斥俸余以为义庄，宗党被赐者近五纪，则其居官时惠利之及民者多矣。……官至朝议大夫。①

《建炎以来系年要录》记载，楼璹于绍兴三年六月以前为於潜县令，绍兴三年六月至绍兴五年（1135）十二月期间为右通直郎，绍兴五年十二月以后通判邵州军州事②，绍兴二十四年（1154）至二十五年（1155）十一月期间知扬州军州事③，二十六年（1156）三月为淮南漕臣。④ 与《建炎以来系年要录》的上述记载相比较，《图跋》未记载楼璹由知扬州军州事至淮南漕臣的职事变动，这样做的主要作用在于留给读者对楼璹的仕宦经历以良好的印象，进而为楼璹致仕后首创明州楼氏义庄创造了优越的条件。

《图跋》抹去楼璹晚年由知扬州军州事被调为淮南漕臣的仕宦经历看似无可厚非，其实恰到好处地避免了读者对绍兴末年楼璹被卷入政治博弈洪流后潦草牺牲的政治挫折的关注。《建炎以来系年要录》记载，绍兴二十五年，宰执奏请罢免"恃势妄作"的淮南转运司判官龚鉴，由知扬州军州事楼璹权兼管运司职事。不过，借此次宰执对楼璹职事变动的提议，高宗认为扬州地处冲要，且楼璹任上"不能称职"，命令宰执草拟诏令将楼璹差遣至别处。⑤ 说明楼璹的政治能力已不为皇帝所信任。由此，楼璹被免去扬州知州职事，主要协管淮南漕运事务。与此同时，龚鉴也被罢免。次年，新任淮南转运司判官蒋璨指认楼璹受权臣指使"根括人户""侵耕田土"，弹劾楼璹。⑥ 于是，楼璹先被调任主管台州崇道观，再以朝议大夫致仕。但是《宋会要辑稿》反映楼璹被罢免的原因是"不遵禀指挥，擅将

---

① （宋）楼钥撰，顾大朋点校：《楼钥集》卷74《跋扬州伯父〈耕织图〉》，第1334—1335页。
② （宋）李心传撰，辛更儒点校：《要录》卷96，绍兴五年十二月乙卯，第1641页。
③ （宋）李心传撰，辛更儒点校：《要录》卷170，绍兴二十五年十一月辛未，第2944页。
④ （宋）李心传撰，辛更儒点校：《要录》卷172，绍兴二十六年三月戊辰，第2998—2999页。
⑤ （宋）李心传撰，辛更儒点校：《要录》卷170，绍兴二十五年十一月辛未，第2944页。
⑥ （宋）李心传撰，辛更儒点校：《要录》卷172，绍兴二十六年三月戊辰，第2998—2999页。

北使食顿令泰州管认"①。究竟哪种原因更符合历史事实，尚需补充更多历史文献资料来综合考释。致仕后的楼璹由扬州迁回楼氏家族楼皓一枝世居的鄞县②，其仕宦生涯自此终结。

与其认为楼璹绍兴末年被罢免是自身"失误"的结果，不如认为是其政治"失势"的结果。史载楼璹任於潜县令期间的作为尤为简略：一是绍兴三年考课最优，二是绘制与进献《耕织图》。因考课最优，楼璹由於潜县令升右通直郎。宣谕使胡蒙因举荐楼璹等人被部分朝臣认为有失公允，且被怀疑受宰相吕颐浩指使。但不久后，胡蒙被擢升为尚书省右司员外郎。③ 绍兴五年，楼璹又获朝臣举荐，得以通判邵州军州事。④ 在楼璹仕进的过程中，胡蒙等权势都曾予支持。但绍兴二十五年，高宗对楼璹的不信任，已为楼璹的政治失势埋下伏笔。不过，《图跋》并不希望呈现在政治上失势的楼璹的形象，因此有意抹去这部分。

《图跋》对楼璹首创明州楼氏义庄的行为与结果评价颇高——楼璹迁居鄞县后，"斥俸余以为义庄，宗党被赐者近五纪"⑤。但是据此笼统记载不足以说明明州楼氏义庄"对凝聚族人的向心力有很大的贡献"⑥。《延祐四明志》中有一篇署名为楼钥的《义庄记》。然而，倘若这篇《义庄记》确实出自楼钥，则缘何没有被收录到楼钥唯一的私人文集《攻媿集》中，着实是一个谜。史载明州楼氏义庄确为楼璹移居鄞县后所首创。⑦ 但是《义庄记》对楼璹的作为的记述仅寥寥数语，即"（汪大猷等）欲增益扬州伯父义庄"。与《义庄记》相较，元人所作《昼锦楼氏义田庄》则用较多笔墨叙述了楼璹在首创楼氏义庄期间的表现：

---

① （清）徐松辑，刘琳等点校：《宋会要辑稿》职官70 黜降官7，第4939页。
② （清）陆心源撰，吴伯雄点校：《宋史翼》卷20《列传第二十·循吏三·楼璹》，第450—451页。
③ （宋）李心传撰，辛更儒点校：《要录》卷66，绍兴三年六月戊子，第1143—1144页。
④ （宋）李心传撰，辛更儒点校：《要录》卷96，绍兴五年十二月乙卯，第1641页。
⑤ （宋）楼钥撰，顾大朋点校：《楼钥集》卷74《跋扬州伯父〈耕织图〉》，第1334页。
⑥ 黄宽重：《宋代四明士族人际网络与社会文化活动——以楼氏家族为中心的观察》，载黄宽重、刘增贵主编《家族与社会》，中国大百科全书出版社2005年版，第369页。
⑦ （元）袁桷纂修：《延祐四明志》卷14《楼钥义庄记》，成文出版社1983年版，《中国方志丛书》本，华中地方浙江省第578号，第5730—5731页。

身后之名与家族名望：评南宋时期的楼璹及其《耕织图》

绍兴间，知扬州兼淮东安抚朝议大夫璹，即鄞县置赡田五百亩，立名义庄，以成先太师楚公之志。自同曾祖下至缌麻而贫于无服，而行业有闻者，人廪给有差。①

柳立言等学者认为，楼氏义庄的直接受惠者主要是楼氏家族中的贫士与贫宦及其后人，且其"所受之惠也非常有限"②。义庄的间接受惠者主要是参与建设者与维护者。建设义庄"可以提高他们在当地社会的声望"③。楼璹几乎倾尽家资首创楼氏义庄，不仅仅在于实现其父楼异未竟的誓愿，还在于挽救自身于楼氏家族乃至明州地区的形象，完成道德精神上的自我救赎。

五　家族名望：家族成员为何维护楼璹及其《耕织图》

楼钥是维护楼璹及其《耕织图》的关键人物。嘉定三年（1210）④，楼钥虽然位高权重，但是有针对性地将亲自摹绘并誊写跋文的《耕织图》进献给皇太子，仍是一种危险的行为，容易被朝臣乃至宁宗视为违反禁令、取悦东宫和淡漠皇帝。楼钥在《进东宫〈耕织图〉札子》（以下简称《札子》）中阐明了进献《耕织图》给皇太子的动机：

> 某衰迟之踪，叨逾过分。自尘枢筦，即备储寮。仰蒙令慈眷顾加渥，退念略无毫发可以补报，每切惭悚。某伯父……画成《耕》《织》二图，……寻蒙高宗皇帝召对，曾以进呈，亟加睿奖，宣示后宫，……某辄不揆，传写旧图，亲书诗章，并录跋语，装为二轴。伏

---

① （元）王元恭纂修：《至正四明续志》卷8《学校·昼锦楼氏义田庄》，《中国方志丛书》本，华中地方浙江省第579号，第5949—5950页。
② 柳立言：《士人家族与地方主义：以明州为例》，《历史研究》2009年第6期。
③ 梁庚尧：《家族合作、社会声望与地方公益：宋元明州乡曲义田的源起与演变》，载黄宽重、刘增贵主编《家族与社会》，第351—352页。
④ （明）曹昭撰，王佐增补：《新增格古要论》卷13《杂考下·〈耕织图〉后序》，浙江人民美术出版社2019年版，第355页。

望讲读余闲,俯赐观览,或可备知稼穑之艰难及蚕桑之始末,置诸几案,庶几少裨聪明之万一,……①

楼钥在移情至楼璹及其《耕织图》时,逐渐将图画接受者(即高宗)的反应化作自己的理想,希冀自身及身后子孙获得政治上的庇护与优待。这一切皆归结于楼钥认为楼璹后来的仕进主要得益于进献给高宗的《耕织图》。②袁燮《絜斋集》卷一一《资政殿大学士赠少师楼公行状》对楼钥进献《耕织图》一事的记述迎合了楼氏家族成员的现实需求:

公重绘二图,仍书旧诗,而跋其后,献之东宫,请时时省阅,知民之艰难。太子敛衽听受,且致谢焉。③

楼钥对楼璹及其《耕织图》的维护以自身颇高的政治地位为基础。陈振孙《直斋书录解题》记载:"《耕织图》一卷,於潜令鄞楼璹(寿玉)撰。攻媿参政之伯父也。"④楼璹字寿玉,明州(后被改为庆元府)鄞县人。⑤楼钥号攻媿主人,曾任参知政事。⑥在陈振孙看来,楼璹及其《耕织图》因楼钥颇高的政治地位而闻名。楼璹的仕宦经历与政治地位确实远逊于楼钥。因此,楼钥对楼璹及其《耕织图》的维护应该存在超出维护对象本身的价值追求。

楼洪、楼深、楼杓等家族成员也在积极维护楼璹及其《耕织图》。嘉熙元年(1237),楼杓在汪纲刻印的一幅《耕织图》版画上题跋,称"盖高庙勤恤民隐,先知稼穑之艰难,故尤有取于公之言"⑦。楼杓将楼璹《耕

---

① (宋)楼钥撰,顾大朋点校:《楼钥集》卷17《进东宫〈耕织图〉札子》,第363页。
② (宋)楼钥撰,顾大朋点校:《楼钥集》卷74《跋扬州伯父〈耕织图〉》,第1334页。
③ (宋)袁燮撰:《絜斋集》卷11《行状·资政殿大学士赠少师楼公行状》,第177—178页。
④ (宋)陈振孙撰,徐小蛮、顾美华点校:《直斋书录解题》卷10《农家类》,上海古籍出版社2015年版,第296页。
⑤ (宋)楼钥撰,顾大朋点校:《楼钥集》卷74《跋扬州伯父〈耕织图〉》,第1335页。
⑥ (宋)袁燮撰:《絜斋集》卷11《行状·资政殿大学士赠少师楼公行状》,第180页。
⑦ 转引自王潮生《几种鲜见的〈耕织图〉》,《古今农业》2003年第1期。

织图》的价值提升到了影响高宗民本思想的高度。与楼钥相较，楼杓的评价已远远超出了《耕织图》之于高宗的实际价值与意义。

　　实际上，悦纳楼璹《耕织图》后，高宗曾诏令翰林画院官员摹绘。① 这是因为画院官员摹本"更富鉴赏价值"②，更能迎合皇帝的艺术审美需求。③ 两宋时期，绝大多数科举入仕的士大夫缺乏绘画的素养，因为绘画"并非科举考试的主要项目，不是从事举业的士人所需具备的必要能力"④。对绘画创作感兴趣且得到皇帝认可的士大夫⑤仅为少数。元符年间（1098—1100），钟爱嵩山的登封县令楼异在雇人绘制的《嵩山二十四峰图》上作《嵩山二十四咏》。⑥ 此外，楼洪、楼深、楼杓等仅能就《耕织图》诗和题跋做文章，恰恰可以说明该问题。因此，高宗欣赏的恐怕不是楼璹的绘画技艺，而是楼璹对於潜县农桑经济的关注。楼璹对农业生产的重视是由其县令职责与考核机制所决定的。⑦ 不过，楼钥等人多认为楼璹《耕织图》之于高宗乃至南宋王朝的意义非同寻常。尤其是在其他版本的《耕织图》出现后，楼钥等人对楼璹及其《耕织图》的维护更为积极。

　　自楼璹进献之后，《耕织图》面临多种版本的竞争。宁宗时期，师从张敦礼且工于山水人物绘画的画院待诏刘松年因进献《耕织图》摹本而获赐金带。⑧ 同为画院待诏的梁楷也曾摹绘过《耕织图》。⑨ 梁楷沉湎于美

---

①（明）宋濂撰：《宋学士文集》卷16《銮坡集卷第六·题〈织图〉卷后》，《四部丛刊》本，第329册，第582页。
② 李致忠：《影印清刻墨印彩绘本〈耕织图诗〉跋》，《文献》2000年第1期。
③ 渡部武：《中国农书〈耕织图〉的起源与流传》，《中华文史论丛》1991年总第48辑。
④ 黄宽重：《楼钥的艺文涵养养成及书画同好》，载氏著《艺文中的政治：南宋士大夫的文化活动与人际关系》，北京大学出版社2020年版，第103页。
⑤ 王加华：《观念、时势与个人心性：南宋楼璹〈耕织图〉的"诞生"》，《中原文化研究》2018年第1期。
⑥（明）傅梅撰：《嵩书》卷14《韵始篇三·宋·嵩山二十四咏》，海南出版社2001年版，《故宫珍本丛刊》本，第253册，第238页。
⑦ 苗书梅：《宋代官员选任和管理制度》，河南大学出版社1996年版，第368页。
⑧（元）夏文彦：《图绘宝鉴》卷4，北京大学出版社2016年版，《元代古籍集成》本，第2辑，第117页。
⑨ 转引自王潮生《古代宫廷〈耕织图〉》，《紫禁城》2000年第4期。

酒，拒绝了宁宗赐予的金带，因此被时人称为"梁疯子"①。理宗时期，程珌②曾进献经由汪纲刻印的《耕织图》版画，邀功请赏。说明进献《耕织图》可使皇帝体恤民艰③的同时，也可博得皇帝的好感，增加获得赏赐或仕进的机会。④ 这是楼钥、楼洪、楼深以及楼杓等楼氏家族成员积极维护楼璹及其《耕织图》的直接目的。

  楼钥等人对楼璹及其《耕织图》的维护更多地着眼于明州楼氏家族的名望。⑤ 明州楼氏家族自楼郁至楼异三代均由科举入仕。楼郁官至大理寺评事（正八品）⑥，楼常（楼郁长子）官至知台州军州事（从六品）⑦，楼光（楼郁次子）官至签书无为州判官厅公事（从八品）⑧，楼弁（楼常长子）官至宗子学博士（正八品）⑨，楼异（楼常次子）官至徽猷阁直学士（从三品）知平江府军府事。⑩ 楼异诸子均门荫补官。楼璹（楼异次子）官至知扬州军州事（正六品）权兼淮东安抚使⑪，楼琚（楼异三子）官至朝散郎（正七品）⑫，楼璩（楼异四子）官至知处州军州事（从六品⑬）。⑭

---

① （元）夏文彦：《图绘宝鉴》卷4，《元代古籍集成》本，第2辑，第118页。
② 《宋史》卷422《列传一八一·程珌》，中华书局1977年版，第12616—12617页。
③ （宋）程珌：《洺水集》卷2《奏疏·缴进〈耕织图〉札子》，文渊阁《四库全书》，第1171册，第249页。
④ 王加华：《观念、时势与个人心性：南宋楼璹〈耕织图〉的"诞生"》，《中原文化研究》2018年第1期。
⑤ 黄宽重：《宋代四明士族人际网络与社会文化活动——以楼氏家族为中心的观察》，载黄宽重、刘增贵主编《家族与社会》，第366—372页。
⑥ （宋）罗濬纂修：《宝庆四明志》卷8《叙人上·先贤事迹上·楼郁》，《中国方志丛书》本，华中地方浙江省第574号，第5160页。
⑦ （宋）袁燮撰：《絜斋集》卷11《行状·资政殿大学士赠少师楼公行状》，第163页。
⑧ （清）陆心源撰，徐旭、李志国点校：《宋诗纪事补遗》卷21《楼光》，山西古籍出版社1997年版，第472页。
⑨ （宋）楼钥撰，顾大朋点校：《楼钥集》卷49《求定斋诗余序》，第931页。
⑩ 《宋史》卷354《列传一一三·楼异》，第11163—11164页。
⑪ （清）陆心源撰，吴伯雄点校：《宋史翼》卷20《列传二〇·循吏三·楼璹》，第451页。
⑫ （宋）楼钥撰，顾大朋点校：《楼钥集》卷115《从兄楼府君墓志铭》，第2006—2007页。
⑬ 楼郁、楼常、楼光、楼弁、楼异、楼璹、楼琚、楼璩职事品位的判断依据为龚延明《宋代官制辞典》，中华书局2017年版，第431、585—587、597、395、155—156、585—587、629、585—587页。
⑭ （宋）楼钥撰，顾大朋点校：《楼钥集》卷112《绩溪县尉楼君墓志铭》，第1944页。

楼璹在楼异诸子中职事品位最高①，有利于提升楼氏家族的名望。这可能是楼钥《图跋》《札子》想要强调的核心问题。

此外，秉持为长者讳的原则，在《图跋》《札子》等文本中，楼钥没有提及诸如前述楼璹"不能称职""根括人户""侵耕田土"等短处。楼钥与子孙辈维护楼璹及其《耕织图》的实质是"形塑家族文化传统，并以实际行动向朝廷争取荣宠，提升家族地位"②。由此反观前述《图跋》中出现的时间倒置以及楼璹颇为简略的仕宦经历问题，极可能不是楼钥记忆上的"失误"，而是有意为之且精心建构的结果。

六　结论

综上所述，以《跋扬州伯父〈耕织图〉》为切入点，可以发现楼钥试图将其伯父楼璹绘制与进献《耕织图》的行为置于高宗行耕耤礼、颁行劝农诏令的政治背景下来解释。但是这种解释在关键史实上存在时间错位的硬伤。所谓时间错位，就是指楼璹绘制并进献《耕织图》的时间（绍兴三年）与高宗行耕耤礼以及颁行劝农诏令（绍兴十六年）的时间前后倒置。《图跋》将楼璹的《耕织图》与高宗的耕耤礼通过时间线索"联系"起来，希冀自上而下地赋予了《耕织图》以劝农的价值与意义。然而，想要通过"劝农"将楼璹与高宗联系起来，未必需要对上述两个事件的时间作前后倒置且与历史事实不符的技术性处理。

南宋时期，楼璹《耕织图》的传播与影响范围有限。楼璹《耕织图》正本、刘松年摹本、梁楷摹本、吴皇后本、楼钥摹本等主要流传于皇帝、后宫、宗室与朝野官员间，未能够深入基层社会，无自上而下的劝农意义。嘉定年间，楼洪的题跋（即"一时朝野传诵几遍"）对研究者分析楼璹《耕织图》的传播与影响范围颇具迷惑性，实质上也是一种旨在提升楼璹《耕织

---

① 包伟民：《宋代明州楼氏家族研究》，载氏著《传统国家与社会（960—1279）》，商务印书馆2009年版，第268页。

② 黄宽重：《楼钥家族的文物搜藏与传承》，载氏著《文艺中的政治：南宋士大夫的文化活动与人际关系》，第83页。

图》在高宗朝乃至南宋王朝中的地位的技术性处理。楼璹绘制并进献《耕织图》的主要目的在于向皇帝宣传於潜县的农桑经济景象,使皇帝体恤民艰的同时,也可博得皇帝的好感,增加获得赏赐或仕进的机会。对楼璹与高宗而言,《耕织图》能够表达自身"劝农"的本意,这是理解《图跋》将原本在时间上没有直接联系的两个事件(一是楼璹绘制与进献《耕织图》,二是高宗行耕耤礼,颁行劝农诏令)技术性地"联系"起来的关键。

为何楼钥等家族成员积极维护楼璹的身后之名?除了《耕织图》,楼璹的仕宦经历在以楼钥为代表的明州楼氏家族成员看来尤为难得。楼璹的职事品位虽然远逊于父亲楼异,但是在同辈中最为显著。由门荫方式入仕且职事品位相对不高的楼璹被卷入政治博弈洪流且最终被潦草牺牲。不过,秉持着为长者讳的原则,楼钥没有揭露楼璹受到的政治打击与结局。这是楼钥技术性地维护楼璹的方式之一。但是楼钥等人所维护的对象不止于楼璹的身后之名,还有楼璹背后的明州楼氏家族的名望。在南宋明州地区,楼氏、汪氏、史氏和袁氏等家族因科举而崛起,通过婚姻、政治、学术等途径构建人际乃至族际关系网络,塑造权利与利益分配相对平衡以实现长期存续的共同体。① 一定时期内,家族成员的仕宦经历与个人作为②直接影响着该家族在共同体内的权利与利益分配。因此,楼璹被皇帝召见并进献《耕织图》,以及致仕后首创明州楼氏义庄,自然而然地成为楼钥等人分外重视且倍加维护的突出事迹。

《跋扬州伯父〈耕织图〉》中出现的时间错位以及楼璹简略的仕宦经历问题,极可能不是楼钥记忆上的"失误",而是楼钥有意为之且精心建构的结果。通过上述分析,可发现楼璹及其《耕织图》在南宋时期的实际地位虽与楼钥等楼氏家族成员的精心建构的结果并不相符,但是这种超出楼璹及其《耕织图》实际价值与意义的建构行为与结果所共同指向的地域家族名望的树立与维护问题着实耐人寻味。

---

① 黄宽重:《宋代四明士族人际网络与社会文化活动——以楼氏家族为中心的观察》,载黄宽重、刘增贵主编《家族与社会》,第364—399页。
② 唐燮军、邢莺莺:《科举社会中四明楼氏的盛衰》,《宁波大学学报(人文科学版)》2016年第2期。

北宋涉海军事问题述论*

姚建根

（浙江师范大学 历史学系）

有关两宋涉海军事论题的研究，学界基本上集中研究"背海立国"的南宋的海防，成果较多，① 相较之下，探讨北宋海洋军事问题者显得稀少，② 这是由于两个宋王朝在海洋性格表现上的差异所致。不过，北宋在涉海军事问题上的措置，与南宋时期海防政策的逐步形成有较大关联，两宋在此问题上的继承性是存在的。笔者不揣浅陋，试就北宋的涉海军事问题进行梳理，对北宋有无真正意义上的海防作一判断，对两宋王朝的延续性及不同特征略作分析，供学界批评指正。

---

* 本文系国家社科基金项目"宋元海军史料整理与研究"（18BZS059）的阶段性成果。

① 笔者仅列举如下：王青松《南宋海防初探》（《中国边疆史地研究》2004年第3期）、《海军在南宋国防中的地位和作用》（《南都学坛》2004年第3期），熊燕军《南宋沿海制置司考》（《浙江大学学报》2007年第1期），丁辉《南宋福建路海防力量的构成》（《商业文化》2007年第8期），王华震《南宋料角考》（《海洋文明研究》（第一辑），2016年），李坚《宋代中国南部边疆的海防建置：以潮州为视角》（《宋史研究论丛》第14辑，2013年），查群《宋代海南岛军事措置及其应对实效探析》（《江西社会科学》2017年第11期），杨芹《弭盗靖海与稽管朝贡——宋代广南东路经略安抚使之设置及其主要职能》（《中山大学学报》2014年第6期），黄纯艳《造船业视域下的宋代社会》（上海人民出版社2017年版）。上述研究涉及南宋海防起源、南宋总体和区域海防体系构建、海军/涉海水军与相关机构建置等三方面史实的探讨。

② 一些著述中只是略带提及，如杨金森、范中义《中国海防史》（海洋出版社2005年版）把明代以前称为"沿海设防/防御"，而非真正意义上的海防。黄纯艳《造船业视域下的宋代社会》简述北宋海防的设置及特点，认为北宋海防总体而言比较薄弱，更未形成海防体系。

一　涉海军事地理格局

北宋一代涉海军事的重点地区涵盖了所有沿海路级政区，由北向南分别是：河北东路、京东东路、淮南东路沿海；两浙路、福建路沿海；广南东路、西路沿海。在海权意识尚未成熟的古代中国，行政区划所涉海疆，不等于每个沿海行政区有海疆治理的主观意志，海疆形胜是自然地理形势所造，具有相对的永久性，海疆治理则体现王朝统治策略的意向，因不同时期、不同地域而异。在一定地域发生的涉海军事问题，能真正反映王朝（主动或被动）对待海洋安全的政策重心所在。北宋涉海军事问题涵盖的沿海七路，分为三大涉海军事地理区域，在每个区域内，涉海军事问题的原因、性质、影响及其对策都是不同的，反映出北宋时期沿海军事形势的复杂性和王朝策略的差异性。

（一）河北东路、京东东路、淮南东路沿海

即从宋辽边界界河入海口至淮南东路北部沿海，包括今渤海和黄海北部，本地理区域涉海问题主要与外部政权的军事压力有直接关联。这是北宋国家安全最为敏感的涉海军事区域，因为此处乃宋辽、宋金的边界所在，同时又关涉北宋与隔海相望的朝鲜半岛政权的关系，是当时东北亚国际关系博弈的海域舞台。

庆历年间，宋仁宗就说出了内心的隐忧："新罗、高丽诸国，往年入贡，其舟船皆自登州海岸往还。如闻女真、三韩已为契丹所并，傥出不意，则京东诸郡何以应敌？宜下登州访海外诸国道里远近，及究所以控御之策具奏。"[①] 北方强势政权对周边区域影响力的持续存在，使得宋廷担心敌国辽朝借道半岛、跨海袭击北宋沿海，宋方急于了解周边海外邦的远近形势，并让沿海地区及时注意国防安全。

---

① （宋）李焘：《续资治通鉴长编》（以下简称《长编》）卷一五八，仁宗庆历六年五月丁未条，中华书局2004年版，第3829页。

设立涉海军事机构显得非常必要,刀鱼战棹司就是负责本区海域安全的重要机构。熙宁时,该司就"每季那巡检一员,将带兵甲,下北海鼍基岛驻扎,系以驼基石为界"。后来,朝臣认为,"登州与北界渤海水路相望,虽称四百里之远,缘风顺一日可到。今升为边州,所以戒不虞也",他们担心"与渤海人水路相近,缓急作过,则驼基孤外",故而"乞以末岛、呜呼岛为界,自末岛之南,又有钦岛,逐岛各乞添置卓望兵员,往来巡逻。如此,则缓急不致失事"①。此举意在连点为线,向北延伸海岸前沿,"锁住"山东半岛与辽东半岛之开口,构筑海上屏障,并保证有机动力量应对突发局势。

宋廷在对险要之地的防御作出调整之时,已经关注沿海。仁宗时,朝廷因地方军马分散于巡检、都监等官,不利于遇急应变,遂下诏:"其一州军止留巡检一人,数州留都巡检一人,其沿江海汴河险僻之地,旧有巡检处,其留之,其增逐县弓手,减散从承符脚力,代以剩员。"② 至哲宗时规定:"雄、霸州沿界河及海口巡检、都监,……并枢密院差人。"③ 从中央枢密院到地方都监、巡检等军事(或带有部分军事职能)职官,都须留意包括沿海口岸在内的险要地点的安全,增加负责基层治安的弓手的力量,目的在于不希望沿海(海岛)治安问题上升为涉海军事问题。

宋廷留意本区域沿海安全,还与宋辽陆上边界意识增强有关。瑞士学者谭凯的研究指出,11 世纪中叶之前,北宋在宋辽政权之间设置线性边防线,随后将重点转向边境线的厘定,随着陆上边界的逐渐明晰,北宋在处理辽人越境问题时寸土必争,④ 作为内河边防线延伸的近海海域,宋廷在此处的边界意识也会逐渐形成,于是,对发生在海上军事敏感地带的漂流事件的处理颇为慎重。元祐时,河北沿边安抚司报告:"沧州巷沽寨收到

---

① (清)徐松辑,刘琳等校点:《宋会要辑稿·兵》29 之 5、6,上海古籍出版社 2014 年版,第 9239 页。
② 《长编》卷 188,仁宗嘉祐三年十二月丁巳条,第 4538 页。
③ 《长编》卷 419,哲宗元祐三年闰十二月丙辰条,第 10154 页。
④ [瑞士]谭凯著,殷守甫译:《肇造区夏:宋代中国与东亚国际秩序的建立》第二、三章,社会科学文献出版社 2020 年版。

北界人船一只，取问得涿州人户孙文秀等捕鱼值风入海。若依指挥刺充厢军，缘非贼徒奸细，朝廷推示恩信，绥服四夷，乞令监司雄州牒送北界。"① 与陆地边界的相对明确比较，海域界限的勘测与识别要困难得多，故而此时宋方海界意识仍处于模糊状态，对当事人的处置也不具惩罚性。

到了两宋之交，沿海岛屿的军事斗争几乎称得上是宋金战争的"第二战场"，各股势力聚众角逐于此，形势极为复杂，正如叶梦得所说："臣访闻京东登、莱、沂、密海道，近岁以来，颇有避地民庶及溃散军兵与仕族之家各据州岛，结寨自守，亦或往来，因为盗贼，多至二三万人，少亦一二千人，未得所归。"他担心金朝一旦有泛海南下之计，必然会利用啸聚海岛的这些势力作为攻宋的先锋，所以，他敦促朝廷加以防范，并抢在金朝之前行动，招抚海岛各股势力，令其守土卫国，待局势稳定后还乡论赏，② 最终使这些后患消于无形之中。严重的生存危机迫使部分官员设想海道制敌的方略。宋廷有人主张从海上联络辽朝残余势力，瓦解金朝，如大臣许翰所言："臣去岁道过泗上，见归朝官张企肃言，愿得燕人三百，质其家属，给马资金，由登莱海道潜入燕境，号召乡党，与叛女真，必有大功。"③ 即便遭遇靖康之变以后，仍有宋臣寄希望于通过海洋军事斗争迎回被掳的宋徽宗。建炎初，曹勋"建议募死士航海入金国东京，奉徽宗由海道归"④。迎回"二圣"作为当时高宗朝廷合法性的关键基石，曹勋提出谋以海道为用兵路径，虽是冒险的异想，但也说明在陆路军事行动惨败且无望的情况下，已有宋臣认识到海上行动的可能性，客观上提高了本区域沿海地带在两宋之际军事斗争中的战略地位，拉开了南宋海洋军事斗争历史的序幕。

（二）两浙路、福建路沿海

本区域的涉海军事斗争主要是宋廷对付海上的不稳定因素。持续时间

---

① 《长编》卷435，哲宗元祐四年十一月甲申条，第10487页。
② （宋）叶梦得：《乞募海商宣谕海中屯聚人札子》，《全宋文》第147册，上海辞书出版社、安徽教育出版社2006年版，第118—119页。
③ （宋）许翰：《上急务疏》，《全宋文》第144册，第313页。
④ 《宋史》卷379《曹勋传》，中华书局1977年版，第11700页。

较长、涉海区域较广的一次是仁宗时期的鄂邻之乱,就肇事者身份而言,这是一次兵变,从事件的过程来看,主要发生在浙东到两广的沿海地带。"浙东军士鄂邻等杀巡检使张怀信,聚兵剽劫湖南、福建、广南诸州县,逃入海。"① 此事延续了近四年却未能镇压,而且还波及了占城,最后平息叛乱的关键人物是一位泉州的海商邵保。② 在这次兵变中,并非以戎事为主要职能的两浙、广东转运司,是地方上担负沿海地区安全责任的主要机构。

熙宁间,知明州王罕提议通过修缮州城来确保这座浙东沿海城市的防盗功能:"州滨大海,外接蕃夷,城堡颓圮。比岁邻郡荐饥多盗,而戍卒不满二百。乞降度僧牒以完州城。"然而,王安石却认为:"南方修城恐非急,过费财用亦可惜,止令转运司渐应副可也。"所以朝廷下诏只以役兵修筑。③ 在王安石看来,沿海城池安全并非当务之急,只是建议转运司常规应付即可。海疆州城修筑因其产生的较大财政费用而未受重视,相比之下,对于有望增加财政收入的浙东海岛盐场,宋廷的态度就有所不同了。元丰时,钤辖司言明州所辖的昌国西监兼岱山盐场,有控扼海道之责,于是,朝廷便下诏昌国西监巡检司招土兵百人,于明州崇节指挥除其数,④ 即纳入当地驻军之兵额。总体上说,对于本区域沿海的防御,朝廷重臣没有太多重视,只是由于地方相关军事机构或属地官员的建议,才在此维持一定的涉海军力,起到警戒作用。

福建沿海的安全问题倒是较早引起重视。仁宗后期发生的王伦之变,势力波及部分海疆,引起当时任职福建的本籍人士蔡襄对东南沿海军政弊端的思考,他认为,内地变乱如果不能有效控制,必然会延及海上,一发不可收拾,"就令朝廷遣一使臣将兵追讨,贼必依海为固,兵至引去,分散屯聚,非可刻期而破也"⑤。蔡襄看到了内地兵变与沿海防御之间的关

---

① 《长编》卷129,仁宗康定元年十一月庚辰条,第3058页。
② 《长编》卷137,仁宗庆历二年七月己巳条,第3287页。
③ 《长编》卷211,神宗熙宁三年五月庚寅条,第5119页。
④ 《长编》卷345,神宗元丰七年五月庚申条,第8289页。
⑤ (宋)蔡襄:《论军贼王伦奏》,《全宋文》第46册,第364—365页。

系，他熟知福州的军事地理形势，针对福建路沿海各个州军的实际情况，蔡襄提出切实可行的备御之策：

> 泉州、福州、漳州、兴化军各是边海，今来逐州兵士并不会舟船，出入海路收捉茶盐，如遇贼人斗敌，多被贼船惯习水势，立见伤损。臣体问，福州闽安镇把港及钟门巡检一员，在海上封桩舶船。泉州有同口巡检一员，去城七里，每年下海封桩舶船。漳州旧有黄淡头巡检一员，号为招舶，亦是夏间下海。兴化军巡检一员，却在兴化县山中，去军城百里，海上别无巡检。所有逐州逐县虽招舶船，每年或有或无。原其创意，盖是沿海州军要得兵甲习会水战，以防急缓。其漳州黄淡头巡检后因转运使高易简奏，移在龙岩县山中大池驿，去州七日，防备盗贼，因此废罢招舶一员。臣今相度，漳州管界巡检去城五里，却令兼带招舶，每年出海。兴化县管界巡检移近军城，给与舟船，令往来海上巡警。①

蔡襄是北宋时期较早重视区域海疆军事问题，并提出细致可行建议的官员，他主张利用海疆巡检体系，在缉私防盗、管理海贸等常规职能的基础上，增强出海机动能力，扩展巡海范围，在原有体制上顺势延展防海职能。

谭凯认为，宋人关注唐代僧一行"两戒"地图的可能原因是出于无险可守的地缘政治困境，② 浙闽沿海处于"南戒"的边缘末端，由于王朝的国防重心在"北戒"，所以本区域沿海安全不受朝廷重视也在情理之中。及至宋室南渡，边缘成为中心，南方沿海的安全问题事关朝廷的生存安危，隔海相望的高丽统治者对此已有认识。宋方派杨应诚等人出使高丽，试图以高丽为中介，恳求金朝放回"二圣"，高丽认为金朝强大，这么做

---

① （宋）蔡襄：《乞相度沿海防备盗贼奏》，《全宋文》第 46 册，第 368—369 页。
② ［瑞士］谭凯著，殷守甫译：《肇造区夏：宋代中国与东亚国际秩序的建立》，第 168—169 页。

对宋丽双方都不利，在回绝宋使时提到：金人"苟知海道之便，则小国之保全难矣。而淮南两浙，缘海之地，得不虑其窥便觑耶？""又况其国东滨大海，尤善水战，彼托以复礼，审知淮浙形势，万一具战舰浮海而下，击其不易。窃恐北苦陆战，南苦水战，首尾受敌，为患必巨。"① 尽管这是高丽为避免惹祸上身的推脱之词，但就海疆军事形势而言，确实正中要害。随着南宋政权初定东南，浙闽沿海的国防地位更加明确，赵鼎说："恭惟清跸见驻临安，二浙、闽中为近辅，江东、淮甸为要藩。"② 明州"边临大江、海面冲要，不止备御山东贼界，缘接连福建，不测海寇出没，若非朝廷差兵屯驻，无以弹压"③。李正民指出："惟东嘉之胜壤，乃越绝之奥区。当表海之襟喉，为行都之屏翰。"④

出于拱卫临安的需要，明州、温州等地在军事地理上的重要性全面凸显。宋代经济、政治重心发生南移的同时，军事重心也实现了转移，而海疆安全问题的上升，正是这种趋势的显著标志之一。由此，两宋之际，浙闽地区从大后方一跃成为决定王朝生死命运的前沿阵地，所以，本沿海区域成为南宋海防的重要起源地，海防在国防体系中的色彩明显增强了。

（三）广南东路、西路沿海

两广沿海的军事活动承续了五代时期，主要是北宋和当时越南政权在边疆地带引发的涉海军事问题，可以从以下三个层面来考察这些问题发生的背景。

1. 宋廷与越南王朝官方关系的波动

真宗时期，前黎朝的黎至忠要求在邕州进行互市，真宗认为："濒海之民，数患交州侵寇，承前止许廉州及如洪寨互市，盖为边隅控扼之所。

---

① ［朝鲜王朝］郑麟趾等：《高丽史》卷15《仁宗一》，西南师范大学出版社、人民出版社2014年版，第458、460页。
② （宋）赵鼎：《措置防秋事宜疏》，《全宋文》第174册，第259—260页。
③ （宋）赵鼎：《知绍兴乞差兵马防海道奏》，《全宋文》第174册，第289页。
④ （宋）李正民：《知温州到任谢表》，《全宋文》第163册，第90页。

今或直趋内地，事颇非便。"① 不久，前黎朝发生内乱，宋廷诏广西路转运使"于缘海州军经度镇抚，时具事以闻"②，及时打探消息，以防邻国内乱越海惹及自身。取代前黎朝的李朝统治者也要求互市，真宗重申了之前的原则："濒海之民常惧交州侵扰，承前止令互市于广［廉］州及如洪镇，盖海隅有控扼之所。今若直趋内地，事颇非便，宜令本司谨守旧制。"③ 对北宋而言，设于海疆的互市，既是经济交往的贸易站，也是沿海监管与防御的军事据点，如今越方统治者要求将互市地点内移，显然会给宋方带来新的安全威胁，自然遭到拒绝。不过，宋廷在处理双方政权关系时相当谨慎，拒绝对方但又不至于激进，表现出明显的"防海"观念，体现出北宋前期两广涉海防御上内敛性和被动性的特点。

到了神宗时期情况发生了很大变化。随着宋越关系的破裂，面对越南李朝的犯边行径，北宋的应对措施比之前有明显的升级，"自治平间，于广东潮、梅、循、惠等州专置枪手，熙宁间又于诸州阙兵处增置保丁，每农隙轮赴州县教阅防守，若广西邕州之洞丁，本以防遏交趾，而钦、廉、宜、融、平、观诸郡，亦各有土丁"④。后来李朝攻破广西沿海防线，宋越战争至此，北宋已经损失了几名涉海军事的官员：廉州沿海巡检李仲荀、借职钦州沿海巡检蒋瑾、权廉白州同巡检沈宗古，从"沿海巡检""同巡检"的职务来看，他们是负责广西地方防海事务的官员。⑤

从宋越双方军事冲突的结果来看，北宋不占明显优势，发生在南方的宋越战争，规模和程度虽不及宋辽、宋夏战争，但它因涉及两广海疆，为我们解读北宋王朝的涉海军事策略提供了一种可能。

2. 跨境动乱引发的涉海军事活动

当时，在宋越边疆地带生活着被蔑称为"獠"的族群，他们对宋越两

---

① 《长编》卷72，真宗大中祥符二年十二月癸未条，第1644页。
② 《长编》卷72，真宗大中祥符二年十二月癸卯条，第1646页。
③ 《长编》卷78，真宗大中祥符五年六月甲子条，第1772页。
④ （宋）李心传撰，辛更儒点校：《建炎以来系年要录》卷53，绍兴二年四月庚寅条，上海古籍出版社2018年版，第966页。
⑤ 《长编》卷273，神宗熙宁九年二月庚寅条，第6679页。

方时服时叛，考验着北宋两广沿海官员的处变能力。真宗时，"交州妖獠张婆看避罪来奔，知钦州穆重颖召之，至中路复拒焉，都巡检臧嗣令如洪寨犒以牛酒"，不料李朝"侦知其事，因捕妖獠，遂寇如洪寨，掠人畜甚众"①，事发后，宋廷一方面要求李朝统治者归还被掠的人口牲畜，另一方面也约束边疆官吏，不得因招诱獠人引起事端。

起于两浙沿海的鄂邻之乱，后转移至南海一带，"始邻与广州兵逆战海中，值大风，有告邻溺死者，州以事闻"。海商邵保至占城时，发现鄂邻等百余人羁縻在其国，宋廷在得到消息后，下诏广东方面选使臣二人，持诏书、器币赐占城国主，要求对方执送鄂邻至宋，并尽戮其余党。② 宋方通过海商、借助占城之力，最终平息了这次海上动乱。然而，随后的侬智高事件对两广沿海造成了更大的军事压力，"贼或顺风下海，掠琼管及海壖诸州，厚戍则兵不足，无备则寇乘之。如能断海道，则不以日月淹速计也"③。

对于有可能跨境的两广海盗势力，蔡襄就主张以官方惯用的"以盗制盗"之策对付，然后辅以武力剿灭。④ 相对于李朝政权的威胁而言，跨境海上动乱波及的地域更广，形势更加不可控，对于两广海域动乱的策动者，宋廷往往鞭长莫及，招安成为首选策略，体现出宋廷对海外动乱以安抚为主、不轻言动兵的处变思维，当然这种思维也是北宋海上军力不强所致。

谭凯和杜树海的研究都表明，宋代是陆地边界观念发生重大变化的时期，杜先生认为宋代之于边疆具有政府管制的特点，但不可能形成牢固的边界，⑤ 那么，当时的海界意识如何呢？杨国桢指出：晚唐已降，王朝加强对南海诸岛的管辖后，区分中外的海界观念便逐渐明晰起来，⑥ 笔者认为，北宋两广海域所发生的涉及宋越政权冲突、跨境动乱两个层面的军事

---

① 《长编》卷78，真宗大中祥符七年十二月戊午条，第1905页。
② 《长编》卷133，仁宗庆历元年九月庚申条，第3175页。
③ 《长编》卷173，仁宗皇祐四年八月己卯条，第4166页。
④ （宋）蔡襄：《乞遣使广南福建状》，《全宋文》第46册，第413页。
⑤ 杜树海：《边境上的中国——11世纪以来广西中越边境地区的历史与记忆》，九州出版社2020年版，第48页。
⑥ 杨国桢：《中国海洋文明专题研究》第一卷，人民出版社2016年版，第114页。

问题，对于形塑南方海疆的边界意识起到了一定的作用。

3. 两广的防海建设

相较于京东淮南、浙闽的涉海军事问题来说，两广海域面临的外部政权威胁、内部跨境变乱的双重压力，延续时间长，因此，宋廷在两广的防海建设起步早且持久，对两广沿海地区城市和社会的发展产生较大影响。

广州城的发展与防海建设密不可分。真宗时，侍其旭指出："广州多蕃汉大商，无城池郛郭，虽有海上巡检，又往复不常，或有剽劫，则乏御备。请徙广、恩州海上巡检一员，廨于广州市舶亭南，所冀便于防遏。"得到朝廷应允。①仁宗时，受惠于海外贸易的广州，奇珍异物来聚，难免引人垂涎，"广州有急水濠通海，奸人乘潮汐出入为盗，（张）昷之（按：广东转运使）为作水栅"②，通海水栅的设置在一定程度上遏制了海盗的声势。嘉祐年间，余靖知广州时指出，"缘广州与交趾海道相通……兼广州大市，居民元无城池围捍，近岁议者多欲修筑罗城"③。广州城市空间的扩展得益于几任知州对防海的重视。此外，两广沿海其他城市的安全问题在神宗之后得到普遍重视，"钦、廉州宜各创驿安泊交人，就驿置博易务，委州监押、沿海巡检兼管勾"④。

通过对北宋时期涉海军事地理格局的整体考察，可以看出：北宋涉海军事多发于仁宗与神宗时期；各个海域涉海军事的职能机构以转运司、提刑司为主，形势紧急时有经略司，遇有重大战事，则设置招讨司、行营等；负责日常防海事务的有监押、沿海巡检等职官，北宋时期尚未出现专职的涉海军事机构。

二 水军涉海军事活动

海上武力的实施状况，是考察海洋军事活动的关键，作为传统水上武

---

① 《长编》卷94，真宗天禧三年九月乙卯条，第2166页。
② 《长编》卷122，仁宗宝元元年四月甲戌条，第2871页。
③ （宋）余靖：《免转尚书左丞知广州状》，《全宋文》第26册，第260页。
④ 《长编》卷298，神宗元丰二年六月癸亥条，第7260页。

力的水军（水师、舟师等），在北宋时期有了较大发展，笔者通过三个方面来考察其逐渐向海军职能演变的情况。

（一）水军防海功能有所加强

由于北方并立政权（主要是辽朝）的疆域形势有可能对北宋海上安全构成威胁，所以，尽管北宋水军主要仍是设于内河，且没有像唐朝水军那样实施跨海行动及参与重大海战，但其防海功能的发展却几乎贯穿王朝始终。与外部政权交界的沿海地区的水军建设得到北宋统治者一定程度的重视，沿海水军成为地区军事防御威慑的力量之一。

真宗时，有官员设想在宋辽边界入海口设立造船机构，以待日后水军进兵之用，大臣舒知白请于泥沽海口及章口复置海作务造舟，令民人入海捕鱼，趁机探察辽境情势，他日宋军征辽，可由此进兵，以分敌势，真宗说："盖近海小民，翻与戎人往还，数年前敌泛舟直入千乘县，亦疑有乡导之者。然何承矩近亦有此规画，宜下本路转运司条上利害。"既而以为非便，最终罢之。① 虽未实施，但可说明宋朝君臣已经察觉到水军涉海军事职能的相关问题。之后，因为考虑到河北东路、京东东路太靠近两国海界，在两路的沿海要地，宋廷及官员注重加强涉海水军力量并增设相关职官，"置登州澄海水军弩手两指挥，每月给料钱五百文，立威远之下，克戎之上"②。"登（州）旧用刀鱼船备海贼，后禁弛多盗，（刘）涣至，缮船备，仍多设方略，贼无敢入境者。手诏褒焉。"③ 置滨州甜水涡战棹巡检一员。④ 神宗与辅臣商讨边防十四事，最后一事就是："仍令枢密院于登州增招刀鱼战船兵，团结阅习，准备差使。"⑤

具有忧患意识的名臣富弼，在条陈河北守御十二策时，已经注意到从海路制衡辽朝的可能性，他说："我急从沧州取海上路，以数千艘，出轻

---

① 《长编》卷51，真宗咸平五年三月甲辰条，第1118页。
② 《长编》卷138，仁宗庆历二年十一月庚辰条，第3321页。
③ 《长编》卷155，仁宗庆历五年五月丁丑条，第3772页。
④ 《长编》卷139，仁宗庆历三年二月癸卯条，第3347页。
⑤ 《长编》卷256，神宗熙宁七年九月甲寅条，第6259页。

兵三万，趋平州入符家寨口，则咫尺燕、蓟矣。（沧州至北界平州，水路五百里，不数日登岸，地肥水草美，不必重赍。）雄、霸之间，即景德敌骑东归之路也，又出精兵二万，直抵燕京，会沧州兵捣其腹心，破其积聚，敌见两下兵入，莫之为计矣。"① 以战略方向的规划而言，从海上进攻辽朝，肯定是考虑到了水军涉海能力，是具有一定战略远见的。

与北方海路的军事部署相比，东南地区水军主要是针对江海水道的安全，以增强缉盗力量为标的。"知宣州陈侗乞沿江湖州军各置水军三五百人，以巡检主之，教以水战，当责巡捕。诏应已招置土兵巡检地分，如有江河海道，令申所属具舟教战。"② 梅尧臣有诗云："休淬鹏鹕剑，休调鹊血弓，平时自壮大，何所立战功。得兵不满百，防寇沧海东，驾船如飞鹢，出入巨浪中。苟能勇于此，遇敌无废忠。"③ 这是对浙东地区定海水军在海道治安作用方面的生动描写。

蔡襄建议在江淮、两浙、广南、福建诸路，"令于诸州军宣毅兵士内拣选三二百余人，于近海要便去处准备舟船，候报实时起发。若能杀贼，将来优与酬奖外，更特与除落已前负犯玷累"④。对于福建沿海，蔡襄尤其留意防海水军的设置，"乞令福、泉、漳州、兴化军旧有刀鱼船及巡检司入海舟船，量与修整；旧有舟船亦乞量置五七只。其宣毅兵士差下巡检司，并令教习舟船，谙习水势"⑤。犹如两广地区，其实在北宋平定南汉政权时，就已经重视涉海水军的设置，"本朝平刘鋹，……命王师出戍，置巡海水师，营垒在海东西二口，阔二百八十丈，至屯门山二百里，治舠鱼入海战舰。……太平兴国中，朝廷遣三将兵伐交州，由此州水路进师"⑥。其后，以广州为中心的水

---

① 《长编》卷150，仁宗庆历四年六月戊午条，第3649页。
② 《长编》卷335，神宗元丰六年六月丁未条，第8074页。
③ （宋）梅尧臣撰，朱东润编年校注：《梅尧臣集编年校注》卷29《送王巡检之定海》，上海古籍出版社2006年版，第1100页。
④ （宋）蔡襄：《论军贼王伦奏》，《全宋文》第46册，第365页。
⑤ （宋）蔡襄：《乞相度沿海防备盗贼奏》，《全宋文》第46册，第368—369页。
⑥ （宋）曾公亮等撰，郑诚整理：《武经总要前集》下卷20《边防五》，湖南科学技术出版社2017年版，第1253—1254页。

军相关职官的设置较多,"置广州管勾城池、甲仗库、战船场使臣一员"①,"置广州东莞县界东西路巡检一员、水军二百人"②。

(二) 水军涉海实战的发展

北宋水军作为陆军的运输力量,深入海洋这片权属关系不明的地域,作为王朝力量延伸的试探,这在两广海域有集中反映。

真宗时,广州驻泊都监周文质增筑城垒,缮修器甲,"集东西海巡检战棹刀鱼船,据端州峡口以扼之,贼知有备,遂不敢东下。乃挈属处思顺府,分兵以攻象州,舒贲遣内侍于德润率兵千人,倍道袭逐之"③。广南西路转运使何亮说:"钦州蛮人劫海口蜑户禾米,如洪寨主李文着以轻兵泛小舟掩袭之,文着中流矢死。其随文着将校八人并斩讫,仍牒安南捕贼。"朝廷便命其督捕。④ 仁宗时,设置相关涉海军事职官,率领水军保证海上统治秩序,"如闻广州界盗贼群行,至三百余人,而钤辖不能巡察。其选使臣为海上巡检,益发舟师捕击之"⑤。李坚注意到了广州巡海水师在北宋时有限的作用。⑥

北宋水军在与侬智高的军事较量中,成为重要的海上军事力量,广州城被围日久,"番禺县令萧注者,新喻人也,先自围中出,募得海上强壮二千余人,以海船集上流,未发,会飓风夜起,纵火焚贼船,烟焰属天,大破之,积尸甲如山"⑦。

及至神宗开边,北宋与越南李朝的关系再度紧张,水军成为北宋涉海攻守的基本武力。"继命指使因督盐运之海滨集舟师,寓教水战,故时交

---

① 《长编》卷176,仁宗至和元年六月丙申条,第4263页。
② 《长编》卷194,仁宗嘉祐六年七月丙戌条,第4687页。
③ 《长编》卷66,真宗景德四年八月癸丑条,第1485页。
④ 《长编》卷71,真宗大中祥符二年五月丙子条,第1608—1609页。
⑤ 《长编》卷123,仁宗宝元二年三月甲寅条,第2899页。
⑥ 李坚:《宋代中国南部边疆的海防建置——以潮州为视角》,《宋史研究论丛》第14辑,河北大学出版社2013年版,第136—138页。
⑦ 《长编》卷173,仁宗皇祐四年七月辛酉条,第4163页。

人与州县贸易，一切禁止之"①，越方大集兵丁欲动干戈之时，宋廷即下诏"并造战船，止绝交趾人卖买"②。杨从先"言从海道出兵为便，欲冒大洋深入西南隅，绕出贼后，捣其空虚，因以兵邀会占城、真腊之众，同力攻讨"，神宗认为可行，授从先为安南道行营战棹都监，令募兵以往。③

在水陆配合作战的战术构想下，水军海上作战计划也在讨论中逐步制定。当时大臣苏子元认为："朝廷命将至占城、占腊，使牵制交贼，广东所备战船，海风不定，必不能尽达。况占城畏交趾，占腊未尝至广州贸易，人情不通，若舟师至而二国疑惧，则事危矣。乞令杨从先等止自钦、廉海上进兵。"又说："陆道进兵抵贼城下，尚隔大江，交人善水战，虑贼船据险，大兵难济，遇夜奔冲必败事。乞下广东经略、转运司委官选水兵，募勇敢，教水战，将来只自广州沿海发船，抵钦、廉界泊岸，俟大兵进讨有期，即令水兵径入交州击贼，分船北岸，以济大兵。"杨从先则说："今水陆并进，陆不过自邕州至左右江、横山寨等路边近甲峒、广源进兵，水不过自钦、廉等州发船，然密迩交趾，无不设备，若不以奇兵牵制，何由指日克捷？今若是广州进兵，以九月发船，乘北风径趋占城、占腊，与宣抚司会邕、钦师期，同入交趾讨荡。"④

随后，安南行营开始海上用兵，统领水军参与海上作战的机构是战棹司，统兵官杨从先在这场海上军事行动中成为关键人物，"安南道行营战棹都监杨从先所总兵甲，既不过海洋，宜令悉取招讨司处分，其空名宣札及节制朝旨，并令送招讨司"⑤。"如杨从先一行舟船未至，即选使臣量以兵援接。"⑥"前安南战棹都监杨从先等，顷以孤军，冒犯不测，深入贼境，大小数十战，虽无甚斩获，然官军亦不致伤败。"⑦ 此后，与这场海上军事行动有关的官员各有奖惩。赵世卿，"进《安南边说》五篇，及自陈安南

---

① 《长编》卷271，神宗熙宁八年十二月丁酉条，第6639页。
② 《长编》卷272，神宗熙宁九年正月丙寅条，第6657—6658页。
③ 《长编》卷273，神宗熙宁九年三月癸未条，第6697页。
④ 《长编》卷276，神宗熙宁九年六月辛丑条，第6748页。
⑤ 《长编》卷277，神宗熙宁九年八月乙未条，第6776页。
⑥ 《长编》卷281，神宗熙宁十年三月戊午条，第6882页。
⑦ 《长编》卷288，神宗元丰元年二月戊辰条，第7046页。

战棹司差使有功。诏世卿与正官，注荆湖南路主簿"①。张述、裴景、彭孙，"各迁一官。以安南招讨司言从先等率舟师入交址，力战有功也"②。童政，"坐权廉、钦州沿海战棹都巡检擅去官守，经赦当原，特勒停，于叙法外展三春。至是，复之"③。

北宋后期，水军又成为宋金海上外交活动的载体。"诏（知登州）王师中选差将校七人，各借以官，用平海指挥兵船载高药师等，赍市马诏，泛海以往。"④"高药师等兵船至海北，适遇女真逻者，不敢前，复回青州，称已入蓟州界，女真不纳，几为逻者所杀。青州安抚使司崔直躬具奏其事，上怒，诏元募借补人并将校一行并编远恶。"⑤"（马）政与平海指挥军员呼庆等随高药师、曹孝才以闰九月乙卯下海，才达北岸，为逻者所执，并其物夺之，欲杀者屡矣。"⑥ 在海上之盟前的这次交涉足以让北宋蒙羞，已暴露出宋方军政腐败的一面。回顾东北亚海域波诡云谲的短短几年，北宋水军由涉海外交载体初步成为海上军事行动的主体，开启了南宋时期海军的先河。建炎初，杨应诚出使高丽回来后，具言高丽君臣见拒之意，高宗以高丽负恩，大怒，朱胜非解释说："彼国与金为邻，而与中国隔海，远近利害甚明。此乃曩时待之太厚，安能责报？"黄潜善主张，"若以巨舟载精甲数万，径造其国，彼能无惧乎？"胜非反驳道："越海征伐，燕山之事可戒也。"⑦ 黄潜善主张动用水师跨海"教训"高丽，而朱胜非以北宋末水军涉海外交失败告诫，在两位执掌朝政的高官心中，已然将十几年前的水军行动看成了军事和外交的惯性选择，成为南宋海军形成的思想基础。

（三）官方涉海水军船只以民船为重要来源

杨国桢指出，南宋和元代是官民合力走向海洋的时代，并认为海军

---

① 《长编》卷289，神宗元丰元年五月丙申条，第7079页。
② 《长编》卷299，神宗元丰二年八月庚子条，第7278页。
③ 《长编》卷337，神宗元丰六年七月乙丑条，第8131页。
④ 《续资治通鉴长编拾补》卷36，徽宗政和七年七月庚寅条，第1149页。
⑤ 《续资治通鉴长编拾补》卷36，徽宗政和七年八月丁丑条，第1153页。
⑥ 《续资治通鉴长编拾补》卷37，徽宗重和元年二月庚午条，第1166页。
⑦ 《建炎以来系年要录》卷18，建炎二年十月甲寅条，第369页。

（水师）是体现海洋制度的公权力组织之一。① 作为海军载体的船只，以征调民船为重要来源，从经济社会角度来看，是官民合作走向海洋的表现，但以国家（王朝）的军事能力而言，则体现出传统海军的先天不足，这种不足在北宋时期就已经表现出来。

宋越战争时，宋廷下诏："广南东路令许彦先，福建路令徐亿，差顾舸舶船载兵甲，每路约可载万人，至秋末齐集，候事平日优与船主酬奖。"② 对于民船参战有损坏者，给予赔偿。③ 官方因战事所需，在征调民船时往往造成民间社会骚动，故而蔡襄曾建议朝廷加强这方面的管理，"臣今乞朝廷戒嘱捉贼使臣等，所至之处，或要舟船、所般应用之物，并须关牒州县画时应副，即不与擅自拦截舟船、科配物色。若致转运司、提刑司、本州军或有陈奏，必定重刑朝典"④。

从北宋时期水军在局部地区的涉海活动而言，其防海功能逐步显现，战时水军出海实战以及相关职官的设立或防海职责的增强，征发民船补充官方水军的不足，及至两宋之际战乱的客观形势，终于使得水军海战的倾向加强，在淮防、江防为主，海防为辅的时代背景下，宋廷臣僚对水军海战的认知有了提高。

靖康间宋金开战后，就有臣僚指出："今若近责岁月之利，宜令金陵帅臣集海船，教水战，储积廪庾，待或行幸而已，其他一切营缮力役，皆宜且止，存抚休息，以固民心，以建国本，此大务也。"⑤ 在南宋朝廷立足未稳之时，为抵御金军，朝臣重视涉海水军在保卫政权中的作用，知海州魏矶说："海州至登、莱最近，而登州与金人对境。近闻金人于燕山造舟，欲来东南，望造戈船，修楼橹，依登、莱例，屯兵二三千人，以备缓急。"⑥ 而知通州郭凝更是对水军海战的战术战具提出实用建议：

---

① 杨国桢：《中国海洋文明专题研究》第一卷，第27、107页。
② 《长编》卷272，神宗熙宁九年正月庚辰条，第6664页。
③ 《长编》卷286，神宗熙宁十年十二月壬午条，第6995页。
④ （宋）蔡襄：《论军贼王伦奏》，《全宋文》第46册，第365页。
⑤ （宋）许翰：《上急务疏》，《全宋文》第144册，第314页。
⑥ 《建炎以来系年要录》卷7，建炎元年七月戊戌条，第201—202页。

>通州地界东北，正系海口，南接大江，最为要害。已措置教阅水战人兵，及募人许备战船，入海卓望。昼以旌旗、夜以明火为号，应港汊两岸，多积柴薪之属，俟贼徒进入，即纵火焚之。仍于要害处，筑土台觇望，及募民间谙会出船入水之人，相兼土军使唤。凡出海船用箬蓬，便于使风，添长桨，速于追寇。或扬石灰以眯其目，或涂泥浆以滑其足。行则用蒙冲，以长镰刀割其帆幔；止则使善没者，以利刃断其矴绁。以至火箭、手炮、木棹、竹牌、手弩、戈矛等，从宜用之。乞下扬州都作院支降神臂弓，下属县支钱和买战船。①

可见，南宋初始，涉海水军建设成为常态化举措，对逐渐成形的海防体系起了重要的促进作用。北宋水军的防海职能在局部地区是有集中表现的，但仍未出现常备防海水军，这是北宋王朝的总体国防政策所决定的，及至南宋，水军海战职能强化，战略战术走向相对成熟，开始向海军转变，在国防中的地位上升，宋廷的海军建设走向制度化，为防海向海防的转变奠定基础，南宋成为传统海防的起始阶段。

三 结语

本文从基本文献梳理北宋涉海军事地理、水军涉海军事活动的史实，主要阐明三个问题。

第一，从防海到海防。宋代之前的主要王朝汉、隋、唐时期，均有较大涉海军事行动发生，不过这些军事活动一方面在整个王朝时期没有长时段的持续性，另一方面它们对王朝本身的国防安全并无实质影响。从北宋后期开始至南宋，情况就大不一样了。涉海军事问题成为影响政权安危的持续性重要因素。有学者指出：两宋之间的海防有质的变化。② 笔者认为这种质变首先在于涉海军事用语的表述上。笔者曾撰文提及传统海防的含

---

① 《建炎以来系年要录》卷8，建炎元年八月戊午条，第201—202页。
② 黄纯艳：《造船业视域下的宋代社会》，第284页。

义：为保卫本政权的生存与安全，官方在沿海和近海所采取的对内、对外的攻防措施；由于没有"海攻"一说，因此"海防"就有广义和狭义之分，狭义海防是指沿海防御，即"防海"，广义海防则包括沿海和近海的防御、进攻行为，一般所说"海防"是指广义海防。① 从上述论述来看，北宋涉海军事行为是带有社会治安意义的防海，并不是国防军事意义上攻防兼备的海防。北宋虽无完全意义上的海防，但其涉海军事政策为我们提供了南宋海防兴起的历史背景，其防海举措与南宋海防萌芽有着密切的关联，可看出传统海防发展的历史痕迹。元朝继承南宋部分涉海军事力量，从征讨海外到沿海设防，可以说是南宋海防的历史回音。在明清内敛型海防体制之下，传统海防仍在自己的轨道上徘徊而行。

第二，海军的形成。海权理论家马汉说过："战争时期，运输船舶的护航必须由武装舰船来执行。因此从狭义上来说，海军是因平时的海运应运而生，随着海运的消失，海军也将消失。"② 国内学者在分析 1588 年英西海战胜负原因时指出：海上舰船的运输功能和战斗功能是分开的，只有运输与战斗功能结合在一起的舰船，才构成海军的战斗力。③ 对照历史上海洋国家兴起时海军产生的条件，作为农耕文明的古代中国，在很长时期内，缺乏必要的、持久的因素刺激海军兴起，及至两宋之际才有了这样的历史条件，因此北宋水军涉海，是南宋海军形成的前提，两宋时期是内河水军向涉海水军（海军）逐渐转变的时代。元朝的海外征战加深了传统海军作为进攻力量的职能色彩。明清的海疆水师已经是海防体系中不可或缺的力量。

第三，两宋王朝的不同性格。赵宋王朝肇始于 10 世纪一次内陆军事政变，结束于 13 世纪一场海上军事灾难，从某种意义上说，其兴并无新奇之处，其亡却可说是中国历史上的一个特例，由此视角观察两宋王朝的国

---

① 姚建根：《论中国传统海防起源问题》，《江西社会科学》2014 年第 11 期。
② ［美］艾尔弗雷德·塞耶·马汉：《海权对历史的影响（1660—1783 年）》，李少彦等译，海洋出版社 2013 年版，第 20 页。
③ 姜守明：《英帝国史》第一卷《英帝国的启动》，江苏人民出版社 2019 年版，第 168、219 页。

防,可看出名义上具有继承性的"统一"王朝的不同军事特征:北宋与之前的中原王朝一样,仍是以内陆边防为重,而受海洋影响的南宋则转向水域国防为主,其中海防在某些时段占有重要地位。通过对北宋涉海军事问题的探究,理清海防政策的发展过程,体会两宋之际军事重心之南移,从而推进对中国传统海防史的深入研究。更进一步说,在考察元、明、清三朝内陆边防与海防的关系,探讨历代海洋军事策略得失之时,若以两宋为坐标,可为我们提供一面"宋型国家"的历史之镜,这对于反思帝制中国后期的发展路径具有重要意义。

"将军百战身名裂"
——试辨辛弃疾词中隐藏的"岳飞"

雷 博

（中国社会科学院 古代史研究所）

辛弃疾，字幼安，号稼轩，是南宋著名文学家、豪放派词人，也是南宋时期力主恢复的名臣。① 生平所作长短句无数，存世有六百余首，然而一个特别奇怪的现象是：这几百首词中，没有一首直接提及岳飞。此事殊不可解，盖稼轩一生志业抱负、格局心志，与武穆十分相近，但在其作品中却几乎没有体现。历代稼轩词的注释者似乎都没有注意到这一点，也没有学者给出过合理的解释。互联网上有人曾提出过这个问题，在下面的回答里，有人认为稼轩身份为北方南来的"归正人"，不便言此，也有人认为稼轩喜用《史记》《汉书》及六朝时期的旧典，不屑言此。总之，不论是学术界的认知中，还是在公众舆论里，大家都默认了辛弃疾对于岳飞的"无视"。

上述解释并非没有道理，但如果我们换一个角度来想这个问题，像辛弃疾这样铜肝铁胆、心怀恢复的忠义之士，不应该不重视岳飞的生平事迹。推心置腹，以稼轩的个性，他本应视岳飞为知己甚至偶像，这才合乎情理。因此我们有必要去思考另一个可能性，就是辛弃疾是否可能会有意识地把对岳飞的情感"隐藏"在他的文学创作当中呢？他会不会用"隐语"的方式，来曲折婉转地表达对岳飞的敬慕呢？

---

① 参见邓广铭《辛弃疾传·辛稼轩年谱》，生活·读书·新知三联书店2017年版。

笔者认为，这一猜想不是穿凿附会，而是从历史人物心态和语境出发的合理推测。因为此事关乎岳武穆与辛稼轩两位宋代历史上，同时也是中国人精神世界中的典范人物，所以做一些大胆的假设推测是很有必要的，哪怕证据不足，哪怕论述不够有力，也应该先把这一问题意识抛出来。基于此，笔者拟尝试一些思路和方法，穿过稼轩词作表面那些令人眼花缭乱的典故意象，探寻其中可能蕴含的悲凉沉郁与真情诉说。

一 稼轩如何以《满江红》隐寄岳飞事？

绍兴十二年（1142），岳飞含恨而死，此事为两宋乃至中国历史上最大冤案。同时代的很多诗人词人，都表示了极大的同情与不满，并形诸笔墨，如陆游《书愤》："山河自古有乖分，京洛腥膻实未闻。剧盗曾从宗父命，遗民犹望岳家军。"《感事》："堂堂韩岳两骁将，驾驭可使复中原。庙谟尚出王导下，顾用金陵为北门。"《绝句》："公卿有党排宗泽，帷幄无人用岳飞。遗老不应知此恨，亦逢汉节解沾衣。"等等。刘过《六州歌头·题岳鄂王庙》更是直书其事：

> 中兴诸将，谁是万人英？身草莽，人虽死，气填膺，尚如生。年少起河朔，弓两石，剑三尺，定襄汉，开虢洛，洗洞庭。北望帝京，狡兔依然在，良犬先烹。过旧时营垒，荆鄂有遗民。忆故将军，泪如倾。①

那稼轩词中，有没有和岳飞相关的内容呢？从明面上看，还是有不少地方用了岳飞词中的典故，如《破阵子·为陈同甫赋壮词以寄之》中"了却君王天下事，赢得生前身后名，可怜白发生"一句，《贺新郎·云卧衣裳冷》中"谩写入、瑶琴幽愤，弦断招魂无人赋"一句，即化用岳飞词《小重山·昨夜寒蛩不住鸣》中"白首为功名。旧山松竹老，阻归程。欲

---

① （宋）刘过：《龙洲集》，上海古籍出版社1978年版。

将心事付瑶琴。知音少,弦断有谁听"之意。《水龙吟·登建康赏心亭》中"落日楼头,断鸿声里,江南游子。把吴钩看了,栏杆拍遍,无人会,登临意"一句,则取《满江红》"怒发冲冠,凭栏处,潇潇雨歇"之意。对此前人多有述及。①

另稼轩有一首《满江红》:

> 汉水东流,都洗尽髭胡膏血。人尽说君家飞将,旧时英烈。破敌金城雷过耳,谈兵玉帐冰生颊。想王郎结发赋从戎,传遗业。
>
> 腰间剑,聊弹铗。尊中酒,堪为别。况故人新拥,汉坛旌节。马革裹尸当自誓,蛾眉伐性休重说。但从今记取楚楼风,裴台月。②

该篇明写西汉飞将军李广,实际上"汉水东流"一句,已经可以看出是在假借李广故事,吟咏曾经在襄汉抗金并北伐的岳飞。这一词意,前人亦有道者。

由此可以生发出一个很自然的联想,在《满江红》这个词牌中,是否会寄托着稼轩的某种别样的情结呢?淳熙六年(1179),辛弃疾在湖南转运副使任上,为王佐所作的一首贺词《满江红·贺王宣子平湖南寇》,似乎就包含着不同寻常的深意:

> 笳鼓归来,举鞭问何如诸葛?人道是匆匆五月,渡泸深入。白羽风生貔虎噪,青溪路断魑魅泣。早红尘一骑落平冈,捷书急。
>
> 三万卷,龙头客。浑未得,文章力。把诗书马上,笑驱锋镝。金印明年如斗大,貂蝉却自兜鍪出。待刻公勋业到云霄,浯溪石。③

---

① 参见邓广铭《稼轩词编年校注》,上海古籍出版社 2016 年版;辛更儒《辛弃疾词编年笺注》,中华书局 2018 年版;吴启明《辛弃疾词校笺》,上海古籍出版社 2018 年版;谢永芳《辛弃疾诗词全集汇校汇注汇评》,崇文书局 2016 年版。
② 《辛弃疾词编年笺注》,第 188 页。
③ 《辛弃疾词编年笺注》,第 182 页。

这首词无论是用意和措辞都十分奇怪。王佐所平之叛，不过是郴州宜章县一场规模不大的叛乱，时王佐知潭州，率兵讨平之，本是一件寻常事。可是在稼轩笔下，竟将其与诸葛亮平孟获相比，颂其"勋业到云霄"，甚至称其功可与浯溪摩崖石刻的《大唐中兴颂》同辉。可想而知，这样的吹捧不但不会令人愉悦，反而会十分尴尬。而尤为可异者，"金印明年如斗大，貂蝉却自兜鍪出"，不仅过甚其辞，甚至将王佐说成了"兜鍪"出身的武人，这在宋代重文轻武的官场氛围中，是对对方一个相当大的侮辱。周密《齐东野语》记此事云：

> 王佐宣子帅长沙日，茶贼陈丰啸聚数千人，出没旁郡，朝廷命宣子讨之。时冯太尉湛谪居在焉，宣子乃权宜用之。……于是（陈丰）成擒，余党亦多就捕。宣子乃以湛功闻于朝，于是湛以劳复元官，宣子增秩。辛幼安以词贺之，有云："三万卷，龙头客，浑未得，文章力。把诗书马上，笑驱锋镝。金印明年如斗大，貂蝉元自兜鍪出。"宣子得之，疑为讽己，意颇衔之。殊不知陈后山亦尝用此语送苏尚书知定州云："枉读平生三万卷，貂蝉当复作兜鍪。"幼安正用此。然宣子尹京之时尝有书与执政云："佐本书生，历官处自有本末，未尝得罪于清议，今乃蒙置诸士大夫所不可为之地，而与数君子接踵而进，除目一传，天下士人视佐为何等类，终身之累，孰大于此。"是亦宣子之本心耳。①

辛弃疾明明是赠贺之词，却让王佐"疑为讽己，意颇衔之"，以至于要向执政控诉"天下士人视佐为何等类"，实在是令人无语。

但是如果我们换一个角度，把这首词看作是辛弃疾为岳飞平定钟相、杨幺事而作，那意义就十分允贴了。上阕将岳飞平匪事比作诸葛亮南征"五月渡泸，深入不毛"，而岳飞征杨幺的时间同样也是在五月。且这两场

---

① （宋）周密著，朱菊茹等校注：《齐东野语校注》卷七"王宣子讨贼"条，华东师范大学出版社1987年版，第142页。

南征意义相似，都是为了之后的北伐安定后方，积蓄实力。"早红尘、一骑落平冈，捷书急"言此次成功之速，《宋史·岳飞传》载：

> 会召浚还防秋，飞袖小图示浚，浚欲俟来年议之。飞曰："已有定画，都督能少留，不八日可破贼。"浚曰："何言之易？"飞曰："王四厢以王师攻水寇则难，飞以水寇攻水寇则易。水战我短彼长，以所短攻所长，所以难。若因敌将用敌兵，夺其手足之助，离其腹心之托，使孤立，而后以王师乘之，八日之内，当俘诸酋。"浚许之。……飞入贼垒，余酋惊曰："何神也！"俱降。飞亲行诸砦慰抚之，纵老弱归田，籍少壮为军，果八日而贼平。浚叹曰："岳侯神算也。"①

下阕"三万卷，龙头客。浑未得，文章力。把诗书马上，笑驱锋镝"是对岳飞儒将风范的描绘赞叹。接下来有两个关键句：一是"貂蝉却自兜鍪出"，典出《南齐书·周盘龙传》，所谓"貂蝉"指的是三公、亲王所配冠上的黄金珰、蝉附与貂尾。这句词通常被人用来作为辛弃疾在"统兵文臣"这一身份上的自我认知。②但在岳飞事迹中，这句话有着明确的所指，即岳飞在平定杨幺之后，"加检校少保，进封公"③，从武官最高的节度使，更进一步到三公三少，这是最标准的"貂蝉自兜鍪出"。另一个关键句是"待刻公勋业到云霄，浯溪石"，用典是浯溪石刻《大唐中兴颂》，以之言王佐则不啻为捧杀，但如果说的是岳飞平杨幺事为南宋中兴之关键一役，当刻石永铭其功，则毫无疑义、毫无过誉。

这首词可以说是辛弃疾假托某事，实写武穆功业的典型例证。其写作的直接动机是给同僚或好友赠贺，词中内容写的也是眼前事，但里面的用词和语气却显得特别夸张甚至有些亢奋。不但起不到士大夫酬唱应答的礼

---

① （元）脱脱等撰：《宋史·岳飞传》，中华书局1985年版，第11384页。
② 参见赵惠俊《貂蝉却自兜鍪出——辛弃疾统兵文臣的身份认知与词体表达》，《文学遗产》2021年第5期。
③ 《宋史·岳飞传》，第11385页。

仪作用，反而很得罪人，这也是为什么时人觉得他疏狂不羁。而如果理解了"岳飞"是稼轩的核心写作意图，他其实是借此咏彼，那很多疑惑就可以迎刃而解了。

又比如另一首《满江红·送信守郑舜举郎中赴召》，作于淳熙十四年（1187），几乎可以看作是为绍兴十年岳飞北伐事而作：

湖海平生，算不负苍髯如戟。闻道是君王著意，太平长策。此老自当兵十万，长安正在天西北。便凤凰飞诏下天来，催归急。

车马路，儿童泣。风雨暗，旌旗湿。看野梅官柳，东风消息。莫向蔗庵追语笑，只今松竹无颜色。问人间谁管别离愁？杯中物。①

"君王著意，太平长策"，隐指绍兴十年北伐之前，帝赐札曰："设施之方，一以委卿，朕不遥度。"②"此老自当兵十万，长安正在天西北"句，语含双关：一指岳飞北伐统兵之数，十万即岳家军之军额数；二指郾城战中，岳家军面对金兀术十数万之众，以少敌多，大破其拐子马与铁浮屠，又于颍昌再破金军，兵锋遂至开封城外朱仙镇。"便凤凰、飞诏下天来，催归急"即十二道金字牌招返事。下阕"车马路，儿童泣。风雨暗，旌旗湿"，即《岳飞传》所载："飞班师，民遮马恸哭，诉曰：'我等戴香盆、运粮草以迎官军，金人悉知之。相公去，我辈无噍类矣。'飞亦悲泣，取诏示之曰：'吾不得擅留。'哭声震野，飞留五日以待其徙，从而南者如市。"③ 接下来"野梅官柳，东风消息。莫向蔗庵追语笑，只今松竹无颜色"，即指中原沉沦、河山易稿，"遗民泪尽胡尘里，南望王师又一年"（陆游诗）。

岳飞北伐于形势一片大好之际，却为奸佞阻挠罢归，此事乃两宋甚至中国历史上，士人与国族精神所遭遇的一次极大的挫折损抑。稼轩在这首

---

① 《辛弃疾词编年笺注》，第393页。
② 《宋史·岳飞传》，第11388—11389页。
③ 《宋史·岳飞传》，第11391页。

词中用隐晦的方式记述,并表达了自己摧心裂肺的痛楚与悲凉。本篇题为"送信守郑舜举郎中赴召",但实际上内容和题主关系并不明确,同样是稼轩假托眼前人而咏武穆事的一个例证。

二 稼轩词中有哪些与岳飞相关的意象?

由以上诸例可见,稼轩在各种类型的词作中,不论是妙用古典以侧写近事,还是假托他人以抒怀咏志,都是平常手段。因此我们有必要去思考辨析,辛弃疾到底会用哪些"隐微书写"的方式,通过与岳飞的对话来吐露心曲。

笔者以为,这个问题不能凭空臆测,而需要从"外缘"和"心证"两个层面去考索。在外缘方面,梳理稼轩生平,我们不难注意到他和岳飞的经历有诸多相似之处。首先他本人出身于武将世家,少年时期即在祖父辛赞的鼓励支持下习武读书、踏勘山河,为将来恢复事业做准备;其次他青年从军,追随耿京,在耿京遇害之后果断诛杀叛徒,率众南归,所谓"壮岁旌旗拥万夫,锦襜突骑渡江初。"(《鹧鸪天·有客慨然谈功名因追念少年时事戏作》)这些经历都与武穆少年至青年时的发迹过程有神似之处。南渡之后,他曾任职荆湖,整顿乡社,并建飞虎军,与岳飞在荆湖地区的作为也颇为相类。而在遭遇谗言、贬官罢归之后,他长期隐居于江西上饶,"带湖买得新风月"(《菩萨蛮·稼轩向日儿童说》),和岳飞卜居庐山脚下的选择异曲同工。① 这些生平际遇和胸怀抱负的重叠相似处,必然会令辛弃疾有很多机会接触到岳飞的故人故事,也自然会有触景生情、睹物思人的机缘。在稼轩笔下,有大量"凭栏""弦断""白首功名"等词句,都是化用岳飞诗词中的典故,以寄追思。

相比于这些显而易见的"外缘",在辛弃疾内心世界中,如果与岳飞有跨越时空的心心相印,又该通过怎样的方式呈现出来呢?岳飞之孙岳珂在《桯史》中记载了一个他本人亲身经历的场景,从中或可窥见稼轩的深意:

---

① 参《辛弃疾传·辛稼轩年谱》。

"将军百战身名裂"

辛稼轩守南徐，已多病谢客，予来筮仕委吏，实隶总所，例于州家殊参辰，旦望贽谒刺而已。余时以乙丑南宫试，岁前涖事仅两旬，即谒告去。稼轩偶读余通名启而喜，又颇阶父兄旧，特与其洁。余试既不利，归官下，时一招去。稼轩以词名，每燕必命侍妓歌其所作。特好歌《贺新郎》一词，自诵其警句曰："我见青山多妩媚，料青山见我应如是。"又曰："不恨古人吾不见，恨古人不见吾狂耳。"每至此，辄拊髀自笑，顾问坐客何如，皆叹誉如出一口。既而又作一《永遇乐》，序北府事，首章曰："千古江山，英雄无觅孙仲谋处。"又曰："寻常巷陌，人道寄奴曾住。"其寓感慨者，则曰："不堪回首，佛狸祠下，一片神鸦社鼓。凭谁问：廉颇老矣，尚能饭否？"特置酒召数客，使妓迭歌，益自击节，遍问客，必使摘其疵，逊谢不可。客或措一二辞，不契其意，又弗答，然挥羽四视不止。余时年少，勇于言，偶坐于席侧，稼轩因诵启语，顾问再四。余率然对曰："待制词句，脱去今古轸辙，每见集中有'解道此句，真宰上诉，天应嗔耳'之序，尝以为其言不诬。童子何知，而敢有议？然必欲如范文正以千金求严陵祠记一字之易，则晚进尚窃有疑也。"稼轩喜，促膝亟使毕其说。余曰："前篇豪视一世，独首尾两腔，警语差相似；新作微觉用事多耳。"于是大喜，酌酒而谓坐中曰："夫君寔中予痼。"乃咊改其语，日数十易，累月犹未竟，其刻意如此。①

岳珂与辛弃疾的这段忘年之交，表面看来是文学上的砥砺，前人引用这段材料，也多是为了说明辛弃疾在典故运用和炼字炼意层面的精审。然而这段文字中的一些细节却透露出不同寻常的意味。首先是"稼轩偶读余通名启而喜"，后来又"时一招去"，"每燕必命侍妓歌其所作。特好歌《贺新郎》一词"，似乎里面藏着什么玄机。而且只反复吟诵其中的两句："我见青山多妩媚，料青山见我应如是"、"不恨古人吾不见，恨古人不见

---

① （宋）岳珂：《桯史》卷 3 "稼轩论词"条，中华书局 1981 年版，第 38—39 页。

吾狂耳",且"每至此,辄拊髀自笑"。又作《永遇乐·京口北固亭怀古》,首章曰"千古江山,英雄无觅孙仲谋处",又曰"寻常巷陌,人道寄奴曾住",仿佛皆意有所指。最奇怪的是,辛弃疾"遍问客,必使摘其疵,逊谢不可。客或措一二辞,不契其意,又弗答,然挥羽四视不止"。显然这一番刻意作为,就是为了引岳珂来评论与对答。岳珂的点评"前篇豪视一世,独首尾两腔,警语差相似;新作微觉用事多耳",从文学批评角度只能说是中规中矩,没有什么特别的新意,然而辛弃疾却"大喜,酌酒而谓坐中曰:'夫君寔中予痼。'乃咏改其语,日数十易,累月犹未竟"。这个反应未免有些太夸张了,让人觉得摸不着头脑。

　　换一个角度,如果我们不把这个场景视作是文学上的探讨,而是稼轩借机抒怀咏志的一场"机锋"①,那很多疑惑就焕然冰释了。这个机锋的核心是:《贺新郎》《永遇乐》这两首稼轩词的代表作,是写给岳飞的——"我见青山多妩媚,料青山见我应如是",山者岳也,这段话是辛弃疾向他的精神偶像所作的最真挚炽热的表白;"不恨古人吾不见,恨古人不见吾狂耳",是感叹自己与岳飞生命没有交集,未得从游附骥,乃生平第一大恨事。"英雄无觅""人道寄奴曾住""气吞万里如虎",表面说的是刘裕,但实指岳飞当年在镇江的行止与事迹,其恩师宗泽即长眠于此。

　　所以岳珂点评"首尾两腔,警语差相似",明处是对《贺新郎》这段文字重复过多的批评,但听在辛弃疾耳中,则是岳珂道破了这些回环往复中,有一个共同的所指。"用事多"三字,一方面暗示典故虽多,其实主角只有一人;另一方面,也道出稼轩一生创作之苦心,不得不用各种复杂的意象典故,来曲折婉转地表达他对岳飞的无限崇敬。从上下文来看,岳珂可能是无心之言,但从稼轩的角度,却仿佛自己的偶像,冥冥之中假借其孙之口,与他对答唱和,甚至理解了他心中的柔肠与酸苦,也就无怪辛弃疾闻言"大喜","咏改其语","累月犹未竟"。而最关键的是,他事实

---

① 按:虽然辛弃疾本人并非佛教徒,但他在闽时有参禅的经历,其文学创作中也包含着非常丰富的禅意。参见程继红《辛弃疾与佛教》,《浙江海洋学院学报》2009年第4期;滕琪、车泰来《"转头"间的禅悟——辛词的禅意及理趣》,《宗教学研究》2009年第4期。

上最后没有改动这两首词，岳珂所记的内容和传世稼轩词并无二致。因此，笔者以为，这一反应与其说是辛弃疾在文学上的苦心与雕琢，倒不如说是在一场痛快淋漓的机锋隐语之后，念头通达、回味无穷的状态。

岳珂《桯史》中的这段记载，给我们一个提示。如果"青山"和"英雄"的书写中可能隐藏着稼轩对岳飞的深情，那么在他的词作中，还有哪些意象与岳飞相关呢？带着这个问题意识进入稼轩词，不难注意到，有一些意象在辛弃疾的笔下似乎有格外特殊的情感用意，如山（与岳义近）、月（与岳音近）①、大鹏（岳飞字鹏举）、鹗鸟（岳飞生前驻鄂州，后封鄂王），前人解读多有云雾缭绕的感觉，然而如果看作是写给岳飞的文字，则其意蕴一下子变得清晰起来。

如上文所提到的《贺新郎·甚矣吾衰矣》：

> 邑中园亭，仆皆为赋此词。一日独坐停云，水声山色，竞来相娱，意溪山欲援例者，遂作数语，庶几仿佛渊明思亲友之意云。
>
> 甚矣吾衰矣。怅平生交游零落，只今余几？白发空垂三千丈，一笑人间万事。问何物能令公喜？我见青山多妩媚，料青山见我应如是。情与貌，略相似。
>
> 一尊搔首东窗里。想渊明《停云》诗就，此时风味。江左沉酣求名者，岂识浊醪妙理？回首叫云飞风起。不恨古人吾不见，恨古人不见吾狂耳。知我者，二三子。②

这首词如果只是泛泛的思念故旧、自我述怀，未免疏狂有余、厚重不足。其序中所言"渊明思亲友之意"，前人多解为对已经过世的知己好友如陈居仁、朱熹、洪迈等人的思念。③但"亲友"也可以别有所指——如果将本篇看成是稼轩写给岳飞的寄语，则字字有着落处、笔笔有深沉意。

---

① 按："岳"字中古音为疑母、觉韵、入声、嶽小韵；"月"为疑母、月韵、入声、月小韵。二者读音虽有别，但十分相似。
② 《辛弃疾词编年笺注》，第1120页。
③ 《辛弃疾词编年笺注》，第1121页。

上阕起兴"甚矣吾衰矣"取孔子久不复梦见周公之意，而我亦久未梦见君侯。平生交游寥落，蹉跎岁月，一事无成。"问何物、能令公喜"是自惭未能继君之志，恢复中原，如今白发空垂，无颜相对。"我见青山多妩媚，料青山见我应如是。情与貌，略相似"，则是于人生暮年，深刻体会到君侯当年的艰难与悲壮，爱君更切，敬君更深，而料想君在泉下，也必当知我怜我。我与君生平遭际、情怀抱负，皆有相似之处，若能于青史之中厕君名后，与君并提，亦平生无限之荣耀也。

下阕诵陶渊明《停云》诗，"良朋悠邈，搔首延伫"，"愿言怀人，舟车靡从"，"安得促席，说彼平生"，岂非我心中慕君之殷殷乎？其末段"翩翩飞鸟，息我庭柯。敛翮闲止，好声相和。岂无他人，念子实多。愿言不获，抱恨如何！"岂非我心中思君之呐喊乎？"八表同昏，平路伊阻"，中原陆沉，河山不复，此非你我心中之深仇大痛乎？江左朝堂衮冕诸公，"直把杭州作汴州"，孰能知其味也！"回首叫、云飞风起"，恨我当时未脱襁褓，不能救君父子，坐看为奸佞所害；"不恨古人吾不见，恨古人不见吾狂耳"，未能从君马后、追附骥尾，实我平生最怅然难释之大恨。这茫茫宇宙中，或只有君侯与陈同甫等寥寥二三子，可知我心意。①

从这个角度理解这首《贺新郎》，则原本文字中借酒逞性、假痴不癫的味道几乎完全洗去，而是字字沉郁顿挫、椎心泣血，当可视作稼轩生平心事最直接的倾诉表白，因此也就完全可以理解，为什么他要用其中两句来作为隐语机锋，试探岳珂的回应。顺着这个思路想去，则稼轩词中，"青山遮不住，毕竟东流去""青山欲共高人语，联翩万马来无数""青山意气峥嵘，似为我归来妩媚生"等名句，仿佛也都是在隐写他心中那座最巍峨也最壮丽的"青山"。

稼轩笔下还有一个非常重要的意象是"鹗鸟"与"大鹏鸟"，盖岳飞字鹏举，生前常驻鄂州，嘉泰四年（1204）追封鄂王，故稼轩以此暗射。

---

① 按：辛弃疾有一首《声声慢·隐括渊明停云诗》，其词义可为旁证："停云霭霭，八表同昏，尽日时雨濛濛。搔首良朋，门前平陆成江。春醪湛湛独抚，恨弥襟闲饮东窗。空延伫，恨舟车南北，欲往何从。叹息东园佳树，列初荣枝叶，再竞春风。日月于征，安得促席从容。翩翩何处飞鸟，息庭柯好语和同。当年事，问几人亲友似翁。"《辛弃疾词编年笺注》，第876页。

如《贺新郎·韩仲止判院山中见访，席上用前韵》：

> 听我三章约。有谈功谈名者舞，谈经深酌。作赋相如亲涤器，识字子云投阁。算枉把精神费却。此会不如公荣者，莫呼来政尔妨人乐。医俗士，苦无药。
>
> 当年众鸟看孤鹗。意飘然横空直把，曹吞刘攫。老我山中谁来伴？须信穷愁有脚。似剪尽还生僧发。自断此生天休问，倩何人说与乘轩鹤？吾有志，在丘壑。①

其中"当年众鸟看孤鹗。意飘然横空直把，曹吞刘攫"一句，典出《后汉书·祢衡传》，孔融上书推荐祢衡"挚鸟累百。不如一鹗。使衡立朝，必有可观"。但玩其文意，实指中兴诸将皆庸庸碌碌，唯有岳飞意气飘然，堪为中流砥柱，"曹吞刘攫"即指岳飞与伪齐刘豫和金人作战，尤其绍兴北伐，一往无前，几乎完成恢复大业。古典与近事可谓完美融合，而全篇意旨，则是悲忠臣之见疾，朝堂诸公尽为乘轩之鹤。

另一首《贺新郎·用韵题赵晋臣敷文积翠岩》，以武穆为抒怀对象，情致更为真切：

> 拄杖重来约。对东风洞庭张乐，满空箫勺。巨海拔犀头角出，来向此山高阁。尚依旧争前又却。老我伤怀登临际，问何方可以平哀乐。唯酒是，万金药。
>
> 劝君且作横空鹗。便休论人间腥腐，纷纷乌攫。九万里风斯在下，翻覆云头雨脚。快直上昆崙濯发。好卧长虹陂十里，是谁言听取双黄鹤。推翠影，浸云壑。②

上阕"对东风洞庭张乐，满空箫勺。巨海拔犀头角出，来向此山高

---

① 《辛弃疾词编年笺注》，第 1020—1021 页。
② 《辛弃疾词编年笺注》，第 1018 页。

阁"句，当指岳飞平洞庭湖钟相、杨幺事。下阕"劝君且作横空鹗。便休论人间腥腐，纷纷乌攫"为悲凉愤激之语；"九万里风斯在下，翻覆云头雨脚。快直上崑崙濯发"则为"鹏举登仙"之意。"是谁言听取双黄鹤"，化用岳飞《满江红·登黄鹤楼有感》中"却归来、再续汉阳游，骑黄鹤"一句，以抒作者心愿：安得与君同乘黄鹤、逍遥世外，"推翠影，浸云壑"。

除了以上意象之外，在稼轩笔下，宝剑、佳人、英雄等诸多隐喻，也可以理解为指射武穆之事。如著名的《摸鱼儿·更能消几番风雨》，其中"长门事，准拟佳期又误，娥眉曾有人妒"或也是侧写岳飞之冤情，尤其是尾句"休去倚危栏，斜阳正在，烟柳断肠处"，正可与"怒发冲冠，凭栏处"相呼应。

而《水龙吟·过南剑双溪楼》词云：

> 举头西北浮云，倚天万里须长剑。人言此地，夜深长见，斗牛光焰。我觉山高，潭空水冷，月明星淡。待燃犀下看，凭栏却怕，风雷怒，鱼龙惨。
> 峡束苍江对起，过危楼欲飞还敛。元龙老矣，不妨高卧，冰壶凉簟。千古兴亡，百年悲笑，一时登览。问何人又卸，片帆沙岸，系斜阳缆？①

锋锐无双的倚天长剑，却没于水冷潭空，"凭栏却怕，风雷怒，鱼龙惨"，以至于"过危楼，欲飞还敛"。这样的咏叹凭吊，如果不是写给岳飞的，很难想象古今更有何人可堪此誉，可堪此悲。

更直接的意象，如古今英雄李广、孙权、刘裕等，也都可以视作是隐写岳飞。最著名的《南乡子·登京口北固亭有怀》："何处望神州？满眼风光北固楼。千古兴亡多少事？悠悠，不尽长江滚滚流。年少万兜鍪，坐断

---

① 《辛弃疾词编年笺注》，第707—708页。

东南战未休。天下英雄谁敌手？曹刘。生子当如孙仲谋。"① 其意旨与前述《永遇乐·京口北固亭怀古》相似，皆为借古典以喻近事。

以上笔者仅略举数例，通过稼轩词中一些最为脍炙人口的篇章，辨析其中可能与武穆相关的"意象"和"密码"。需要说明的是，这种探求"隐微书写"的思路，很难通过旁证来凿实，但对于理解稼轩词的意境，是一个值得去展开的视角。笔者学力浅薄，敢竭鄙陋，以待方家之教。

三　稼轩如何在酬唱词中隐写岳飞事迹？

除了上述这些的特殊"意象"和"密码"之外，辛弃疾词作中，还可能有哪些隐微书写的形式呢？由前引数阕《满江红》可以看出，稼轩词中一些赠答酬唱的篇章，似乎包含着双重意蕴——表面赠友人，但实际上是为岳飞而作。这种意在言外的笔法，是特别值得留意的一个现象，也为我们解读稼轩词中的幽沉心曲提供了一个视角。

如《贺新郎·别茂嘉十二弟》，陈廷焯《白雨斋词话》评此词："沉郁苍凉，跳跃动荡，古今无此笔力。"王国维《人间词话删稿》亦云："稼轩《贺新郎》词送茂嘉十二弟，章法绝妙。且语语有境界，此能品而几于神者。然非有意为之，故后人不能学也。"② 因此有识者推为辛词的压卷之作：

绿树听鹈鴂。更那堪鹧鸪声住，杜鹃声切！啼到春归无寻处，苦恨芳菲都歇。算未抵人间离别。马上琵琶关塞黑，更长门翠辇辞金阙。看燕燕，送归妾。

将军百战身名裂。向河梁回头万里，故人长绝。易水萧萧西风冷，满座衣冠似雪。正壮士悲歌未彻。啼鸟还知如许恨，料不啼清泪长啼血。谁共我，醉明月？③

---

① 《辛弃疾词编年笺注》，第1174页。
② 《辛弃疾诗词全集汇校汇注汇评》，第404—405页。
③ 《辛弃疾词编年笺注》，第1106页。

这首词的意境，古人即指出不仅仅是道离愁别绪，而是上阕写"北都旧恨"，下阕写"南都新恨"（周济《宋四家词选》）。当代也有学者撰文指出，此篇表面是赠别左迁的堂弟辛茂嘉，实际上上阕"马上琵琶关塞黑，更长门、翠辇辞金阙。看燕燕，送归妾"，暗指靖康之变中，后妃、帝姬及宗室女子受辱事，即"靖康耻，犹未雪"之意。而下阕"将军百战身名裂。向河梁、回头万里，故人长绝"等句，则隐喻岳飞蒙冤事，乃"臣子恨，何时灭"之意。明用西汉李陵与苏武诀别的典故（李陵《与苏武诗》："长当从此别，且复立斯须""携手上河梁，游子暮何之"。），但实际上描写的是岳飞含恨而死，临受刑前面向北方的河朔大梁、万里江山，与故人永诀的悲壮场景。①

笔者基本同意这一观点，稍有区别的是，笔者以为"看燕燕，送归妾"一句，乃借《诗经·邶风·燕燕》"之子于归，远送于野。瞻望弗及，泣涕如雨"的诗意，影射绍兴和议后，宋高宗之母韦后南还，宋钦宗拦车求救一事，据《朝野遗记》：

> 和议成，显仁后（按：即宋高宗母韦氏）将还，钦庙挽其轮而曰："第与吾南归，但得为太一宫主足矣，他无望于九哥也！"（高宗第九）后不能却，为之誓曰："吾先归，苟不迎若，有瞽吾目！"②

此外，词中"易水萧萧西风冷，满座衣冠似雪。正壮士、悲歌未彻"一句，典出《史记·刺客列传》：

> 太子及宾客知其事者，皆白衣冠以送之。至易水之上，既祖，取道，高渐离击筑，荆轲和而歌，为变徵之声，士皆垂泪涕泣。又前而为歌曰："风萧萧兮易水寒，壮士一去兮不复还！"复为羽声忼慨，士

---

① 邓小军：《辛弃疾〈贺新郎·别茂嘉弟〉词的古典与今典》，《中国文化》1996年第2期。
② （宋）佚名：《朝野遗记》，载《古今说海》卷88，文渊阁《四库全书》，第885册，第563a页。

皆瞋目，发尽上指冠。①

邓小军先生认为稼轩这里用荆轲的典故，也是承接上文，言岳飞慨然赴死之状。笔者则以为，此句影射的应当是两宋之际另一桩重要公案，即宇文虚中仕金为谍一事。虚中建炎初应诏北使，迎还二帝，后仕于金，深得重用，但实际心系故国，多次向南宋传递重要战略情报。绍兴十五年，他试图劫杀金熙宗，救宋钦宗南归②，事败之后，"虚中与老幼百口同日受焚死，天为之昼晦。"③ 故稼轩以宇文虚中比于图穷匕见之荆轲，满门衣冠在熊熊烈焰中化为漫天飞雪——古典与近事的神妙融合，宛如至高境界的电影蒙太奇镜头，使人心旌摇荡、不能自已。

由此可见，辛弃疾词中酬唱赠别的篇章，可以"一喉两歌，一手二牍"，以双关的方式别有所托。理解这一精妙的创作手法，则稼轩笔下的诸多作品，都可以从另一个角度进行解读。

如《摸鱼儿·观潮上叶丞相》：

> 望飞来半空鸥鹭。须臾动地鼙鼓。截江组练驱山去，鏖战未收貔虎。朝又暮，悄惯得吴儿不怕蛟龙怒。风波平步，看红旆惊飞，跳鱼直上，蹴踏浪花舞。
>
> 凭谁问，万里长鲸吞吐，人间儿戏千弩。滔天力倦知何事？白马素车东去。堪恨处，人道是属镂怨愤终千古。功名自误。谩教得陶朱，五湖西子，一舸弄烟雨。④

玩此词文意，上阕明写弄潮之景，实则隐喻岳飞北伐"动地鼙鼓"

---

① （汉）司马迁：《史记·刺客列传》，中华书局1982年版，第2534页。
② 按：宇文虚中生平事参见（宋）施德操《北窗炙輠录》及（宋）李心传《建炎以来系年要录》之相关记载，另《三朝北盟会编》《朱子语类》亦有相关记述，可见南宋时人对此事的看法。参见沈文雪《宇文虚中疑案史书记载异同及其背景述论》，《吉林大学社会科学学报》2003年第3期。
③ 《宋史·宇文虚中传》，第11529页。
④ 《辛弃疾词编年笺注》，第105页。

"截江组练"却"鏖战未收貔虎",士气一堕,日月迁延,恢复大业,竟成儿戏,遂令"吴儿不怕蛟龙怒","跳鱼直上,蹙踏浪花舞"。下阕"万里长鲸吞吐,人间儿戏千弩",指奸臣罗织"莫须有"的罪名,残害忠良,造成"白马素车东去""属镂怨愤终千古"。以鲸鲵喻奸佞,与《木兰花慢·可怜今夕月》中"怕万里长鲸,纵横触破,玉殿琼楼"一句的意趣极为相似。属镂乃吴王赐死伍子胥之剑,以子胥之愤比拟岳飞之冤,又是何其妥帖的古今呼应。

又如《水龙吟·甲辰岁寿韩南涧尚书》:

渡江天马南来,几人真是经纶手?长安父老,新亭风景,可怜依旧。夷甫诸人,神州沉陆,几曾回首?算平戎万里,功名本是,真儒事,公知否?

况有文章山斗。对桐阴满庭清昼。当年堕地,而今试看,风云奔走。绿野风烟,平泉草木,东山歌酒。待他年,整顿乾坤事了,为先生寿。①

韩南涧即韩元吉,陆心源《宋史翼》有传,为北宋宰相韩维后人,官至吏部尚书,与叶梦得、陆游、张浚等人都有诗文唱和,时人称其政事文章为一代冠冕。② 辛弃疾与他关系匪浅,现存稼轩写给南涧的词作有九首。这首词貌似是给南涧贺寿,但其中意蕴,有颇多不可解之处。如"渡江天马南来,几人真是经纶手"、"算平戎万里,功名本是,真儒事,公知否"等句,即使是密友之间的过誉,也近乎谀词。

然而如果将这首词视作是写给岳飞的上寿之辞,则文意便可以豁然贯通。按甲辰年当为宋孝宗淳熙十一年(1184),而岳飞出生于1103年,故这一年正是其八十一岁重九的冥寿。稼轩借老友韩南涧之辰,实为武穆而祝。

---

① 《辛弃疾词编年笺注》,第333—334页。
② 参《辛弃疾词编年笺注》,第280—281页。

上阕"渡江天马南来，几人真是经纶手"，即述武穆盖世功业；"长安父老，新亭风景，可怜依旧"，述岳飞绍兴北伐至中原，父老顶盆焚香迎候事；"夷甫诸人，神州沉陆，几曾回首"，讥秦桧等主和派、投降派，坐视中原沦没；"算平戎万里，功名本是，真儒事，公知否"，又用岳飞"八千里路云和月"及"白首为功名"之典，既是讽宋廷重文轻武之政，也暗指朝堂文士并非真儒，而岳飞这样的胸怀天下的儒将，才是"真儒"。

下阕"况有文章山斗"，当指岳飞所遗兵法与文章，为所有主恢复者，乃至为百世以下忠臣义士的泰山北斗。"当年堕地，而今试看，风云奔走"当指孝宗为其平反，淳熙五年（1178）得谥"武穆"一事。"对桐阴满庭清昼"，"绿野风烟，平泉草木，东山歌酒"，用前代韩愈、裴度、李德裕、谢安故事，比拟岳飞之历史地位。"待他年，整顿乾坤事了，为先生寿"则取"待从头，收拾旧河山，朝天阙"之意，以述己志。①

同样的道理，《贺新郎·用前韵，赠金华杜仲高》一篇，也可以看作是假借赠友之意，于诗梦中与武穆相逢：

> 细把君诗说。恍余音钧天浩荡，洞庭胶葛。千尺阴崖尘不到，惟有层冰积雪。乍一见寒生毛发。自昔佳人多薄命，对古来一片伤心月。金屋冷，夜调瑟。
>
> 去天尺五君家别。看乘空鱼龙惨淡，风云开合。起望衣冠神州路，白日销残战骨。叹夷甫诸人清绝。夜半狂歌悲风起，听铮铮阵马檐间铁。南共北，正分裂！②

上阕从"细把君诗"入题，"恍余音钧天浩荡，洞庭胶葛"，这样的称

---

① 按：稼轩另有一首《水调歌头·庆韩南涧尚书七十》，作于淳熙十四年（1187），其辞云："上古八千岁，才是一春秋。不应此日，刚把七十寿君侯。看取垂天云翼，九万里风在下，与造物同游。君欲计岁月，当试问庄周。醉淋浪，歌窈窕，舞温柔。从今杖屦南涧，白日为君留。闻道钧天帝所，频上玉卮春酒，冠佩拥龙楼。快上星辰去，名姓动金瓯。"（《辛弃疾词编年笺注》，第438—439页）。词中用大鹏云飞之典故，且颂对方与造物同寿、与天地同辉，功勋可获天帝赐酒，姓名可以上列星宿。玩其词意，似乎也是假韩南涧之寿，实为武穆而书。

② 《辛弃疾词编年笺注》，第555页。

颂对于好友杜仲高（杜旃）来说稍嫌过誉，但用以赞美武穆遗音则十分贴切。上阕接下来的文字，如果是说杜仲高的生平遭际，则不知所指，但如果说的是岳飞的冤情，那真是字字传神。

下阕"去天尺五君家别"，本义言杜氏为长安望族，所谓"城南韦杜，去天尺五"。但"去天尺五"同样可以射山岳的"岳"字，与陆游"五千仞岳上摩天"和毛泽东"惊回首，离天三尺三"之句有异曲同工之妙。接下来的文句则是哀叹神州沦陷，战骨销残，南北分裂。这也正是武穆沉冤之后，"英雄已死嗟何及，天下中分遂不支"（赵孟𫖯诗）的恶果。

这种类型的朋友酬唱，在稼轩词中还有很多，不能一一列举。其中有一个可见的规律，是辛弃疾有一些交情深厚、往来频繁的密友，在彼此的酬唱中，或可借此以喻彼，或可假托其名而别书胸臆。前文所引辛茂嘉、韩南涧、杜仲高等，均为比较典型的案例。

结　　语

以上笔者从三个层面辨析了稼轩词中隐藏的关于岳飞的书写。在讨论过程中，尽可能尝试原其心意、体其衷情，但恐怕也难以避免过度诠释的嫌疑。笔者以为，在这个问题上，宁可稍微大胆一些提出若干假设，以供学界同仁批评，也不应瞻前顾后，畏缩不进。

笔者学力有限，对稼轩词以及历代典故、当时史事的把握都很粗浅，显然难以完全挖掘其全部用意与真实指向，然而即便是从最表面的角度，都可以感受到稼轩词中对岳飞的追慕与叹惋。他的文字中似乎处处皆有岳飞，很多貌似与岳飞无关的题目，其实也是假他人事而隐写之，甚至可以认为，岳武穆就是辛弃疾心中的"白月光"，是他笔下最重要的"主角"——他对岳飞的咏叹未必每次都是有意为之，更有可能是由于念兹在兹，故起心落笔处不自觉地流溢而出。稼轩词中之所以澎湃着一股纵横捭阖的"龙气"与"狂意"，或许也是因为里面蕴含了这个悲壮深沉的情感动机。

笔者以为，这样"索隐"的尝试，并不是要扭曲作者意旨，主观臆断、强作解人，而是反过来，从情理上讲，我们无法想象一个不爱岳飞的辛弃疾、一个不把岳飞视作精神偶像的辛弃疾，他们的生平、事业、抱负、遭际，实在是有太多太多的共鸣了！所以"辛弃疾不写岳飞"是极不正常的现象，而他用各种或明或暗的手法，书写岳飞、咏叹岳飞、凭吊岳飞，乃至与岳飞隔空对话，借岳飞来表达自己的胸怀志趣，这才是题中应有之义。当然，文本一旦脱离作者，就有很大的解释空间，笔者也不敢说自己的理解就没有过度诠释的嫌疑。但是综合各种内外因素来看，在对稼轩词的理解与阐释中，如果加入"岳飞"这一意象，可以让很多篇目内容语出不虚，有更多的实落之处，那么这样的探索就是有意义的。

有一个无法回避的问题是：辛弃疾为什么要用隐语的方式来写岳飞呢？笔者目前尚未能找到明确的材料证据对此给出解释，只能从以下三个方面进行猜想：首先，岳飞虽然在孝宗朝已经获得平反，但因为宋高宗禅位后还活了25年，一直到淳熙十四年（1187）才过世，所以"岳飞"在南宋一直是一个比较敏感的话题，而辛弃疾作为一个北方来的"归正人"，身份也较为特殊，故在用词作表达心志时不得不有所顾忌，此为外因。其次，从辛弃疾的内心世界来看，他对岳飞已经超出了一般意义上的崇敬与爱戴，而是一种隔世知己般的惺惺相惜，这其中有许多不足为外人道的幽深心曲。与其刻意讴歌赞颂，倒不如将这种情感隐藏在字里行间，貌似无一处提及，其实无处不在，是为内因。第三，我们还可以做一大胆猜想，这样的"隐语"可能不仅仅是辛弃疾的专利。宋人谢起巖《忠文王纪事实录》卷四《行实拾遗》载：

> ［岳］王薨一年前，后年此日，诸将复之武昌骑戏，有一卞辛忠义所激，自题一诗云："自古忠臣帝主疑，全忠全义不全尸。武昌城外千株柳，不见杨花扑面飞。"闻者为之悲泣罢游。①

---

① 参见（宋）岳珂编，王曾瑜校注《鄂国金佗稡编续编校注》，中华书局1989年版，第722页。

此诗中"不见杨花扑面飞"即是一种隐语,只是形式比较直白。在岳飞蒙冤时期,类似这样以隐语的方式对他歌咏纪念,是否是一个比较普遍的现象呢?这是一个值得继续深入探究的问题。

岳飞与辛弃疾不仅仅是宋代的两位杰出人物,同时也是中国人精神世界中的两座丰碑,对后世产生了极为深刻的影响。他们之间的关联所产生的精神共振,宛若黄钟大吕,可以跨越八百年时光岁月,给今人带来生动而深沉的灵魂启迪。本文的尝试只是一个浅陋的开端,希望能够提出一个与前人有所不同的理解辛弃疾的视角,顺着这个思路,或许可以对稼轩词的内涵旨趣进行更丰富、更立体的考索钩沉。此非一人之力,当有待于诸位方家。

读宋刻本《河南程氏遗书附录》随札

张晓宇

（香港中文大学　历史系）

宋代理学宗师程颢（1032—1085）、程颐（1033—1107）在中国思想史上的重要性，不言自明。中国国家图书馆藏有一部宋刻单卷本《河南程氏遗书附录》，现已收入《中华再造善本》丛书影印出版。这一《附录》在南宋时期为朱熹（1130—1200）所编定，收有关于程颢、程颐的八篇纪念文字，包括行状、哀词、祭文等。除朱熹手撰《伊川先生年谱》一文，其余皆为二程或其亲故门人所作。这些文字是了解二程生平的上佳材料。在现存各本之中，国图宋刻本《附录》文字比较贴近朱熹手订本原貌。笔者在阅读这部《附录》的过程中，有几处关于版本和文字考订的新发现，窃以为有助于澄清道学文献乃至早期道学史中的一些具体事实。书为数札，以求教于高明。希望这些貌似着眼细微的札记，能够为学界理解早期道学文献的复杂性提供一点帮助。

一　版本发凡

中华书局通行本《二程集》，是现今海内外学界研究程颐、程颢以及北宋理学史所常用的本子。《二程集》前言曾指出二程学说有六大文献载体，即《遗书》《外书》《文集》《易传》《经说》《粹言》，其版本传承路线各有不同。在二程理学思想体系中，《遗书》《文集》尤其重要。① 由于本文主要关注对象为国家图书馆所藏宋刻单卷本《河南程氏遗书附录》，下文只着重交代南宋以降相关版本。明、清各本《遗书》，与本文主题关系不大，兹不赘言。

程颐《文集》单行本在其死后不久已然编定。② 南宋私人书目如《直斋书录解题》《郡斋读书志》《遂初堂书目》者，均见载《伊川集》。③《东都事略》程颐本传记有"文集二十卷"。《东都事略》成书于孝宗中期。大概当时《伊川集》单刻本已有流传。④ 乾道五年（1169），张栻（1133—1180）在一篇关于程颢遗文短文中，提到乾道二年（1166）长沙学官已刻成"二先生文集"，而朱熹寄给他的程颢遗文乃传自汪应辰手中另一单行本系统。⑤ 据此推究，则乾道二年以前二程文集已有复数母本存在。⑥

至于二程《遗书》，则多为程门弟子笔录及回忆老师口述言语，自北

---

① 当然，二程《经说》和程颐专著《易传》也属于早期理学思想体系重要部分。只是《遗书》《文集》所反映的思想更为广阔全面，而《经说》《易传》属于专门的经学研究，相对没有前者受重视。关于《易传》《经说》的早期流传和文献意义，参 Cheung Hiu Yu, "Consolidation of the 'Cheng School': Yang Shi and Yin Tun in the Early Twelfth Century", *Asia Major*, Vol. 34, No. 1, June 2021, pp. 126 – 132；张晓宇：《程门教法刍议——从钱穆先生〈宋明理学概述〉谈起》，载李帆、黄兆强、区志坚编《重访钱穆》，秀威资讯科技有限公司2021年版，第72—85页。

② 政和二年其子程端中序"使侄昂编次其遗文"，见（宋）程颢、程颐《二程集》卷12《河南程氏文集》，中华书局1981年标点本，第24页。

③ 陈振孙《直斋书录解题》记《伊川集》为九卷。（宋）陈振孙：《直斋书录解题》，《宋元明清书目题跋丛刊》宋代卷第1册，中华书局2006年影印本，第765页。《郡斋读书志》衢本亦记有《伊川集》二十卷，见（宋）晁公武撰，孙猛校证《郡斋读书志校证》卷19，上海古籍出版社1990年版，第1007页。《遂初堂书目》"别集类"有《伊川先生集》，无卷数。（宋）尤袤：《遂初堂书目》，《宋元明清书目题跋丛刊》宋代卷第1册，中华书局2006年影印本，第497页。

④ 陈述早年考证《东都事略》，指出此书于淳熙十三年（1186）八月进献，并付史馆。洪迈适时主修四朝国史，多借助此书。陈述：《〈东都事略〉撰人王赏、称父子》，《历史语言研究所集刊》1939年第8本第1分，第131页。

⑤ （宋）张栻：《书明道先生遗文后》，载曾枣庄、刘琳主编《全宋文》卷5736，第255册，上海辞书出版社、安徽教育出版社2006年版，第311页。张氏原文见《二程集》卷12《河南程氏文集》附录部分，第686页。

⑥ 关于二程文集宋刊本基本情况，亦可参祝尚书《宋人别集叙录》，中华书局1999年版，第79—82页。

宋末起已有各种草稿本流通。① 自朱熹横空出世以后，程学语录整理进入新阶段。朱熹由谢良佐（1150—1103）、杨时（1053—1135）等人文字入手，先是搜罗二程弟子语录，再进而考察各弟子记录二程之语录。由乾道二年（1166）至四年（1168）之间，② 朱氏编成《程氏遗书》二十五篇，于乾道四年四月二十日刻版于泉州（下称泉州本）。③ 同年朱熹撰成《程氏遗书附录后序》一文。序文曰：

> 右附录一卷，明道先生行状之属凡八篇。伊川先生祭文一篇，奏状一篇，皆其本文，无可议者。独伊川行事本末，当时无所论著，熹尝窃取实录所书、文集内外书所载，与凡它书之可证者，次其后先，以为年谱，既不敢以意形容，又不能保无谬误，故于每事之下，各系其所从得者。今亦辄取以著于篇，合为一卷，以附于二十五篇之后。呜呼，学者察言以求其心，考迹以观其用，而有以自得之，则斯道之传也其庶几乎。乾道四年岁在著雍困敦，夏四月壬子新安朱熹谨记。④

从这段话可知，《附录》为朱熹亲手编定，与《遗书》共同付梓。《附录》收有八篇关于二程的纪念文字，除朱熹自撰《伊川先生年谱》外，其余皆为二程或其亲故门人所作，是了解二程生平的上佳材料。乾道六年（1170），朱熹在福建提举郑伯熊（1124—1181）支持下，再次校订、刻版

---

① 相关研究参 Cheung, "Consolidation of the 'Cheng School'", p. 132 – 136；Hans van Ess, "The Compilation of the Works of the Ch'eng Brothers and Its Significance for the Learning of the Right Way of the Southern Sung Period", *T'oungPao*, Vol. 90, No. 4, Jan 2004, p. 264 – 298；市来津由彦：《朱熹门人集团形成の研究》，创文社 2002 年版，第一及第二章，第 30—38 页。
② 朱熹乾道二年开始整理的二程语录，在四年《遗书》付梓之前，其阶段性成果曾在朱熹本人有所保留的情况下，以《二程语录》名义刻出。今本《诸儒鸣道集》中的《二程语录》应即此草稿本。相关讨论参见田智忠《〈诸儒鸣道集〉研究：兼对前朱子时代道学发展的考察》，中国社会科学出版社 2012 年版，第一章，第 1—30 页。
③ 束景南：《朱子年谱长编》，华东师范大学出版社 2014 年版，第 390—391 页。
④ （宋）朱熹：《程氏遗书附录后序》，载朱杰人、严佐之、刘永翔主编《朱子全书》，上海古籍出版社、安徽教育出版社 2002 年标点本，第 3625—3526 页。

《程氏遗书》于建宁（下称建宁本）。① 陈振孙（1179—1262）《直斋书录解题》记：

> 《程氏遗书》二十五卷，《附录》一卷，《外书》十三卷。朱熹集录二程门人李吁端伯而下诸家所闻见问答之语，附录行状、哀词、祭文之属八篇。其《年谱》，朱公所撰述也。《外书》则又二十五篇之所遗者。②

此即朱熹本《遗书》。据《解题》所记，《附录》朱熹编定时已单为一卷。

朱熹本《遗书》面世以后，当时多有刻本流传。元至治二年（1322）临川谭善心校刻程氏《遗书》《文集》《外集》等，《遗书》部分多循朱本之旧。后世二程全书之底本，多由谭善心本而来。谭本所引《遗书》宋人序跋，有淳祐六年（1246）赵师耕麻沙本、李袭之春陵本二序，引之如下：

> 河南《二程先生文集》，宪使杨公已锓板三山学官。《遗书》、《外书》则庾司旧有之，乙未之火，与他书俱毁不存。诸书虽未能复，是书胡可缓？师耕承乏此来，亟将故本易以大字，与《文集》为一体，刻之后圃明教堂。赖吾同志相与校订，视旧加密，二先生之书于是乎全。时淳祐丙午古汴赵师耕书。

> 《程氏遗书》，长沙本最善，而字颇小，阅岁之久，板已漫漶。教授王君湜出示五羊本，参校既精，大字亦便观览，然无《外书》。袭之乃模锓于春陵郡库，又取长沙所刊《外书》附刻焉。愿与同志者共学。淳祐六年立秋日，东川李袭之谨题。③

---

① 束景南：《朱子年谱长编》，第441—443页。
② （宋）陈振孙：《直斋书录解题》卷9，第656页。
③ 二序并见（宋）程颢、程颐《二程集》卷7《胡氏本拾遗》，第397页。

赵师耕麻沙本与李袭之舂陵本《遗书》虽同刻于淳祐六年，却属于不同版本系统。据麻沙本后序所言，淳祐六年之前《遗书》另有一旧刻本，藏于福州提举常平司衙。① 此本毁于端平二年（1234）"乙未之火"，是一个"小字"本，所以新刻麻沙本有"易以大字"之说。此本是否源自朱子亲刻之泉州、建宁二本，不得而知。然而端平以前，北福建已有《遗书》版本流行，当无疑义。

李袭之舂陵本刻于湖南南部之道州。其序言及之前另有"小字"长沙本和"大字"五羊本。舂陵本乃此二本之合刻：《遗书》取长沙本，《外书》取五羊本。这一版本系统之流通区域集中在湖南南部至岭南。

麻沙本、舂陵本以外，另有一部湖北黄州本二程《遗书》。日本所藏中文古籍数据库收录有1950年华盛顿美国国会图书馆摄制北平图书馆善本书胶片，其中包括了一部宋刊元印《河南程氏遗书》，残六卷，分2册。② 据台湾"国家"图书馆网上解题，此本为南宋黄州刊宋元递修本，包背装。存卷一、卷二下、卷四、卷六、卷十一并附录全卷。③ 阿部隆一《中国访书志》"北平图书馆原藏宋金元版解题"子部录有《河南程氏遗书》一部，即此黄州本。此本每叶十行，每行十六字，注小字双行。白口，双黑鱼尾。缺笔避讳殷、贞、完，构、慎二字末笔省去。刻工名可辨识者为：王元、丘仁、蔡申（中？）、申、珪、京、章、生、明、荣、汪共十一人。④ 民国仓石武四郎所编《旧京书影》见载黄州本照片两页。⑤《旧京书

---

① "庚司"即提举常平之别称。参见龚延明《宋代官制辞典》（增补本），中华书局2017年版，第538页。
② 日本所藏中文古籍数据库：《国会图书馆摄制北平图书馆善本书胶片》，《河南程氏遗书残存六卷》，http：//kanji.zinbun.kyoto-u.ac.jp/kanseki? record = data/FAKOKKAI/tagged/0970024.dat&back =1，撷取日期：2022年4月13日。
③ 台湾"国家"图书馆："河南程氏遗书存五卷附录一卷"条，https：//aleweb.ncl.edu.tw/F/Q2L2Q1HPYKT5H8ATFT9IRAHVURQCCSSSG65J9VNQYNVX89V4TJ-44685? func = full-set-set&set_ number = 004316&set_ entry = 000009&format = 999，撷取日期：2022年4月13日。台湾"国家"图书馆编目人员以附录单独为册，故称"存五卷"。
④ 阿部隆一：《增订中国访书志》，汲古书院1983年版，第332页。
⑤ 仓石武四郎编拍，赵万里撰集：《旧京书影：北平图书馆善本书目（一九三三年）》，人民文学出版社2011年版，第418—419页。

影》提要云"《河南程氏遗书》二十五卷，宋刘元承编，宋刻残本，旧清内阁书，见藏北平图书馆"①。

表1　《河南程氏遗书》并《附录》二十五卷相关重要宋本

版本	刻印年份	刻印人	版面格式	存佚情况
泉州本	乾道四年（1168）	泉州司舶程洵（1135—1196）	不详	佚
建宁本	乾道六年（1170）	郑伯熊	不详	佚
三山本	端平二年（1234）	宪使杨公	小字本	佚
长沙本	不详	不详	小字本	佚
五羊本	不详	不详	大字本	佚
庚子黄州本（宋刻元修本，多为元版补叶）	淳熙七年（1180）/嘉熙四年（1240）	不详	大字本，注双行小字	存卷一、二下、四、六、十一、附录
麻沙本	淳祐六年（1246）	赵师耕	大字本	佚
舂陵本	淳祐六年（1246）	李袭之	大字本	佚

据《中国古籍善本总目》，中国国家图书馆另存有宋刻本残本《程氏遗书》三卷，包括卷十五、卷二十二下并单卷附录全本。此外，国家图书馆另收有宋刻单卷本《附录》。今《中华再造善本》丛书收录有国图本《河南程氏遗书附录》，乃据此单卷本影印（以下简称国图单卷本）。此书版框高19.2厘米，宽13.5厘米（版框外沿尺寸）。半叶十一行，每行二十字，白口，左右双栏，前后钤有廷陵季子、吴廷伟书画印、莱阳张氏桐生藏书之印等印。

清末目录学大家莫友芝、傅增湘并记有一宋本《河南程氏遗书附录》，版面格式、藏书印与国图单卷本全同，应即此本。② 据傅氏所记，此本刻

---

① 仓石武四郎编拍，赵万里撰集：《旧京书影：北平图书馆善本书目（一九三三年）》，人民文学出版社2011年版，《旧京书影提要》，第26页。刘元承即程颐弟子刘安节（？—1116）。据朱熹手订《河南程氏遗书》目录，二十五卷中只有第十八卷为刘元承手编。《书影》所载残本诸卷（卷一、卷二下、卷四、卷六、卷十一）均与刘元承无涉。《提要》"刘元承编"之语恐夺自他处。

② （清）莫友芝：《藏图订补郘亭知见传本书目》卷13上《集部别集类·北宋》，中华书局1993年版标点本，第116页；（清）傅增湘：《藏园群书经眼录》，中华书局2009年标点本，第470—471页。

工名称可辨识者有：江僧、蔡申、甲戌、龚全、丘文、萧韶、刘石、刘彦、戴仁、叶青、吴青、黄仁等十二人。与傅氏所目睹之宋刊本《河南程氏遗书》同。据此推断，国图单卷本《附录》原来当附于此宋刊本之末。国图单卷本缺笔避宋孝宗赵慎（1127—1194）名讳，不避宋光宗赵惇（1147—1200）名讳，当在孝宗时刻成。傅增湘氏认为国图单卷本并非源自宋时麻沙、春陵二本，应与另一部宋刻小字本《程氏遗书》本并行。

另一位清末民初目录学家王文进亦曾经眼宋本《程氏遗书》。据其所述，其所见宋二十五卷本《程氏遗书》存卷二十二下并附录。半叶十行，行二十字，白口，板心下记刊工姓名可辨识者共十五位：江僧、申工、蔡申、龚石、虞仁、刘彦、刘元、吴青、黄仁、萧诏、岳文、龚全、叶青、从、全。王文进本《遗书》并《附录》刻工姓名，与莫友芝、傅增湘所见国图单卷本《附录》多有重复者，要之为同一批刻工所刻。但是两本行数不同：莫、傅所见国图单卷本半叶十一行，王文进所见者半叶十行，明显出自两种不同版本。

综合以上讯息，可以推断出南宋孝宗以降，《河南程氏遗书》的版本并非单线流传，而是至少有三个系统。其一为北平图书馆旧藏黄州大字本系统，五羊本、春陵本、麻沙本均属于这一系统。版面特征为十行，行十六字。其二为王文进所见之宋小字本，十行，二十字。国家图书馆收有此本残卷卷十五、卷二十二下并《附录》全本。其三为莫友芝、傅增湘先后经眼的另一个小字本系统，版面特征为十一行，二十字。亦即《中华再造善本》收入之国图单卷本。二、三两个系统刻工有所重叠，大概均在孝宗一朝中后期刻成。是否由长沙本抑或更早之版本衍生而来，限于现在疫情条件所限，难以亲身拜访海内外图书馆以作进一步考证，只能以待来日了。①

---

① 值得一提的是，宋末名儒黄震（1213—1280）的治学笔记《慈溪黄氏日抄分类》，其中卷33"读本朝诸儒理学书"收有"程氏遗书"并"遗书附录"两条摘抄。《慈溪黄氏日抄分类》大概在宋末元初刊定。俞信芳：《〈黄氏日抄〉九十七卷本出版过宋绍定二年本吗》，《文献》2001年第1期，第278—282页。黄氏所抄《遗书》，究竟出于哪一系统，有待研究。

二　张绎《祭文》文字之别

国图单卷本一共收录了八篇文字，目次如下：一、《明道先生行状》；二、《门人朋友叙述》：刘立之（？—？）、朱光庭（1037—1094）、邢恕（？—？）、范祖禹（1041—1098）；三、游酢（1053—1123）《书行状后》；四、吕大临（1044—1091）《哀词》；五、文彦博（1006—1097）《墓表》；六、朱熹《年谱》；七、张绎（1071—1108）《祭文》；八、胡安国（1074—1138）《奏状》（节录）。宋本《附录》卷尾附有考异六行，傅增湘指出为通行明刊本所无。考异云：

> 按此卷内所载张绎祭文，"斯世"，一作"于道"；"道合"，一作"道会"；"不可得而名也"，一作"某等不得而名也"；"惟泰山"，"惟"一作"维"；"趣之"，一作"趋之"；"自某之见"，一作"某等受教"；"先生有言"，一本上有"曹"字；"毕吾此生"，一无"吾"字；"固不可得而问也"，一本上有"某等"字；"惟与二三子"，一本无此五字，有"益当"字；"二三子之志"，一作"某等之志"。版本已定，不可增益，今见于此，有别锓木者当逐处注入。①

此数行考异当为朱熹所亲书，以示来者。后来的明刊本已将考异拆分，"逐处注入"张绎《祭文》本文，实乃跟随朱熹"有别锓木者逐处注入"之例。朱熹考异提到他所亲见的二个张绎《祭文》本子，除了一般性质的词语修辞外，有两处明显分别。朱氏定本"惟与二三子，洗心去智，格物去意，期默契斯道，在先生为未亡也。呜呼！二三子之志，不待物而后见"一语，在另一个本子中是为"益当洗心去智，格物去意，期默契斯道，在先生为未亡也。呜呼！某等之志，不待物而后见"。朱氏定本中的

---

① （宋）程颢、程颐：《河南程氏遗书附录》，《中华再造善本·唐宋编·子部丛书》，北京图书馆出版社2003年影印本（据中国国家图书馆藏宋刻本影印），第37页b。

两处"二三子",另外一本一则删去,二则改为"某等"。这样的分歧,恐怕不仅是修辞问题,而是有着更深层的意蕴在内。要充分说明这一意蕴,必须回到张绎创作《祭文》的历史语境,尤其是他对老师程颐晚年厄运的理解。

自北宋哲宗亲政、再次推行新法之后,程颐作为旧法党成员即处于忧患之中。哲宗一朝时,程颐已被流放涪州。徽宗早年程颐曾短暂回乡,而前蒙朝廷赏赐的二十顷户绝荒田已为家中佃人所夺。① 程颐本房已有五子八女,更勿论程颢及程氏他房亲戚亦须仰仗于他。考虑到程氏家族规模,这一段时间程家之艰难状况,可想而知。崇宁二年(1103)以后,揣摩朝廷风旨的朝官屡次上章,禁止程颐聚众、写书、授徒。② 程颐晚年居于其乡河南府龙门。当地知府范致虚对其长期监控,以防止其聚徒教学,传播"邪说"。在这类强力政治压迫之下,程颐为免连累年轻学者,无奈提出"四方学者苟能尊所闻,力行所知,则可矣。不必及门也"的说法。③ 自崇宁二年起,程颐门下之士大为减少。长期陪伴晚年程颐的只有几位忠实的洛阳同乡弟子,张绎即为其一。④

大观元年(1107)九月程颐过世以后,葬礼极为冷清。据尹焞(1071—1142)追忆:"先生之葬,洛人畏入党籍,无敢送者。故祭文惟张绎、范域、孟厚及焞四人。乙夜有素衣白马至者,视之邵溥也。乃附名焉。盖溥亦有所畏,而薄暮出城,是以后。"⑤ 对于一代宗师如程颐者,这样的葬礼无疑过于凄凉。崇敬程颐的洛阳弟子眼见于此,其悲恸不难想象。张绎《祭文》之中将程颐描述成一位"踽踽独行斯世,而众乃以为迂

---

① (宋)李心传辑,程荣秀删补:《道命录》卷2《方提举请还先年所夺伊川先生田土》,《续修四库全书丛书》,上海古籍出版社1995年影印本(据北京大学图书馆藏清影元抄本影印),史部传记类,第517册,第1页b。
② (宋)李心传辑,程荣秀删补:《道命录》卷2《范致明论伊川先生入山著书乞觉察》《元祐学术政事不许教授指挥》《言者论伊川先生聚徒传授乞禁绝》,第2页a—第4页a。
③ (宋)程颢、程颐:《二程外书》卷7《胡氏本拾遗》,第397页。
④ 另一位为尹焞。关于张、尹二人基本背景和思想,参申绪璐《人能弘道:二程语录与洛学门人研究》,上海古籍出版社2021年版,第298—328页。
⑤ (宋)张绎:《祭文》附录,《河南程氏遗书附录》,第35页a。

也"的孤独先知，实为当时洛阳弟子之切身感受。① 《祭文》结束部分提及：

> 呜呼！夫子没而微言绝，则固不可得而闻也。然天不言而四时行，地不言而百物生。惟与二三子，洗心去智，格物去意，期默契斯道，在先生为未亡也。呜呼！二三子之志，不待物而后见；先生之行，不待诔而后征。然而山颓梁坏，何以寄情？凄风一奠，敬祖于庭。百年之恨，并此以倾！②

程颐晚景凄凉，死于忧患，而敢于出席其葬礼者只有寥寥数人。理解到这一背景，就更能理解张绎《祭文》中"二三子"之所指。唯因各方旧识弟子，畏避党籍之祸，不敢为程颐送葬，张绎才特别强调最后陪伴程颐的"二三子"之可贵。从文本语境来看，朱氏定本保留"二三子"之语，恐怕才是张绎原文样貌。而另一本改为"某等"，则大概是因为张绎原文"二三子"之修辞，难免使道学后人联想起程颐去世时之凄凉，且有突出洛阳弟子之嫌。删去"二三子"而替之以"某等"，则《祭文》本身的历史语境得以减弱，而更强调此文作为勉励道学后进的用意了。

三 程颐卒日问题

宋本《河南程氏遗书附录》收录有朱熹整合各种材料而撰成之程颐年谱，即《伊川先生年谱》。据朱熹《程氏遗书附录后序》自述："独伊川行事本末，当时无所论著，熹尝窃取实录所书、文集内外书所载，与凡它书之可证者，次其后先，以为年谱，既不敢以意形容，又不能保无谬误，故于每事之下，各系其所从得者。"③ 由于出自道学大儒朱熹之手，此谱成

---

① （宋）张绎：《祭文》，《河南程氏遗书附录》，第34页a。
② （宋）张绎：《祭文》，《河南程氏遗书附录》，第34页b—第35页a。
③ （宋）朱熹：《晦菴先生朱文公集》卷75《程氏遗书附录后序》，《四部丛刊初编缩本丛书》，台湾商务印书馆1967年影印本，集部，第58册，第3625页。

为后来研究程颐生平的权威材料。但是，此谱在程颐卒日上犯了一个关键错误。根据朱熹所撰年谱，程颐：

> 大观元年九月庚午卒于家，年七十有五。①

程颐确实去世于大观元年九月。问题在于，根据干支朔闰推算，大观元年九月根本不存在庚午这一日。问题出在何处？我们可以从朱熹本人提供的史源出发考察。

朱熹年谱许多叙述都附有"各系其所从得者"之史源。程颐卒日文字自注云"见实录"。②此处"实录"，乃指《徽宗实录》所收本朝诸臣传记。宋高宗绍兴七年（1137）开始修撰《徽宗实录》，前后有两次修撰工作。第一次为权相秦桧（1091—1155）领导的史院所控制。绍兴十一年（1141）曾进呈一个初步的六十卷稿本，包含了元符三年（1100）至大观四年（1110）一共十一年之事。程颐卒日亦在这一时段内。这一部《实录》为秦桧干扰，久未成书。秦桧死后，绍兴二十八年（1158），朝廷再修《徽宗实录》。这一次由尚书右丞汤思退（1117—1164）领衔，在数月之中很快修成，并于二十八年八月呈上一百五十卷《徽宗实录》，是为全本。③

由于修撰时日过短，加上早期又受秦桧体制的干扰，朝廷后来出现了重修《徽宗实录》的声音。孝宗乾道五年（1169），史学大家李焘（1115—1184）以秘书少监兼国史院编修官身分进言，提出重修《徽宗实录》。李焘批评绍兴旧录"疏舛特甚，难以准凭下笔"，并以元符三年为例，在三年正月至三月三个月之间，找出旧录可供增损事迹二十一条，可

---

① （宋）朱熹：《年谱》，《河南程氏遗书附录》，第32页b。除朱子文集外，此谱并见《伊洛渊源录》卷4。（宋）朱熹：《伊洛渊源录》卷4《伊川先生年谱》，载（清）张伯行编、左宗棠《正谊堂全书》，同治七年正谊书院线装增刊本，第10页a。

② （宋）朱熹：《年谱》，《河南程氏遗书附录》，第32页b。

③ 《徽宗实录》修撰经过，参见蔡崇榜《宋代修史制度研究》，文津出版社1993年版，第102—103页。

见旧录之疏漏。淳熙三年（1176），孝宗乃命李焘为检讨官重修《徽宗实录》，同检讨官为道学名家吕祖谦（1137—1181）。淳熙四年（1177）三月九日，李焘进上《重修徽宗实录》二百卷、《考异》二十五卷、《目录》二十五卷。此为《徽宗实录》新录。①

　　回到朱熹所撰之程颐《年谱》。据朱氏《程氏遗书附录后序》自述，其于乾道四年（1168）夏四月完成整理《遗书附录》。其时李焘、吕祖谦领衔的《徽宗实录》新录尚未面世。换言之，朱熹《伊川先生行状》自注程颐卒日"见实录"之"实录"，实抄自绍兴二十八年由汤思退领衔修成、李焘批评为"疏舛特甚，难以准凭下笔"之《徽宗实录》旧录。此旧录错误既多，是否有可能也搞错了程颐卒日，进而导致朱熹抄录时因循此误？

　　以上假设，竟有幸于其他史料中得以证成。南宋杜大珪撰成于绍熙五年（1194）的《名臣碑传琬琰之集》，其中收有一篇名为《程侍讲颐传》的程颐传记，与其兄《程宗丞颢传》二传均抄引自"实录"。②《程侍讲颐传》起首云：

　　　　大观元年九月庚子，通直郎程颐卒。颐字正叔……③

　　《名臣碑传琬琰之集》成书于《徽宗实录》淳熙新录面世以后。此书此处所引"实录"，必为《徽宗实录》新录所收录之《程侍讲颐传》无疑。其中程颐卒日实为"庚子"，而非"庚午"。李焘、吕祖谦既为史学名家，又是亲近道学之人。他们领衔修订的《徽宗实录》新录，于关系道学先辈生平的《程侍讲颐传》自当慎重。笔者推断，李焘、吕祖谦在编订新录《程侍讲颐传》之时，已经将程颐卒日由错误的"庚午"校订为"庚

---

① 参见蔡崇榜《宋代修史制度研究》，文津出版社1993年版，第103—104页。
② （宋）杜大珪：《名臣碑传琬琰之集》下集卷21《程宗丞颢传》《程侍讲颐传》，文渊阁《四库全书》，上海古籍出版社1987年影印本，史部传记类，第450册，第4页a—第6页a、第6页a—第9页b。
③ （宋）杜大珪：《名臣碑传琬琰之集》下集卷21《程宗丞颢传》、《程侍讲颐传》，文渊阁《四库全书》，上海古籍出版社1987年影印本，史部传记类，第450册，第6页a。

子"了。由于《名臣碑传琬琰之集》流通程度远不能与朱熹所撰程颐《年谱》相比。后世论及程颐卒日时，仍多采用《年谱》所谓之"庚午"日，而不知朱子所引史源实乃"疏舛特甚"的《徽宗实录》旧录。

《徽宗实录》旧录、新录均已佚失，以上乃是根据朱熹《年谱》以及杜大珪《名臣碑传琬琰之集》等转引材料而作的推理。有没有其他一手证据直接证明《年谱》"庚午"乃"庚子"之误？事实上，这一证据的确存在，而且就在朱熹亲自编撰的《程氏外书》之中。朱氏所编《程氏外书》卷十一《时氏本拾遗》，其中材料采自程颐弟子时紫芝所编程氏语录《程氏微言》。其中有一条提到程颐晚年门人尹焞回忆其师之死。摘引如下：

> 尹子曰："先生年七十四，得风痹疾，服大承气汤则小愈。是年九月，服之辄利。医者语家人曰：'侍讲病不比常时。'时大观元年九月也。十六日入视，先生以白夹被被体，坐竹床，举手相揖。焞喜，以为疾去。先生曰：'疾去而气复者安候也，颐愈觉羸劣。'焞既还，十七日有叩门者，报先生倾殂。"①

据尹焞所记，大观元年九月十六日，程颐已至回光返照之际。十七日尹焞得人通报，得知其师已逝。则程颐卒日在大观元年九月十七日。笔者利用台湾"中央"研究院两千年中公历转换中历干支，大观元年九月十七日，正是庚子日。换算为公历，则为公元1107年10月5日。时紫芝所引尹焞之说，与杜大珪《名臣碑传琬琰之集》所引《徽宗实录》《程侍讲颐传》之卒日恰相吻合。② 程颐卒日为庚子日，可谓铁案矣。

现代学者叙述程颐生平时，大都以朱熹《伊川先生年谱》为依归。引用《年谱》多以中华书局标点本《二程集》或新近标点本《朱子全书》文字为准绳。遂多为《年谱》所误导，将历史上根本不存在的"大观元年

---

① （宋）程颢、程颐：《二程外书》卷11《时氏本拾遗》，《二程集》，第417页。
② 清人黄以周所辑《续资治通鉴长编拾补》已经留意到了《程氏外书》引时紫芝程颐卒日为庚子之说，惜乏人留意。（清）黄以周：《续资治通鉴长编拾补》卷27，世界书局1964年影印本，第12页a。

九月庚午"日当成了程颐卒日,而无视了由程颐学生尹焞、时紫芝所提供的正确卒日"大观元年九月庚子"。归根究底,这不是标点本整理者的责任——整理者只是忠实采纳了朱熹《伊川先生年谱》原文。但这也不能说是朱熹的完全责任。毕竟朱氏本人在《程氏遗书附录后序》中,已经讲过其所撰《年谱》材料"又不能保无谬误"。[1] 当然,朱熹作为《程氏外书》整理者,没有利用《时氏本拾遗》中的一手材料来考订程颐卒日,确有其疏漏处。然而考订事实,本来就是后来史学工作者的责任。比起朱熹,我们今天能够更方便的阅览和分析材料。在考订程颐卒日乃至其他二程先生事实方面,理应做出更好的成绩。朱熹冀望将来学者"考(二程先生之)迹以观其用,而有以自得之"[2]。在现今史学研究观点先行的大背景下,史学工作者面对众多材料,难免有茫然自失之感。但是,基本史实的考证,还原文献书写语境的想象力,以及针对文献本身版本发展的考察,相信仍具有其基本价值,并将作为学者"自得"之一部分,成为我们进一步探究历史的根基。

---

[1] (宋)朱熹:《程氏遗书附录后序》,第3625页。
[2] (宋)朱熹:《程氏遗书附录后序》,第3625页。

五代时期后梁政权"国史"建构考论

——由朱温任宣武节度时间说开

吕浩文　赵　龙

（上海师范大学　古籍整理研究所；上海师范大学　图书馆）

引　言

在中国古代政权更迭过程中，国史编纂是统治者宣扬与维护官方意识形态的重要手段，而关于正统性的论证又是其中重要的组成部分。正因如此，各政权一般会在国史的相关内容中进行一番建构或重构，五代时期各政权也不例外。开平元年（907），朱温代唐，建立后梁政权，开启五代序幕。学界关于五代的既有研究已经积累到比较可观的程度，其中不乏对朱温和后梁政权的研究[①]。这些研究成果于今人增进对后梁政权的认识多有裨益，然昔贤时髦对史籍中朱温任宣武节度时间的歧异记载未曾深究。史书中关于朱温任宣武节度使的时间有"三月"和"五月"两种歧异的记载，此虽看似细枝末节，无关宏旨，实则关乎对后梁"国史"建构问题的正确认识。因此，笔者尝试对其进行考察，以期推进五代时期政权建立与国史建构关系研究，以待方家教正。

[①] 中国史学界早期关于朱温的研究可参见张子侠《建国以来朱温研究述评》，《安徽史学》1998年第3期。较为新近的研究则有伍纯初《朱梁集团研究》，博士学位论文，上海师范大学，2017年；李伟刚《五代上源驿事件发微》，《河北北方学院学报（社会科学版）》2018年第1期；方震华《正统王朝的代价——后梁与后唐的政权合理化问题》，尹承译，《宋史研究论丛》2018年第2辑；闫建飞《方镇为国：后梁建国史研究》，《中山大学学报（社会科学版）》2019年第6期；景旭《五代十国政权对唐王朝政治认同研究》，硕士学位论文，黑龙江大学，2020年；牛孟恩《梁唐之际政权形态的构建——兼论"藩镇国家"的形成（875—936）》，硕士学位论文，中央民族大学，2020年。

一 《旧唐书》相关记载的史源学考察

朱温任宣武节度，事载诸史。此事发生的时间，新旧《五代史》《册府元龟》《资治通鉴》等均作"中和三年三月"①，唯《旧唐书》系于"中和三年五月"②。《旧五代史考异》指出两说分载各史的情况，但未下断语③。从古籍刊刻的角度来说，通常是"五"字缺笔画讹为"三"字，而鲜有"三"字增笔画讹为"五"字之例。又从史源学的角度而言，两说并非同一史源，故基本上可以排除史料中三月、五月之异乃版本流传中文字讹误的可能。后世史著，多取"三月说"而舍"五月说"④，盖因后者为"孤证"而不取。

新旧《五代史》《通鉴》和《册府元龟》均以朱温任宣武节度事在中和三年三月，然究其史源，此四者并非流出多源。清代学者赵翼即已对《旧五代史》史源有所探讨，薛史一年之内便告修成，与其以五代各朝实录为底稿有关⑤，则薛史中的相关记载乃源自后梁实录。对于朱温授任宣武节度一事，《旧五代史》称："仍令候收复京阙，即得赴镇。"⑥《资治通鉴》则曰："俟克复长安，令赴镇。"⑦ 近来有观点认为二者所书字句近似，应是同一史源或《资治通鉴》即本《旧五代史》⑧。因此，《旧五代史》和

---

① 《旧五代史》卷1《后梁太祖纪一》，中华书局1976年标点本，第4页；《新五代史》卷1《后梁太祖纪上》，中华书局1974年标点本，第2页；《资治通鉴》卷255，唐僖宗中和三年三月，中华书局1976年标点本，第8291页；《册府元龟》卷187《闰位部·勋业第五》，凤凰出版社2006年标点本，第2089页。

② 《旧唐书》卷19下《僖宗纪》，中华书局1975年标点本，第716页。

③ （清）邵晋涵：《旧五代史考异》卷1，转引自陈尚君辑纂《旧五代史新辑会证》卷1《后梁太祖纪一》，复旦大学出版社2005年版，第8页。

④ 如王仲荦《隋唐五代史》，上海人民出版社2003年版，第752页。

⑤ （清）赵翼撰，王树民校正：《廿二史札记校证》卷21，"薛史全采各朝实录"条，中华书局1984年版，第451—453页。

⑥ 《旧五代史》卷1《后梁太祖纪一》，第4页。

⑦ 《资治通鉴》卷255，唐僖宗中和三年三月，第8291页。

⑧ 参见伍纯初《朱梁集团研究》，第14页。

《通鉴》可视为源自后梁国史一系的史料①。

薛史已佚，传世《旧五代史》已非原本②。《册府元龟·闰位部》所载后梁事迹，"皆本之《薛史》原文，首尾颇详"，故"采《册府元龟》梁太祖事……以补其阙"③。据此可知《册府元龟·闰位部》中的后梁事迹采用了薛史《梁太祖纪》的原文，而后者的传世文本则是从前者相应内容中辑佚而成，故二者同源，皆本自后梁实录④。

至于《新五代史》，欧阳修虽大量取材于笔记小说⑤，但所据基本史料仍是五代实录⑥，有观点甚至直接将五代实录视为后世修五代史书时所依据的基本史源⑦，因此《新五代史》"三月说"大体亦源自实录⑧。据此可知，《旧五代史》《新五代史》《资治通鉴》及《册府元龟》中的"三月说"，实际上仅有后梁一系史料此单一史源。有观点指出，《梁太祖实录》虽然有叙述不实的缺点，但由于其乃梁人所修，诸事皆耳目所及，所以是梁史史籍之根源⑨。正因为《梁太祖实录》是后梁史的一大根源，所以在叙述朱温的建国史时，司马光等学者的目光无不集中在实录提供的史料上面，从而忽视了《旧唐书》方面的记载。或许也正因为如此，司马光在《考异》中并没有讨论史料中两种说法的差异，也没有说明采择代表后梁一系史源的"三月说"的依据。

---

① 这种史料区别方法的运用，得益于西村阳子的启发，参见高贤栋《正统之争：张昭远篡改段文楚事件发生时间的意图》，《史学理论与史学史学刊》2019 年第 1 期。

② 薛史、欧史曾并行于世，至金泰和七年，"诏止用欧史，于是薛史渐湮"。参见（清）赵翼撰，王树民校正《廿二史札记校证》卷 21，"薛居正五代史"条，第 451 页。

③ 陈尚君辑纂：《旧五代史新辑会证》卷 1《后梁太祖纪一》，第 1 页。

④ 陈尚君虽然认为《册府元龟·闰位部》所采朱梁事迹皆本之实录的说法"亦欠妥当"，但也承认"《薛史》源出《实录》之渊源联系"，见陈尚君辑纂《旧五代史新辑会证》卷 1《后梁太祖纪一》，第 2 页。

⑤ 张明华：《〈新五代史〉研究》，中国社会科学出版社 2007 年版，第 68 页。

⑥ （清）赵翼撰，王树民校正：《廿二史札记校证》卷 21，"欧史不专据薛史旧本"条，第 459—460 页。

⑦ 谢贵安：《中国已佚实录研究》，上海古籍出版社 2013 年版，第 332 页。

⑧ 欧阳修在《唐六臣传》中便称其"又读《梁实录》"，可见后梁实录是欧阳修重要的参考史源。参见《新五代史》卷 35《唐六臣传》，第 382 页。

⑨ 郭武雄：《五代史料探源》，台湾商务印书馆 1996 年版，第 29 页。

关于《旧唐书》的史源及其编撰原委，相关研究已有探讨①。唐末，文书典籍散佚严重，史称"今之书府，百无二三"②，武宗朝以来的官方档案几已散失殆尽。正是在此背景下，自后梁以降三代，都不遗余力搜罗有唐一代史料以撰述唐史。至后晋时期，唐史方得纂成，此即《旧唐书》③。后晋天福六年四月，赵莹奏称：

> 武宗、宣宗两朝实录……僖宗、懿宗两朝实录……虽闻撰述，未见流传……请下三京诸道及中外臣寮，凡有将此数朝实录诣阙进纳，请量其文武才能，不拘资地，除授一官。如卷帙不足，据数进纳，亦请不次奖酬，以劝来者。……

> 请下中外臣寮及名儒宿学，有于此六十年内撰述得传记，及中书、银台、史馆日历、制敕册书等，不限年月多少，并许诣阙进纳。如年月稍多，记录详备，请特行简拔，不限资序④。

与此同时，贾纬又"搜访遗文及耆旧传说"，另外编成《唐朝补遗录》六十五卷⑤。据此，关于《旧唐书》里中晚唐时期史料的史源类别大体包括"数朝实录""传记""书、银台、史馆日历、制敕册书等"以及基于遗文传说编写而成的《唐朝补遗录》。《旧唐书》"中和三年"制授朱温宣武节度的制书，也当在"制敕册书"之列，此和前述各史籍本自后梁国史有所不同⑥，乃源自唐末史料。

在《旧唐书·僖宗纪》中，与朱温任宣武一事同系于中和三年五月

---

① （清）赵翼撰，王树民校正：《廿二史札记校证》卷16，"《旧唐书》源委"条，第340—341页；黄永年：《唐史史料学》，上海书店出版社2002年版，第6—8页。
② （宋）王溥：《五代会要》卷18，"前代史"条，上海古籍出版社1978年版，第295页。
③ 黄永年：《唐史史料学》，第7—8页。
④ （宋）王溥：《五代会要》《五代会要》卷18，"前代史"条，第295页。
⑤ （宋）王溥：《五代会要》《五代会要》卷18，"前代史"条，第298页。
⑥ 朱温得任宣武，与黄巢之乱有关。胡耀飞曾对黄巢相关史事的史料产生过程进行了探讨，区分了三个层面的历史书写进程，促进了我们对于乱世中历史书写的认识。朱温建梁，亦是在唐末乱世之中，这对我们认识朱梁的历史书写颇有裨益。参见胡耀飞《战争·回忆·修史：论黄巢史事的史料产生过程》，《唐史论丛》2016年第1辑。

者，还有其他靖难功臣的授封：

> （中和三年）五月，制以河中节度使、检校尚书右仆射王重荣检校司空、同平章事，余如故。
>
> 雁门已北行营节度、忻代蔚朔等州观察处置等使、检校尚书左仆射、代州刺史、上柱国、食邑七百户李克用检校司空、同平章事，兼太原尹、北京留守，充河东节度管内观察处置等使。
>
> 义武军节度使、检校司空王处存检校司徒、同平章事，余如故。
>
> 以检校尚书右仆射、华州刺史、潼关防御等使朱温检校司空，兼汴州刺史、御史大夫，充宣武节度观察等使，仍赐名全忠。
>
> 京城西北面行营都统、金紫光禄大夫、检校司空、邠州刺史、邠宁节度使朱玫就加同平章事，进封吴兴县侯，食邑一千户。
>
> 鄜坊节度使、金紫光禄大夫、检校尚书右仆射东方逵就加同平章事①。

观察上述引文可以发现，制书中除官的书写格式均为"某甲官某人封某乙官"云云。赵翼在论及《旧唐书》中唐末时期的行文记载时即论道：

> 至会昌以后，无复底本，杂取朝报吏牍补缀成之，故本纪书吴湘狱案至千余字。咸通八年，并将延资库计帐贯匹之数琐屑开入，绝似民间记簿。其除官必先具旧衔，再入新衔，如以某官某人为某官，下至刺史亦书于本纪，是以动辄累幅，虽邸抄除目，无此繁芜也②。

赵氏所举吴湘狱案，延资库计帐二例，言其内容繁芜，正是这批史料"原始性"的体现。其所言除官书写"动辄累幅"，则与唐前中期的除官书写

---

① 《旧唐书》卷19下《僖宗纪》，第716页。
② （清）赵翼撰，王树民校正：《廿二史札记校证》卷16，"旧唐书前半全用实录国史旧本"条，第348页。

保持一致。而唐前中期的史料本源于国史，由此似可表明唐末史料中的除官内容亦具有相当的可信度。又"先具旧衔，再入新衔"的书法和制敕册书的具体书写存在一定的关系。《唐大诏令集》《全唐文》保留了不少唐末皇帝除授大臣官职的制书①，兹引一例和《旧唐书》中相对应的记载来对比：

> 开府仪同三司、门下侍郎、兼兵部尚书、同中书门下平章事、充太清宫使、弘文馆大学士、延资库使、上柱国、荥阳郡开国公、食邑二千户郑从谠……可检校司徒、同中书门下平章事、行太原尹、充北都留守、河东节度、管内观察处置兼行营招讨等使②。

《旧唐书·僖宗纪》对应部分的记载为：

> 制以开府仪同三司、门下侍郎、兼兵部尚书、同平章事、充太清宫使、弘文馆大学士、延资库使、上柱国、荥阳郡开国公、食邑三千户郑从谠检校司空、同平章事，兼太原尹、北都留守，充河东节度、管内观察处置兼行营招讨供军等使③。

两相对比可知，史书中"先具旧衔，再入新衔"的书写方式，正是对原制敕册书中除授信息提取后的结果。而"五月制"的除官书写也基本上是"先具旧衔，再入新衔"的形式，凡此种种，都可说明"五月制"正是出自后梁、后唐及后晋此三朝时期搜罗而来的唐末"制敕册书"。

总之，虽然众证在多数情况下可信度超过孤证，但至少在朱温任宣武节度使时间之异这个问题上，我们不能盲目地以孤证为由而断然否定《旧唐书》的记载，需结合当时形势具体分析才能做出合理判断。

---

① 关于唐代册命文书的相关研究，参见张攀礼《唐代官员册命制度研究》，硕士学位论文，陕西师范大学，2019年，第61—78页。

② 唐僖宗：《郑从谠河东节度使平章事制》，（宋）宋敏求编，洪丕谟等点校：《唐大诏令集》卷54，学林出版社1992年版，第260页。

③ 《旧唐书》卷19下《僖宗纪》，第706页。

二 五月还是三月？——以黄巢乱后政治局势为中心的考察

实际上，早已有学者质疑"三月说"，认为朱温实力在勤王之师中并非首屈一指，如此受重视并不合理，理应系于五月①，然其分析尚有可以深入讨论的空间。《五代史补》载："黄巢灭，淮、蔡间秦宗权复盛，朝廷以淮、蔡与汴州相接，太祖汴人，必究其能否，遂移授宣武军节度使，以讨宗权。"②《五代史补》虽然有些细节失真，但内容大体符合史实。《四库全书总目提要》便称"此书虽颇近小说，然叙事首尾详具，率得其实"，欧阳修《新五代史》亦颇有采用③。"黄巢灭"当理解为黄巢在长安核心势力的覆灭，而非后来中和四年的身死势亡，此或以大势概言之。秦宗权降于五月，既然朱温任宣武节度有防范遏制秦宗权的缘由，那么其时间就不可能在三月，只能在五月④。

宣武镇位处战略要地⑤，唐廷即便笼络降将，并不至于在朱温投降不久后即任其为宣武节度。再者，朱温于六月出发赴宣武镇，七月方至汴，若三月即得除授，四月京城便已收复，理应即行赴镇，似无理由迁延至六月方"帅所部百人赴镇"⑥。且据《通鉴》载，朱温任宣武节度这天乃

---

① 牛孟恩：《梁唐之际政权形态的构建——兼论"藩镇国家"的形成（875—936）》，第 32 页。
② （宋）陶岳：《五代史补》卷 1，"太祖应谶"条，转引自陈尚君辑纂《旧五代史新辑会证》卷 3《后梁太祖纪三》，第 112 页。
③ 张明华：《〈新五代史〉研究》，第 73—75 页。
④ 有观点认为此段材料与各史记载不符处颇多，不宜以史实看待，但仍认可唐廷任朱温为宣武节度使在于限制秦宗权的发展。不过，既然作者认可任命朱温为宣武节度使有制约秦宗权的必要，那么就不可能取"三月说"，因为秦宗权开始构成威胁是始于其向黄巢投降的五月，作者在这点上自相抵牾。见伍纯初《朱梁集团研究》，第 15—16 页。
⑤ 宣武战略地位重要，有"夷门重地"之称，参见《册府元龟》卷 166《帝王部·招怀第四》，第 1845 页。关于宣武镇战略地位之论述，可参见付先召《唐宣武镇辖区变动及其原因探析》，《商丘师范学院》2014 年第 8 期；伍纯初《朱梁集团研究》，第 23—24 页；张国刚《唐代藩镇研究》，中国人民大学出版社 2009 年版，第 50 页。
⑥ 《资治通鉴》卷 255，唐僖宗中和三年六月，第 8297 页。

"己丑"①，五月己丑，恰是五月廿四日，已是五月末，授封后稍作整顿，至六月出发赴镇，必比三月己丑更合情理。

据《通鉴》载："（中和三年）五月，加朱玫、李克用、东方逵同平章事。升陕州为节度使，以王重盈为节度使。又建延州为保塞军，以保大行军司马、延州刺史李孝恭为节度使。"胡三省注曰："赏破黄巢、复京城之功也。"② 这表明，在击败黄巢、收复京城后，唐廷进行了一次大型的论功行赏，朱温在列乃情理之事，有观点便据此认为朱温任宣武在五月③。由此来看，在当时的条件下，《旧唐书》的"五月说"是可以成立的，反观《旧五代史》的"三月说"，则显得颇为可疑。

朱温在降唐之后，王铎承制拜其为华州刺史④、潼关防御镇国军等使⑤。其时河中节度使乃王重荣，朱温以舅事之⑥。重荣"即日飞章上奏"⑦，或是为朱温谋得一官半职，从而扩张势力。随后唐帝下制册封朱温为河中行营副招讨使及金吾卫大将军。由于朱温舅事王重荣以献殷勤，才能在降唐后有如此不错的待遇，无怪乎黄巢麾下的李祥在听闻朱温投降后"重荣遇之甚厚"，亦欲归降却遭到诛杀⑧。所以无论是王铎承制所拜，还是唐帝所制授，都可视为唐廷对王、朱二人"义亲"关系在官职上的回应，其实质是唐廷对王重荣势力的笼络。

对于朱温任宣武节度一事，《旧五代史》载："（中和）三年三月，僖

---

① 《资治通鉴》卷255，唐僖宗中和三年三月，第8291页。
② 《资治通鉴》卷255，唐僖宗中和三年五月，第8295页。
③ 牛孟恩：《梁唐之际政权形态的构建——兼论"藩镇国家"的形成（875—936）》，第32页。
④ 他史或云"同州刺史"，见（宋）陶岳《五代史补》卷1，"太祖应谶"条，转引陈尚君编纂《旧五代史新辑会证》卷3《后梁太祖纪三》，第112页；或云"同华节度使"，见《新唐书》卷187《王重荣传》，中华书局1975年标点本，第5436页；《资治通鉴》卷255，唐僖宗中和二年九月，第8274页。有一种观点认为，王铎承制所拜朱温之官，应为"华州刺史"。产生各史歧异的原因，当是由于朱温降唐前在黄巢势力中的职务为"同州防御使"，参见伍纯初《朱梁集团研究》，第13—14页。
⑤ 《旧唐书》卷19下《僖宗纪》，第713页。
⑥ 《资治通鉴》卷255，唐僖宗中和二年九月，第8274页。
⑦ 《旧五代史》卷1《后梁太祖纪一》，第3页。
⑧ 《新唐书》卷225下《黄巢传》，第6461页；《资治通鉴》卷255，唐僖宗中和二年九月，第8274页。

宗制授帝宣武军节度使，依前充河中行营副招讨使，仍令候收复京阙，即得赴镇。"① 对于"仍令候收复京阙，即得赴镇"一句，学界存有不同理解。有观点认为此为激励朱温效力朝廷的手段②，另外也有观点对"激励说"表示质疑③。在制敕册书中类似的具有约定性的话语，可参见《授郑畋平章事依前都统制》一例："仍令所司候收复京城后备册命。"④ 时维中和元年，彼时京城尚属黄巢势力，而郑畋又是国之重臣，对平乱安国颇有贡献，自有必要待京城收复后另行择日备礼册命，以示尊崇⑤。然朱温只是一降将耳，如上所述，其所担任之职乃是王重荣"即日飞章上奏""遇之甚厚"的结果，是朝廷出于对王重荣势力的认可而非出于看重朱温而采取的措施。因此，"仍令候收复京阙，即得赴镇"这样约定性的话语，用于朱温身上，显然并不合理。

朱温能以一降将的身份担任宣武节度的重职，除了王重荣的影响之外，尚有李克用的作用。《册府元龟》载以李存勖名义发出的檄文：

> 逆温砀山庸隶，巢孽余凶，当僖宗奔播之初，我太祖扫平之际，束身泥首，请命牙门，包藏奸诈之心，惟示妇人之态。我太祖俯怜穷鸟，曲为开怀，特发表章，请帅梁汴，才出崔蒲之泽，便居茅社之尊，殊不感恩，遽行猜忍⑥。

"太祖"一语是后来所追改，原文应作"先大王"⑦。据这段史料，朱温得任宣武节度使，在于李克用的"特发表章"。中和三年三月唐廷与黄

---

① 《旧五代史》卷1《后梁太祖纪一》，第4页。
② 参见伍纯初《朱梁集团研究》，第14页。
③ 牛孟恩：《梁唐之际政权形态的构建——兼论"藩镇国家"的形成（875—936）》，第32页。
④ （宋）宋敏求编，洪丕谟等点校：《唐大诏令集》卷52，第252页。
⑤ 关于唐代官员册命程序的研究，参见张攀礼《唐代官员册命制度研究》，第27—41页。
⑥ 《册府元龟》卷8《帝王部·创业第四》，第78—79页；又见同书卷65《帝王部·发号令第四》，第691页，文字略同。
⑦ 程岩：《为晋王李存勖谕邢洺卫博诸州讨朱温檄》，（明）程敏政撰，何庆善、于石点校：《新安文献志》卷40《檄》，黄山书社2004年版，第864—866页。

· 331 ·

巢一方尚在鏖战，四月方收复京城，"扫平之际"对应的也只能是四月之后。对于这段史料，有学者以其有政权立场偏见，将其当作一面之词而不取①，此似有矫枉过正之嫌。关于檄文这种文体，南朝时人刘勰曾作过如下论述：

> 凡檄之大体……虽本国信，实参兵诈，诡谲以驰旨，炜晔以腾说，凡此众条，莫或违之者也……露板以宣众，不可使义隐，必事昭而理辨，气盛而辞断，此其要也②。

"本国信"指的是檄文要基于一定事实，事能实则国能信；"兵诈"所指并非捏造事实之"诈"，而是夸大其词之"诈"。檄文要"露板以宣众"，所以必须基于一定的事实，才有说服力，才能"事昭而理辨"。如陈琳所作《为袁绍檄豫州文》，刘勰评价陈氏此檄云："章实太甚，发丘摸金，诬过其虐。"③ 而《太平御览》引王沈《魏书》云："太祖平邺，谓陈琳曰：'君昔为本初作檄书，但罪孤而已，何乃上及父祖乎！'"④ 曹操本人并未对陈琳所揭露的内容直接否认，只是责问其何以牵及曹氏祖上。由此观之，陈琳的檄文言语虽然激切，然而所涉及的事情必大体得实。又有西晋时人易雄曾"驰檄远近，列敦罪恶"，被王敦擒后直言"此实有之"，王敦只能"惮其辞正"而"释之"⑤。易雄所檄王敦之罪恶，确有其事明矣，故能辞正。结合这些事例可知，檄文基本的事实是成立的，并没有造假的必要，所谓"兵诈"只是在能夸张的地方极尽夸张之能事而已。因此，李

---

① 伍纯初言及"（朱温）砀山庸隶，巢孽余凶"时亦认为，"可能也近事实而并非全是丑语"，因而李存勖檄文中关于李克用为朱温所请，同样值得重视。参见伍纯初《朱梁集团研究》，第 16 页。

② （南梁）刘勰撰，范文澜注：《文心雕龙注》卷 20《檄移第二十》，人民文学出版社 1958 年版，第 378—379 页。

③ （南梁）刘勰撰，范文澜注：《文心雕龙注》卷 20《檄移第二十》，第 379 页。

④ （宋）李昉编纂，任明、朱端平、李建国校点：《太平御览》卷 597《文部十三·檄》，河北教育出版社 1994 年版，第 700 页。

⑤ 《晋书》卷 89《易雄传》，中华书局 1974 年标点本，第 2314 页。

存勖的檄文有着相当坚实的事实基础。

王重荣和杨复光虽共同策反朱温，但两人对朱温的态度并非一致。王重荣对朱温"遇之甚厚"，而杨复光则在朱温投降唐廷之初即"欲斩之"，只是被王重荣阻拦①。在唐廷收复长安时，朱温的身份是河中行营副招讨使，史称其"率所部与河中兵士偕行，所向无不克捷"②。而杨复光在中和三年四月所作《收复京城奏捷露布》中表彰首等功臣李克用、王重荣的贡献之余，还具体表彰了各藩镇的部分将领，涉及河中时提到"河中骑将白志迁""河中将刘让、王瓘、冀君武、孙琪"③，却丝毫没有提及身为河中行营副招讨使的朱温。作为行营副招讨使，既然与河中兵士"所向无不克捷"，则必有不少功劳，史称朱温"与诸侯之师俱收长安"④。然而其功不纪，《露布》有河中五将而无朱温。杨复光在朱温投降之初便显露杀机，加之《露布》所见，杨复光不重朱温且有意贬抑可明矣。

王重荣和李克用同为收复京城的两大功臣，共同作战时联系必不可少。降唐后，朱温既以舅事王重荣，又任河中行营副招讨使，当有不少和李克用接触的机会。在收复京城后，李克用"军势甚雄，诸侯之师皆畏之"⑤。既然杨复光对朱温有意贬抑，有功不表，那么朱温求助于此时军威甚壮的李克用也是合乎常情之事。这或是上引李存勖檄文中"束身泥首，请命牙门"的史实原型，纵使无"束身泥首"之不堪，但亦有"请命牙门"之事由。盖李克用出于多树友藩的想法，便同意表荐朱温任宣武节度使，此即"特发表章，请帅梁汴"一语所指。

正是有这层关联，所以在"巢、蔡合从，凶锋尚炽"时，朱温才会遣使"请武皇共力讨贼"⑥。朱温既以舅事任河中节度使的王重荣，但朱温不遣使向河中求援，反而向远在河东的李克用求援。至李克用出援时，因河

---

① 《新唐书》卷187《王重荣传》，第5436页。
② 《旧五代史》卷1《后梁太祖纪一》，第4页。
③ 《旧唐书》卷19下《僖宗纪》，第714—716页；《旧唐书》卷200下《黄巢传》，第5395—5397页。
④ 《旧五代史》卷1《后梁太祖纪一》，第4页。
⑤ 《旧五代史》卷25《唐武皇纪上》，第337页。
⑥ 《旧五代史》卷25《唐武皇纪上》，第337—338页。

阳节度使诸葛爽阻拦，故"移军自河中南渡，趋汝、洛"来援①。李克用出援时尚要从河中借道南渡，朱温为何肯舍河中之近而求河东之远？李克用实力固然比王重荣更强，但彼时形势危急，朱温却以远水来救近火。此或可证朱温对李克用之信任甚于王重荣，也由此反映出李克用和朱温早期交情之深，这亦可从多年后李克用致朱温的一封信可见一斑：

> 一别清德，十五余年，失意杯盘，争锋剑戟。山长水阔，难追二国之欢；雁逝鱼沉，久绝八行之赐。

> 仆与公实联宗姓，原悉恩知，投分深情，将期栖托，论交马上，荐美朝端，倾向仁贤，未省疏阔。岂谓运由奇特，谤起奸邪。毒手尊拳，交相于幕夜；金戈铁马，蹂践于明时。狂药致其失欢，陈事止于堪笑②。

"投分深情，将期栖托"，可与上述李克用多树友藩的政治考量相印证。"论交马上"，自是指二人军旅之交；"荐美朝端"，印证了李克用表荐朱温为梁帅一事。至于"毒手尊拳"一句，便是谈及导致李、朱二人关系走向破裂的上源驿事变。史载朱温读至"毒手尊拳"一语，心情方是怡然，读至后文才怒不可遏③。这恰恰反映了朱温认可信中前文的内容，李克用、朱温早年之交情跃然纸上。

如此可见，早年朱温与李克用的关系非同一般。出于树立友好势力的考虑，李克用在中和三年四月"扫平之际"，举荐朱温为宣武节度使，唐廷五月在论功行赏时便任命朱温为宣武节度使。

三 正统困境：朱梁国史书写建构的必要性

"三月说"和"五月说"的歧异，本质上是立场的差异：前者是基于

---

① 《旧五代史》卷25《唐武皇纪上》，第338页。
② 《旧五代史》卷60《李袭吉传》，第802页。
③ 《旧五代史》卷60《李袭吉传》，第804页。

后梁官方对开国先君的书写，其中的朱温是以"君"的身份视角来呈现；后者是以唐朝为基点的叙述，此时的朱温是以"臣"的身份视角来反映。以"君"的身份视角进行书写的话语，势必有为尊者讳和为国者讳的政治需求。而在唐末五代之际，乱世的纷争使得这种政治需求更被放大，以至于关乎正统性论证的地步。以此观之，"三月说"的相关记载当为后梁国史书写建构的结果。

五代时期这种为了正统性而对史事发生情况进行篡改的做法，朱梁政权绝非个例。在一统时代的王朝，已经有各种讳饰，遑论天下纷争，群雄争立的五代。譬如沙陀李氏政权，便同样存在修改史事时间的做法。李克用标榜自身为唐室继承人，段文楚事件是其人生污点。这势必会对李克用所举起的唐室忠实继承人的旗帜造成冲击，从而不利于其复兴唐室旗号的发挥。后唐史臣张昭远注意到此点，为维护后唐政权的正统性，而对相关史事的时间加以篡改①。类似的为国朝讳饰的例子在五代实录中不胜枚举，如在后周时期所修的《后汉隐帝实录》隐讳了郭威军队弑杀汉帝的史实而将罪名归于郭允明，又如北宋时所修的《后周世宗实录》粉饰柴荣为郭威长子②。诸如此类，不一而足。

对比二者的做法，后梁国史关于朱温宣武节度使的史事建构和张昭远篡改段文楚事件发生时间的构建方式如出一辙：同样是将史事发生的时间提前，从而将与史事相关联却又影响政权正统形象的细节遮掩起来。后梁政权在编修《梁太祖实录》的过程中，掺杂维护政权正统性的意识形态，从而将朱温任宣武一事由五月提前至三月。这样一来，既掩盖了建国史中有害正统性的细节，又制造了朱温受唐廷重视的形象。实录既如此书写，后世以此为源的史书如《旧五代史》等便因误致误，其关于朱温任职宣武时间的错误，乃史源之误致史流之讹的典型③。如前所述，中和三年五月封授朱温为宣武节度使，是在封赏靖难功臣的背景下

---

① 高贤栋：《正统之争：张昭远篡改段文楚事件发生时间的意图》，《史学理论与史学史学刊》2019年第1期。
② 谢贵安：《中国已佚实录研究》，第343—346页。
③ 类似的实录史源致误使史流致讹例子，参见谢贵安《中国已佚实录研究》，第346—358页。

进行的①。后梁国史将朱温的宣武节度任命移前至三月，可彰显出朱温和这些靖难功臣之不同，制造朱温在投降后即得唐廷重视的印象。

后梁所面临的政权危机和正统性困境，使这种历史建构显得尤为必要。在早期朱温扩张势力的时候，主要以军事输出为主，极少注重文治事务。随着以宣武镇为核心的势力范围逐渐扩大，对周边政权的影响力逐渐增强，朱温也逐渐意识到政治宣传和正统论证的重要性。随后朱温开始为自己建构一个"知礼守信的领导者"形象，至准备篡夺唐室皇位之际，也运用礼仪等文治工程来为政权正统性张本②。这些努力从整体而言，并没有为朱温的势力扩张带来更大的政治效益，反而为反对者们提供了更加鲜明的反对旗帜：以忠于唐室的名义，对朱温势力的扩张展开反抗。亡唐为朱梁政权正统性带来的负面影响是极具延续性的，正如欧阳修所说的："梁之恶极矣！自其起盗贼，至于亡唐，其遗毒流于天下"③，且"天下之恶梁久矣！自后唐以来，皆以为伪也"④，尤可见朱温代唐对其政权产生的负面影响之巨。

到了末帝朱友贞即位后，地方藩镇断断续续叛乱，极大削弱了梁末帝朱友贞对这些地区的控制力⑤，危害着后梁政权的统治。不仅如此，宗室也成为威胁末帝政权的力量，反叛此起彼伏，朱友孜、朱友能、朱友诲等宗室均曾起兵为乱便是明证⑥。在这样内外交困的情况下，尚文的朱友贞只想诉诸"文治"来进行粉饰，在维护后梁政权的正统性的同时，以此来维系自己即位的合法性。

与马上平天下的乃父朱温不同，朱友贞之"尚文"已到了无以复加的地步。对天意的极度痴迷，便是其中一点：

---

① 值得一提的是，《旧唐书·僖宗纪》中部分功臣的职衔授封误植了该功臣其他时期的授封诏书，然此无关宏旨，须另外讨论。
② 参见方震华《正统王朝的代价——后梁与后唐的政权合理化问题》，第321—324页。
③ 《新五代史》卷13《梁家人传》，第127页。
④ 《新五代史》卷2《梁太祖本纪下》，第21页。
⑤ 方震华：《正统王朝的代价——后梁与后唐的政权合理化问题》，第327页。
⑥ 《新五代史》卷13《梁家人传》，第133页。

户部李侍郎如实者，本梁朝清直之士也……及见帝黜剥贤良，见用奸诈，每俟闲方欲折槛谏之。或一日，李侍帝祭，帝问李曰："卿知天子见谁补服？"李奏曰："人臣所补。"帝曰："朕地据三川，位尊九有，若非天意所补，人臣又何补焉？"李曰："太祖出身行伍，历职卑微，万战千征，九生十死，方得节居四镇，位处一人。陛下生在深宫，长居富贵，披承余荫，嗣守万方，岂知王业艰难，人臣共致。固须理不忘乱，居安思危，临泉履冰，责躬省过。况吴门强盛，蜀国繁华，太原有杀兄之仇，秦庭怀负国之怨，得失顷刻，岂是天补者哉！若是天补，为君只合自天降下，喫天人之食，受天人之衣，方今血使三军，脓食万姓，自喜天补，岂不非耶？陛下若如此发言，为覆餗之祸耳。"上曰："憨老汉不足与语耳。"①

无论是往日太祖的创业艰辛，还是现时的强敌环伺、战士浴血，都无法让朱友贞动容，李如实等到的只是皇帝的一句"憨老汉不足与语耳"的回答。梁末帝对天的痴迷，甚至影响到了政局。贞明三年十二月，朱友贞欲南郊祭天，宰臣敬翔谏曰："国家自刘鄩失律已来，府藏殚竭，箕敛百姓，供军不暇，郊祀之礼，颁行赏赉，所谓取虚名而受实弊也。况晋人压境，车驾未可轻动。"结果是"帝不听，遂行"②。而在郊祀那天，传言杨柳城失守，朱友贞才"惶骇失图，遂罢郊祀"③。敬翔作为跟随朱温创业的老臣，他指出其时南郊"取虚名而受实弊"无疑是一针见血的，而沉迷其中的朱友贞对此话自然是难以入耳。不过需要指出的是，劝朱友贞进行南郊活动的赵岩给出的理由是"陛下践阼以来，尚未南郊，议者以为无异藩侯，为四方所轻"④。朱友贞作为后梁一国之君，却"无异藩侯"，正说明了当时后梁政权的正统性危机，同时也说明了朱友贞的继统不稳。

---

① 《鉴诫录》卷3《落贬损》，转引自陈尚君编纂《旧五代史新辑会证》卷8《后梁末帝纪上》，第252页。
② 《旧五代史》卷9《梁末帝纪中》，第132页。
③ 《资治通鉴》卷270，后梁均王贞明三年十二月，第8823页。
④ 《资治通鉴》卷270，后梁均王贞明三年十二月，第8822页。

也正是出于对正统性危机的忧虑，尚文的朱友贞不得不寄希望于在正统性论证这方面有所作为。上举的南郊之祭即是应对措施之一，虽然不合时宜，但却是实在地反映了朱友贞在正统性方面的焦虑。在五代时期的分裂年代，"正统"的政治口号具有相当的现实效应①。历史中各朝各代的政治实践显示，政治的现实效力不应仅仅视为乃军事成就带来的结果，还应归功于政治宣传、历史塑造的成功。这种历史塑造既包括了具有现实意义的祥瑞塑造，又包含了具有历史意义的国史塑造，而祥瑞塑造最终又被纳入国史塑造之中②。不难看到，五代各政权的统治者大多都认识到这种政治口号的重要性，并都在正统性论证上付出了一定程度的努力，甚至还衍生出跨朝代的正统性之争。政权通过重塑历史记忆③，以达成正统性的诉求，司空图在五代各朝国史中的形象塑造之争便是典型的例证④。

残酷的政治现实和对于正统性与历史记忆关系的认识，使得朱友贞将目光投放到国史实录的编修之上。关于末帝时期《梁太祖实录》的编纂，史载：

> 初，贞明中，史臣李琪、张衮、郄殷象、冯锡嘉奉诏修撰《太祖实录》三十卷，叙述非工，事多漏略。复诏翔补辑其阙，翔乃别纂成三十卷，目之曰《大梁编遗录》，与实录偕行。⑤

敬翔监修国史的时间为贞明二年十月至贞明六年四月⑥，实录当在其

---

① 刘浦江：《正统论下的五代史观》，《唐研究》第11卷，2005年。
② 这种祥瑞的塑造，实际上是五行终始说在正统性论证上的残留，既被运用于王朝建立之处的舆论宣传，又被纳入到国史的书写之中。后梁政权的相关祥瑞，见《旧五代史》卷3《后梁太祖纪三》，第45—46页；（宋）陶岳：《五代史补》卷1"太祖应谶"条，转引自陈尚君编纂《旧五代史新辑会证》卷3《后梁太祖纪三》，第112页。
③ 这从五代时期大量有关各政权历史编纂问世的历史现象中可见一斑，郭武雄为其时要籍制作了系年表，参见郭武雄《五代史料探源》，台湾商务印书馆1987年版，第130—157页。
④ 罗亮：《五代正统性与司空图形象的重塑——〈旧五代史〉原文有无〈司空图传〉问题再探讨》，《魏晋南北朝隋唐史资料》2015年第2辑，第165—186页。
⑤ 《旧五代史》卷18《敬翔传》，第250页。
⑥ 《旧五代史》卷8《梁末帝纪》，第127页；《旧五代史》卷9《梁末帝纪》，第143页。

间修成，而《大梁编遗录》在敬翔解任前便开始纂修①。在这几年期间，朱友贞政权正面临着北方李存勖政权的猛烈进攻，形势严峻者如"河北诸州悉入于晋"②，乃至到了"国家连年丧师，疆土日蹙"的地步③。如前所述，朱温之任宣武，很大程度是得助于李克用"特发表章"的举荐。朱友贞之修国史，必在形塑后梁正统性中颇为留心，当此形势危难之际，断不可能再如实地记载李克用表荐朱温一事。如"毒手尊拳"的上源驿一事，更是尽情修饰，往有利于朱温方面来记载④。诸如此类有损朱温君威、后梁形象的事迹，国史都是要有所讳饰的。据《五代史阙文》载："梁祖在位止及六年，均帝朝诏史臣修《梁祖实录》，岐下系鞋之事，耻而不书。"⑤

所谓"岐下系鞋"，指的是唐昭宗在被朱温迎驾至凤翔后，佯唤朱氏系鞋欲趁机将其擒杀，朱温因惊慌而汗流浃背一事。司马光在《考异》中认为其时昭宗刚脱离李茂贞虎口，昭宗不敢"遽为此谋"，所以在《通鉴》里不采信《阙文》的记载⑥。但《五代史阙文》提供的细节很丰富，又言"乾德七十岁人，皆目觌其事"⑦，不当纯是小说家言。唐昭宗敢于在绝境中做出这样非常的谋划，更说明他是一个有"英睿之气"的君主，且正因为朱温有十万之众，是当时瞩目的权臣，所以昭宗的卫兵才"无敢动者"，政变也遂告失败。正因朱温在此事中的表现不佳，末帝在修纂《梁太祖实录》便"耻而不书"，此事尤可见末帝对乃父相关的史实有一番用心良苦的去取。⑧

像这种岐下系鞋，关涉君主个人形象之事，固然可以"耻而不书"。

---

① 杨烨琨：《五代时期实录纂修问题研究》，硕士学位论文，南开大学，2008年，第9页。
② 《旧五代史》卷8《梁末帝纪》，第127页。
③ 《资治通鉴》卷270，后梁均王贞明四年正月，第8823页。
④ 关于上源驿事件，参见李伟刚《五代上源驿事件发微》，《河北北方学院学报（社会科学版）》2018年第1期。
⑤ （宋）王禹偁：《五代史阙文·梁太祖》，转引自陈尚君编纂《旧五代史新辑会证》卷2《后梁太祖纪二》，第73页。
⑥ 《资治通鉴》卷263，唐昭宗天复三年正月条，第8594页。
⑦ （宋）王禹偁：《五代史阙文·梁太祖》，转引自陈尚君编纂《旧五代史新辑会证》卷2《后梁太祖纪二》，第73页。
⑧ 谢贵安：《中国已佚实录研究》，第282页。

但如朱温任宣武节度这种关乎政权建立之事，既不能简单地如实陈述，又不能"耻而不书"，便只好建构一种历史叙述，以期既能记下朱温任宣武节度一事，又能不损国威、不危害政权的正统性。朱友贞的方法是将朱温任宣武节度使的时间提前，从而塑造出朱温受到唐廷重视的形象，并同时起到将李克用举荐朱温痕迹抹去的作用。最后再加上"俟收复京阙后，即得赴镇"具有约定性质的话语，既能再次加深朱温受到尊崇的印象，又为朱温任宣武节度时间提前至三月而自圆其说。

结　　语

综合上述，就朱温任宣武节度使一事而言，《旧唐书》比《旧五代史》的记载更为可信，当取"五月说"。由《旧唐书》的修撰过程我们可以看到，是书晚唐部分的史料来源于征集到的残存日历、制敕册书、诸司吏牍以及时人撰述等材料，其可信度有一定的保证，不可轻易否认。

传世文献中不仅存在着李克用在"扫平之际"表荐朱温为宣武节度使的说法，还存在着朱温任宣武节度是为了节制秦宗权的记载。李克用"扫平之际"，收复京师，事在四月，而秦宗权也恰在退出长安后黄巢的进攻下投降，其时乃五月，种种证据都指向了五月朱温任宣武节度使的事实。从黄巢乱后的形势来看，朱温降后即得任河中行营副招讨使，其背后的力量支撑是王重荣势力。这个任命是源自朝廷对王重荣的肯定与笼络，而非源于看重朱温，因而也不可能作出诸如"俟收复京阙后，即得赴镇"这样具有约定性质话语的制敕册书。

杨复光作为天下兵马监军对朱温并不待见，在收复京师的露布中，对河中节度使王重荣和河中诸将肯定之余，丝毫没有提及作为河中行营副招讨使的朱温。与此此时，李克用在收复京城后军威达到了一个高峰，朱温当是看到了此点才与李克用结交。李克用出于"将期栖托"的目的，表章朱温为宣武节度使，二人由此达成了十分亲密的联盟关系。如是，则源自后梁国史的"三月说"当是一种建构。为了维护正统性与合法性，历史书写的构建在五代时期是一种十分常见的行为。考诸后梁修实录时的形势，朱梁政权国土日蹙，内部人心不稳，而朱友贞又是一个"守文"之君，这些因素都促使他通过国史修撰来塑造正统性。故在国史的修撰中，对于朱温任宣武一事，作出了有利于正统性的时间调整，这也是产生"三月说"和"五月说"两种歧异记载的缘由。

新出五代《张进墓志铭》疏证

陈桂苹 刘广丰

（湖北大学 历史文化学院）

武人群体因其与政治、军事之深刻关联，历来为人所关注。五代时期的武人，在历史进程中扮演重要角色，形成所谓"武人政治"，不但左右政局走向，甚至影响由唐至宋的社会转型，故而学界着笔较多。① 在传统史学叙事中，受限于既有材料，五代武人常被贴上"没有文识""欠缺道德""制定国策与行政的能力低下""为百姓所不齿"等标签。② 近年来，新的出土材料大量涌现，一些学者对五代武人墓志及碑铭予以考析，使得这一群体呈现于我们眼前的面貌更加多元化。③ 许多武人抓住唐末动荡分裂的环境机遇，实现了个人与家族地位的跃升，从布衣或寒微之家成为新

---

① 有关五代历史研究的著作都或多或少涉及武人问题，如郑学檬《五代十国史研究》，上海人民出版社2001年版；陶懋炳、张其凡、曾育荣《中国历史·五代史》，人民出版社2009年版；方震华《权力结构与文化认同：唐宋之际的文武关系（875—1063）》，社会科学文献出版社2019年版。其中方震华的著作集中讨论了唐宋之际武人与文士的关系问题。

② 参见山口智哉、李宗翰等《五代在碑志：五代武人之文》，广西师范大学出版社2021年版，第431页；穆静《五代军人的地位与处境及其影响》，《杭州师范大学学报》（社会科学版）2010年第2期。

③ 对五代墓志碑铭材料的汇集，目前主要见于周阿根《五代墓志汇考》，黄山书社2012年版；章红梅校注，毛远明审定《五代石刻校注》，凤凰出版社2017年版。对新出五代武人墓志的个案研究有：闫建飞《新见五代符彦能墓志考释》，载杜文玉主编《唐史论丛》第25辑，三秦出版社2017年版，第306—320页；武文君、辛时代《五代〈赵凤墓志〉考释——兼议契丹南下与"南北朝"问题》，载姜锡东主编《宋史研究论丛》第23辑，科学出版社2018年版，第193—205页；陈期云、梁彩蕊《五代武将牛知业墓志及其相关问题研究》，《郑州大学学报（哲学社会科学版）》2020年第1期，等等。

晋的大族，一些家族还历事多朝，从唐末至宋代，缨冕不绝。① 然而，并非所有武将都能影响政治走势，并扬名于后世。五代武人能够在两《五代史》中立传的毕竟属于少数，大多数人恐怕只能在时代大局中默默耕耘自己的人生——他们或许能凭借自己的武功谋取一官半职，却很难攀上官僚体制的顶峰。如张奉林也是布衣出身，通过军功得以入仕，后来明宗兵变而仕途曲折、政治失意，最终只做到中层官吏。② 而本文的主人公张进也属于此类，终其一生也只是位中层武将，甚至在传世文献中都没有留下过多的记载。但藉由最近发现的《张进墓志铭》，可以窥见他跌宕的人生，而他的经历，或许更能代表大多数五代时期的中下层军官。

一 《张进墓志铭》录文

《张进墓志铭》，全称《故金紫光禄大夫检校司徒行耀州团练使兼御史大夫上柱国清河郡张公墓志铭并序》。该墓志出土于河南洛阳，出土时间不详，其拓片近期出现于市面。笔者在浏览过程中发现其内容尚未被刊布研究，故尝试做了初步整理工作。笔者所见的墓志拓片包括"志盖"与"志文"两部分，志盖正中楷书，自右至左三行九字"故清河郡府君墓志铭"（见图一）。志文楷书，自右至左共34行，满行35字，计1129字（见图二）。首行题"故金紫光禄大夫检校司徒行耀州团练使兼御史大夫上柱国清河郡张公墓志铭并序"，次行题"乡贡进士王虚中撰　前复州司马马令图奉命书"。墓主张进史书无传，仅零星提及。据志文，墓主在唐末投靠朱温后，一路升迁，后梁、后唐两朝曾任广胜军使、左右雄威都指挥使、洺州团练使、郑州防御使、陇州防御使、耀州团练使等多个职位。本

---

① 可参考罗亮《五代张全义家族与政权更替——以张氏家族墓志为中心的考察》，载《魏晋南北朝隋唐史资料》第37辑，上海古籍出版社2018年版，第166—187页；何冠环《北宋外戚将门陈州宛丘符氏考论》，《中国文化研究所学报》第47期（2007年），第13—50页；山口智哉、李宗翰等《五代在碑志：五代武人之文》，广西师范大学出版社2021年版，第278—309、343—352页。

② 崔世平：《新出后晋张奉林墓志与后唐政治》，载苏州博物馆编《苏州文博论丛》第5辑，文物出版社2014年版，第37—40页。

文拟对墓主生平及其与后唐明宗朝政治的关系略作考释，先录志文并标点如下（"□"表示缺字或字迹漫漶难辨）：

  故金紫光禄大夫检校司徒行耀州团练使兼御史大夫上柱国清河郡张公墓志铭并序
  乡贡进士王虚中撰
  前复州司马马令图奉命书
  若夫运兵钤克扶于上者，功归佐命；提郡印不殊其下者，名冠颂条。是知卫霍之才，天钟于□纬；龚黄之政，化洽于謌谣。彼之则乐有嘉声，此之则咸标懿绩，殊勋盛烈，孰得兼欤！即太守清河公之谓矣。公讳进，其先清河人，以汉相留侯为祖，遂迁陈州南顿县人也。曾祖讳璡，祖讳麟，烈考讳崇远，皆不仕。公自居稚齿，志在四方，及长弱龄，神资七纵，举巨翼于丹霄之上，构宏林于天厦之间。仍值岁换广明，蘽生酆镐，狖㺜摩牙于龙阙，翠华避狄于龟城，而惑兆庶倒悬，九图纷扰，两曜之氛埋璧彩，四郊之雾集兵车。时梁祖讲武藩维，专征阃外。公方怀枭勇，果遂壮图，寻属橐鞬，得参军旅。而又亟经战伐，益著功庸。东歼徐郓之魁渠，南殄荆襄之群恶。及收河朔，大下燕山，咸推斩馘之能，屡陟军阶之级，此略而不尽书也。洎天厌有德，政归大梁，爰命中涓，特縻好爵，宠锡银章之绶，荣霑骑省之资。叠历周星，又颁殿诰。开平四年，转左崇武弟二都头。至乾化二年，加右平敌指挥使，又加左怀顺转十内衙，专以夹马之雄，冠以控鹤之位，不离数任，皆董锐师。至龙德二年，授右广胜军使，未几，改左右雄威都指挥使，赏用命也。暨市朝将变，天道多艰，素灵夜泣于轵塗，碧落光瑶于伏鼈。时河图潜出，土德肇兴，庄皇乃握乾符，开汤纲，镜清华夏，泽霑旧臣。且百里奚间虞事秦，徒称多智；陈曲逆亡楚投汉，别有归心。依前旧职。仍值官车晏驾，先帝受终，明宗纂尧禹以承基，应天人而改卜，将临寓宇，溥降蓼萧，言念忠良，出宣符竹。天成初，授洺州团练使。蒸黎凋敝，仰惠化以来苏；庶草蕃芜，非德风而不偃。后升搽路，兼佩金章，寻隆伯禹之班，不易六条之郡。秩满，转郑州防御使。优游列岳，备著声华，履历数朝，尚淹飞鬻，特假封功之号，别崇五教之尊。罢守隼旗，入司环卫，迁左卫大将军。上以汧陇居边，羌戎密迩，欲委控临之用，须求经略之才。暂辍拱宸，代劳御寇，领陇州防御使，又移授耀州团练使。长兴四年，夏台作梗，命公为西面行营都虞侯。□径月瑜，病遘膏上；未遑解印，遽迫藏舟。于长兴四年五月十七日薨于寨所，享年六十五。是窆于圃田。公凡三娶，前婚李氏，次婚杨氏，先公即世，后婚尚氏。石窔开封，瑶琴合韵。高梧擢翠，昔悲半落之名；逝水奔流，今注同归□路。于大晋天福七年八月九日改葬于洛京洛阳县三川乡上官村，合祔归新茔，礼也。左带伊流，东瞻缑岭，斯为吉地，果叶佳城。有女四人，长适李氏，次适华氏，一则幼辞人代，一则早悟佛乘。嗣子惟岳，殿直银青光禄大夫检校右散骑常侍兼御史大夫。情钟过隙，尝怀负米之心；至琢他山，以显扬名之孝。新妇马氏，著宜家之誉，德备周诗，修敬夫之仪。名标良史。虚中才非纪述，学谢讨论，谬书无愧之词，勉副由衷之请，庶使陵移高岸，长存不朽之踪。代谢四□，永颂大丘之美。谨为铭曰：

昔在轩皇，下启于张。允文允武，辅夏戴商。根深蒂固，派远源长。惟公挺生，继族传芳。爰从筮仕，便属苍黄。弓开繁弱，剑佩干将。亟经战阵，累佐明王。入卫环列，出守四方。马期逐日，林忽坏梁。系曰：

代逢晋兮运之新，月临西兮岁直寅。金风动兮雁来宾，时既利兮会良辰。牛岗与马鬣兮，叶吉以□琛。

东自至　南自至　西至石　北至雍　地主倩存①

---

① 抚州年会结束后，笔者读到了新出的仇鹿鸣、夏婧辑校《五代十国墓志汇编》（上海古籍出版社2022年版），其中也收录有《张进墓志》，并注明墓志拓片源于私人收藏。笔者是在2021年得见《张进墓志》拓片，在前期已释读全部志文的基础上，此次修订论文对照了该书的录文，与其所释略有不同。

图一 张进墓志盖   图二 张进墓志

二 张进生平及家世

两《五代史》各只一处提及张进事迹。① 张进墓志一千余字，记述了其先世族人、亲缘关系、任职经历等，可补两《五代史》之阙。从墓志中"于长兴四年五月十七日薨于寨所，享年六十五"可以得知，张进卒于933年，享年六十五岁，则其出生应在唐懿宗咸通十年（869）。

墓志言"公讳进"，但没有提到他的字号，或许是没有字号或字号已佚。② 墓志称张进"其先清河人"，清河张氏是张姓中最重要且影响最大的一支。墓志铭文中的"昔在轩皇，下启于张，允文允武，辅夏戴商。根深

---

① 参见《旧五代史》卷41《明宗纪七》，中华书局1976年标点本，第565页；《新五代史》卷8《晋高祖本纪》，中华书局1974年标点本，第78页。《新五代史》载："明宗下诏书褒廉吏普州安崇阮、洺州张万进、耀州孙岳等以讽天下。"仇鹿鸣认为，此处"洺州张万进"应是"张进"之误称，可参见仇鹿鸣《校勘家与段子手：〈旧唐书〉与两〈五代史〉修订花絮》，《上海书评》2018年6月15日。

② 仇鹿鸣在前引文中指出："《册府》卷一二八记天成四年二月'以前洺州团练使张进为郑州防御使'，《旧五代史·唐明宗纪》云同年六月'以沂州刺史张万进为安北都护，充振武军节度使'，可知非同一人，而'洺州张万进'名'张进'"，此说比较正确。但又推测："当然根据当时人的习惯，张进也可能是'张某进'的双名省称，另由于《册府》卷一五八宋本叙其事亦作'张万进'，亦不能排除五代史上有第三个张万进的可能。"据《张进墓志》，此说非是，洺州团练使张进并无"张万进"的别名。

· 346 ·

蒂固，沠远源长"，正是描绘张姓的源流。张氏郡望中的清河郡大约起于魏晋时期，至唐代达致极盛。《新唐书·宰相世系表》云："张氏出自姬姓。黄帝子少昊青阳氏第五子挥为弓正，始制弓矢，子孙赐为张氏。……韩相张开地，生平，凡相五君。平生良，字子房，汉留文成侯。良生不疑，不疑生典，典生默……"① 因为张良的功德和影响，后世张姓之人视其为祖先者众多，故难以作准，换言之，张进的祖先不一定是张良。墓志言张进的先人由清河迁徙至陈州南顿县（今河南项城），然其祖上三代皆不仕。张进曾祖父叫张琏、祖父名张麟、父亲名张崇远，笔者检索文献，并未发现与这三人相关的记述，可能因其家身份地位较低，又累世无做官经历，故史书无载。综合考量，张进应属平民出身，与唐末五代众多武将相似，在参军从政之前并无煊赫家世。

张进于后唐长兴四年（933）去世于"寨所"，其地应是在后唐与党项交战的前沿区域。张进逝后，"是窆于圃田"，即最初安葬于圃田（今河南中牟县）。后来，"于大晋天福七年八月九日改葬于洛京洛阳县三川乡上官村，合祔归新茔"，即于后晋天福七年（942）与其妻尚氏合葬于洛阳，此时距他离世已近十年。唐五代时之洛阳县三川乡，在今洛阳市东郊李楼乡太平庄、磨庄一带，地处伊（南）、洛（北）两河之间的狭长平川。② 时人以葬于洛阳为尚，迁葬洛阳需花费大量财力和精力，张进后人将其迁葬于此，既是身份和地位的彰显，也标示其家族完成阶层流动。墓志铭并非在张进去世后即刻成文，而是在其迁葬后才撰成，这也可以解释为何墓志中不避"梁"国号及其年号、官职，甚至大书梁太祖事迹，因至后晋时相关规范已经松弛，不再严格遵行。③

张进先后娶了三房妻子，第一房为李氏，第二房为杨氏，在其父张崇远

---

① 《新唐书》卷72下《宰相世系表二下》，中华书局1975年标点本，第2675页。
② 参见赵振华《唐代石工墓志和石工生涯——以石工周胡儿、孙继和墓志为中心》，载杜文玉主编《唐史论丛》第14辑，陕西师范大学出版社2012年版，第113—121页。
③ 仇鹿鸣认为："入晋之后书写'伪梁'的规范亦趋松弛。……皆将唐、梁、后唐视为相继的三朝，并无正闰之别。这种变化无疑与当时政治气候有关，后晋虽因循后唐，仍视梁为'伪'，但已无梁、晋对立的政治基础，后唐致力建构的'中兴'叙事，对其并无实际价值。"参见仇鹿鸣《"伪梁"与"后唐"：五代时期的正统之争》，《历史研究》2021年第5期。

去世后又娶了尚氏，"石帘开封，瑶琴合韵"，表明张进与尚氏之间琴瑟和鸣。墓志中未提及其三房妻子的家世等其他信息，或表明她们出身均不高。墓志称墓主有一男四女，但未提及四女之名，只知长女嫁给李氏、次女嫁给华氏，一位幼时夭折，一位出家，此外更无其他信息。一子名为张惟岳，据志文所言迁葬情况推测，其可能是张进与尚氏所生。墓志提及张惟岳的官职为"殿直、银青光禄大夫、检校右散骑常侍、兼御史大夫"，"殿直"为皇帝身边的侍从官，后晋天福五年（940）高祖石敬瑭下诏"殿前承旨宜改为殿直"①。六年（941）七月，高祖又下诏曰："今后诸道行军副使，不得奏荐骨肉为殿直供奉官。"② 由此反推，在此之前，即便行军副使也可以奏荐骨肉为殿直，而张进身为团练使，其子被奏荐为殿直供奉官是合理的。笔者检索发现，五代之际有两方墓志言及的人物与张惟岳官职相类，一是《大晋洛京故陈留县君何氏（安万金妻）墓志铭文并序》中言其次子为"右蕃内殿直、银青光禄大夫、检校国子祭酒、兼御史中丞、骁骑尉"③，另一是《唐故特进太子少保致仕赠少傅戴公墓志铭并序》，墓主孙子戴光弼为"殿直、银青光禄大夫、检校户部尚书"④。此二志实均系后晋时期墓志，而张进墓志子张惟岳亦在后晋时期活动，可知墓志所言其职官大体依照时人习惯之称。墓志对张惟岳孝顺之德大加称赞，并称其妻马氏"德备周诗，修敬夫之仪"，据此，张进的迁葬工作可能主要由张惟岳夫妻主持完成。

志文撰写者为乡贡进士王虚中。唐宋史籍多有叫王虚中之人，唐代有宜春诗人王毂字虚中⑤，宋代有龙舒人王日休字虚中⑥，细观他们的生平事迹，都与这里的王虚中不合，并非一人。书丹者为前复州司马马令图，马

---

① 《旧五代史》卷79《高祖纪五》，中华书局1976年标点本，第1040页。
② 《旧五代史》卷80《高祖纪六》，中华书局1976年标点本，第1052页。
③ 吴钢主编，王京阳等点校：《全唐文补遗》第5辑，三秦出版社1998年版，第445页。
④ 余扶危等主编：《刺史行事录》，北京图书馆出版社2006年版，第347页。原文为"次曰怀衍，孙光弼殿直银青光禄大夫，检校户部尚书"，其断句有误，应为"次曰怀衍。孙光弼，殿直、银青光禄大夫，检校户部尚书"。
⑤ （清）徐松撰，赵守俨点校：《登科记考》，中华书局1984年标点本，第917页。
⑥ （宋）费衮撰，金圆整理：《梁谿漫志》卷10《王虚中》，上海师范大学古籍整理研究所编《全宋笔记》第5编第2册，大象出版社2012年版，第244页。

令图事迹史书无载，考虑到其与张惟岳妻子马氏同姓，据古人求取墓志之惯例，推测其或为马氏的姻亲。"复州司马"多为贬官之任，唐宣宗时于延陵因在建州政绩不善而被贬为复州司马①；后唐庄宗灭梁，将梁翰林学士、中书舍人姚顗贬为复州司马②，可见是职地位不高，故史书中无马令图之记载亦不足为奇。张进墓志铭之发现，可补唐五代之际出任复州司马相关人物的信息。

三　张进在唐末后梁时期从军及任职经历

墓志序言称："若夫运兵钤克扶于上者，功归佐命；提郡印不矜其下者，名冠颂条。是知卫霍之才，天钟于□纬，龚黄之政，化洽于謌谣。彼之则乐有嘉声，此之则咸标懿绩，殊勋盛烈，孰得兼欤！即太守清河公之谓矣。"将张进的从军及仕宦经历揄扬一番，并将之誉为军事上有卫青、霍去病之才，治政像龚遂、黄霸一样出色。从张进实际经历来看，其生平大部分经历仍与军事相关，其发迹也得益于唐末随同朱温之征战。

张进祖上三代皆为平民，据墓志称，他本人"自居稚齿，志在四方，及长弱龄，神资七纵，举巨翼于丹霄之上，构宏林于天厦之间"，即少有壮志，这应当是溢美之词。墓志提及，"岁换广明，蠻生鄠镐，猰㺄摩牙于龙阙，翠华避狄于龟城"。广明元年（880）十二月，黄巢军队攻破长安后，唐僖宗避地成都，所以"两曜之氛埋璧彩，四郊之雾集兵车"，时局进一步处于混乱状况，当时民众的生存环境亦十分艰难，"兆庶倒悬，九图纷扰"，张进这般平民并没有太多谋生之道，于是便选择了投入朱温集团手下当兵，这对他们来说，既是乱世中的无奈之举，也是他们实现阶层跳跃的重要机会。

墓志说"时梁祖讲武藩维，专征阃外，公方怀枭勇，果遂壮图，寻属橐鞬，得参军旅"，这说明当时朱温正在四处征伐，广招兵士，而张进应是不

---

① 《资治通鉴》卷249，大中十二年十月条注，中华书局1976年标点本，第8073页。
② 《新五代史》卷55《姚顗传》，中华书局1974年标点本，第630页。

到二十岁就加入了朱温阵营。其后，张进一直追随朱温，"亟经战伐，益著功庸"。据墓志，在朱温歼灭时溥、朱瑄夺取徐州、郓州，攻打赵氏兄弟平定荆襄，收取河朔、幽燕地区等战役中，张进都有参与，并且表现突出，"咸推斩馘之能，屡陟军阶之级"。开平元年（907），朱温掌握政权后，"爰命中涓，特縻好爵，宠锡银章之绶，荣霈骑省之资"，"中涓"在此处意指亲近之臣，"骑省"即散骑常侍，"近侍之列，骑省为贵"，骑省为正五品。"中涓""骑省"均意在表明张进与梁太祖关系较近，并受到其信任。

开平四年（910），张进出任左崇武第二都头，"都头"，又称为"都将"，五代在指挥使之下设都一级的编制，每都设有都将。如《九国志》载："（李）延厚少有胆略，善骑射。从父琮为洺州节度使，率众归于梁祖，延厚亦从焉。梁补左拱辰指挥第二都头。"① 李延厚发迹时最初的任职情况与张进相似，所谓的"左拱辰"，即五代时期的"拱宸军"，属于禁军系统之一。张进所在的"左崇武"，未见于五代史籍记载，可能也属于后梁的禁军体系。后唐高晖墓志载："庄宗皇帝龙飞之后，凡是卫驾功臣，懋赏策勋，各膺睿渥，特敕授银青光禄大夫、检校工部尚书兼御史大夫、上柱国，充左崇武军使。"② 可见后唐时期也设有崇武军，或是沿袭了后梁称呼。乾化二年（912），"加右平敌指挥使"。指挥使是军、厢指挥编制体系中指挥一级的统兵官，任"右平敌指挥使"属于职位之晋升。不久，又"加左怀顺转十内衙"，所谓"左怀顺"，仍属于禁军。《旧五代史》记："安州节度使高行珪奏，屯驻左神捷、左怀顺军士作乱，已逐杀出城。"③ 这里的"左怀顺军"是驻守地方之禁军部队。内衙可能是内衙军，《旧五代史》卷七中，就有"内衙十将"的说法。④ 此外，张朗曾任"补宣武军内衙都将，历洺州步军、曹州开武、汴州十内衙、郓州都指挥使"⑤。

墓志称"专以夹马之雄，冠以控鹤之位"，"夹马""控鹤"皆为禁军

---

① （宋）路振：《九国志》卷 7《后蜀·李延厚传》，齐鲁书社 2000 年版，第 79 页。
② 周阿根：《五代墓志汇考》，黄山书社 2012 年版，第 332—333 页。
③ 《旧五代史》卷 39《明宗纪五》，中华书局 1976 年标点本，第 543 页。
④ 《旧五代史》卷 7《梁太祖纪七》，中华书局 1976 年标点本，第 105 页。
⑤ 《旧五代史》卷 90《张朗传》，中华书局 1976 年标点本，第 1190 页。

系统军队名称。后梁开平元年（907）四月，"改左右长直为左右龙虎军，左右内卫为左右羽林军，左右坚锐、夹马、突将为左右神武军，左右亲随军将马军为左右龙骧军"①，即将原为藩镇兵的"夹马"等兵充实到中央禁军——六军中，使之成为一支有较强战斗力的军队。"控鹤"由唐代开始是拱卫皇城的军队专称，五代继承了"控鹤"之名，设有"控鹤军"，《旧五代史》载，开平三年（909）七月："宜令控鹤指挥，应于诸门各添差控鹤官两人。"② 胡三省注《资治通鉴》："控鹤，梁之侍卫亲军。"③ 可知控鹤军属于后梁的侍卫亲军系统。"夹马""控鹤"之称，应是对张进先后迁转经历的高度概括，而墓志说他"不离数任，皆董锐师"，大体上符合其先后所带领军队军事力量的实际。

至后梁末帝龙德二年（922），"授右广胜军使，未几，改左右雄威都指挥使"，此时，张进获任军一级指挥使职衔。"广胜军"属于禁军系统的精锐部队，开平元年（907）九月，"置左、右天兴，左、右广胜军，仍以亲王为军使"④。《旧五代史》记贞明四年（918）八月丙午："以右广胜军使刘君铎为虢州刺史。"⑤ 张进之获任在刘君铎之后。任广胜军使不久，改授"左右雄威都指挥使"。《旧五代史》载："（潘环）梁末帝用为左坚锐夹马都虞候，累迁左雄威指挥使。"⑥《册府元龟》云："晋潘环，初事梁，累迁右雄威指挥使。"⑦ 应与张进所任为同一系统。⑧ 墓志特别强调，张进

---

① （宋）王溥：《五代会要》卷12《京城诸军》，上海古籍出版社1978年标点本，第205页。具体的讨论参见徐莹秋、曾育荣《五代宋初侍卫亲军制度相关问题探讨》，《信阳师范学院学报（哲学社会科学版）》2009年第6期。
② 《旧五代史》卷4《梁太祖纪》，中华书局1976年标点本，第70页。
③ 《资治通鉴》卷275，天成元年六月丁酉条注，中华书局1976年标点本，第8986页。
④ 《资治通鉴》卷267，天成四年十一月壬午条注，中华书局1976年标点本，第8731页。
⑤ 《旧五代史》卷9《末帝纪中》，中华书局1976年标点本，第135页。
⑥ 《旧五代史》卷94《潘环传》，中华书局1976年标点本，第1243页。
⑦ 《册府元龟》卷396《将帅部·勇敢三》，中华书局1960年影印本，第4708页。
⑧ 后唐亦有雄威军之设置，据《五代会要》记载，明宗整军时，有"雄威"军。张其凡先生指出："此名似袭梁之旧。"宋代建雄威军，仍属禁军系统，太平兴国二年（977），"诏改……雄威曰雄勇"。参见（宋）王溥《五代会要》卷12《京城诸军》，上海古籍出版社1978年标点本，第205页；《宋史》卷187《兵志一》，中华书局1977年标点本，第4571页；张其凡《五代禁军初探》，暨南大学出版社1993年版，第13页。

获任广胜军、雄威军都指挥使,是"赏用命也",张进此时已经五十余岁,梁末帝在此时任命他为精锐禁军的都指挥使,可能一是考虑到其积年军功、经验丰富,二来是对老臣之嘉奖。

据墓志所言,张进在后梁时期先后任职情况为左崇武第二都头→右平敌指挥使→左怀顺→十内衙→右广胜军使→左右雄威军都指挥使。考其职位迁转,主要是从六军系统迁至侍卫亲军系统,体现出后梁统治者对其之信任。在后梁的禁军系统进行流动,是一位典型的禁军系统将领。张其凡先生指出:"五代五十余年间,政权迭更……其间,禁军的名号、组织,几经演变,到北宋初年,成为两司三衙。五代禁军之情况,由于现存史料的零散、不全,比较难于弄清楚,故言之者多语焉不明。"① 张进墓志所载的职位及迁转情况,或可为后梁禁军相关研究补充材料。

四　张进与后唐明宗朝政治

与用隐晦的语言表示唐末混乱的情形相似,墓志用"暨市朝将变,天道多艰,素灵夜泣于轵塗,碧落光瑶于伏鳖。时河图潜出,土德肇兴"等语句描绘了梁、唐政权之更替。后唐取得政权后,张进"依前旧职",职位得以保留,应是仍在禁军体系内。至于为何到了后唐仍然得任原职,墓志做了解释,一方面是声称唐庄宗具有宽大之恩德,"泽霈旧臣",即泽及旧朝臣子,另一方面说"且百里奚间虞事秦,徒称多智;陈曲逆亡楚投汉,别有归心",用百里奚、陈平的例子,含蓄地表示了在梁、唐交替战争中,张进或许有投诚之行为,至少也是没有激烈抵抗李存勖的军队,同时也表明庄宗比较重用后梁军官,没有将其全部杀戮。墓志对张进在后唐庄宗朝的任职没有进一步的记载,可能他在该时期的职位未有变化。等到庄宗身死,"宫车晏驾,先帝受终,明宗纂尧禹以承基,应天人而改卜",张进可能在后唐旧君与新君交替之际,移忠于新君明宗。张进经历了从后

---

① 张其凡:《五代禁军初探·引言》,暨南大学出版社1993年版,第2—4页;又参见张其凡《五代后梁禁军探微》,《安徽师大学报(哲学社会科学版)》1988年第3期。

梁末帝到后唐庄宗、庄宗到明宗两次过渡时期，在此期间，张进的官职没有较大变化，说明后面的君主继续任用了前朝官员，尤其是武将，这是五代时期的时代特点。

从墓志记载来看，张进在后唐时期职位之迁转，全部发生在明宗朝。"天成初，授洺州团练使"，这次授职可能发生在天成元年（926）。团练使，唐代置，掌本地区防务，又称团练守捉使。唐后期多用为诸州刺史加官，诸道不设节度使者，常以都团练使总领军务。五代沿置。《册府元龟》记"洺州刺史张进"①、"前洺州团练使张进"②，《新五代史》言"洺州张万进"③，均与墓志所言相合。

墓志言"后升揆路，兼佩金章，寻隆伯禹之班，不易六条之郡。秩满，转郑州防御使，优游列岳，备著声华"。"揆路"是宰相的别称，对武将来说可能是使相；"金章"即金鱼袋，三品以上官员所享有。结合张进的任职情况来看，此处的"揆路"和"金章"应都为溢美之词，意在突出张进在此时期内功勋卓著，而并非担任过使相。其接受升赏之后，仍在"刺史"之任，且由团练使出任防御使。防御使为唐代设置，又称防御守捉使。五代藩镇体系继续发展，防御使同节度使、团练使等一同成为使职系统的核心。防御使既是独立的，有自己的职权范围、治所、幕僚，又与其他长官互相兼任，如观察使、刺史等。就张进的情况而言，他应属升任。据《册府元龟》记载，天成四年（929）二月乙卯，"以前洺州团练使张进为郑州防御使，……赏中山之功也"④。从此处的"中山之功"可知张进参与了平定王都的战争，且战后得到明宗的赏赐。

墓志称张进在其后"履历数朝，尚淹飞鹜，特假封功之号，别崇五教之尊"，均是赞其功高位尊。然而，在郑州防御使的任后，张进却"罢守隼旗，入司环卫，迁左卫大将军"，即不再出任方面将吏，而是出任环卫

---

① 《册府元龟》卷65《帝王部·发号令四》，中华书局1960年影印本，第731页。
② 《册府元龟》卷128《帝王部·明赏二》，中华书局1960年影印本，第1545页。
③ 《新五代史》卷8《晋本纪第八》，中华书局1974年标点本，第74页。"张万进"误，应为"张进"。
④ 《册府元龟》卷128《帝王部·明赏二》，中华书局1960年影印本，第1545页。

散官，为何会发生这样的情况？墓志没有详细说明，但据传世文献可以略知一二。

《旧五代史》卷四一记载，长兴元年（930）："五月乙丑，郑州防御使张进、副使咸继威并停任，以盗掠城中居人故也。"① 这也是《旧五代史》中唯一一条关于张进的记载。此条记载也成为历代论述后唐明宗朝重视吏治的典型例证。诸多的著作在讨论相关问题时，都将张进视为反面例子。如有学者称："郑州防御使张进和副将咸继威劫掠城中居民，李嗣源知道后，马上罢了他们的官。他这些做法，当然是为了缓和阶级矛盾，维护其统治。但是，作为一个皇帝，能清醒地看到这一点，也是不简单的。"② 又有学者说："长兴元年（930年）五月，郑州防御使张进、副使咸继威因盗掠城中居民免职。明宗对贪浊、渎职官吏，不论贵贱，决不姑息。"③ 戴仁柱也认为："长兴元年（930）五月，朝廷对一些官员的不端行为实施了一系列严厉的惩罚。在郑州，防御使张进及副使咸继威因'盗掠城中居人'而被停任，他们可能利用了自己的职务来掩盖偷盗行为。"④ 戴著将张进之事放在"整饬吏治"的大背景下来进行叙述，可见，现代学者均认为张进的行为十分恶劣，造成的后果十分严重。

但笔者认为此事尚需重新考察。作为方面大员，张进及其副使主动劫掠所辖地区的居民，这种情况以常理而言殊不可解。以一般情况来观察，张进作为地方郡守，根本没有抢劫居民的必要。墓志记载张进在洺州团练使任上时："蒸黎凋敝，仰惠化以来苏，庶草蕃芜，非德风而不偃"，意即为地方社会的复苏、百姓生活的稳定，张进是采取了积极行动的，以至于有了"德风"的赞誉。墓志也称在郑州防御使任上"优游列岳，备著声华"，即具备了较高声望。传世文献中也有可反映张进治绩的记载，《册府元龟》卷六十五记，天成二年（927）八月，明宗颁布敕文："刑故无小，

---

① 《旧五代史》卷41《明宗本纪七》，中华书局1976年标点本，第565页。
② 古鸿飞、要子瑾：《雁北史话》，山西人民出版社1985年版，第101页。
③ 程有为、王天奖主编：《河南通史》第2卷，河南人民出版社2005年版，第528页。
④ ［美］戴仁柱著，刘广丰译：《从草原到中原：后唐明宗李嗣源传》，中华书局2020年版，第209页。

义绝惠奸，罪疑惟轻，事全诛意，圣贤明训，今古通规。非法无以振其威，非恩无以流其泽。故有功不奖，何以激尽忠？有罪不刑，何以戒为恶？……况保义军节度使石敬瑭、晋州留后安崇阮、洺州刺史张进、耀州团练使孙岳、宁州刺史高允璟等，杜绝诛求，寻加奖谕。陶玘辄为聚敛，自掇愆尤，功过既分，黜陟有异，在朝备见，列国皆知，不贪者转更无私，有过者必应自省。"① 即张进在洺州任上是作为正面典型得到明宗褒扬奖励的，并将其事迹颁布朝野，使人所共知。同样一人的行为，应该不会在短短三年之内发生颠覆式变化。

　　考《旧五代史》材料之出处，或与《册府元龟》相同。《册府元龟》卷六百九十八记载："张进为郑州防御使，与副使咸继威并停任，以盗掠城中居人故也。"② 二处表述相似。然《册府元龟》中亦有关于此事更详细的资料，卷六百九十九言："张进为郑州防御使，咸继威为副使，明宗长兴元年五月敕：'自张进等，或位分符竹，或职倅郡城，殊乖警备之方，致此敓攘之苦，更容虚诳，不戢元随，须举宪章以为惩戒，宜勒停见任。'以盗掠城中居人故也。"③ 此处将张进等停任的原因解释得更为清晰，即"殊乖警备之方"，导致"敓攘之苦"，从字面意思上来讲是谓张进等人没有做好维护军容军纪、保障地方治安的职责，使百姓遭受掠夺。"更容虚诳，不戢元随"，即纵容其随从欺骗、掠夺百姓。从此处种种表述来看，更像是张进约束手下军士不力，导致军士扰攘地方，百姓遭受财物掠夺之害，而在事后张进等人没有第一时间将肇事者惩处，事件传到朝廷以后，才有了明宗的处分。所谓的"盗掠城中居人"，更应该是其下属所为，明宗将张进等停任，惩罚的是其监管不力。如果是张进等人亲自实施劫掠，

---

　　① 《册府元龟》卷65《帝王部·发号令第四》，中华书局1960年影印本，第731页。同书卷158又记："惟陕府石敬瑭、晋州安崇阮、洺州张万进、耀州孙岳等杜绝诛求，寻加奖赏。"《新五代史》也说："是时诸侯多不奉法，邓州陶玘、亳州李邺皆以赃污论死，明宗下诏书褒廉吏晋州安崇阮、洺州张万进、耀州孙岳等以讽天下，而以敬瑭为首。"由此可知，当时确实在全国范围内对张进进行褒奖。见《册府元龟》卷158《帝王部·诫励第三》，中华书局1960年影印本，第1914页；《新五代史》卷8《晋本纪第八》，中华书局1974年标点本，第74页。
　　② 《册府元龟》卷698《牧守部·失政》，中华书局1960年影印本，第8331页。
　　③ 《册府元龟》卷699《牧守部·谴让》，中华书局1960年影印本，第8343页。

以明宗为政的性格，断不是仅仅"停任"这么简单。① 后人径直将"盗掠"行为安到了张进本人身上，于理说不过去，于史实也有所出入。在明宗整饬吏治的大背景下，对于张进这样治军不严的情况当然要严加处理，毕竟张进负有领导之责，但是因并非张进本人实施劫掠，所以还保留了他相关的荣誉，并给他安排了属于环卫的"左卫大将军"的职务。

张进被安排散职之后，有多次起复的机会。墓志称"上以汧陇居边，羌戎密迩，欲委控临之用，须求经略之才"，即考虑到张进的经验，对于边陲防卫甚有助力。不久之后，张进"暂辍拱宸，代劳御寇，领陇州防御使，又移授耀州团练使"，即重新出任方面将吏。但是，陇州（治今陇县）、耀州（治今陕西铜川市耀州区）均处西陲，用一般观点来看，这样的任命对张进而言仍然具备"贬职"的意味。这或许是因为在"盗掠事件"之后，朝廷对张进还是产生了不信任感。张进最终逝于与党项的军事行动中，据墓志记载："长兴四年，夏台作梗，命公为西面行营都虞候。"长兴四年（933），党项部李仁福去世，李仁福之子李彝超拒绝朝廷任命，西北地区发生战事。② 张进是在这样的形势下，出任西面行营都虞候的，然而此时他已经六十五岁高龄，"□径月踰，病遘膏上，未遑解印，遽迫藏舟"，即仅上任一个多月即因病去世。

余　　论

墓志的铭文说"惟公挺生，继族传芳。爰从筮仕，便属苍黄，弓开繁弱，剑佩干将。亟经战阵，累佐明王，入卫环列，出守四方，马期逐日，林忽坏梁"，这高度概括了张进一生的经历，即由行伍出身，追随朱温南

---

① 明宗对待贪赃枉法之将吏，惩处十分严苛，往往采用"极刑"："邓州留后陶玘为内乡县令成归仁所论税外科配，贬岚州司马，掌书记王惟吉夺历任告敕，配绥州长流百姓；亳州刺史李邺以赃移赐自尽；面戒汝州刺史苌莇，为其贪暴。汴州仓吏犯赃，内有史彦珣，旧将之子，又是驸马石敬瑭亲戚，王建立奏之，希免死。上曰：'王法无私，岂可徇亲。'由是皆就戮。"见（宋）孙光宪撰，贾二强点校《北梦琐言》卷18《明宗恶贪吏》，中华书局2002年标点本，第338页。
② 《旧五代史》卷132《李彝超传》，中华书局1976年版，第1747—1749页。

征北战,后梁建立后任职禁军系统,并由六军系统迁至侍卫亲军系统,而后在后唐明宗朝出任地方郡守,最终又因为对手下监管不力遭停职,再次起用则是在对党项的战事之中,未等战事结束,就以高龄患疾而终。张进的经历,也伴随了五代之际政局的变化,用张进墓志中的话来说就是"九图纷扰""雾集兵车",总体上来看处于一种纷乱的局面,但学者们也认为这一时期"对于庶民而言,以武较易产生阶级流动而进入统治阶级",这个阶段"提供武人沙场立功之机会,使不少布衣得靠军功晋身统治阶级"①。本文所论及的志主张进就是这种说法的典型例子,虽然张进家族号称留侯之后,但以其家三代不仕的情况来看,其本质上还是"布衣",借助于唐末投奔朱温集团,得以发迹,在后梁、后唐的武人集团中占有一席之地,其家族地位至少维系了两代。但同时也应该注意到张进直到以六十五岁高龄去世都没有等到类似"节度使"等高级将领的册封。在武将辈出的五代时期,不可能人人都是张全义、冯晖。张进应是五代时期中层武将官员的代表,他的一生体现了五代时期大多数武将官员的命运。在史家的笔下很少出现他们的身影,史书中对他们的记载仅寥寥几笔,如果不是墓志的出现,或许我们便无从知晓五代大部分武将官员的命运。正如学者所说:"利用武人的墓志和碑铭,不是去否定学人已发现的部分真相,而是发掘更多的真相。"② 本文所做的张进墓志疏证工作,希望能对此有所助益。

---

① [日]山口智哉、李宗翰等:《五代在碑志:五代武人之文》,广西师范大学出版社2021年版,第442页。
② [日]山口智哉、李宗翰等:《五代在碑志:五代武人之文》,广西师范大学出版社2021年版,第11页。

"卑辞厚币"下的"内谨边备"：
试论后晋石敬瑭朝的北边守御与政治应对

李小霞

（湖南大学岳麓书院　中国史博士后流动站）

后唐清泰三年（936），久蓄异志的河东节度使石敬瑭于太原起兵自立，为实现称帝中原的政治夙愿，石氏以割地燕云、金帛厚利以及约为"君臣父子之国"的巨大代价换来契丹的出兵南下，进而一举攻入洛阳、建立后晋政权。在这一影响深远的历史事件中，割让燕云十六州予辽一事自是颇受瞩目，世人历来多谴责石晋将幽蓟天险之地拱手让于他族，从而导致自后晋以来特别是宋辽百余年来的军事颓势，自 20 世纪 80 年代以来，部分学者从民族融合与发展的角度，重新考量石敬瑭割地燕云之举与"儿皇帝"之称谓，进而肯定燕云十六州入辽对其政治、经济、文化以及民族融合与发展所带来的积极影响，燕云十六州入辽的积极作用也逐步为学界所关注；亦有学者从后晋内政治理的角度出发，肯定石敬瑭的政治举措与治国方略。[①] 本文

---

① 目前学界关于石敬瑭及其政权的研究成果十分丰富，代表性的有：侯仁之《燕云十六州考》（《禹贡》1936 年第 3、4 期），赵铁寒《燕云十六州的地理分析》（《大陆杂志》1958 年第 11、12 期），邢义田《契丹与五代政权更迭之关系》（《食货杂志》1971 年第 1 期），郑学檬《关于石敬瑭评价的几个问题》（《厦门大学学报》1983 年第 1 期），孙祚民《石敬瑭的评价及有关民族关系的几个理论问题》（《北方论丛》1987 年第 4 期），许学义《浅析后晋割燕云十六州予契丹对双方的影响》（《昭乌达蒙族师专学报》1988 年第 1 期），范恩实《石敬瑭割让燕云（幽蓟）的历史背景》（王小甫主编：《盛唐时代与东北亚政局》，上海辞书出版社 2003 年版），曹流《契丹与五代十国政治关系诸问题》（博士学位论文，北京大学，2010 年），张建宇《石敬瑭刍议》（《北方文物》2010 年第 4 期），张金铣：《后晋"岁输"浅议》（《史学月刊》2011 年第 1 期），林鹄《辽太宗与石氏父子：辽晋关系新说》（《北大史学》2013 年第 18 辑）以及罗亮《以谁为父：后晋与契丹关系新解》（《史学月刊》2017 年第 3 期）等。

"卑辞厚币"下的"内谨边备"：试论后晋石敬瑭朝的北边守御与政治应对

虽仍以石敬瑭为研究对象，然既非继续谴责石氏"卖国"割地之举，亦非为其父事契丹找寻历史契机与民族缘由，而是试图在学界论及石晋便冠以"卑辞厚币""屈节奉辽"的传统评价定势之外，去探讨身为中原帝王政治身份下的石敬瑭，在"外事契丹"与"内修边备"之间的权衡与取舍。

割让燕云十六州后，中原王朝所面临的北部边防形势更为严峻，尽管石敬瑭在地理上已尽可能有所保留，[①] 但对北部边线已大为收缩的后晋政权而言，早已无力在地利尽失、门户洞开的河北地区作出有效军事防御，河东地区虽仍有雁门关一带可守，然代北诸州的割让使太原门户忻、代诸州暴露于契丹铁骑之下，依恃幽蓟险地以阻御外敌的天然屏障不复存在。尽管"取天下不顺"与为契丹所册立的建国事实，使得石敬瑭对内过于姑息藩镇、对外竭力卑事契丹，但在内弱外卑之态外，为维护后晋既有利益、确保石氏统治的继续，增强自身硬实力的"内谨边备"之举提上日程，以人事部署的强化弥补地理防御的缺漏，成为石晋朝防范北敌南寇的边防选择。有鉴于此，本文试以石敬瑭在中原北部防线上的灵武、河东以及河北等地的人事调派与政治考量为论，进一步探讨石晋政权在卑事契丹外的"内谨边备"诸举。行文不当之处，敬请方家指正。

一 灵武地区：先后以张希崇、冯晖出任朔方节度

割地燕云之前，中原边地特别是河北重镇皆能依恃有利地势，有效抵御北敌南寇，使得契丹二十余年南侵屡屡受阻，始终不能得志于中原；割地燕云之后，中原门户洞开，河北再无险要地势可守，华北平原霎时成为契丹铁骑纵横驰骋之所，中原王朝始终无法彻底摆脱北方少数民族政权的军事掣肘，特别是倚契丹而立的后晋政权，在辽尊晋卑的藩属体制之下处

[①] 关于石敬瑭割地之际的政治思虑与利益权衡，参见李小霞《利益权衡下的政治取舍：从燕云诸州的实际控制权看石晋割地的政治考量》(《宋史研究论丛》2018年第1期)。

处受制于敌。而丧失燕云地利、北部防线大为收缩以及为契丹所册立的建国事实，无不迫使石敬瑭深刻意识到边境布防的重要性。在既无"天时"相佑、又丧"地利"之助的情况之下，"人事"成为应对时局骤变的唯一选择。天福元年（936）十二月，石敬瑭饯送契丹兵马归国、独立统治中原后，即刻全面调整北部边防，以威望皆隆、安边有道的名臣武将戍守要地，加强边境人事调派与戍防能力。

后晋建立后发布的首条北边政令，既不是割让代北诸州的河东之地，也不是无天险可恃的河北诸州，而是地理未损的西北边地——灵武地区。天福元年（936）十二月，石敬瑭"饯送太相温、蕃部兵士归国"① 后，即以邠州节度使张希崇为灵武节度使。灵武节度使，治灵州，为后唐旧镇，"天福元年（936）十一月，灵州朔方节度使领灵、威、雄、警、盐等5州。天福四年（939）五月，升灵州方渠镇为威州，改旧威州为清边军。天福七年（942）四月，降雄州为昌化军、警州为威肃军。此后至开运三年（946）十二月，灵州朔方节度使领灵、盐、威等3州"②。石晋塘忧惧"契丹既得燕、云，恐其乘势又取灵武"③，故在饯送契丹兵马归国后，即刻颁布人事调令，以统辖灵武数年、安边有道的张希崇出任节帅："初，朔方节度使张希崇为政有威信，民夷爱之，兴屯田以省漕运；在镇五年，求内徙，唐潞王以为静难节度使。帝与契丹修好，恐其复取灵武，癸巳，复以希崇为朔方节度使。"④

张希崇得以成为石晋朝北边部署的首选之将，主要有两点原因，一是其"久在北蕃，颇究边事"⑤ 的边防经历。张希崇早年为将时，一度为契丹所掳，后唐明宗时从契丹逃归，被任命为汝州防御使，长兴二年（931）十一月"迁灵州两使留后"，长兴四年（933）五月授为本州节度使，清泰

---

① （宋）薛居正：《旧五代史》卷76《晋高祖纪二》，中华书局1976年版，第993—994页。
② 李晓杰：《中国行政区划通史·五代十国卷》第3章《后晋》，复旦大学出版社2014年版，第127页。
③ （宋）司马光：《资治通鉴》卷280《后晋纪一》，天福元年十二月辛卯，中华书局1976年版，第9165页。
④ （宋）司马光：《资治通鉴》卷280《后晋纪一》，天福元年十二月辛卯，第9165页。
⑤ （宋）薛居正：《旧五代史》卷125《冯晖传》，第1644页。

"卑辞厚币"下的"内谨边备"：试论后晋石敬瑭朝的北边守御与政治应对

中改任邠州节度使。① 后晋立国后，看重其"久在北蕃，颇究边事"②且"为政有威信，民夷爱之"③的镇戍经验，再度出任朔方节度；二是从契丹叛归中原的政治经历。张希崇本是幽州刘守光裨将，唐庄宗攻灭刘守光所建的大燕国后，"命周德威镇其地，希崇以旧籍列于麾下，寻遣率偏师守平州。阿保机南攻，陷其城，掠希崇而去"④，述律后称制摄政后，大开杀戒，尤其忌用叛降汉人，导致大批汉将逃奔中原，张希崇"以管内生口二万余南归"⑤。在契丹戍守平州多年的军政经历，使其较之后晋其他边帅而言，对于契丹内部政务运作、军事部署以及作战特点等事务较为熟悉，能够更为灵活、及时地应对边防前线可能面临的双边纷争。此外，张希崇叛归中原、与契丹对立相抗的过往历史，也使其主动构好契丹的可能性大为降低，恰也在一定程度上解除了身为中原帝王的石敬瑭深忌边将强大而北构强敌的政治顾虑。

后晋对灵武边区如此迅敏而不失成熟的人事调动，是石敬瑭鉴于父事契丹所开启的割地先例后，忧惧契丹再度以威势索求中原汉地而提前做出的边防应对。在后晋卑事契丹外交政策所造成的不利形势下，就任朔方节度的张希崇谨守边备、安辑戎狄，治边有方、戍守有道，深符石晋一贯倡导的"勿起衅端"的边防理念，有效维护了朔方地区的内部稳定与边界安宁，为石晋政权顺利度过建国初期内部叛乱频仍、外敌索求无度的政治困境发挥了不可忽略的推动作用。

天福四年（939）正月，张希崇逝世，后晋以义成节度使冯晖继任朔方节度。冯晖原为范延光叛乱之降将，后逐次升迁，于天福四年（939）正月出任朔方节度使。"初，张希崇镇灵州，以久在北蕃，颇究边事，数年之间，侵盗并息。希崇卒，未有主帅，蕃部寇钞，无复畏惮，朝廷以晖强暴之名，闻于遐徼，故以命之。及晖到镇，大张宴席，酒胾丰备，群夷告醉，争陈献

---

① （宋）薛居正：《旧五代史》卷88《张希崇传》，第1148页。
② （宋）薛居正：《旧五代史》卷125《冯晖传》，第1644页。
③ （宋）司马光：《资治通鉴》卷280《后晋纪一》，天福元年十二月辛卯，第9165页。
④ （宋）薛居正：《旧五代史》卷88《张希崇传》，第1147页。
⑤ （宋）薛居正：《旧五代史》卷88《张希崇传》，第1148页。

贺，晖皆以锦彩酬之，蕃情大悦。党项拓拔彦昭者，州界部族之大者，晖至来谒，厚加待遇，仍为治第，丰其服玩，因留之不令归部。河西羊马，由是易为交市。"① 此时以"强暴之名，闻于退徽"的冯晖出任朔方节度，较之招抚羌胡、"民夷爱之"的儒将张希崇，形成了较为明显的政治反差，缘于后晋建国之初，因西北边地既与北敌接壤，又是羌、胡杂居之地，加之契丹南侵之意未明，自是需要有戍边经历、安顺谨厚之人镇守，以保障内部稳定、外部安宁，张希崇的政治性格与战场经历适合当时的边防需求；当石晋政权统治渐稳，晋辽双边关系平稳发展之后，边帅的任务重心发生一定倾斜，由防范契丹为主、安定边地为辅转向以镇抚羌胡为主、敦睦双边为辅，更为关注灵武内部治理事宜，故而以"强暴之名"闻达四方的冯晖继任节度，镇压羌胡之乱。冯晖镇守灵武期间，策略得当，软硬兼施，再次造就"蕃部归心"的大好形势，西北边地复归稳定。

晋出帝朝，因"朔方节度使冯晖在灵武，得羌、胡心，市马期年，至五千匹，朝廷忌之，徙镇邠州及陕州，入为侍卫步军都指挥使、领河阳节度使"②，以彰武节度使王令温移镇朔方，"不存抚羌、胡，以中国法绳之。羌、胡怨怒，竟为寇钞。拓跋彦超、石存、也厮褒三族，共攻灵州，杀令温弟令周"③，灵州告急。这是石重贵试图改变晋初边防部署的一次失败尝试，只得"复以晖为朔方节度使，将关西兵击羌、胡"④，以此安定边界，直至后周广顺二年（952）六月去世，其子冯继业继续镇守朔方。后汉、后周两朝以冯晖为朔方节度的政策延续，也在一定程度上表明石敬瑭朝边帅部署方略的可行性。

二　河东地区：以安彦威、刘知远节镇太原

云、朔、应、蔚诸州割让契丹后，河东防线内缩至忻、代一带，太原

---

① （宋）薛居正：《旧五代史》卷125《冯晖传》，第1644—1645页。
② （宋）司马光：《资治通鉴》卷285《后晋纪六》，开运三年六月壬戌，第9304页。
③ （宋）司马光：《资治通鉴》卷285《后晋纪六》，开运三年四月，第9303页。
④ （宋）司马光：《资治通鉴》卷285《后晋纪六》，开运三年六月丙寅，第9305页。

"卑辞厚币"下的"内谨边备":试论后晋石敬瑭朝的北边守御与政治应对

的战略地位愈发凸显。早在天福元年(936)十一月,石敬瑭率主力军队攻打洛阳之际,便以皇子石重贵为太原留守,镇戍要地;次年八月,石重贵调归中央,"以权北京留守、徐州节度使安彦威为太原尹、北京留守、河东节度使"①。安彦威,"少时以军卒得隶唐明宗麾下,彦威善射,颇知兵法,明宗爱之。及领诸镇节钺,彦威常为衙将,以谨厚见信。明宗入立,皇子从荣镇邺,以彦威为护圣指挥使,以从荣判六军,彦威入司禁卫,遥领镇州节度使。及高祖入立,拜彦威北京留守"②。面对北族契丹的边境窥伺与征求无厌,既熟谙兵法而又"谨厚见信"的安彦威自是深合石敬瑭之意,从天福五年(940)二月安彦威入朝觐见石敬瑭的对话中可以窥知:

> 二月,庚戌,北都留守、同平章事安彦威入朝,上曰:"吾所重者信与义。昔契丹以义救我,我今以信报之;闻其征求不已,公能屈节奉之,深称朕意。"对曰:"陛下以苍生之故,犹卑辞厚币以事之,臣何屈节之有!"上悦。③

在后晋建立之初,安彦威既能秉承晋卑事契丹的外交政策,屈节奉之、勿启衅端,又能安定边地、避免纠纷,故而镇守河东数年,直至天福五年(940)三月调归内地,后晋继以"晋州节度使李德珫为北京留守"④。

李德珫,"应州金城人。祖晟,父宗元,皆为边将。德珫少善骑射,事后唐武皇为偏校。及从庄宗战潞州、柏乡、德胜渡,继有军功,累加检校尚书左仆射,遥食郡俸。天成中,检校司空,领蔚州刺史。长兴元年,授雄武军节度、秦成阶观察处置等使,加检校司徒。二年六月,移镇定

---

① (宋)薛居正:《旧五代史》卷76《晋高祖纪二》,第1006页。
② (宋)薛居正:《旧五代史》卷91《安彦威传》,第1202页。
③ (宋)司马光:《资治通鉴》卷283《后晋纪三》,天福五年二月庚戌,第9210页。
④ (宋)薛居正:《旧五代史》卷79《晋高祖纪五》,第1038页。

州，充北面副招讨使"①。后唐闵帝时曾任以"权北京留守"，清泰朝改镇泾原，后晋时期逐次升迁，"所治之地，虽无殊政，然以宽恕及物，家无滥积，亦武将之廉者"②。李德珫宽厚廉谨的品性与前任节度使安彦威相仿，加之"幼与明宗俱事武皇"③的累朝宿将身份以及先后节领蔚州、镇守定州等要地的边地经历，使其既有资格也有资历镇戍后晋起兵之地。

李德珫镇守河东仅一年多，天福六年（941）七月，"帝忧安重荣跋扈"，"以刘知远为北京留守、河东节度使，复以辽、沁隶河东；以北京留守李德珫为邺都留守"④。作为石晋藩邸旧将，刘知远为后晋的建立立下了汗马功劳，如赵莹所言："陛下昔在晋阳，兵不过五千，为唐兵十余万所攻，危于朝露，非知远心如铁石，岂能成大业！"⑤ 深受石敬瑭器重。在河北安重荣跋扈不可制的情况之下，以刘知远镇守太原即是要确保与之相邻边区——河东的稳定，避免造成北部大范围动乱，刘知远更是不孚所望，镇戍有方："知远微时，为晋阳李氏赘婿，尝牧马，犯僧田，僧执而笞之。知远至晋阳，首召其僧，命之坐，慰谕赠遗，众心大悦。"⑥ 不念旧怨之举自是为其初治晋阳赢得良好开局，其后河东诸地皆为之所制。

石重贵继位后，仍延续刘知远镇戍河东的军政部署。开运元年（944）正月，辽晋失和，契丹大军伐晋，"太原奏，契丹入雁门，围忻、代二州。恒、沧、刑三州上言，契丹大至"。在后晋重重阻御与部署之下，"以北京留守刘知远为幽州道行营招讨使，以恒州节度使杜威副之，定州节度使马全节为都虞候，其职员将校委招讨使便宜署置"⑦。月底太原奏报，"与契丹战于秀谷，斩首三千级，生擒五百人，获敌将一十七人，贼军散入鸦鸣谷，已进军追袭"⑧。辽军在河东受阻，相较于"河北危蹙，诸州求救者人

---

① （宋）薛居正：《旧五代史》卷90《李德珫传》，第1191页。
② （宋）薛居正：《旧五代史》卷90《李德珫传》，第1191页。
③ （宋）薛居正：《旧五代史》卷90《李德珫传》，第1191页。
④ （宋）司马光：《资治通鉴》卷282《后晋纪三》，天福六年七月己巳，第9225页。
⑤ （宋）司马光：《资治通鉴》卷282《后晋纪三》，天福四年三月己未，第9200页。
⑥ （宋）司马光：《资治通鉴》卷282《后晋纪三》，天福六年七月己巳，第9225—9226页。
⑦ （宋）薛居正：《旧五代史》卷82《晋少帝纪二》，第1085页。
⑧ （宋）薛居正：《旧五代史》卷82《晋少帝纪二》，第1086页。

使相望"① 的人心惶惶，河东则在刘知远的协调部署下有效地发挥了御敌于外的边防作用。也正是依恃在河东不断积蓄的实力，晋亡后刘知远于太原称帝建汉。但自始至终，河东诸州始终牢固掌握在中原政权手中，边防节帅也在关键时刻起到了石敬瑭在布局之初所期望的守边御敌之效。

从河东地区的人事部署上，可以更为明晰石敬瑭称帝后对中原北边的边防应对和政治思量：早在晋阳起兵之初，石敬瑭尚依赖契丹大军相助，当要率军攻打洛阳之际，河东旧地自是不能落入他人之手，选择皇子镇戍太原，石重贵因之就任太原留守；当石氏入主洛阳、称帝中原后，因政治需求皇子石重贵被调归中央，此时选择何人戍守河东至关重要，不仅关系到洛阳北部门户——太原之安危，更关系到晋初与契丹双边关系的发展态势，石敬瑭选择安彦威、李德珫等谨厚敦睦、久经沙场的老将镇戍北边，既能秉承石氏屈节事辽的外交政策，与契丹保持和睦往来、免生边隙，又能有效统辖河东诸地，不至于如其他藩帅般过分搜刮凌虐百姓，造成边地动荡；然而当河北形势日趋危蹙，镇州安重荣跋扈难制、反心日见之际，作为与之东西相邻的河东要地，不但要承担睦邻、治地的重任，还要时刻保持警惕，防范河东诸州与之相合，甚至在关键时刻能成为镇压河北叛乱的有效力量，河东之地必要以威望、谋略与衷心皆俱之人为帅，深受石敬瑭倚重与信赖的蕃邸旧将刘知远则恰逢其时地成为合适人选，代替虽"宽恕及物，家无滥积"但"无殊政"② 的李德珫。可见石敬瑭对边帅的任免与选择，依据政治形势与外交态势的变化而适时作出战略调整，以人事的优化来弥补地理的缺失，在最大限度确保边地安全之外，亦能有效维系晋辽双边关系的和睦发展。

三 河北地区：加强镇、定二地的人事布防

河北地区在丧失幽州这一地势天成、经济发达的军事要镇后，镇、定

---

① （宋）薛居正：《旧五代史》卷82《晋少帝纪二》，第1085页。
② （宋）薛居正：《旧五代史》卷90《李德珫传》，第1191页。

二州既暴露于敌骑之下，又无险要地理可凭恃，成为契丹南下中原的主要战场："幽、涿、瀛、莫既属契丹，镇、定、沧、景悉为边镇。沧、景之地近海卑下，又多塘泺，房骑不可得而入；其入寇多依山而趋镇定，故其地为房冲。"① 镇、定二州政治与军事地位的攀升，使之成为晋辽边境东线上的战略要地，也是中原王朝全力防范契丹南寇的边防重镇。

（一）定州

石晋时期，定州义武军节度使所领辖区为定州、易州和祁州三州。② 天福元年（936）十二月，石晋送归契丹兵马出境后，第一时间任命张希崇为灵武节度使的同时，以"邓州节度使皇甫遇为定州节度使"③。皇甫遇，"少好勇，及壮，虬髯，善骑射。唐明宗在藩时，隶于麾下，累从战有功。明宗即位，迁龙武都指挥使，遥领严州刺史，出讨东川，为行营左军都指挥使。应顺、清泰中，累历团练防御使，寻迁邓州节度使"④。石晋时调任义武节度，任职期间，后晋北边相对安宁。天福四年（939）七月，皇甫遇因与镇州安重荣的联姻关系而被调离定州。时安重荣跋扈难制，"每所奏请多逾分，为执政所可否，意愤愤不快，乃聚亡命，市战马，有飞扬之志。帝知之，义武节度使皇甫遇与重荣姻家，甲辰，徙遇为昭义节度使"⑤。"镇、定接境，恐其合而为变，徙令稍远以离析之。"⑥ 为防止安重荣与定州合势，坐大与中央抗衡的资本，石敬瑭将皇甫遇调离定州。

皇甫遇的调离使定州出现了一时的权力空缺，也给予了契丹以可乘之机："初，义武节度使王处直子威，避王都之难，亡在契丹，至是，义武

---

① （宋）司马光：《资治通鉴》卷282《后晋纪三》，天福六年六月，第9223页。
② 李晓杰：《中国行政区划通史·五代十国卷》，第140页。对于定州义武节度使所领州区论述道："天福元年（936）十一月，定州义武节度使领定、易、祁等3州。开运二年（945），攻取契丹泰州，以属定州义武军节度使。此后至开运三年（946）十二月，定州义武军节度使领定、易、祁、泰等4州。"
③ （宋）薛居正：《旧五代史》卷76《晋高祖纪二》，第994页。
④ （宋）薛居正：《旧五代史》卷95《皇甫遇传》，第1259页。
⑤ （宋）司马光：《资治通鉴》卷282《后晋纪三》，天福四年七月庚子，第9203页。
⑥ （宋）司马光：《资治通鉴》卷282《后晋纪三》，天福四年七月庚子，第9203页。

"卑辞厚币"下的"内谨边备":试论后晋石敬瑭朝的北边守御与政治应对

缺帅,契丹主遣使来言,'请使威袭父土地,如我朝之法。'帝辞以'中国之法必自刺史、团练、防御序迁乃至节度使,请遣威至此,渐加进用。'契丹主怒,复遣使来言曰:'尔自节度使为天子,亦有阶级邪!'"① 定州与辽属幽州接壤,若以契丹扶植的王威为义武节度,不但定州之地此后的政治归属不可预料,还会助长继续蚕食中原汉地的野心,是故定州绝不可为后晋以外的势力掌控。面对耶律德光的盛怒责让,多方权衡之下,石敬瑭恐"其滋蔓不已,厚赂契丹,且请以处直兄孙彰德节度使廷胤为义武节度使,以厌其意"②,这是石敬瑭称帝以来唯一一次公开违逆契丹意愿,与之展开政治斡旋。在外交与内政的双重努力下,后晋成功保住了中原王朝自主任命边境将帅的独立政治权,一定程度上减缓了契丹势力对中原内政的渗入步伐。

天福四年(939)七月,石敬瑭将皇甫遇调离定州后,迅速委任王廷胤为义武节度使。王廷胤作为王处存(王处直兄)之孙的家族身份,是石晋政权回拒契丹的有力凭藉,但石敬瑭看重的不单是其与王威这一特殊的宗亲关系,王廷胤久经磨炼的累朝宿将经历更为重要。王廷胤,"唐庄宗之内表也。性勇剽狡捷,鹰瞬隼视,喑呜眦睚,则挺剑而不顾。少为晋阳军校,以攻城野战为务,暑不息嘉树之阴,寒不处密室之下,与军伍食不异味,居不异适,故庄宗于亲族之中,独加礼遇。庄宗、明宗朝,累历贝、忻、密、澶、隰、相六州刺史。国初,范延光据邺称乱,高祖以庭胤累朝宿将,诏为魏府行营中军使兼贝州防御使。城降赏劳,授相州节度使,寻移镇定州"③。作为颇有资历且其身份又能堵塞契丹之欲的边将人选,在石晋朝中后期确也恪守边将之责,南北两方相安,未生事端。

直至天福七年(942)正月,后晋平定镇州安重荣叛乱后,"以北面行营副招讨使、邢州节度使马全节为定州节度使,以定州节度使王庭胤为沧州节度使"④。马全节,"少从军旅,同光末,为捉生指挥使,赵在礼之据

---

① (宋)司马光:《资治通鉴》卷282《后晋纪三》,天福四年七月壬申,第9204页。
② (宋)司马光:《资治通鉴》卷282《后晋纪三》,天福四年七月壬申,第9204页。
③ (宋)薛居正:《旧五代史》卷88《王廷胤传》,第1150页。
④ (宋)薛居正:《旧五代史》卷80《高祖纪第六》,第1057页。

魏州也，为邺都马步军都指挥使。唐明宗即位，授检校司空，历博、单二州刺史。天成三年，赐竭忠建策兴复功臣，移刺鄆州。长兴初，就加检校司徒，在郡有政声，……清泰初，为金州防御使"①，晋高祖即位，"加检校太保，正授旌节。天福五年，授检校太傅，移镇安州"，先后领军平定李金全之乱、安重荣之乱，以军功"加开府仪同三司，充义武军节度、易定祁等州观察处置、北平军等使"②。石敬瑭以久经沙场、经验丰富的战场老将马全节出任处境敏感、形势莫测的定州节帅，冀其稳定边地、避免动乱。

开运元年（944）七月，后晋挫败契丹进攻后，晋出帝调整定州人事，"以定州节度使马全节为邺都留守，加兼侍中……前陕州节度使王周加检校太尉，改定州节度使"③，之后义武节帅更易频繁，短短三年内（944年7月—946年12月）三易其主，先后以王周、安审约、李殷镇守定州，李殷则于开运三年（946）十二月投降契丹。

（二）镇州

镇州，"成德军节度使、镇州大都督府长史、管内观察处置等使，唐旧镇。……五代前期领镇、冀、深、赵四州，天福三年十一月，割冀州隶永清军节度，后只领三州"④。后晋天福元年（936）十二月，因清泰朝成德节度使董温琪与赵德钧同救晋安，"俱没于契丹"，都虞候秘琼"尽杀温琪家人，瘗于一坎，而取其货，自称留后，表称军乱"⑤，天福二年（937）正月，石敬瑭诏"前北面招收指挥使安重荣为成德节度使，以秘琼为齐州防御使"⑥。安重荣在太原起兵之际即投诚归晋，颇受石晋器重，以其代替秘琼自是要将镇州这个北部要镇收归麾下、为己所控。为防止秘琼拒不应

---

① （宋）薛居正：《旧五代史》卷90《马全节传》，第1179—1180页。
② （宋）薛居正：《旧五代史》卷90《马全节传》，第1180页。
③ （宋）薛居正：《旧五代史》卷83《晋少帝纪三》，第1093页。
④ 朱玉龙：《五代十国方镇年表》，第283—284页。
⑤ （宋）司马光：《资治通鉴》卷280《后晋纪一》，天福元年十二月癸巳，第9165年。
⑥ （宋）司马光：《资治通鉴》卷281《后晋纪二》，天福二年正月乙卯，第9167页。

"卑辞厚币"下的"内谨边备"：试论后晋石敬瑭朝的北边守御与政治应对

诏，石敬瑭特遣"引进使王景崇谕琼以利害"，赴任之际安重荣更是与"契丹将赵思温偕如镇州"①，以契丹之威势来迫使秘琼妥协，镇州最终顺利交割。安重荣虽为猛将旧臣，戍边有道，却与契丹势同水火，加之石敬瑭朝对藩镇过为姑息纵容，使得安重荣在镇州愈发跋扈，最终于天福六年（941）十二月据镇叛乱。天福七年（942）正月斩首安重荣、平息北部动乱后，石敬瑭下诏"改镇州为恒州，成德军为顺国军"②，"以郓州节度使、北面行营招讨使、侍卫亲军都指挥使杜重威为恒州顺国军节度使，加兼侍中"③。杜重威，"少事明宗，自护圣军校领防州刺史。其妻即晋高祖妹也，累封宋国大长公主"④，先后参与镇压张从宾、范延光、安重荣等诸处叛乱而一路晋升。在镇州叛乱后，边帅人选的领兵能力与忠心程度皆是石敬瑭要充分考虑的因素所在，杜重威既是军功重臣又为皇亲国戚的双重政治身份，成为石敬瑭部署镇州边帅的顺势选择。

石重贵继位后对石敬瑭在镇州的人事部署未作调动，直至开运年间辽晋绝好，双方战事不歇，镇州成为庬冲之地，杜重威（后避晋出帝之讳而改名"杜威"）既惧于契丹之威，又嫌于境内凋敝，"遂无留意，连上表乞归朝，不俟报即时上路。朝廷以边上重镇，主帅擅离，苟有奔冲，虑失御备，然亦无如之何，即以马全节代之，重威寻授邺都留守"⑤。马全节未及赴任而卒亡，只得以王周调戍镇州，开运三年（946）十二月杜重威投降契丹后，王周亦降，契丹任命马崇祚权知镇州事。

幽蓟诸州的归辽，使得镇、定二州在河北的战略地位愈发凸显。作为中原门户所在，河北的安危直接关系到后晋政权的安危，定、镇二地的将帅部署，不但涉及如何镇戍一方，更关系晋辽双边关系的发展。华北地区地势平坦，无险要地势可守，辽晋关系破裂后，镇、定诸州直接沦为庬冲之地，战事分外胶着。对于镇、定这一特殊的地理状况与战略地位，在将

---

① （宋）司马光：《资治通鉴》卷281《后晋纪二》，天福二年正月乙卯，第9167页。
② （宋）薛居正：《旧五代史》卷80《晋高祖纪六》，第1056页。
③ （宋）薛居正：《旧五代史》卷80《晋高祖纪六》，第1057页。
④ （宋）薛居正：《旧五代史》卷109《杜重威传》，第1433页。
⑤ （宋）薛居正：《旧五代史》卷109《杜重威传》，第1434页。

帅的部署择选上，既不似河东安彦威般的屈节事辽者，也不似朔方张希崇般的抚御羌胡者，而是更加看重将帅能否有效御敌于外的戍防能力。从定州节帅皇甫遇、王廷胤、马全节，再到镇州安重荣、杜重威，无一不是久经沙场、经验丰富的战场老将，纵然皇甫遇"所至苛暴，以诛敛为务"①，杜重威"重敛于民，税外加赋"②，石敬瑭却"知而不问"③，皆因河北边帅的首要任务即是御边抗敌，面对北敌南牧能有效御敌于外、捍卫领土安全，敦睦双边关系位居其次，再次才是治理边地内部事宜。较之朔方的防契丹、抚羌胡，河东的安边地、和契丹，河北边将的政治任务显然更突出军事防御色彩。边帅类型的变化，主要依边防各区的战略地位、地理形势、戍防侧重以及晋辽双边关系的更易变化而有所不同，而将帅选任的区别化，是石敬瑭对辽晋关系在不同发展阶段进行深入反思与平衡估量之下，适时作出的边防应对与政治回应。

在北边诸任节度使中，安重荣相对而言较为突出。作为河北重镇——镇州节帅，却并不以晋高祖要求的敦睦双边关系为要务，反而与之剑拔弩张，"耻臣契丹，见契丹使者，必箕踞慢骂，使过其境，或潜人杀之"，甚而"遣骑掠幽州南境"④；在耶律德光盛怒责让后晋，使之遣还吐谷浑部族之际，镇州却公开招纳吐谷浑族南逃者，并积极联络契丹境内的汉地离心势力。对于这样一位与后晋"勿启边衅"外交理念背道而驰的边地藩帅，石敬瑭虽惧其破坏双边关系，常"为之逊谢"⑤，也屡敕其"承奉契丹，勿自起衅端"，⑥ 然皆不曾有实质性处理，直至安重荣上表斥责石敬瑭"父事契丹，竭中国以媚无厌之虏"⑦，与之公然对立、称兵向阙，方才派大军攻伐。在镇州叛乱之前，后晋对安重荣是一味地姑息纵容，这固然是忌于安重荣的手握重兵，但也不排除有意期冀镇州边帅的适度强硬给契丹造成一

---

① （宋）薛居正：《旧五代史》卷95《皇甫遇传》，第1259页。
② （宋）薛居正：《旧五代史》卷109《杜重威传》，第1433页。
③ （宋）薛居正：《旧五代史》卷109《杜重威传》，第1433—1434页。
④ （宋）司马光：《资治通鉴》卷282《后晋纪三》，天福六年四月丁亥，第9222页。
⑤ （宋）司马光：《资治通鉴》卷282《后晋纪三》，天福六年四月丁亥，第9222页。
⑥ （宋）司马光：《资治通鉴》卷282《后晋纪三》，天福六年六月戊午，第9222页。
⑦ （宋）司马光：《资治通鉴》卷282《后晋纪三》，天福六年六月戊午，第9223页。

"卑辞厚币"下的"内谨边备"：试论后晋石敬瑭朝的北边守御与政治应对

定的边防压力，使之有所忌惮。因之，纵然安重荣与契丹不睦、行为乖张，但镇州主帅如此积极主动的进攻态势，恰好在一定程度发挥了以攻为守的战略效果。从契丹方面来看，耶律德光虽大怒其行，屡来责让，甚而欲南伐以示惩戒，但终归是言而未行，说明这股强劲的中原边境力量让契丹主有所顾忌，加之此前阿保机父子先后受挫于幽州刘仁恭父子、后唐卢龙诸帅的前车之鉴，使其对此后的南侵行动也不得不慎之又慎，这种慎重的南侵考量在后晋出帝朝即有所体现：天福七年（942）六月石重贵即位，听从景延广建议，对契丹"称孙不称臣"，辽太宗虽遣使责让出帝擅即帝位，但双方使者仍往来不绝；天福八年（943）九月契丹回图使乔荣北归，转呈景延广不逊之辞，辽廷虽议南寇但未有行动，直至在后晋发生内乱、杨光远力邀南下的历史契机之下，方才于开运元年（944）正月发动伐晋战争。

当然，在加强北边人事部署之外，后晋也相应采取其他如政区调整、暗结吐谷浑等措施，以防患于未然：如天福三年（938）十一月，"建邺都于广晋府，置彰德军于相州，以澶、卫隶之；置永清军于贝州，以博、冀隶之。澶州旧治顿丘，帝虑契丹为后世之患，遣前淄州刺史汲人刘继勋徙澶州跨德胜津，并顿丘徙焉。以河南尹高行周为广晋尹、邺都留守，贝州防御使王廷胤为彰德节度使，右神武统军王周为永清节度使"①。以此加强开封以北的安全防御，制造多重军事保障。再如暗结吐谷浑以累契丹：自石敬瑭"割雁门之北以赂契丹，由是吐谷浑皆属契丹，苦其贪虐，思归中国；成德节度使安重荣复诱之，于是吐谷浑帅部落千余帐自五台来奔。契丹大怒，遣使让帝以招纳叛人"②，天福六年（941）正月，石敬瑭"遣供奉官张澄将兵二千索吐谷浑在并、镇、忻、代四州山谷者，逐之使还故土"③，但在四月，北京留守李德珫"遣牙校以吐谷浑酋长白承福入朝"④，与此前搜索归还吐谷浑归之举大相径庭："既遣张澄逐吐谷浑之在四州山

---

① （宋）司马光：《资治通鉴》卷281《后晋纪二》，天福三年十一月辛亥，第9194页。
② （宋）司马光：《资治通鉴》卷282《后晋纪三》，天福五年十二月丙申，第9219页。
③ （宋）司马光：《资治通鉴》卷282《后晋纪三》，天福六年正月丙寅，第9219页。
④ （宋）司马光：《资治通鉴》卷282《后晋纪三》，天福六年四月辛巳，第9221页。

谷者矣，而又容其酋长入朝，岂非容其大而逐其细欤！"① 显然，石敬瑭是在刻意拉拢甚而壮大契丹内部的这股非中原分裂势力。

天福六年（941）九月，刘知远又"遣亲将郭威以诏指说吐谷浑酋长白承福，令去安重荣归朝廷，许以节钺"，"时朝廷阳为逐吐谷浑而阴抚纳之，又惧契丹知之而怒之也，不敢明降诏书，故刘知远承帝密指，使郭威称诏指以说之"②。十月，白承福"帅其众归于知远。知远处之太原东山及岚、石之间，表承福领大同节度使，收其精骑以隶麾下"③。从这一系列与契丹意志相背而行的政治行动中，不难窥见石敬瑭在"卑辞厚币"④的外交表态下，为己筹谋的政治盘算，但凡不触及既有利益与政权安全下的适度抗争与有限回拒，身居帝位的石敬瑭并不排斥，反而会有意引导。石敬瑭对辽属吐谷浑的布局与谋划，在出帝朝爆发的辽晋战事中初露成效：开运元年（944）正月，"契丹寇太原，刘知远与白承福合兵二万击之"⑤。吐谷浑部族与河东共击契丹的政治现实，再度验证了石敬瑭朝边防部署与拉拢政策的可行性。

后晋"内谨边备"的边防举措对后汉、后周乃至宋初御边战略皆产生了一定影响。刘知远长期镇守河东的实力累积，使其在后晋灭亡后能够依恃太原险地建立后汉，最终称帝中原，短暂而亡后，北汉仍据其地，北结辽、南抗周，河东依然是难以攻克的中原边地；后周在与北汉的对峙中，逐步开始改变对辽守御政策，以军事进攻为主，世宗北伐复三关之举即是其例；宋初则又回到了后晋时期的守将政策，宋太祖"先南后北"的统一方略，"北征"目标指的是据有河东的北汉政权，燕云十六州则是历史遗留下来的边患问题，⑥北宋建国之初在河北地区的防御"一定程度上汲取了中唐五代利用藩镇守边的经验"，"在与辽及北汉接壤的前线地区，派遣

---

① （宋）司马光：《资治通鉴》卷282《后晋纪三》，天福六年四月辛巳，第9221页。
② （宋）司马光：《资治通鉴》卷282《后晋纪三》，天福六年九月乙亥，第9228页。
③ （宋）司马光：《资治通鉴》卷282《后晋纪三》，天福六年十月，第9228—9229页。
④ （宋）司马光：《资治通鉴》卷282《后晋纪三》，天福五年二月庚戌，第9210页。
⑤ （宋）司马光：《资治通鉴》卷283《后晋纪四》，开运元年正月戊子，第9263页。
⑥ 参见李华瑞《关于宋初先南后北统一方针讨论中的几个问题》，《河北大学学报（哲学社会科学版）》1997年第4期。

"卑辞厚币"下的"内谨边备"：试论后晋石敬瑭朝的北边守御与政治应对

了一批强悍的将领驻守要地"①。灵武地区则从后晋开始，历经后汉、后周直至宋初，冯氏父子始终镇守其地，不曾更易。由此而言，以边地人事部署的优化增强戍防能力的边防政策，在燕云入辽后成为五代宋初中原王朝应对契丹入寇的有效方略。

结　　语

依恃燕云地利、位居上国尊主的北族契丹，常以援立之功自居，对后晋"小不如意，辄来责让"，② 身为中原帝王的石敬瑭面对契丹颐指气使的凌盛态势，谨守着"竭中国之财以奉大国"③ 的前言旧约，"卑辞谢之"，④ "事之曾无倦意"，⑤ 一派奴颜婢膝之象，为中原士人及后代所不耻，皇位得之不正的石敬瑭自是渴求契丹的中原战略适可而止，辽晋边界维持现安，双方各行其是。然而，割地称臣的现实，早已改变了以往中原政权与边疆民族的既有发展轨迹，契丹的政治野心昭然若揭，凭借燕云汉地的战略优势和强劲的骑兵力量，对中原政事指手画脚、多方干涉，即使是一再向北族卑躬屈膝、谋求苟安的石敬瑭也明白，仅靠"卑辞厚币"的外交政策，并不能从根本上保证后晋政权的安然长存。以割地称臣、父事契丹的巨大代价所换来的中原帝位，其安危自不能全然系于外力（契丹）之强弱变化，若要保证石氏统治的绵延流长，外围空间固然重要，内里强硬亦是关键。基于这一现实认知，后晋建立之初，面对国内"籓镇多未服从；或虽服从，反仄不安。兵火之余，府库殚竭，民间困穷"，国外"契丹征求无厌"、索求无度的政治困境，石敬瑭采纳桑维翰建议，"推诚弃怨以抚籓镇，卑辞厚礼以奉契丹，训卒缮兵以修武备，务农桑以实仓廪，通商贾以

---

① 陈峰：《北宋御辽战略的演变与"澶渊之盟"的产生及影响》，《史学集刊》2007年第3期。
② （宋）司马光：《资治通鉴》卷281《后晋纪二》，天福三年七月戊寅，第9188页。
③ （宋）司马光：《资治通鉴》卷280《后晋纪一》，天福元年十一月闰月丁酉，第9156页。
④ （宋）司马光：《资治通鉴》卷281《后晋纪二》，天福三年七月戊寅，第9188页。
⑤ （宋）司马光：《资治通鉴》卷281《后晋纪二》，天福三年七月戊寅，第9189页。

丰货财"①，内外并举，以求长安。为此，石敬瑭先后在朔方、河东、河北等边防重镇，依各区战略地位、地理状貌、镇戍目标以及晋辽双边关系的更易变化，灵活调派品性适宜、安边有道的能臣武将加以守御，以边防人事的强化弥补燕云地利的缺失。同时，在充分认知晋辽双边政治形势的前提之下，以调整军事政区、利用边地反辽力量、分化拉拢契丹分裂势力以及政治斡旋等方式，维护既有利益与边防安全。这一系列有条不紊、因时而异的守御举措，恰是外交窘境之下的石晋政权在内部着力构建属于中原王朝后晋的硬性实力与政治安全，也是后晋应对外敌窥伺的唯一途径。

对于后晋前期（936—942）内政与外交的研究，不应只局限于其"卑辞厚币"以事契丹之软弱卑相，乱世中成长而高居帝位的石敬瑭，不会将政权安危系全然系于外围政治的变化，与耶律德光的君臣父子之义，不过是时势所迫下的"以术相遇"②、各为己谋，"打铁还需自身硬"的道理，石敬瑭深明其意。当然，石敬瑭以割让燕云十六州土地与人民为筹码来换取帝位的卑劣行径自是不耻，必然受到历史的谴责与世人的唾骂，这是公论也是定论，毋庸置疑。本文仍以石敬瑭为研究对象，并非有任何辩解之意，而是在研读史料过程中，观察到石敬瑭在前期的"卖国"行径与后期称帝后的"内政"作为之间的剧烈反差，这一点郑学檬先生很早即已指出石敬瑭在内政上的一些积极作为，③ 因而有意探究石敬瑭朝的北边战略除了人尽皆知的卑事契丹的外交行径之外，是否有其他为后晋而谋、相对积极的边防举措，以此作为观察历史人物多面性的切入点，撰写此文的初衷即缘于此，在论及后晋即言其"卑辞厚币以事之"④ 的传统认知之外，关注并揭示中原帝王身份下的石敬瑭，如何在国防困境之下，为防御契丹继续南寇所采取的政治应对与边防举措，看到后晋政权在南北格局已然变化的前提下如何"内谨边备"，即中原王朝在御敌战略上相对积极作为的一面。

---

① （宋）司马光：《资治通鉴》卷281《后晋纪二》，天福二年正月戊寅，第9168页。
② （宋）司马光：《资治通鉴》卷282《后晋纪三》，天福六年四月辛巳，第9221页。
③ 郑学檬：《关于石敬瑭评价的几个问题》，《厦门大学学报》1983年第1期。
④ （宋）司马光：《资治通鉴》卷282《后晋纪三》，天福五年二月庚戌，第9210页。

君臣相争

——后唐征蜀战争再认识

胡 鹏

(陕西师范大学 历史文化学院)

同光三年(925)后唐大军征伐蜀地,仅用七十余天就灭亡了五代前蜀政权。但是随后政治变动引发的全国性动乱导致庄宗被杀,入立后的明宗又无力阻止蜀地再次割据,孟知祥得以逐步统一两川并在明宗去世后正式称帝建国。

针对后唐发动的两次征蜀战争,学界已经取得了一定的研究成果[①]。其研究主题主要分为三个方面:其一是对两次征蜀战争的基本概述。这一类研究对于后唐两次征蜀战争的大致过程和最终结果进行了一定的介绍和简要评价,但是基本未再展开讨论。其二是着重从统一战争的角度出发,将针对蜀地的征伐纳入王朝统一战争的范畴内进行讨论,进而将孟知祥据蜀视为征蜀战争的失败。同时,也强调蜀地财富对于庄宗和明宗的吸引。其三则是注意到了藩镇体制下权力继承的不稳定现象,认为立储问题是庄宗发动征蜀战争的重要起因。这些成果拓宽了唐末五代研究的视野,也为

---

① 陶懋炳:《五代史略》,人民出版社1985年版,第156—163页;莫锦江:《论前蜀的兴亡》,《四川大学学报》1983年第4期;曾智中:《前后蜀之败亡》,《文史杂志》1986年第4期;王仲荦:《隋唐五代史》,上海人民出版社1988年版,第913—918页;曾国富:《后唐对蜀战争浅析》,《湛江师范学院学报》1999年第1期;吕思勉:《隋唐五代史》,上海古籍出版社2005年版,第495—509、515—519页;[美]戴仁柱、马佳:《伶人·武士·猎手:后唐庄宗李存勖传》,中华书局2009年版,第163页;徐双:《论五代后唐征蜀之役》,《历史教学》2017年第4期;[美]戴仁柱:《从草原到中原:后唐明宗李嗣源传》,刘广丰译,中华书局2020年版,第260—277页。

本文写作奠定了良好基础。但是，以上研究也有进一步讨论的空间，特别是不能为后唐征蜀的时间选择、军队人员构成及孟知祥迅速割据自立等现象提供更为合理的解释。本文认为，若跳出王朝统一等固有的叙事范畴，而将征蜀战争视为后唐内部君臣、派系斗争的结果，则能够对这两场战争提供更为合理的解释。实际上，已经有学者关注到庄宗朝统治集团内部的君臣、派系斗争现象①。因此，本文拟在前辈学者的研究基础上，通过对后唐征蜀战争的诱因、策划过程、后续影响等方面进行再次考察，以图为相关历史事件提供更为合理的解释。

一 "征蜀"的提出与庄宗的抉择

实际上，早在后唐建立之前，河东集团内部便出现了征伐蜀地的言论，这一言论最早出于河东监军张承业之口。天祐十八年（921）是李存勖扩张权势的重要一年，此年正月，"魏州开元寺僧传真获传国宝，献于行台。验其文，即'受命于天，子孙宝之'八字也，群僚称贺。""淮南杨溥、西川王衍皆遣使致书，劝帝嗣唐帝位"②，"将佐及藩镇劝进不已"③。如此密集的劝进活动，显然是李存勖或其亲信精心安排之下的结果。在政权内外诸势力的积极鼓动之下，李存勖已经准备称帝建国。

但是对于李存勖此时显露的强烈称帝意图，张承业则认为不太适宜。天祐十八年正月，在获悉了李存勖的称帝意图之后，张承业亲自从太原南下至魏州进谏。张承业认为：

> 吾王世世忠于唐室，救其患难，所以老奴三十余年为王捃拾财赋，召补兵马，誓灭逆贼，复本朝宗社耳。今河北甫定，朱氏尚存，而王遽即大位，殊非从来征伐之意，天下其谁不解体乎！王何不先灭

---

① 刘冲、陈峰：《论后唐庄宗明宗嬗代事》，《人文杂志》2016 年第 1 期；屈卡乐、卢地生：《后唐同光政权方镇控制战略研究》，《安徽史学》2020 年第 2 期。
② 《旧五代史》卷 29《后唐庄宗纪第三》，中华书局 1976 年标点本，第 397 页。
③ 《资治通鉴》卷 271，龙德元年正月甲辰，中华书局 2011 年点校本，第 8984 页。

朱氏，复列圣之深仇，然后求唐后而立之，南取吴，西取蜀，汛扫宇内，合为一家，当是之时，虽使高祖、太宗复生，谁敢居王上者？让之愈久则得之愈坚矣。老奴之志无他，但以受先王大恩，欲为王立万年之基耳。①

观其言论，并非不赞成李存勖称帝建国，只是在称帝步骤上与李存勖有一定分歧。张承业认为在未灭后梁的情况下贸然称帝，显然操之过急。因而建议应当先灭后梁，求李唐后裔而立，再以李唐王朝的名义攻取改元建国的吴、蜀之地，合天下为一家后通过禅让使李存勖取得帝位，如此便可立"万年之基"。这一"挟天子以令诸侯"再称帝建国的步骤，在中国历史上早已被运用得相当成熟。在任河东监军之前，张承业有着长时间供职于中央政府的经历，其对于政权的建立和运行机制有着颇为深刻的理解，故提出的这一称帝步骤应与其宦官经历有关。通过这一方式来取得帝位，必然会使李存勖所建立的政权更具政治合法性。而在这一建国方式中，攻灭负固不服、称帝建国的前蜀政权是重要的一环。时人认为，"唐失道而失吴、蜀，……吴、蜀乘其乱而窃其号"②。因此，若借助李唐王朝名义攻取蜀地，自然有其政治合法性，也可使唐道"失而复得"。通过发动国内统一战争，在中兴李唐王朝的同时，也为李存勖本人积攒无可比拟的政治资本，从而为其顺利禅代奠定基础。

不过，这一较为完善的称帝建国方法，却并不符合李存勖的迫切需求。同光元年（923）二月，李存勖即皇帝位于魏州，建立后唐政权。其建国方式并没有采纳张承业建议，而是在尚未灭后梁的情况下，由北方诸藩镇推举而即帝位。同年十月，后唐大军攻入大梁灭亡了后梁王朝。在时人观念之中，灭亡后梁事实上已经实现了唐室中兴。因此，在顺利称帝建国、中兴唐室之后，攻取蜀地对于加强后唐的政权合法性而言已经不再是强烈的需求。

---

① 《资治通鉴》卷271，龙德元年正月甲辰，第8984—8985页。
② 《旧五代史》卷128《王朴传》，第1679—1680页。

但是，这并不代表李存勖不想把前蜀地区纳入后唐王朝统治之内。同光元年，荆南节度使高季兴入朝，"庄宗谓之曰：'今天下负固不服者，唯吴与蜀耳。朕今欲先有事于蜀，而蜀地险阻，尤难之。江南才隔荆南一水耳，朕欲先征之，卿以为何如？'"① 就征伐吴、蜀地区孰先孰后，向高季兴进行了咨询。不过，相较于军事手段，后唐庄宗更愿意尝试外交途径来迫使前蜀屈服。史载，后唐灭后梁后，"帝遣使以灭梁告吴、蜀"，"唐使称诏，吴人不受"②。按照后唐在与杨吴交往中使用的国书开头书式，可知最初后唐也是以诏书形式将灭梁情况告知了前蜀政权。诏书是皇帝布告臣民时使用的文书，通过这一文书方式，后唐实际上将前蜀视为了自己的附属政权。对于后唐的这一政治态度，前蜀政权并没有接受。同光二年（924）正月，"蜀主王衍致书于帝，称有诈为天使，驰报收复汴州者，诏捕之，不获"③。

值得一提的是，在回复后唐时王衍采取了致书的方式。日本学者金子修一先生指出："隋和五代还有一种'皇帝（天子）致书（某）'的书式。其中'致书'用于二者关系对等的场合。"④ 前蜀显然并不承认李存勖天下共主的地位，而是期待与中原王朝建立平等的国与国关系，而这一平等关系是承袭自后梁时期。开平四年（910），后梁曾遣使通蜀，称"今专驰卿列，备达衷怀，重论金石之交，别卜埙篪之分"⑤。在确认唐王朝已经灭亡的前提下，确立了中原王朝与前蜀之间平等的兄弟之国关系。前蜀自然希望后唐延续后梁时期确立的对等关系，放弃对于蜀地的领土诉求。同光二年七月，"蜀主遣户部侍郎欧阳彬来使，致书用敌国礼"⑥。对于此事，《旧五代史》记为"西川王衍遣伪署户部侍郎欧阳彬来朝贡，称'大蜀皇帝上

---

① （宋）周羽翀撰，俞钢校点：《三楚新录》卷3，杭州出版社2004年点校本，第6327页。
② 《资治通鉴》卷272，同光元年十月戊戌，第9026页。
③ 《旧五代史》卷31《后唐庄宗纪第五》，第426页。
④ ［日］金子修一：《中国皇帝和周边诸国的秩序》，载［日］沟口雄三、［日］小岛毅《中国的思维世界》，孙歌等译，江苏人民出版社2006年版，第460页。
⑤ （宋）句延庆撰，储铃铃校点：《锦里耆旧传》卷6，杭州出版社2004年点校本，第6034页。
⑥ 《资治通鉴》卷273，同光二年十一月乙未考异引"后唐庄宗实录"，第9050页。

书大唐皇帝'"①。面对后唐政权,王衍以皇帝对称,实际上再次表明了前蜀政权的强硬态度。同时,前蜀又沿唐蜀边境布置重兵,以防备后唐攻势。

在外交手段尝试受挫之后,庄宗迅速调整了对蜀政策,接受了双方对等的现实②,并致力于缓和同前蜀的关系。同光二年九月,唐使李彦稠入蜀。李彦稠此次出使,显然是为缓解双方关系而来,对于前蜀也进行了一定的安全保证。在其东还后,前蜀于十一月"罢威武城戍,召关宏业等二十四军还成都。戊申,又罢武定、武兴招讨刘潜等三十七军"。"辛酉,蜀主罢天雄军招讨,命王承骞等二十九军还成都。"十二月,"蜀主罢金州屯戍,命王承勋等七军还成都"③,撤除了针对后唐的边境防御力量。而在同光二年十月李严出使之时,后唐更加确认了与前蜀的平等关系。庄宗此次派遣李严出使,应该是以追求商业贸易为主要目的。李严在其笏记称:"特遣苏、张之士,来追唐、蜀之欢。吾皇回感于蜀皇,复礼远酬于厚礼。"④ 后唐统治者李存勖与前蜀统治者王衍互以皇帝相称,后唐政权与前蜀政权处在了平等地位。这一表态,实际上默认了蜀地脱离中原王朝统治的现实,从法理上放弃了对于蜀地领土的诉求。而"右谏议大夫薛昭文上疏,以为:'诸道僭窃者尚多,征伐之谋,未可遽息。……'皆不从"⑤ 的记载,也证明了庄宗态度的转变。因此,可以确定的是,至少在同光二年十月李严入蜀之时,后唐并没有明确地表现出迫切攻取蜀地的意图。

二 庄宗君臣矛盾与"征蜀"的再次提出

同光三年六月庄宗诏天下括市战马以准备征蜀的记载,多少显得有些

---

① 《旧五代史》卷32《后唐庄宗纪第六》,第438页。
② 早在同光元年十月,后唐就已经接受了与杨吴政权对等的现实。"帝遣使以灭梁告吴、蜀,……唐使称ığı,吴人不受;帝易其书,用敌国之礼,曰'大唐皇帝致书于吴国主'"(《资治通鉴》卷272,同光元年十月戊戌,第9026页)。
③ 《资治通鉴》卷273,同光二年十一月、十二月,第9050—9051页。
④ (宋)句延庆撰,储铃铃校点:《锦里耆旧传》卷6,第6038页。
⑤ 《资治通鉴》卷273,同光二年五月乙巳,第9043—9044页。

突然。为了解征伐蜀地的真实原因，有必要对此段时间内庄宗朝的基本情况进行大致考察。

自渡河灭梁、入主洛阳之后，庄宗朝的政治中心已经由河北转移至河南地区。相应地，在统治策略方面，也逐渐由依靠代北①、河北转而为依靠河南，从而在用人上呈现出日趋"河南化"的倾向。压制代北武将，扶植亲信（特别是后梁降将等河南地区军人群体）以维持国内政治、军事诸势力之间的平衡，成了李存勖制定内外政策的基本出发点。史载："庄宗性矜伐，凡大将立功，不时行赏。"②"帝性刚好胜，不欲权在臣下，入洛之后，信伶宦之谗，颇疏忌宿将。"③ 所谓宿将，主要是随李克用父子起兵的代北武将群体。这一群体在李克用集团壮大和灭梁过程中积攒了强大的个人军事力量，在政治权威衰落和政治体制破坏重组的五代时期，确实对于皇权专制统治造成了实际威胁。作为后唐中央政府领导核心的郭崇韬，也秉承庄宗意志，以各种措施来压制勋旧力量④。

不过，在契丹的军事压力之下，李存勖在东北边防问题上被迫暂时放弃压制代北宿将的政策，出自代北武将群体的周德威、李（符）存审、李存贤等人也得以先后就任幽州节度使。只是周德威、李（符）存审、李存贤等人忠干，未造成激烈的君臣矛盾。但是，新任幽州节度使李存贤的健康状况却很不乐观。史载，李存贤"性忠谨周慎，昼夜戒严，不遑寝

---

① 本文所论代北范围，以樊文礼先生所考证为准，参见氏著《唐末五代的代北集团》，中国文联出版社 2000 年版，第 50—54 页。
② 《旧五代史》卷 61《安金全传》，第 815 页。
③ 《资治通鉴》卷 273，同光三年二月甲申，第 9055 页。
④ 对此现象，史书多有记载，如"佐命勋旧，一切鄙弃。……旧僚宿将，戟手痛心"（《旧五代史》卷 57《郭崇韬传》，第 772 页）；"李存审自以身为诸将之首，不得预克汴之功，感愤，疾益甚，屡表求入觐，郭崇韬抑而不许"（《资治通鉴》卷 273，同光二年三月丙午，第 9040 页）。需要说明的是，打击勋旧元从、扶植新生亲信势力，是李存勖自掌权伊始便推行的政策。李（符）存审、李嗣源等人的崛起，正是李存勖打击元从旧部的结果。关于这一点，罗亮已经进行了详细考证，详见氏著《再论李克用之义儿》（载纪念岑仲勉先生诞辰 130 周年国际学术研讨会论文集编委会《纪念岑仲勉先生诞辰 130 周年国际学术研讨会论文集》，中山大学出版社 2019 年版，第 391—405 页）。只是此时期，李（符）存审、李嗣源等人已经成为了勋旧，而后梁降将则成为了李存勖想要扶植的群体。

食,以至忧劳成疾"①。在这一形势下,契丹再次趁机入侵。自同光二年九月至十一月,契丹连续侵扰幽州、易州、定州、蔚州多地。面对契丹的攻势和"披榛故人零落殆尽"的现实,代北宿将、蕃汉内外马步军总管李嗣源就成为镇守北边的不二人选。

实际上,在攻灭后梁之后,李嗣源长期任职于河南地区,特别是同光二年六月改任宣武节度使后,一直留于洛阳而未赴镇就任。在此期间,李嗣源在政治、军事上颇为沉寂,史书罕见其相关记载。结合代北宿将受猜忌的状况,可以推测李嗣源留于京城期间被置于了严密的监视之下。不过,在严峻的边境压力下,庄宗只得被迫启用此时颇受猜忌而闲居于洛阳的李嗣源。同光二年十二月,"己巳,命宣武节度使李嗣源将宿卫兵三万七千人赴汴州,遂如幽州御契丹"。次年,改任其为镇州节度使。而在李存贤去世后,庄宗又以横海节度使赵德钧为幽州节度使。赵德钧"位望素轻"却担此大任,应与其为李嗣源儿女亲家有关。这说明,在依靠李嗣源北防契丹之时,庄宗不得不给予其相当大的政治权力和军事自由度。

而李嗣源本人,亦有不甘于人下之心。史载:"初,晋阳相者周玄豹尝言帝(即后唐明宗)贵不可言,帝即位,欲召诣阙;赵凤曰:'玄豹言陛下当为天子,今已验矣。'"②面对庄宗的猜忌,在北防契丹之时,李嗣源同样也在暗中发展自己的亲信势力。今人研究已指出:"(李嗣源)集团是由其亲属、亲信与昔日部将组成。其中多镇戍北疆者与地方藩帅,拥有强大的兵力,他组织这样的势力似不仅仅为自保,而在于借机夺取皇位。"③而从其后李嗣源叛乱期间的表现可看出,代北武将对于李嗣源势力的膨胀也大多持默认乃至支持态度。总之,由于李嗣源的统兵北上,在他身边已经形成了一个主要由亲信武将组成的实力强大的军

---

① 《旧五代史》卷53《李存贤传》,第722页。
② 《资治通鉴》卷276,天成二年十二月戊寅,第9137页。对此事,清人王夫之有精彩论述:"虽然,奚必如玄豹之许嗣源以贵不可言,导以反逆,而后为天下祸哉? 举古今,尽天下,通士庶,苟信术者,无不受其陷溺;而蔑天理,裂人伦,趋利而得害,图安而得危,无有不然者也"〔(清)王夫之撰,舒士彦点校:《读通鉴论》卷29《五代中》,中华书局2013年点校本,第921页〕。
③ 刘冲、陈峰:《论后唐庄宗明宗嬗代事》,《人文杂志》2016年第1期。

政集团。而在其外围，备受冷落而心怀不满的代北武将群体也给予了很大同情和支持。代北武将与河南武将隔河相对，隐隐造成了河南、北分裂对抗之势。

对于李嗣源集团的形成和壮大，洛阳的后唐中央政府已经有所察觉。但是迫于契丹的军事压力，庄宗无法将李嗣源调离河北地区①。面对以李嗣源为代表的代北武将群体表现出的敌意，庄宗并没有采取和解措施以缓和矛盾，而是坚持推行"河南化"政策，试图通过进一步扶持后梁降将来进行压制，这其实从李嗣源北征前夕即可发现端倪。同光二年十一月——李嗣源北征的前一月，庄宗率亲军猎于伊阙，"是日，命从官拜梁祖之陵，物议非之"②。同光元年十月灭后梁后，庄宗曾"欲发梁祖之墓，斫棺燔柩，河南尹张全义上章申理，乞存圣恩，帝乃止"③。仅隔一年，庄宗态度变化之大，不能不招致时人非议。元人胡三省同样不得其解，认为："梁祖，帝之仇雠，前欲发墓斫棺，今使从官拜之，何前后之相违也！"④ 但是，若将这一事件放入庄宗拉拢后梁势力的大背景下，就不难理解了。

也正是在此时，庄宗与后梁重臣张全义的关系进一步拉近。在命从官拜后梁太祖陵的同一天，庄宗首次对张全义住处进行了拜访，并"宿于张全义之别墅"，此后双方的关系进一步密切。同光二年十二月，"庚午，帝及皇后如张全义第，全义大陈贡献；酒酣，皇后奏称：'妾幼失父母，见老者辄思之，请父事全义。'帝许之。全义惶恐固辞，再三强之，竟受皇后拜，复贡献谢恩"。面对庄宗的殷切态度，张全义感到相当惶恐。作为后梁降臣的代表性人物，以皇后之尊拜张全义为父，在满足刘皇后对财物需求的同时，显然更有拉拢后梁势力的目的。因此，尽管赵凤密奏，"'自古无天下之母拜人臣为父者。'帝嘉其直，然卒行之。自是后与全义日遣

---

① "郭崇韬以（李）嗣源功高位重，亦忌之，私谓人曰：'总管令公非久为人下者，皇家子弟皆不及也。'密劝帝召之宿卫，罢其兵权，又劝帝除之，帝皆不从"（《资治通鉴》卷273，同光三年三月辛丑，第9055页）。
② 《旧五代史》卷32《后唐庄宗纪第六》，第443页。
③ 《旧五代史》卷30《后唐庄宗纪第四》，第414页。
④ 《资治通鉴》卷273，同光二年十一月癸卯附胡三省注，第9050页。

使往来问遗不绝"①。通过致敬后梁太祖墓、拜后梁重臣张全义为刘皇后父等举动，庄宗持续不断地向后梁降将群体释放善意，尽管这些行为会损害后唐的政权合法性。种种反常的行为背后，反映了在面对因李嗣源镇守北疆而产生政权分裂危机时，庄宗被迫选择进一步拉拢后梁降将来予以应对的窘境。

不过，阻碍其扶植亲信后梁降将的重要因素之一，就是五代时期盛行的军功取仕观念。后梁降将多在大梁陷落后降唐，导致这一群体在后唐时期无多少战功可言。并且，为庄宗所信赖的后梁降将，也多为声名不显的中下级军将。同北防契丹、多立军功而功勋卓越的代北武将相比，更是需要战争的锻炼来确立功绩和声望。因此，为扶植亲信后梁降将，庄宗迫切需要战争来助其取得军功，这也是其在外部契丹军事压力、内部统治尚未稳固的双重隐患下仍急于发动对外战争的主要原因。这一时期，吴越、马楚、荆南等地方割据势力皆奉后唐为正朔，称帝建国的南汉又相隔太远，负固不服且与后唐相接的杨吴、前蜀政权就成了庄宗的目标。

为准备南下作战，自同光三年二月始，庄宗对于河北地区的节度使进行了一定调整。总体而言，"（庄宗）亲从集团直接控制的方镇向南大幅退缩至邢州安国军、邺都兴唐府"②，而其退出的河北北部地区则基本由代北武将来统领。庄宗朝节度使选任的基本原则是以庄宗元从及后梁降将取代代北武将，此时反常地将亲信力量退出战略位置重要的河北地区而向南集中，显然已有准备南侵之意。至同光三年五月，河南大部及关中部分藩镇已为庄宗元从及亲信后梁降将所占据，南下进攻的通道已经打通。而相较于吴地，李存勖更倾向于先取蜀地③。同光三年六月，"帝将伐蜀，辛卯，诏天下括市战马"④。八月，李严自前蜀出使归来。"时王衍失政，严知其

---

① 《资治通鉴》卷273，同光二年十二月辛未，第9051—9052页。
② 屈卡乐、卢地生：《后唐同光政权方镇控制战略研究》，《安徽史学》2020年第2期。
③ 同光元年十二月，后唐庄宗就征伐吴蜀的先后问题向高季兴进行了咨询，高季兴对以伐蜀，"时庄宗意欲伐蜀，及闻季兴之言，大悦"〔（宋）周羽翀撰，俞钢校点：《三楚新录》卷3，第6328页〕。
④ 《资治通鉴》卷273，同光三年六月辛卯，第9058页。

可取，使还具奏。"① 在这一信息的刺激之下，"由是伐蜀之谋锐矣"，前蜀最终成为庄宗发动对外战争的目标。

三 同光三年征蜀的筹划与将领选择

按照河东集团起家的军事传统，代北武将是军队作战的主体力量。因此，为实现排除代北武将（特别是李嗣源势力）而以亲信作为征蜀军队主力的目的，庄宗需要对征蜀战争的筹划及准备过程进行控制。同光三年九月，后唐君臣对于征蜀将领的人选进行了讨论。对于参与讨论的具体人员，史书记载详略不一，而以《资治通鉴》记载最为详尽。同光三年九月：

> 丁酉，帝与宰相议伐蜀，威胜节度使李绍钦素谄事宣徽使李绍宏，绍宏荐"（李）绍钦有盖世奇才，虽孙、吴不如，可以大任"。郭崇韬曰："段凝亡国之将，奸谄绝伦，不可信也。"② 众举李嗣源，崇韬曰："契丹方炽，总管不可离河朔。魏王地当储副，未立殊功，请依故事，以为伐蜀都统，成其威名。"帝曰："儿幼，岂能独往，当求其副。"既而曰："无以易卿。"庚子，以魏王继岌充西川四面行营都统，崇韬充东北面行营都招讨制置等使，军事悉以委之。③

据《五代会要》记载可知，庄宗一朝宰相包括豆卢革、韦说、卢程、郭崇韬、赵光胤五人④。其时卢程已死，因此可以确定，参加征蜀策划的

---

① 《旧五代史》卷70《李严传》，第930页。
② 同光元年十月，唐庄宗赐段凝姓名为李绍钦。不过，庄宗虽然通过赐姓名等方式对后梁大将进行拉拢，但对这一群体并不十分信任。王赓武先生已经指出，"李存勖马上决定重新安排所有这些人（即后梁河南地区诸节度使），甚至收养其中数人为宗室成员。但他最终期望用自己的人选来替代他们，并通过移镇、召还和处死得以实现"（王赓武：《五代时期北方中国的权力结构》，胡耀飞、尹承译，中西书局2014年版，第121页）。
③ 《资治通鉴》卷273，同光三年九月丁酉，第9060页。
④ 《五代会要》卷1《帝号》，上海古籍出版社1978年标点本，第3页。

人员主要包括后唐庄宗、豆卢革、韦说、郭崇韬、赵光胤、李绍宏。这份名单以文臣为主，而武将特别是代北武将则集体缺席。

在后唐及其前身河东集团军事行动的筹划过程中，武将往往是参与谋议的重要组成部分，因而屡见"召将吏""召诸将"等词语。而代北武将，更是影响军事决策的主要力量。李存勖继承其父之位后，代北武将群体也没有被排除在军事决策之外，故得以屡屡见于诸军事行动的谋划和实施之中。如天祐十四年（917）契丹寇幽州，幽州节度使周德威间道求援，李存勖"忧形于色，召诸将会议。时李存审请急救燕、蓟，且曰：'我若犹豫未行，但恐城中生事。'李嗣源曰：'愿假臣突骑五千，以破契丹。'阎宝曰：'但当蒐选锐兵，控制山险，强弓劲弩，设伏待之。'帝曰：'吾有三将，无复忧矣！'"① 在决策过程中，武将对于参与战争的人数、行军策略等内容发表个人意见，并最终影响战争行为。因此，庄宗此次将武将特别是代北武将群体排除在征蜀之策划之外，应该是其有意为之，其目的在于将对征蜀之役的讨论限制在极小的宰臣群体之间，从而减少对庄宗本人的制约。而参与讨论的宰臣群体，由于自身能力的局限性，实际上也并不能对于庄宗有所限制。

正如王赓武先生所指出，尽管五代被称为"武人政治"的时代，但是后梁时期"文官们继续为这个王朝提供一个文治的、谨严的行政"②。不过在攻克大梁后，庄宗对于后梁高级文官群体进行了驱逐，而替代以建国时委任的宰臣。同光元年十月庄宗即位时，以豆卢革为门下侍郎，以卢程为中书侍郎，并同平章事。"豆卢革、卢程皆轻浅无他能，上以其衣冠之绪，霸府元僚，故用之。"③ 卢程被免后，再以韦说及赵光胤同拜平章事，两人也同出身于唐名门之后。韦说"性谨重，奉职常不造事端"④。赵光胤"生于季末，渐染时风，虽欲跃鳞振翮，仰希前辈，然才力无余，未能恢远，朝廷每有礼乐制度、沿革拟议，以为己任，同列既匪博通，见其浮谭横

---

① 《旧五代史》卷28《后唐庄宗纪第二》，第390页。
② 王赓武：《五代时期北方中国的权力结构》，第89页。
③ 《资治通鉴》卷272，同光元年四月己巳，第9005页。
④ 《旧五代史》卷67《韦说传》，第885页。

议，莫之测也"①。可见诸人皆不以行政能力和决策水平见长。而豆卢革、卢程命相之日，"即乘肩舆，驺导喧沸。庄宗闻诃导之声，询于左右，曰：'宰相担子入门。'庄宗骇异，登楼视之，笑曰：'所谓似是而非者也'。"②这段记载也说明，庄宗对于其人的个人素质是相当熟悉的。

综观庄宗朝的命相标准，并不以决策和执政能力，而是以出身及仕宦经历作为标准。这就造成了庄宗朝以宰相为首的文臣官僚体制不是现实政治的官僚统治，而是变成了一种展现唐室中兴的装饰品。实际上，在中枢权力机构中掌握决策大权的是庄宗和以枢密使身份权行中书事的郭崇韬。史书亦言："时郭崇韬秉政，说等承顺而已，政事得失，无所措言。"③ 相较于庄宗，郭崇韬对李嗣源势力的敌视态度，更加有过之而无不及④。因此，通过刻意选择征蜀策划人员，庄宗及代表庄宗利益的郭崇韬实际上掌握了最终的决策过程。

而为防止征蜀安排被干扰，在筹划、准备征蜀战争前后，李嗣源被固定于北部边境，不被允许返回洛阳。同光三年三月，因为其子李从珂表官之事，李嗣源曾"乞至东京朝觐"，但为庄宗所拒绝。同年七月，"太后疾甚。……成德节度使李嗣源以边事稍弭，表求入朝省太后"⑤。李嗣源为李克用养子，与曹太后为拟制母子关系。加之此时北方边境较为安定，因此李嗣源以养子身份入京探望曹太后，实为理所当然，但是这一请求仍为庄宗所拒绝。直至同光三年十二月，李嗣源才被准许入朝，而此时征蜀战争已经结束。

最终，通过有意操纵征蜀的策划过程，庄宗确立了以魏王李继岌为西川四面行营都统，郭崇韬为东北面行营都招讨制置等使并负责实际事务的

---

① 《旧五代史》卷 58《赵光胤传》，第 777 页。
② 《旧五代史》卷 67《卢程传》，第 888 页。
③ 《旧五代史》卷 67《韦说传》，第 885 页。
④ 伍伯常先生认为，正是由于郭崇韬与李嗣源关系不睦，因此郭崇韬赞成了奇袭大梁的建议，从而将二人的矛盾关系提前至后梁灭亡前夕（伍伯常：《论五代后梁末年的大梁之役》，载香港城市大学中国文化中心《九州学林》2011 年春季刊，上海人民出版社 2012 年版，第 71—72 页）。
⑤ 《资治通鉴》卷 273，同光三年七月甲午，第 9058 页。

主将人选。作为事实上确立的储君,魏王李继岌能够很好地代表庄宗利益,这也保证了庄宗对征蜀战争的绝对控制。而在具体的征蜀将领方面,则基本以庄宗亲信为主,且为其所提拔任用的原后梁中下级将领占据了重要部分①。

表1　　　　　　　　同光三年后唐征蜀将领出身统计

出身		姓名
后唐元从	代北	郭崇韬、白奉进
	河东	梁汉颙、张廷蕴、武漳
	河北	赵晖
后梁降将		沈赟、卓瑰、朱令德、李绍文、康延孝、毛璋、董璋、赵廷隐、李仁罕、张业、潘仁嗣、李延厚、李肇、侯弘实、周知裕、张朗、宋彦筠、焦武
不详		牛景章、王赟、何建崇

这些后梁将领或因庄宗"优以待之"②被提拔为藩镇节帅,或因"闻有干略"③而继续任职于后唐禁军。后唐庄宗显然通过刻意限制征蜀策划的人员、拒绝李嗣源返京等措施,实现了以亲信作为征蜀大军主力的意图。

四　庄宗的战后安排与蜀地"得而复失"

征蜀战争进行得极为顺利,仅用七十余天就灭亡了前蜀政权。对于战后蜀地的地方长官人选,庄宗基本采取战前指定与战时临时委派相结合的方式加以任命。同光三年九月,"崇韬将发,奏曰:'臣以非才,谬当戎

---

①　征蜀大军中后梁降将的仕宦经历,参见何永成《孟蜀创业集团研究》,载第四届唐代文化学术研讨会《第四届唐代文化学术研讨会论文集》,成功大学1999年版,第854—860页。
②　《旧五代史》卷62《董璋传》,第832页。
③　(宋)路振撰,吴在庆、吴嘉骐校点:《九国志》卷7《张业传》,杭州出版社2004年点校本,第3303页。

事，仗将士之忠力，凭陛下之威灵，庶几克捷。若西川平定，陛下择帅，如信厚善谋，事君有节，则孟知祥有焉，望以蜀帅授之。'……庄宗御嘉庆殿，置酒宴征西诸将，举酒属崇韬曰：'继岌未习军政，卿久从吾战伐，西面之事，属之于卿。'"① 除战前指定孟知祥为西川节度使外，前蜀地区其他节帅则由郭崇韬临时委任。

对于孟知祥就任西川节度使一事，史书多将其归因于"郭崇韬以北都留守孟知祥有荐引旧恩"。但是通过考察孟知祥的婚宦经历，可知这一任命实也实出于庄宗本意。孟知祥正妻李氏为李克用弟李克让之女，不过"李氏养于李克用家，李克用和贞简皇后视李氏为亲女，李存勖视李氏为亲姊"②。而李氏墓志也迳记其为李克用亲女，足见孟知祥通过联姻与李存勖建立了极为亲密的关系，其本人也是在李存勖掌权后逐渐身居要职。李存勖继承父位后，以孟知祥为中门使。"中门之职，参管机要"，为节度使的心腹之任，"庄宗与梁祖夹河顿兵，知祥参谋应变，事无留滞"③，从而进入了河东集团的核心决策层。后孟知祥相继担任马步军都虞候、太原尹、北京留守，在以军功取官职的五代时期，孟知祥无显著军功却可陆续担任诸要职，可见李存勖对其的信任和重视。因此，孟知祥在就任西川节度使之前，庄宗对其言"吾闻蜀土之富，无异于此，以卿亲贤，故以相付"④，当为不虚。而郭崇韬临时委任的蜀地节帅，也多出于后唐征蜀大军之中，包括遂州节度使朱令德、洋州节度使李绍文、东川节度使董璋等人。通过以征蜀将领出任蜀地节度使，庄宗亲信势力控制了新征服地区。

同光四年（926）四月，庄宗为郭从谦所弑，李嗣源入立为后唐明宗。通过前文所述，可明了同光三年的后唐征蜀之役，实为庄宗为应对日益膨胀的李嗣源势力，而通过战争扶植亲信的实质。因此，继位之后如何妥善处理这场原本针对自己而发动的战争，就成为后唐明宗能否成功控制前蜀

---

① 《旧五代史》卷57《郭崇韬传》，第769页。
② 胡耀飞：《后蜀孟氏婚姻研究——兼论家族史视野下的民族融合》，载苍铭主编《民族史研究》第11辑，中央民族大学出版社2014年版，第77页。
③ （宋）张唐英撰，冉旭校点：《蜀梼杌》卷下，杭州出版社2004年点校本，第6090页。
④ 《新五代史》卷64《后蜀世家第四》，中华书局2016年点校本，第898页。

地区的关键。对于明宗颇为有利的局面是，郭崇韬、庄宗被杀以及由此引发的全国性大动乱，在一定程度上打乱了庄宗对于前蜀地区节度使的原有安排，使得前蜀地区多个藩镇未能及时安排节帅，而已就任的节帅也由于就任未久、名位不显，未能发展出对抗中央政府的力量。因此，在顺利地解决了东归的征蜀大军问题后，明宗开始按照自己的意志来重新安排前蜀地区的节度使人选。至天成元年（926）十一月，已经较为顺利地对原前蜀境内的遂州、黔州、夔州、利州、山南西、洋州等镇节帅进行了调整。

不过，对于西川节度使孟知祥及东川节度使董璋，明宗则表现得极为谨慎。天成元年六月，"戊申，夏州节度使、开府仪同三司、检校太师、兼中书令、朔方王李仁福加食邑一千户。以延州留后高允韬为延州节度使，……剑南西川节度副大使、知节度使事孟知祥加检校太傅、兼侍中，剑南东川节度副大使、知节度事董璋加检校太傅。壬子，凤翔节度使、检校太尉、兼中书令李从曮加检校太师、兼中书令"①。夏州、凤翔是自唐末以来割据关中的藩镇，具有很强的独立性，明宗将孟知祥与董璋与以上诸镇同时加官晋爵，显然有将东西两川视同割据藩镇对待的意思。

而明宗对于二人颇为忌惮的主要原因，应该是由于东西两川留存有大量的后唐征蜀军队。同光三年九月征蜀大军自洛阳出征时有军六万，天成元年任圜领军东返时仅余二万六千人。考虑到征蜀过程中并无较大兵力损失，因此后唐应该于两川留存了大量军事力量。史载，"魏王继岌平定两川，及班师，留兵五千人镇守"②，此五千人应仅为成都留存的数量。从留守诸将分析，可发现留守军队以后唐禁军为主，战斗力强悍。同光四年二月讨灭康延孝叛乱的过程中，东、西两川又得以补充了大量的叛军力量。两人皆"据险要，拥强兵"。同时，孟知祥、董璋作为庄宗布置于蜀地的亲信，对于篡位而自立的明宗也抱有戒备心理，双方缺乏互信的基础。

因此，在相互提防的情况下，后唐中央政府与东西两川各自加强了军事防备力量。"明宗入立。知祥乃训练兵甲，阴有王蜀之志。益置义胜、定远、

---

① 《旧五代史》卷36《后唐明宗纪第二》，第500—501页。
② 《册府元龟》卷178《帝王部·姑息三》，中华书局1960年影印本，第2146页。

骁锐、义宁、飞棹等军七万余人，命李仁罕、赵廷隐、张业等分将之。"① 司马光将孟知祥扩兵的时间记为始自天成元年七月，这说明同年六月明宗通过加检校官表现了对两川的猜忌之后，孟知祥随即就确立了与中央政府军事对抗的策略。以李仁罕、潘仁嗣、赵廷隐等人为代表的后梁降将出身的后唐留蜀将领受到了普遍重用②，孟知祥"丰给厚赐将校，与妻孥田宅，邀其死力"③。而董璋则凭借东川强大的经济实力广布腹心，"部下多敢死之士"④。在戍防蜀地的后唐兵士北归时，董璋也"擅留其壮者，选羸老归之，仍收其甲兵"⑤。总之，通过扩军行为，东西两川均建立了以后唐留蜀将士为核心的强大军事力量，这也是两镇抗衡中央政府的最大资本。

面对两川的增兵之举，明宗政府已经有所警觉，并试图采取军事围堵的办法加以应对。至天成四年年底，通过增兵、置镇及委派亲信等手段，明宗实际上保持了对于两川的军事压迫，切断了两川自利州路北上及沿江东出的路线，使两川困于西南一隅。在后唐中央政府的紧逼之下，孟知祥与董璋最终联合反叛以争取生存空间。而支持其叛乱的主力，就是"锐气不可挡"的后唐留蜀军队。长兴元年（930）八月，董璋反于东川，"利、阆、遂三镇以闻，且言已聚兵将攻三镇"。九月，孟知祥"遣使约董璋同举兵。璋移檄利、阆、遂三镇，数其离间朝廷，引兵击阆州。庚午，知祥以都指挥使李仁罕为行营都部署，汉州刺史赵廷隐副之，简州刺史张业为先锋指挥使，将兵三万攻遂州；别将牙内都指挥使侯弘实、先登指挥使孟思恭将兵四千会璋攻阆州"⑥。

面对兵强马壮的两川，中央政府控制下的蜀地节镇实际上无法抵挡攻势，而以石敬瑭为统帅的讨伐军也由于后勤不便等原因被迫撤军。在这一形势之下，明宗不得不放弃围堵之势，转而对两川采取消极防御政策。至

---

① 《新五代史》卷64《后蜀世家第四》，第898页。
② 详见何永成：《孟蜀创业集团研究》，第867—869页。
③ 《册府元龟》卷178《帝王部·姑息三》，第2146页。
④ （宋）路振撰，吴在庆、吴嘉骐校点：《九国志》卷7《赵庭隐传》，第3302页。
⑤ 《资治通鉴》卷276，天成四年九月，第9159页。
⑥ 《资治通鉴》卷277，长兴元年八月、九月，第9171页。

孟知祥统一两川后，明宗再封其为蜀王，授予其墨制除官的权力。清泰元年（934）闰月，孟知祥即皇帝位于成都，正式建立后蜀政权。

五　小结

后唐发动的两次征蜀战争，均根源于五代时期特殊的君臣关系。在"天子宁有种邪？兵强马壮者为之尔"的大背景下，君主对于强势军将的猜忌和军将对君位的觊觎均被不自觉地放大，乃至酿成难以预料的后果。在这一背景下，后唐征蜀战争中的统一战争性质被削弱，而更多掺杂君臣相争、内部动荡的意味。蜀地也在后唐的君臣相争中被反复易手，最终再次割据于中原王朝之外。

毛汉光先生已经揭示，五代时期中原王朝武职官吏地域分布情况存在此消彼长的现象。自后唐开始，来自黄河以北的河东（代北部落）、河北的武将占据了绝大多数，彻底压过了河南、平卢徐淮地区[①]。在毛先生的研究基础上，我们可以再详细地指出，双方比例变动的时间分界线可具体定为同光三年九月发生的后唐征蜀战争。因为，至少就庄宗一朝而言，河南武将并未失势，出身后梁降将的节度使数量几占全国半数左右。不过，为维持国内诸势力之间的平衡，庄宗采取了较为激进的用人政策，导致了代北武将普遍不满。而同光三年后唐大军入蜀，又极大地削弱了中原地区的河南武将比例，李嗣源也得以在代北、河北武将的支持下成功夺权。在李嗣源掌权之后，黄河以北武将再次占据绝对优势地位，这也实际上间接促成了北宋王朝的建立。失势的河南武将，则在西南地区找到了立足之地，成为与中原王朝对抗的中坚力量。而作为主要由庄宗亲信控制的后蜀，这一政权实为同光朝廷在蜀地的延续，后蜀与中原王朝的对立也实根源于李存勖与李嗣源的对立。

---

① 毛汉光：《五代之政治延续与政权转移》，载《"中央"研究院历史语言研究所集刊》第51本第2分，1980年，第250—276页。

编 后 记

由中国宋史研究会、抚州市人民政府和南昌大学联合主办,抚州市社科联、抚州王安石国际研究中心、南昌大学谷霁光人文高等研究院、南昌大学档案馆和江西省宋史研究会承办的"'两宋历史与王安石'学术研讨会暨中国宋史研究会第十九届年会",于2018年8月23—25日在江西省抚州市举行。来自中国大陆与香港、台湾地区,以及美国、日本、新加坡等国家的200余位专家学者参会,会议共收到提交论文170余篇。

依照以往年会的惯例,中国宋史研究会秘书处在本次年会结束后组织参会会员提交论文参加《宋史研究论文集(2022)》的遴选。依据年会分为八个大组以及各组参加遴选论文数量等情况,秘书处邀请研究会相关理事对各组参加遴选的论文开展初审,论文初审的分工如下:第一组"王安石研究"由苗书梅、廖寅教授负责,第二组"思想与学术"、第三组"史学与文献"由何玉红、王晓龙教授负责,第四组"地方与国家"、第五组"政治与制度"、第六组"军事与边疆"由粟品孝、邹锦良教授负责,第七组"财政与经济"由黄纯艳、肖建新教授负责,第八组"士人与社会"由耿元骊、谭景玉教授负责。限于篇幅和依据相关理事对所遴选出来论文的排序,最终确定从47篇参选论文中遴选出22篇收入《宋史研究论文集(2022)》。《宋史研究论文集(2022)》所收录的这22篇论文以宋史方面为主,部分兼顾五代十国史,同时收录包伟民教授开幕式致辞、陈峰教授闭幕辞、李华瑞教授年会致辞、大会主题发言。对以上诸位教授的辛勤工作和相关作者的大力支持,我们在此深表感谢!

本次年会的顺利召开和《宋史研究论文集(2022)》的出版,得到抚

编 后 记

州市人民政府、抚州王安石国际研究中心和南昌大学等单位的大力支持，我们对此深致谢忱！抚州王安石国际研究中心陈菊莲常务副主任等领导、南昌大学邹锦良教授，在落实出版经费以及相关工作的协调等方面提供了诸多帮助。研究会秘书长郭志安教授，协助开展了部分相关沟通、协调等工作。中国社会科学出版社历史与考古出版中心宋燕鹏副主任在审阅和编辑过程中提出了许多宝贵意见，在此谨致谢意！

《宋史研究论文集（2022）》编委会
2022 年 12 月 15 日